4

最新 社会福祉士養成講座
精神保健福祉士養成講座

一般社団法人 日本ソーシャルワーク教育学校連盟　編集

社会福祉の原理と政策

中央法規

刊行にあたって

このたび、新カリキュラムに対応した社会福祉士と精神保健福祉士養成の教科書シリーズ（以下、本養成講座）を一般社団法人日本ソーシャルワーク教育学校連盟の編集により刊行することになりました。本養成講座は、社会福祉士・精神保健福祉士共通科目 13 巻、社会福祉士専門科目 8 巻、精神保健福祉士専門科目 8 巻の合計 29 巻で構成されています。

社会福祉士の資格制度は、1987（昭和 62）年に制定された社会福祉士及び介護福祉士法により創設されました。後に、精神保健福祉士法が制定され、精神保健福祉士の資格制度が 1997（平成 9）年に創設されました。それから今日までの間に両資格のカリキュラムは 2 度の改正が行われました。本養成講座は、2019（令和元）年度の両資格のカリキュラム改正に伴い、刊行するものです。

新カリキュラム改正のねらいは、地域共生社会の実現に向けて、複合化・複雑化した課題を受けとめる包括的な相談支援を実施し、地域住民等が主体的に地域課題を解決していくよう支援できるソーシャルワーカーを養成することにあります。地域共生社会とは支援する者と支援される者が一体となり、誰もが役割をもって生活していくことができる社会です。こうした社会を創り上げる担い手として、社会福祉士や精神保健福祉士が期待されています。

そのため、本養成講座の制作にあたって、❶ソーシャルワーカーとしてアセスメントから支援計画、モニタリングに至る PDCA サイクルに基づく支援ができる人材の養成、❷個別支援と地域支援を一体的に対応でき、児童、障害者、高齢者等のさまざまな分野を横断して包括的に支援のできる人材の養成、❸「講義―演習―実習」の学習循環をつくることで、実践現場に密着した人材養成をする、を目的にしています。

社会福祉士および精神保健福祉士になるためには、ソーシャルワークに必要な五つの科目群について学ぶことが必要です。具体的には、①社会福祉の原理・基盤・政策を理解する科目、②複合化・複雑化した福祉課題と包括的な支援を理解する科目、③人・環境・社会とその関係を理解する科目、④ソーシャルワークの基盤・理論・方法を理解する科目、⑤ソーシャルワークの方法と実践を理解する科目です。それぞれの科目群の関係性と全体像は、次頁の図のとおりです。

これらの科目を本養成講座で学ぶことにより、すべての学生がソーシャルワークの基盤を修得し、社会福祉士ならびに精神保健福祉士の国家資格を取得し、さまざまな領域でソーシャルワーカーとして活躍され、ソーシャルワーカーに対する社会的評価を高めてくれることを願っています。

社会福祉士養成教科書の全体像

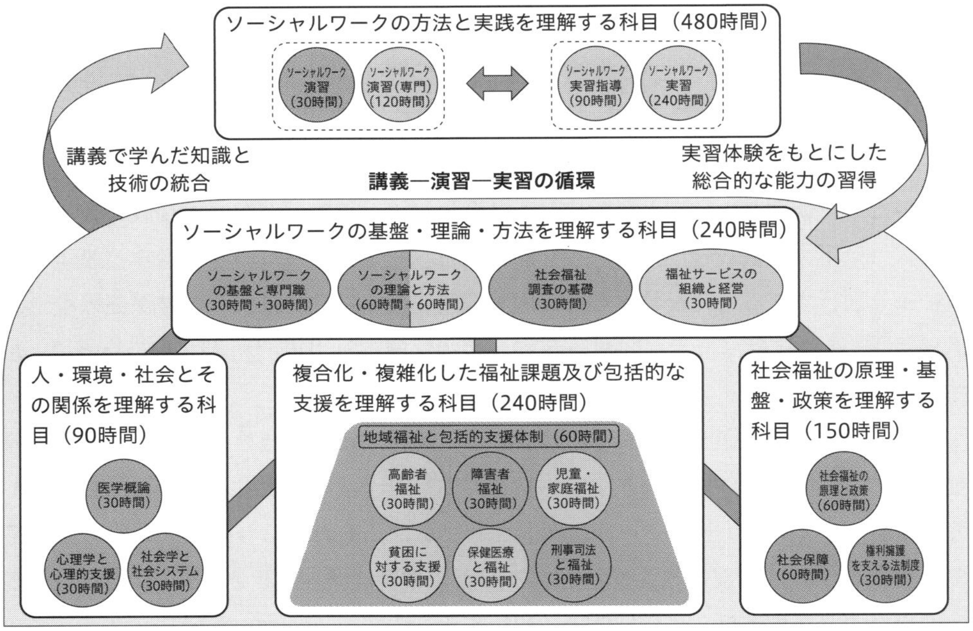

出典：厚生労働省「（別添）見直し後の社会福祉士養成課程の全体像」（https://www.mhlw.go.jp/content/000604998.pdf）より本連盟が改編

精神保健福祉士養成教科書の全体像

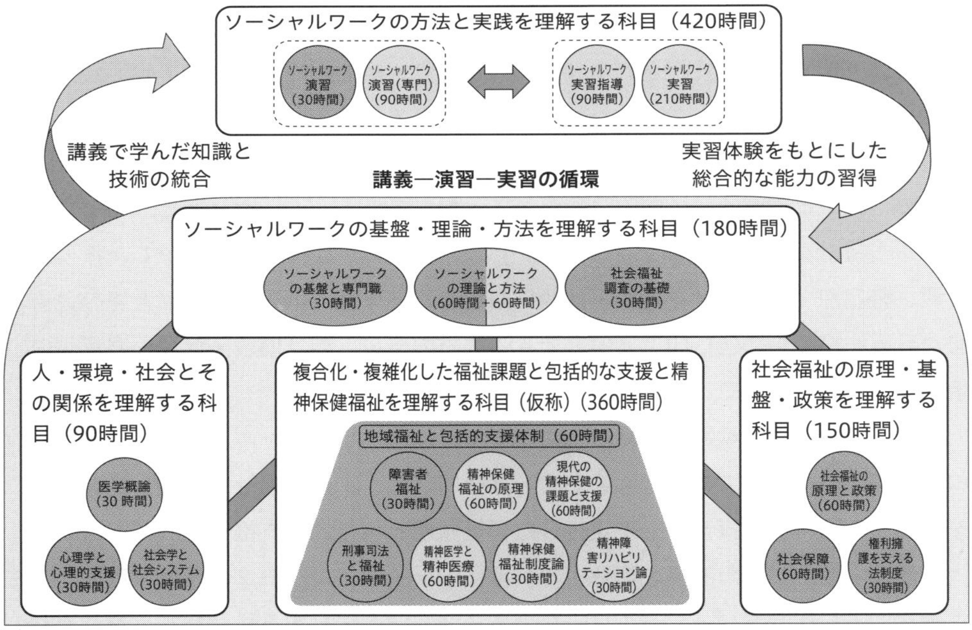

出典：厚生労働省「（別添）見直し後の社会福祉士養成課程の全体像」を参考に本連盟が作成

2020（令和２）年12月１日

一般社団法人日本ソーシャルワーク教育学校連盟
会長　白澤政和

はじめに

今日、社会福祉は大きな転換期にある。政府による福祉改革の基本コンセプトとして示された「地域共生社会」の実現は、その象徴である。それは、子ども・高齢者・障害のある人などすべての人々が地域、暮らし、生きがいをともに創り、高めあうことができる社会を目指すものとされている。地域共生社会は、これまで高齢者支援を中心に用いられてきた理念および方法としての地域包括ケアの深化として位置づけられ、地域包括ケアを子ども、障害のある人、生活困窮者などへ拡充する福祉政策といえる。

「地域共生社会」の実現が志向されている背景には、少子高齢化や人口減少、ポスト工業化（サービス経済化）、雇用形態や家族形態の多様化、地方の過疎化といった社会経済の変化がある。それらの構造的変化の結果として、貧困・生活困窮の広まりや経済的格差の拡大に加え、多世代にまたがる社会的排除や社会的孤立の深刻化によって、人々の生活課題・福祉課題は多様化・複雑化・複合化してきている。それを現代的な福祉ニーズと呼ぶならば、複合的であるがゆえに既存の社会保障・社会福祉制度では対応が難しい「制度の狭間（はざま）」に生起している8050問題、これまで十分に可視化され社会的にも認識されてこなかったヤングケアラーやダブルケアをめぐる課題、そして近年における外国人材の受け入れに伴う多文化共生に向けた課題などを具体例として挙げることができる。

以上のような社会状況を踏まえ、社会福祉士・精神保健福祉士には、これまで以上にソーシャルワーク機能を発揮する専門職としての役割を果たすことが期待されることから、2019（令和元）年に社会福祉士・精神保健福祉士養成課程における教育内容等の見直しが行われた。本書は、共通科目である「社会福祉の原理と政策」に対応したテキストとして、養成カリキュラムに示されている内容を網羅するよう作成されている。

本科目は、元来「社会福祉原論」と呼ばれてきたものが改正前のカリキュラムで「現代社会と福祉」となり、今回のカリキュラム改正により「社会福祉の原理と政策」へと名称が変更された。これは、現代社会の特質と社会福祉・福祉政策の動向を結びつけながら理解する重要性は前提として認識しながらも、日本のソーシャルワーク専門職養成教育ならびにソーシャルワーク実践が、伝統的に社会福祉学を学問的基盤としてきたことに関係している。そのようなことから、今回の新カリキュラムでは、ソーシャルワーク専門職養成教育の内容として、あらためて社会福祉の思想・哲学・理論・

歴史といった原理的内容が本科目で明確に位置づけられることとなった。その内容は、社会正義、人権擁護、多様性の尊重などの実現を志向するソーシャルワーク専門職およびその実践と深い関係にあることはいうまでもない。

また、本科目は福祉系大学・短大・専門学校や養成施設などの養成校において、多くの場合、基礎科目あるいは導入科目として開講されることを想定している。よって、本書では養成カリキュラムにある教育内容を超えているとしても、社会福祉学の基本的知識の習得に必要と判断したものはできるだけ盛り込んでいる。初年次開講の科目として考えれば、難解な内容も少なくないかもしれないが、国家資格制度が求める内容に加え、社会福祉学の入門書的性質も意識したためである。

本書の構成は次のとおりである。序章で全体の導入として社会福祉の原理に関する内容を整理している。第1章および第2章は社会福祉の歴史、思想、哲学、理論について記されている。第3章では現代の社会問題とその構造的背景を扱っている。第4章から第10章ではそれぞれ福祉政策の概念、理念、視点、構成要素、動向と課題、関連施策、国際比較などについて解説している。終章は序章から第10章までの内容を踏まえつつ今後の展望・課題を提示している。

社会福祉は時代の変化に敏感でなければならない。そのため社会福祉はナショナルなレベルにとどまらず、グローバルな視野をもつ必要がある。21世紀の世界は、すべての人々が社会的に包摂され、多様性が尊重され、人間の尊厳が守られた環境で生きていくことができるようになることを目指している。国連サミットで採択された17の「持続可能な開発目標」（SDGs）はその表れである。社会福祉士・精神保健福祉士を目指す学生諸君には、ソーシャルワークの専門的な学びの根幹として社会福祉・福祉政策の理論や理念、歴史に関する基本的内容とその今日的な展開、動向、課題について事実や現状を理解することに加え、現状に対する批判的視点をもつことを意識しながら積極的に学んでもらいたい。

そのうえで、一人でも多くの学生が、ソーシャルワーク専門職として個人、家族、集団、地域、社会、世界のwell-being（ウェルビーイング）の実現・向上のため、将来、国内外の多様なフィールドで活躍することを切に期待したい。

なお、本書では可能な限り表記の統一を試みたが、社会福祉学のなかにおいて用語や訳語が必ずしも統一されていないといった事情もあり、各章各節は最終的には執筆者の責任において、まとめられている。

編集委員一同

目次

第2章　社会福祉の思想・哲学・理論

第3章　社会問題と社会構造

第8章　福祉政策と関連施策

第9章　福祉サービスの供給と利用の過程

終章 これからの社会福祉
出発点・到達点・展望

本書では学習の便宜を図ることを目的として、以下の項目を設けました。

- 学習のポイント……各節で学習するポイントを示しています。
- 重要語句……………学習上、特に重要と思われる語句を**色文字**で示しています。
- 用語解説……………専門用語や難解な用語・語句等に★を付けて側注で解説しています。
- 補足説明……………本文の記述に補足が必要な箇所にローマ数字（ⅰ、ⅱ、…）を付けて脚注で説明しています。
- Active Learning……学生の主体的な学び、対話的な学び、深い学びを促進することを目的に設けています。学習内容の次のステップとして活用できます。

序 章

社会福祉の原理

その意味と展開

序章 社会福祉の原理
その意味と展開

1 社会福祉の原理とは何か

1 社会福祉とは

日本における社会福祉の歴史は新しいといえば新しいし、古いといえば古い。古いというのは、現在の社会福祉につながるような事業の歴史をさかのぼろうとすれば近代以前の社会にまでさかのぼることができるからだ。他方、新しいというのは、現在の日本の社会福祉の姿は、敗戦後、日本国憲法が 1947（昭和 22）年 5 月に施行されて以降生成されてきたものであるからだ。戦後 75 年以上経っているが、悠久の歴史のなかではほんのわずかな期間である。

福祉という言葉はもともと幸福や繁栄のことを意味しており、抽象的ではあるが日常的な言葉だった。ところが日本国憲法のなかで「公共の福祉」や「社会福祉」といった言葉が使われるようになり、法律上の言葉としても用いられるようになる。

公共の福祉は社会全体の福祉や利益のことを意味している。憲法では、基本的人権は公共の福祉に反しない限り、保障されなければならないとともに、国民はこれらの権利を公共の福祉のために利用する義務を負うこととなっている。

社会福祉のほうは憲法第 25 条の第 2 項に登場する。第 25 条は「すべて国民は、健康で文化的な最低限度の生活を営む権利を有する」（生存権）と定め、その第 2 項は「国は、すべての生活部面について、社会福祉、社会保障及び公衆衛生の向上及び増進に努めなければならない」となっている。つまり**社会福祉**（social welfare）は、社会保障（social security）や公衆衛生（public health）と同格の概念であり、これらと同様、国が目指すべき望ましい状態であり、また、それを実現するための施策ということになる。社会全体の幸福をどのようにして測るかという問題は残るが、いずれにせよここでの社会福祉は社会全体の幸福ということになる。

もちろん現在でもそのような意味で社会福祉が使われることは多い

が、日常語としては「困っている人を助ける」といった意味合いで使われることが多いだろう。もちろん困っている人を助けることは、社会全体の福祉の向上や人類の福祉につながるわけだから、そこに矛盾があるわけではない。しかし社会全体の幸福を向上させるための施策と、困っている人を助けるための施策は必ずしも同じというわけではない。

現在のような社会福祉の意味が確立されるにあたっては、法律や制度の影響が大きい。日本国憲法を受け、1947（昭和22）年に児童福祉法が制定されて以来、身体障害者福祉法、母子福祉法（現・母子及び父子並びに寡婦福祉法）、老人福祉法、精神薄弱者福祉法（現・知的障害者福祉法）、社会福祉事業法（現・社会福祉法）といった、福祉を銘打った法律が矢継ぎ早に成立した[ii]。それらはいずれも社会的に弱い立場にある人々に対して援助したり支援したりすることを目的としていた。その結果、社会福祉はこれらの法律によって定められた事項やその周辺で生じる事象を指す言葉としての意味合いを強めた。

2 福祉サービスとは

先に述べたような社会福祉の概念のなかには生活保護が当然含まれるが、行政の現場では、生活保護を必ずしも含まない形で福祉ないし福祉サービスという言葉が用いられることもあった。保健や医療との同格対比の形で福祉が用いられたのである。そこでは社会保障における現物給付のなかで医療・看護からは一応区別された隣接の現物給付が福祉ということになる。この場合は現金給付ではないという意味で、福祉サービスといったほうが正確かもしれない。『厚生白書 昭和62年版』では、「保健・医療・福祉サービスの総合化」として「総合的な社会サービスの推進」がスローガンとして掲げられていた[iii]。

そして2000（平成12）年の社会福祉法（旧・社会福祉事業法）で、法令上の用語として**福祉サービス**が登場した。そこでは社会福祉を目的とする事業の利用者を「福祉サービスの利用者」としたうえで、「福祉サービスの利用者の利益の保護」を図ることを同法の目的として掲げた（第1条）。ということは福祉サービスとは「社会福祉を目的とする事業」

---

i 社会全体の幸福という意味では「社会的厚生」という言葉も用いられる。福祉も厚生もwelfareに対応する日本語であるが、使い方のニュアンスが若干異なる。

ii 日本社会福祉学会もこうした動きと呼応する形で、1954（昭和29）年に創立された。

iii 『厚生白書 昭和62年版』第1編第3節3（1）、第1編第2章。なお当時は自治体や研究者の間でも「保健・医療・福祉の総合化」が社会保障における重要課題の一つだった。

図1　社会福祉事業と社会福祉を目的とする事業

- 社会福祉
  - 社会福祉を目的とする事業
    - 社会福祉事業
      - 第一種社会福祉事業
      - 第二種社会福祉事業
    - その他
  - 社会福祉に関する活動

出典：厚生労働省ホームページより作成　https://www.mhlw.go.jp/bunya/seikatsuhogo/shakai-fukushi-jigyou1.html

ということになる。

現在、国は、**図 1** のように社会福祉を分類している。つまり「社会福祉を目的とする事業」とは法律によって定められた第一種および第二種の**社会福祉事業**と、その他の「地域社会の一員として自立した日常生活を営むことを支援する事業」（たとえば、給食・入浴サービスなど）から成り立っているから、これらの事業が福祉サービスということになる。

厳密に考えると、**図 1** のなかの「社会福祉に関する活動」（たとえば、個人や団体による任意の活動）は福祉サービスではないということになるが、この辺はあいまいである。[iv]

3 福祉政策とは

以上のように考えると、福祉サービスに関する政策が**福祉政策**ということになる。福祉政策という言葉の使われ方は専門家の間でも多様である。経済政策（economic policy）との対比で用いられる社会政策（social policy）と同義で用いられる場合もあれば、社会福祉事業に関する政策という狭い意味で用いられることもある。社会政策は通常、雇用、所得保障（年金、児童手当、生活保護など）、ヘルスケア、福祉サービス、住宅などを含んで考えられることが多いので、福祉政策をこれと同義で考えると誤解を招きかねない。かといって、福祉政策を社会福祉事業に限定して考えるのも適切ではない。というのは、地域社会の一員として自立した生活を送るために援助や支援を必要としている人々にとっては、社会福祉事業だけでは十分でないことも多く、ヘルスケア、

---

iv　なお福祉サービスについては、以前、対人社会サービスと呼ばれることがあった。イギリスの personal social services の訳語である。しかし近年、ヘルスケア（保健・医療）との対比で社会的ケア（social care）とも呼ばれるようになった。前者が医療（medical care）に関係するのに対して、後者は社会生活に関係するといった意味合いがある。

図2　福祉サービスと福祉政策

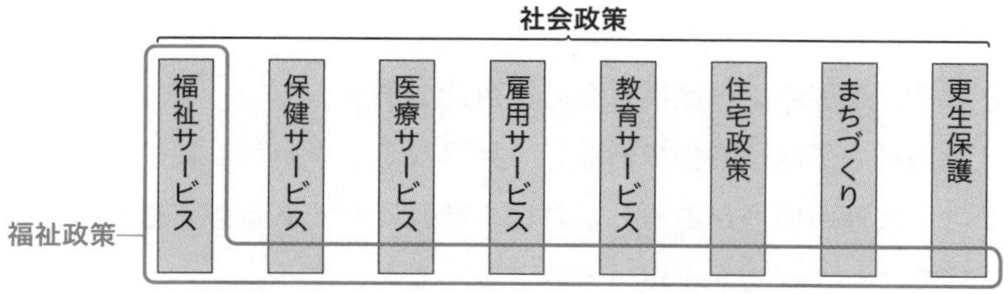

出典：古川孝順『社会福祉の拡大と限定――社会福祉学は双頭の要請にどう応えるか』中央法規出版，p.61，2009．を参考に筆者作成

教育、住宅、雇用、防災などのサービスの協力が不可欠であるからだ。

こうしたこともあってか、古川孝順は福祉政策を「従来の社会福祉（政策）を基幹的な部分としながら、所得保障、保健サービス、医療サービス、更生保護、司法福祉（青少年サービス）、人権擁護、権利擁護、後見制度、住宅政策、まちづくり政策などと部分的に重なり合い、あるいはそれらの社会政策との連絡調整、協働を通じて展開される施策[1)]」（圏点は引用者による）と定義している（**図 2** ）。

本書では特に断りのない限り、福祉政策を、福祉サービスと福祉サービスに関連する他分野の諸施策に関する政策の意味で用いる。

4 社会福祉の原理とは

学説によって社会福祉に関する異なる分類の仕方があるかもしれないが、いずれの場合であっても、現在の社会福祉が多種多様な事業や活動から成り立っていることは間違いない。このように多種多様な形で存在する社会福祉に共通する前提やルールが**社会福祉の原理**ということになる。また社会福祉の現場は人文学や社会科学など多くの学問が研究対象としてアプローチしてくることが可能であるし、またそのことが望ましい。ただし、それらのアプローチのうちのどれか一つで社会福祉の原理を説明することはできない。

たとえば、現在の日本の社会福祉は市場経済のなかに存在する。その意味では経済法則に支配される。しかし、すべてが経済学の原理によって説明されるのであれば、社会福祉の原理が存在する余地はない。また現在の日本の社会福祉は政治・行政と大きくかかわっているが、社会福祉が政治学の原理によってすべて説明することができるのであれば、やはり社会福祉の原理をあらためて論じる意味はなくなる。したがって社会福祉の原理とは社会福祉の固有性を示すものでもある。

原理を知るということは、応用が可能となるということである。たとえば、てこの原理は誰でも知っていると思うが、この原理は、シャベルで農地を耕すときにも応用されるし、土木工事の際のクレーン車にも応用される。工場の工作機械にも応用可能である。

社会福祉の形態は多様である。一見異なると思われる福祉サービスのなかにも共通の原理があるとすれば、それは何であるか、それがどのように探究されてきたかを以下でみていくことにする。

2 社会福祉の原理はいかに問われてきたのか

1 「社会福祉の原理」を問う研究領域

「原理」とは多様な意味で用いられるが、たとえば哲学や数学では学問的議論を展開する際の最初の明言、または始原（それ自体はほかに依存せず、ほかのものがそれに由来するようなもの）を指す。一方、社会科学においては「ある学問の指導的な根本命題（根本的性質）」あるいは「ある事物・事象が依拠する根本法則」という理解が一般的である。そのような原理が知識として体系化されたものが「原論」であり、政治学・経済学・社会学にそれぞれ政治学原論、経済（学）原論、社会学原論があるように、社会福祉学でも「社会福祉の原理」をめぐる理論的探究が展開されてきた。

戦後日本の社会福祉学では、伝統的に**社会福祉の原理**は**社会福祉の本質**とほぼ同義として理解されてきたため、「社会福祉の原理を問う」ことは「社会福祉の本質を問う」ことであり、換言すれば**「社会福祉とは何か」**という問いへの論究である。その問いへの回答の一つのあり方として「社会福祉の定義」を考えてみると、ほかの社会制度や諸活動との関連から社会福祉を明らかにしようとする立場、ほかの社会制度や諸活動とは異なる社会福祉に固有の役割・方法を明らかにすることを通して社会福祉を説明しようとする立場が存在してきた。

「社会福祉の原理（または本質）の追究や解明を意図した知識体系」は**社会福祉理論**（**社会福祉原論**）と呼ばれ、その研究領域が社会福祉理論研究（社会福祉原（理）論研究）である。社会福祉理論研究は社会福祉という社会現象・実体の本質を歴史的かつ理論的視点からどのように捉えるかを主題とするが、より広くみれば、ある時代における社会福祉の位置づけ、価値規範、理念、思想、機能、対象、方法などの総体的・体系的把握のあり方をめぐる学問的営みである。それは、社会福祉学とは何をする学問なのか、科学としての社会福祉学がどのような性質や特徴をもっているかという基本的認識に影響を与えてきた。社会福祉学の学問的性質を明示した一つの例として、一番ヶ瀬康子による以下のような説明がある。

> 社会福祉の科学すなわち社会福祉学とは、書斎にあって思考のみで体系づける種類のものではない。また、既成の権威として輝く地位をもち、そこに定住している学でもない。それは、野にあって、社会福祉といわれるものの社会的歴史的事実、実体、その『矛盾』を、**実践的視点を前提**にして見極め、科学的に追求していく行為のもとで、ある時点に整理され提示された『報告』であり『論』であると私は思っている[2)]。

上記の内容は社会福祉学がもっている**実践の学**、**問題解決志向の学**としての性質を示している。一般に、科学は何らかの問題を解決することを志向しているのであり、人間の生活や人生、地域・社会のあり方についてミクロレベル（個別支援）からマクロレベル（政策立案）まで扱う社会福祉学も例外ではない。科学として社会福祉学をみた場合、おのずと何らかの価値志向に基づいて問題解決を志向する「実践の学」としての色彩を強く帯びることになる。しかしながら、それは当然学問的根拠を提供する知識体系がなければならないことから、「社会福祉とは何か」という問いへの理論的探究は社会福祉学のもつ実践性と矛盾するものではなく、むしろそれを基盤から支えるうえで不可欠なものである。

他方、社会福祉理論（研究）はその研究対象である社会福祉が政治・経済・社会の各システムから影響を受けるという意味で、常に「時代に制約される存在」である。**「社会福祉は時代を映す鏡」**といわれることがあるが、そのような認識に立てば、ある社会福祉理論についても同様のことがいえる。つまり、それはある時代・社会体制を反映した学説と捉えることができるのであって、その理論的説明力がある程度一般化・普遍化されるようになると、かつてアメリカの科学史家クーン（Kuhn, T. S.）が指摘したように「パラダイム★」の確立となるが、社会福祉理論（研究）においては、いまだそのような状況になっているとはいいきれない。

★パラダイム
ある特定の時代や特定の専門分野において、多くの人々が共有し承認している、物の見方や思考の枠組み。

2 「社会福祉の原理」を問う際の時代区分

戦後の社会福祉理論の歴史的展開は、それが戦前・戦時中の社会事業理論と一定の連続性をもちつつ、その時代の社会現象・実体としての社会福祉を反映したものであることを理解する必要がある。それは「社会福祉の原理（または本質）」についての研究課題、いわば時代背景やその変化を踏まえて行われてきた「社会福祉とは何か」という問いをめぐる社会福祉（理論）の論争史といえる。社会福祉を論じる時代背景や論者の学問的背景と、それに由来する分析視角の差異が「社会福祉の原理（または本質）」の問い方の差異へと反映された結果、複数の社会福祉理論、または理論として十分に体系化されてはいないものの、社会福祉理論研究の一部を構成する諸学説が生み出されることになった。戦後の社会福祉理論に関する議論はおよそ次の四つの時期に区分できる。

●第１期

いわゆる戦後の福祉改革のなかで日本国憲法を踏まえつつ、社会福祉の新しい「理念」が提起され、社会福祉事業法の制定や福祉三法体制から福祉六法体制への移行期で、社会福祉が展開された時期である。この頃の社会福祉は依然として「救貧対策」が中心的テーマであり、それは1960年代半ば頃まで続いた。社会福祉理論研究では、朝鮮戦争（1950年）の勃発を契機とする政治的・経済的反動期を背景として、1950年代初頭から始まった**社会福祉（事業）本質論争**が象徴的な出来事といえるが、そこでは**政策論**と**技術論**の鋭い対立状況が生み出された。

●第２期

高度経済成長によって、国民の生活水準の向上がみられた一方で、生活問題・社会問題といった**社会のひずみ**が社会福祉に対する国民的関心を喚起し、住民運動の活発化を背景として、社会福祉の新たな展開可能性が語られるようになった1960年代半ばから1970年代までの時期である。ここでは、先の「本質論争」を総括したうえで、「政策論と技術論」という対立の図式を乗り越えようとする動きが生まれ、政策論と技術論の統合を志向する**統合論**、政策論を批判的に継承する**運動論**（新政策論）が登場し、活発な議論が展開された。

●第３期

二度のオイルショックを経て、高度経済成長期から低成長期への移行に伴い、政策的には**福祉見直し論**や**日本型福祉社会論**が登場してくるなかで、少子化・高齢化といった社会環境の変化のもとで、社会福祉改革が進められていった1970年代後半から1980年代である。1980年代は社会福祉の改革動向への評価が分かれる状況が生まれたが、その頃に提起されたのが「社会福祉の本質」にかかわる政策論と技術論の対立状況から距離を置き、それを棚上げしたうえで、社会福祉改革における現実的な対応を模索する立場をとる**ニーズ論**と**サービス供給（体制）論**を柱とする**経営論**であった。

●第４期

バブル経済崩壊後の経済的停滞状況に加え、少子高齢化の進展がさらに進み、市場原理が社会福祉を含め、経済社会システムに広く浸透していった1990年代以降から今日における社会福祉の構造改革を伴う再編期である。この時期は1980年代からすでにみられていた社会福祉理論（研究）をめぐる議論の停滞・低迷期といえるが、それは現在まで続いている。また、2000年代にさしかかる頃に行われた社会福祉基礎構造改革や社会福祉法の成立などによって、**契約制度**、**自己決定**、**利用者本位**、**自立支援**などが社会福祉のキーワードとなるなかで、「社会福祉のパラダイム転換論」「社会福祉内発的発展論」「現代福祉学の構想」などが提起された。

3 「社会福祉の原理」を問う起点としての理論対立
――政策論と技術論

戦前に「社会事業」と呼ばれていた一連の事業・施策・援助活動は、戦後日本を占領したGHQ（連合国軍最高司令官総司令部）による各種の福祉改革を経て、新たに「社会福祉」として歩みを始めることとなった。そのような時代状況のなかで、あらためて「社会福祉とは何か」が問われた代表的な例が、大阪府社会福祉協議会発行の『大阪社会福祉研究』（1952年1月創刊）において、複数の論者によって行われた「社会福祉事業の本質とは何か」に関する論争である。そこでは各論者の立場から多様な「社会福祉の定義」が示され、論戦を繰り広げるなかで、各々が自らの主張を理論的に精緻化・体系化する試みが行われた。これは1950年代初頭から「社会福祉（事業）本質論争」として1960年代半ば頃まで続いた。

このような論争のなかにあって、その後の社会福祉理論研究に大きな影響を与えたと思われるのが**孝橋正一**と**岡村重夫**である。孝橋はマルクス主義経済学に基づく**政策論**の立場から、社会事業（社会福祉）の主たる役割は資本主義体制における「賃金労働の再生産機構」における矛盾を緩和・解決することであり、社会事業（社会福祉）は資本主義体制の恒久的持続性を目的とするという意味での「合目的性」、社会政策を補充する位置づけである点での**補充性**が特徴であると主張した。

一方、岡村は構造機能主義（社会学）に依拠した**技術論**、あるいはそれを理論的に昇華させた**固有論**の立場から**社会福祉の固有性**を主張し、社会福祉「学」を構築しようとした。岡村のいう「社会福祉の固有の機能」とは、個人と社会制度との間の社会関係の主体的側面に焦点をあて、個人とそれを取り巻く（社会）環境との間の不均衡を「調整」することであった。

この二つの理論的潮流は社会福祉理論の基盤となる科学的方法論についてまったく異なる立場（マルクス主義経済学と構造機能主義社会学）に依拠していることから、「社会福祉（事業）の本質」をめぐり、「政策論」（孝橋理論）と「技術論」／「固有論」（岡村理論）として鋭く対立した。その後の社会福祉理論に関する議論は、この二つの理論的潮流を基軸としつつ、その限界や問題点を指摘しながら、異なる理論的立場（統合論、運動論、経営論）が主張される形で展開された。

4 「社会福祉の原理」を問い続ける必要性

社会福祉は多義的に用いられることが多く、論者によってもその意味内容・範囲がさまざまである。「社会福祉の定義」について唯一の正解があるわけでもない。そうとはいえ、1950 年代から 1970 年代にみられた「社会福祉とは何か」をめぐる活発な論争は、なぜ 1980 年代以降、停滞し沈滞化したのか。その背景として、❶グランド・セオリー★（あらゆる学問領域が前提とするような一般理論）のゆらぎ・衰退、❷福祉国家体制下における研究活動の制度化（体制化）の進行、❸福祉動向の変動に伴う研究テーマの移動や細分化傾向[3)]、などが指摘されてきた。さらには、少子高齢化の進展や家族の変化といった社会構造の変化により、社会福祉の必要性が政策的にも一定の承認を得たことで、その**レーゾンデートル（存在意義）**をめぐる議論がもつ学問的意義がそれまでと比べて相対的に低下したことも無関係ではない。

しかし、「社会福祉とは何か」という問いが学問上の重要なテーマではなくなることは、社会福祉学が時代に適応した社会福祉の輪郭を描くことを難しくするだけでなく、社会福祉学を学問的基盤とする日本のソーシャルワーク実践にとっても、自らのよりどころが揺らぐことを意味する。たとえば、岩崎晋也は社会福祉学が「社会福祉とは何か」を問い直し続けざるを得ない理由として、❶社会福祉の援助関係★が、援助す

★グランド・セオリー
たとえば「マルクス主義」「パーソンズ社会学」が該当する。

★社会福祉の援助関係
援助関係が社会的承認を必要とすること、その承認も社会の価値観の変化の影響を受けること、そして制度的再分配として成立していることを意味している。

る者と援助を受ける者の二者関係に閉じ込めることができず、社会に開かれた関係であること、❷社会福祉が新たな課題を発見し、その対象★を拡大・変化させてきていること、の二つを特質として挙げている[4)]。

前述したように「社会福祉は時代を映す鏡」であるとすれば、時代の移り変わりや社会の変化に応じて、社会福祉の対象や範囲は可変的かつ動態的なものとなる。そう考えると、社会福祉理論が時代の移り変わりに対応した社会福祉学の基礎理論としての役割を果たし、またこれからの社会福祉のあるべき姿を示す羅針盤の役割を果たすためにも、「社会福祉とは何か」は、社会福祉学にとって常に問い直し続けられるべき問いなのである。

★社会福祉の対象
現在では、社会福祉の対象は高齢者、障害者、児童、ひとり親、生活困窮者に限らず、中退・ひきこもり・不登校の若者、ニート、フリーター等の非正規雇用者、在留外国人、性的マイノリティ、刑余者、依存症者など幅広い。

3 社会福祉の原理がなぜ問われるのか

1 社会福祉の原理が問われる理由

ここでは、そもそも社会福祉の原理が問われるのはなぜなのか、という**原理探求**の理由（目的・意図・動機等）について考えていく。

もちろん社会福祉の原理が問われる理由はさまざまであるだろう。それでも次の二つは、原理探求の理由として一般性をもつと考えられる。その一つは社会福祉の**基礎づけ**という理由であり、もう一つは社会福祉の**正当化**という理由である。つまり、社会福祉の原理が問われるのは、実践あるいは制度としての社会福祉を支える確実な根拠を示すため（＝基礎づけ）であったり、社会福祉の存在意義を認めてもらうため（＝正当化）であったりする、ということである。

しかしながら、何かを基礎づけるとは、その何かの正しさを支える普遍的で確実な根拠を示すことを意味するとすれば、基礎づけと正当化は一体であって、区別する必要はないということになる。ここで両者を区別するのは、基礎づけを理由にした場合と正当化を理由にした場合の原理探求に、次のような違いが見出せるためである[v]。

基礎づけを理由にした原理探求の場合には、社会福祉に強い関心をもつ人々に向けて、自分たちがしていることやすべきことの原点や根本に

v　政治学者の渡辺幹雄は、基礎づけとは言語と非言語（言語の外にある究極的基礎としての「事実」「自然」「経験」など）との間に成立する関係（表象、対応、一致など）であるのに対し、正当化とは言語と言語との間に成立する関係（整合性をめぐる言語ゲーム）であると指摘している（渡辺幹雄『リチャード・ローティ――ポストモダンの魔術師』春秋社，pp.225-229，1999.）。

関する理解を深めるための説明が試みられることになる。これに対して、正当化を理由にした原理探求の場合には、広く社会の成員に向けて、自分たちが社会福祉とどのように関係し、いかなる負担や責任を分かちあうことになるのかを示し、納得してもらうための説明が試みられることになる。こうした違いに依拠して、基礎づけと正当化を区別して扱うことにしたい。

2 社会福祉の基礎づけ

原理論的研究の伝統的な主題は、社会福祉の「本質」探しにあったといえよう。慈善や社会政策などとの違いに着目して、社会福祉の根拠や存在意義を探りながら、自分たちが追求している事柄がよって立つ基盤を理論的に明らかにすることが、原理探求の目的であったのである。あれかこれかを迫る一時期のような「本質」探しは収束したが、択一的ではない「本質」探しとしての基礎づけは、諸学の発展とともに常に更新され得る。

社会福祉の基礎づけには、以下のような種類がみられる。たとえば、憲法論や人権論を踏まえた法的基礎づけ、資本主義社会の構造的機制に着目する政治経済学的基礎づけ、国別の発達史や世界史・人類史などの知見に依拠した歴史的基礎づけ、社会を記述し解釈するための概念装置を用いた社会学的基礎づけ、政治哲学や倫理学の成果に基づく規範的基礎づけなどがみられる。今後の課題として、利他的援助や再分配制度の存在について、脳科学・生物学・社会心理学などの知見を援用した自然主義的な基礎づけに期待してもよいだろう。

社会福祉の原理論的研究にとって、人文社会諸科学のみならず、自然科学によって生産される概念や知識は、基礎づけのための知的資源として捉え得る。これらの豊かな資源をどのように活用できるかが、原理論的研究に問われている。

繰り返しになるが、択一的ではない形態の「本質」探しとしての基礎づけは、諸学の発展とともに常に更新され得る。社会福祉の原理論的研究における現代的課題は、さまざまな流儀による基礎づけの試みが、互いの基礎づけ方の善し悪しをめぐるコミュニケーションを展開していくためのプラットフォームを整備することにあると考えられる。何か特定の基礎づけを提起することに終始するのではなく、むしろ基礎づけをめぐるコミュニケーション全体を活性化させたり、議論の混乱や衝突の原因を探ったりすることが求められよう。

しかしながら、基礎づけという発想自体を批判し、その放棄を主張する人々もいるはずである。だが、そうした批判や放棄は、基礎づけという営みがあってこそ可能になることは明白である。誰も基礎づけを行っていないならば、それを批判することも放棄することも不可能だからである。これからの原理論的研究には、基礎づけ主義者と反（あるいはポスト）基礎づけ主義者がともに集い、積極的に議論が交わされるような懐の深い論争領域を創出することが不可欠であろう。

3 社会福祉の正当化

社会福祉の正当化も、社会福祉の原理が問われる際の一般的な理由の一つであるといえる。社会福祉の正当化とは、端的にいえば、社会福祉の存在意義や必要性のみならず、その追求に必要な「コスト」（負担や責任など）の分かちあいを説得することを意味する。前述の基礎づけは、社会福祉に強い関心をもつ人々からなる、ある種の「コミュニティ」を構成するという意味で、もっぱら対内的な営みであるのに対し、正当化は、そのようにして構成されるコミュニティの外部に向けられるという意味で、もっぱら対外的な営みであるといえるだろう。

これまで社会福祉の原理論的研究では、基礎づけという原理探求の理由に重きが置かれ、コストの分かちあいを正当化するという動機や目的は、やや軽視され気味であったように思われる。しかし、コストの分かちあいに難色を示す「他者」の存在を、きちんと視野に収める必要があるとすれば、社会福祉の正当化を理由とする原理探求にさらなる力が注がれねばならないだろう。

基礎づけによって「コミュニティ」を構成していくことは、対内的で求心的なプロセスであるといえる。その一方で、構成されたコミュニティは自己閉塞化しがちである。たしかに、そのようにして構成されたコミュニティには、コストの分かちあいを否定する者はいないかもしれない。だが、そうであるがゆえに、分かちあいを拒否する側の視点が忘却されがちとなる。正当化を理由とする原理探求は、対外的で遠心的なプロセスを原理論的研究に組み込むことで、いっそう開かれた公共的なコミュニティの構成をもたらす契機となるはずである。もしコミュニティのあり方として、閉ざされていることよりも開かれていることが望ましいとするなら、原理探求において正当化という理由を重視していくことは必須といえよう。

◇**引用文献**

1）日本社会福祉学会編『福祉政策理論の検証と展望』中央法規出版，p.332，2008.
2）一番ヶ瀬康子『現代社会福祉論』時潮社，p.3，1971.
3）松井二郎『社会福祉理論の再検討』ミネルヴァ書房，pp.i-ii，1992.
4）岩崎晋也「序章 社会福祉原論研究の活性化へむけて」岩田正美監，岩崎晋也編著『リーディングス 日本の社会福祉1 社会福祉とはなにか――理論と展開』日本図書センター，pp.7-8，2011.

◇**参考文献**

・仲村優一・一番ヶ瀬康子ほか監，岡本民夫・田端光美ほか編『エンサイクロペディア社会福祉学』中央法規出版，2007.
・小田亮『利他学』新潮社，2011.
・金井良太『脳に刻まれたモラルの起源――人はなぜ善を求めるのか』岩波書店，2013.
・植原亮『自然主義入門――知識・道徳・人間本性をめぐる現代哲学ツアー』勁草書房，2017.
・田畑真一・玉手慎太郎・山本圭編『政治において正しいとはどういうことか――ポスト基礎付け主義と規範の行方』勁草書房，2019.

● **おすすめ**

・秋山智久『社会福祉の思想入門――なぜ「人」を助けるのか』ミネルヴァ書房，2016.
・岩崎晋也『福祉原理――社会はなぜ他者を援助する仕組みを作ってきたのか』有斐閣，2008.
・真田是編『戦後日本社会福祉論争』法律文化社，1979.

第1章

社会福祉の歴史

本章は、社会福祉の歴史を学ぶ視点を踏まえて、欧米諸国と日本の歴史を学ぶ章である。まず、社会福祉の歴史を学ぶ意義を理解し、社会福祉の歴史的視点と時期区分（「段階論」）を学習する。次に、欧米の社会福祉の歴史的展開をイギリスとアメリカに焦点を当てて学ぶ。さらに、日本の社会福祉の歴史的展開を古代・中世社会から現代（1980年代）まで学習する。本章で、社会福祉の固有の視点である政策と実践の歴史、およびその相互連関システムの変遷を学ぶことによって、「社会福祉の原理と政策」の柱となる社会福祉の価値や理念について習得してほしい。また、過去からのあゆみを学習することで、流動的な現状をより深く理解してほしい。

第1節 社会福祉の歴史を学ぶ視点

学習のポイント

- 社会福祉の歴史を学ぶ意義を考える
- 「個人」と「社会」のありようを歴史的視点から学ぶ
- 社会福祉の歴史を「段階論」で理解する

1 歴史を学ぶ意義

社会福祉は、個人の幸福と社会の幸福を追求する役割を担っている。個人の問題解決と社会開発（改良）は、そのまま直接結びつくものではないが、両者は相互に連関している。そのことを理解し、役割を実行するために身につけなければならない能力がある。その能力は、まず社会の問題に気づく感覚（センス）である。たとえば、現代社会は誰もが平等ではなく、社会活動に参加するための情報や機会に接近する条件にも差異がある。こうした不平等が、人間本来の差異（性や年齢、疾病や障害の有無など）や社会構造と結びついて、社会活動からの排除を生み、多様な社会的格差を形成してきた。このことを理性的・科学的に発見し、問題として認識することが求められる。

その能力を涵養するうえで必要なのが歴史教育である。なぜなら、社会福祉は歴史的社会的存在であり、時代社会の構造的変動の過程において、必然性をもって生起する生活上の諸問題を対象として営まれるものであるからである。また、人々の生活上の諸問題は、政治・経済・社会・文化の要因に規定されながら、時代の変化のなかで社会的課題となり、個人の貧困から社会の貧困へ、私的な領域から公共の問題へと展開されてきた。それゆえ、不平等や社会的格差などが、これまでどのような原因で起こり、それに対してどのように取り組んできたのかを学ぶことが不可欠なのである。

2 歴史を学ぶ視点

1 「個人」と「社会」のありよう

社会福祉の歴史を学ぶ場合、「個人」と「社会」のありように着目することは重要である。「個人」と「社会」に関する歴史的事実は、大きく二つの種類に区分される。まず、「個人」のありようとしての**社会関係**である。一般に社会関係は人々の意志の現実の相互作用であるが、社会福祉の領域では個人のニーズと社会資源をつなぐものとして用いることが多い。もう一つは、「社会」のありようである。「個人」のありようはその個人の意志に基づくが、「社会」のありようは、人々の意志の現実の相互作用ではなく、人間が社会関係を結ぶ時のある決まった形式である。社会学者の**マッキーヴァー**（MacIver, R.）は、これを「社会関係は活動であり、人生の糸（threads）である。社会のありようは糸を布に織りこんでゆく織機（loom）である[1)]」と表現した。

人々の意志の相互作用に影響を与えているのが、生活を取り巻く物理環境、風土、気候、人種、宗教、習慣、民族や地域の歴史的伝統である。社会福祉の歴史では、まずそのことを踏まえておく必要がある。そのなかで「個人」が内面から主体的にどう働きかけるかという側面が、「個人」のありように決定的な影響を与える。また同時に、人々が社会関係を結ぶ際に重要な要素となるのが、過去から現在に至る共同社会の制度機能や経済機構である。それはいわば外部要因であるので、当然一定の枠組みにおける制約が存在する。ただ、この「社会」のありようは、多数の利害関心や目的の収斂と抗争の結果として生じた長年の構成体であることを認識しておくことが重要である。したがって、その結果である組織や制度だけに焦点を当てるのではなく、その起源や時間の流れに沿って現れる複雑な社会関係の発展を、その特性などから明らかにする必要があり、そのことに困難さが伴うのである。

2 障害者に対する差別的施策

❶私宅監置

たとえば、第二次世界大戦以前、日本の精神障害者は、自宅の一室や物置小屋に入れられ、外部との接触が断たれ、排除された。1900（明治33）年に制定された**精神病者監護法**の「私宅監置★」は、それを制度として認めたものである。東京帝国大学医科大学精神病学教室の主任で

★私宅監置
私宅監置は、精神障害者を自宅の一室や物置小屋に監禁し、外部と接触する機会を奪う措置である。1919（大正8）年の精神病院法では廃絶には至らず、精神障害者の人権を侵害する制度が長く続き、1950（昭和25）年の精神衛生法で廃絶された。

あった呉秀三は、1910（明治 43）年から 1916（大正５）年まで私宅監置の実状について調査し、それを「精神病者私宅監置の実況及び其統計的観察」として『東京医学会雑誌』に連載した。のちに内務省がそれを冊子として発刊したが、その冒頭で呉は次のように書いている。「我が国においては既に精神病者監護法が施行され、病者の法律的地位は擁護されているが、実学的見地に立って病者の実際の救治法を観察してみると、非常に遺憾な点が多々あるのを認める[2)]」。

Active Learning

私宅監置などの歴史から、世間体を重視することで生じてしまう差別や偏見について考えてみましょう。

❷ハンセン病患者に対する施策

このように戦前の障害者に関する施策は、基本的に、健全な国民を養成し、国家の発展に資することを主眼とする公益主義の国家思想のもとで行われ、人権尊重の理念とはかけ離れたものであった。ただそのような差別的施策は、戦前だけにとどまるものではない。1946（昭和 21）年 11 月３日に日本国憲法が交付され、日本において民主主義に基づく新しい国家形成の基盤が法定化されたあとも、「連続」して行われる差別的施策があった。それを象徴するのが、**ハンセン病**患者に対する差別・偏見に基づく**隔離政策**である。

ハンセン病患者に対する差別的施策は、1907（明治 40）年に成立した**癩予防ニ関スル件**に始まるといわれ、病毒を伝染させる危険性だけではなく、外観上、好ましくない、見るに堪えないことを理由に挙げて、ハンセン病患者を差別していた。そしてそれは、特効薬**プロミン**の実用化で完治の方向が明らかにされながら、戦後も戦前の対応が続けられた。1953（昭和 28）年には療養所への入所を促進する**らい予防法**が制定された。その第１条には次のように明記されている。「この法律は、らいを予防するとともに、らい患者の医療を行い、あわせてその福祉を図り、もって公共の福祉の増進を図ることを目的とする」。さらに、1948（昭和 23）年に定められた**優生保護法**でハンセン病などに優生手術★を認め、不妊手術は生殖腺を除去しないことを条件にしていたにもかかわらず、子宮摘出などは引き続き行われていた。らい予防法が廃止され、優生保護法が母体保護法に改正されたのは、1996（平成８）年である。

★優生手術
優生保護法の第１条（「優生上の見地から不良な子孫の出生を防止するとともに、母性の生命健康を保護することを目的とする」）に基づいた中絶や不妊手術を指す。この中絶や不妊手術は、本人の同意をとらず、強制的に行われた。

このように「個人」と「社会」のありようを歴史的視点から学ぶことにより、個人の問題をその人の問題とせず、広く社会の問題として捉える視点を身につけることができる。

3 社会福祉の歴史の時期区分

1 段階論

ここで歴史を学ぶうえで重要な時期区分について確認しておく。これまでの日本の社会福祉史研究では、資本主義の展開段階と対応させて時期区分を行ってきた。具体的には、初期資本主義の時代（資本主義の成立期）に**旧救貧法**を、高度資本主義の時代（発展期）に**新救貧法**を、古典的帝国主義の時代（没落期前期）に**社会事業**を、後期資本主義（国家独占資本主義期）に**社会福祉**をそれぞれ対応させてきた。このいわゆる「段階論」の考え方は、理論的枠組み（純粋理論）と歴史分析（段階論）を分けた宇野弘蔵の経済理論（「宇野理論」）に依拠している。そしてその「段階論」に基づいて、社会福祉史研究の発展に寄与したのが、一番ヶ瀬康子と古川孝順である。

2 一番ヶ瀬康子の捉え方

一番ヶ瀬は『社会福祉事業概論』で、「社会福祉事業の学習において何よりも必要なことは、第一に現実の社会福祉事業の生成過程と実態を、とくに今日の社会である資本主義社会の法則に照らしてみつめること、第二に、第一との関連で社会福祉事業自体にひそんでいる具体的な法則性や課題を把握すること、そして最後に、それを活動あるいは実践の立場において再構成することではないだろうか」と述べたうえで、生活問題対策の発達段階で、資本主義前史の古代奴隷制、中世農奴制（自給自足経済、身分制）の社会体制時に慈善・慈恵を、初期資本主義（原始的蓄積段階）に救貧法を、盛期資本主義（産業資本主義段階）に「最低の救貧法」や慈善組織化を、末期資本主義の前期（金融独占期）に社会改良活動や社会事業を、後期（国家独占期）に社会保障、社会福祉事業専門技術を、それぞれ当てはめて論じている[3)]。

3 古川孝順の捉え方

古川は『社会福祉の歴史――政策と運動の展開』の序章で、「資本主義の成立期に旧救貧法を、発展期に新救貧法を、没落期前期の古典的帝国主義期に社会事業を、国家独占資本主義期に社会福祉を」それぞれ対応させて理解することを評価し、「内在的な意味連関が十分に解明されているとは必ずしもいいがたい」と断りを入れながら、「社会福祉的施策の『発展』は、基本的には、資本主義そのものの展開・変化をその基底的な要因として措定し、常にそこにフィードバックさせつつ解明されるべきものである[4)]」と述べている。古川の指摘は、歴史の法則に関する理論をどう捉えるかということにかかわっている。

社会主義体制の崩壊と冷戦構造の終焉という歴史的事実以降の枠組みを「段階論」でどのように説明するかについては課題もある。しかしながら、社会福祉が対象とする生活問題は、資本主義社会の根本的矛盾から必然的に生まれたものであり、特に**社会福祉政策**という言葉は、資本主義社会の固有な政策として、内部の展開過程で出現したものである。すなわち、社会福祉の展開が資本主義の発展過程を基調とするものであった史実を踏まえると、現段階で「段階論」を超える時期区分はないように思われる。そこで本章では、古川が示した段階論に基づいて作成した**表 1-1** の時期区分を用いて、日本と欧米の社会福祉の歴史を考えたい。

表1-1　社会福祉の時期区分

時代	資本主義	時期	社会思想	施策等の名称
古代 中世	—	萌芽期	—	慈善活動
近代	初期資本主義	生成期 発展期	重商主義 自由主義	慈善事業 感化救済事業
	成熟期資本主義	成熟前期 成熟後期	帝国主義 国家独占資本主義	社会事業 社会福祉
現代	後期資本主義	転換期	新自由主義	現代社会福祉

出典：古川孝順『社会福祉原論』誠信書房，p.22 表 2-1，2003.

◇引用文献

1）MacIver, R., *Community, a sociological study : being an attempt to set out the nature and fundamental laws of social life*, Benjamin Blom, Incorporate, p.7, 1917.
2）呉秀三・樫田五郎，金川英雄訳・解説『現代語訳 精神病者私宅監置の実況』医学書院，p.9, 2012.
3）一番ヶ瀬康子『社会福祉事業概論』誠信書房，pp.i–ii，p.90，1964.
4）古川孝順「社会福祉政策の形成と展開」右田紀久恵・高澤武司・古川孝順編著『社会福祉の歴史――政策と運動の展開』有斐閣，pp.4–5，1977.

◇参考文献

・一番ヶ瀬康子・高島進編『講座社会福祉 第2巻 社会福祉の歴史』有斐閣，1981.
・右田紀久恵・高澤武司・古川孝順編著『社会福祉の歴史――政策と運動の展開 新版』有斐閣，2001.
・金子光一「戦前と戦後の連続・非連続について」日本社会福祉学会編『対論 社会福祉1 社会福祉原理・歴史』中央法規出版，2012.
・金子光一「社会福祉史の現状と課題――『生活支援史研究』との比較を通じて」松村祥子・山田知子編『生活支援の社会福祉』放送大学出版会，2014.
・金子光一編著『新版 社会福祉概論 第2版』建帛社，2018.
・日本学術会議社会学委員会社会福祉学分野の参照基準検討分科会『報告 大学教育の分野別質保証のための教育課程編成上の参照基準 社会福祉学分野』日本学術会議，2015.
・古川孝順『社会福祉原論』誠信書房，2003.

● おすすめ

・古川孝順『福祉ってなんだ』岩波書店，2008.
・金子光一『社会福祉のあゆみ――社会福祉思想の軌跡』有斐閣，2005.

第2節

欧米の社会福祉の歴史的展開

学習のポイント

- 資本主義の社会体制を世界に先駆けて実現させたイギリスの社会福祉史を学ぶ
- 急速に発展し最も高度化した資本主義国であるアメリカの社会福祉史を学ぶ

1 生成期——重商主義的労働力政策としての救貧法

1 イギリス

16世紀初頭の封建的・氏族的所有から近代的私有への転化の過程で、大量の貧困者が発生した。このことを背景として、世界で初めての救貧制度がイギリスで誕生する。1601年に制定された「エリザベス救貧法」(43 Elizabeth, c.2)[i]である。同法は、商業に重点を置いた労働力政策、すなわち**重商主義的労働力政策**として作用したが、あくまでも貧困児者の就労促進に重点が置かれていた。そして、救済の対象も労働能力のない貧困者に限定されたものであった。このような救貧法は、その後、富の増大のためには経済活動への国家の干渉を排除すべきという立場の自由主義経済学者から痛切に批判され、その主張が近代社会事業思想の形成に大きな影響を与えた。

2 アメリカ

アメリカの資本主義の成立過程は、イギリスとは異なっている。そもそもアメリカには解体されるべき封建制の社会体制が存在しなかった。そのことはイギリスの重商主義の時代にみられるような形態での貧民が成立しなかったことを意味する。

しかしながら、各植民地議会は次々と救貧法を制定した。そのほとんどがイギリスのエリザベス救貧法を模したものであったが、地理的・社会経済的条件によって植民地ごとの差異はあった。アメリカで最初に救貧法を制定した植民地の一つがバージニア（1642～1643年）であっ

i　1572年法と1576年法を経て提示された1597年法（39 Elizabeth, c.3）は、1601年の「エリザベス救貧法」の内容と同一のものである。1601年法は、それを単純かつ体系的に整備したにすぎない。

たといわれ、そこではイギリスと同様、イギリス国教会の教区が救貧行政の単位になっていた。その一方でニューイングランドでは、タウンが救貧行政の単位になり、**救貧税**が課せられていた。

19世紀前半の代表的な慈善活動は、**貧民生活状態改良協会**（Association for Improving the Condition of the Poor：**AICP**）である。AICPは1837年の恐慌とそれに続く不況のなかで、1843年にニューヨークに創設された。AICPの初期段階は、当時の自由放任思想に基づき、貧困者の浪費、無思慮、怠惰を困窮原因と捉え、慈善機関というよりも自助を強調する社会統制機関としての性格が強い協会であった。しかしながら、その後、救済そのものを課題とする機関に変容していった。1850年代の組織的な慈善事業の一つとして、1853年にニューヨークに設立された**児童救護協会**（Children's Aid Society）を挙げることができる。同協会は、大都市の「危険な階級」（dangerous class）の者たちから子どもたちを守るために、子どもたちを中西部の農家に積極的に送り込む活動などを展開した。

2 発展期 ――自由主義時代の民間部門活動

1 イギリス

1869年4月、イギリスのロンドンにおいて多様な各種慈善団体の活動が相互に独立していたことによる弊害を防止するために、「慈善救済組織化および乞食抑制のための協会」（Social for Organising Charitable Relief and Repressing Mendicity）が創設され、それから1年後、同協会は**慈善組織協会**（Charity Organisation Society：**COS**）と改名された。

COSが発足した頃のイギリスは、上流階級や中産階級が行う慈善に共通の原則がなく、慈善団体間の連絡も十分でなかったため、不統一な活動が繰り返されていた。このような状況のなかで、個人の生活実態に対応し、救済および救貧が社会的・組織的に行われる必要性が生じ、COSが誕生した。

COSは、その後ソーシャルワークの先駆的実践として展開され、理論的体系化に寄与するが、一方で当時のCOSは、貧困を個人の生活や慣習の問題として把握し、援助の対象を「救済に値する貧困者」（the deserving poor）に限定する**選別主義**を採用していた。

Active Learning
COSの実践のように援助の対象を限定することの功罪を考えてみましょう。

写真1-1　トインビー・ホール

© Mary Evans Picture Library / amanaimages

さらに、この時期の民間の活動として注目しなければならないのが、**セツルメント**（settlement）である。セツルメントは、19 世紀末から顕在化した大都市のスラム問題を解決するために、スラム住民の貧困に対する意識改革を目的として起こった。そもそもセツルメントとは、知識と人格を備えた人が、スラムに入り、住み込むことを意味し、貧困者との人格的接触を通じて福祉の向上を図る事業である。1884 年にイギリスのロンドン東部で、聖ユダ教会司祭であったバーネット（Barnett, S.）が、貧困者救済委員会ホワイトチャペル地区委員として、貧困地域の救済・活動に情熱を燃やし、オックスフォード大学の学生および教授に協力を呼びかけて**トインビー・ホール**（Toynbee Hall）を創設した。その名称は、**バーネット夫妻**（Barnett, S. & H.）の勧めでセツルメントの活動にかかわっていたが、若くしてこの世を去ったオックスフォード大学の経済史学者、アーノルド・トインビー（Toynbee, A.[ii]）から名づけられた（**写真 1-1**）。

2 アメリカ

アメリカにおける最初の COS は、1873 年の不況時に創設された「ドイツ人街救済協会」（Germantown Relief Society）であるが、一般的には、1877 年ロンドンの COS を手本として地区委員会を設置し、貧困家庭の個別訪問、すなわち友愛訪問[★]（friendly visiting）を実施したバッファローの COS がその起源とされている。アメリカの初期の COS は、すでに存在する慈善的救済団体間の調整と、より高度な効率

★友愛訪問
COS が中心となり実施した貧困者に対する個別訪問を指す。この訪問は、扶助を与えることより、忠告や説得、励ましをすることが主な目的であった。そのため友愛訪問員には、友愛の精神に基づく人格を備えていることが求められた。

ii 〔Arnold Toynbee〕1852-1883. トインビーは、労働者の教育、社会改良等に従事し、1883 年 3 月 9 日、30 歳と半年で逝去した。

写真1-2　リッチモンド

© Alamy Stock Photo / amanaimages

性の実現を目的として、自ら救済を供与するのではなく、地域社会のなかで活動する慈善団体の情報交換機関として機能した。

バッファローで発足して以降、1881 年までに同じ形態の COS がフィラデルフィア、デトロイトなど 10 の都市で誕生し、その後も急速に拡大し、1895 年には全米の主要都市に 125 の団体が、世紀転換期には約 140 の団体が COS 活動を開始していた。

アメリカの COS は、慈善活動の指導・調整・組織化、中央登録所の設置、自立促進のための有給職員やボランティアによる友愛訪問などを実施したが、その後の近代的社会事業の発展に貢献する**ケースワーク**の方法、ワーカーの訓練などを積極的に開発した点に大きな特徴がある。特にケースワークの方法としては、友愛訪問による綿密な調査、中央および地方委員会によるケースの分析、ケース・ペーパーの集積などが、その後のアメリカのケースワークの発展に大きな影響を与えた。またワーカーの訓練では、中央委員会の書記のほかに重要な地区には少なくとも 1 人の有給ワーカーを配置し、訓練を行った点において、地域単位の社会事業の人材育成に寄与した。

このように個別処遇の方法がケースワークの方法として、慈善組織化の方法が**コミュニティオーガニゼーション**の先駆的実践として展開される過程で、**リッチモンド**（Richmond, M. E.）の貢献を無視することはできない（**写真 1-2**）。

リッチモンドはボルチモア、フィラデルフィアの COS で総主事を務め、ラッセル・セイジ財団慈善組織部部長に就任後、代表作とされる『社会診断』（*Social Diagnosis*, 1917）と『ソーシャル・ケース・ワークとは何か』（*What is Social Case Work?*, 1922）を公にした。

社会的事実を確保するために社会的証拠を収集し、それを理論的に解釈・推敲（すいこう）して、クライエントのパーソナリティの発達を社会諸関係＝社会環境との関連で体系化しようとした彼女の視点と姿勢は、近年の社会福祉実践理論（生活モデル、エコロジカル・システム・アプローチ、社会福祉実践の統合モデルなど）の学問的方向性の源流と位置づけられている。

3 成熟前期 ——帝国主義期の動き

1 イギリス

❶社会主義の台頭

19世紀末から起きた国際的な経済状況の急変によって生じた社会問題は、イギリスの国家体制そのものに対する知的論争へと発展し、社会主義の台頭を導いた。その契機となったのが1879年にアメリカで出版されたジョージ（George, H.）の『進歩と貧困』（*Progress and Poverty*）である。また、イギリス独自の社会主義団体であるフェビアン協会（Fabian Society）も、その後の福祉国家の形成に大きな影響を与えた。初期のフェビアン協会には、バーナード・ショウ（Shaw, G. B.）やウェッブ夫妻（Webb, S. & B.[iii]）が所属していた。彼らによる新しいイギリス社会主義の浸透は、1906年の労働党結成および第二次世界大戦後の労働党政策綱領につながっている。

❷貧困調査

チャールズ・ブース（Booth, C.[iv]）がロンドンで行った調査と、ラウントリー（Rowntree, B. S.[v]）がヨークで実施した調査は、貧困の実態と原因を明らかにするうえで重要な意味をもった。

ブースは自らの個人資金で1886年から1888年にかけて調査を行い、その結果を1889年から1901年にかけて『ロンドン市民の生活と労働』

---

iii 〔Sidney Webb〕1859-1947. &〔Beatrice Webb〕1858-1943. シドニー・ウェッブとビアトリス・ウェッブは、1892年に結婚し、『労働組合運動の歴史』（1894年）、『産業民主制論』（1897年）、『貧困の予防』（1911年）など、2人の協同作業で福祉国家形成に寄与する業績を数多く残した。

iv 〔Charles Booth〕1840-1916. 船舶会社の社長であったブースは、マルクス主義のハインドマン（Hyndman, H. M.）の主張を反証するために、自ら資金を調達してロンドンで調査を行い、その成果を公にした。1908年に成立した無拠出制の老齢年金法の成立にも貢献した。

v 〔Benjamin S. Rowntree〕1871-1954. ラウントリーは、ブースが行ったロンドンでの調査から強い影響を受け、典型的な地方都市であるヨークで貧困調査を始めた。彼は生涯にわたって3回の貧困調査（第1回:1899年、第2回:1936年、第3回:1950年）を行っている。

（*Life and Labour of the People in London*）という17巻の報告書として発表した。そのなかで彼は**貧困線の概念**（concept of poverty line）を導入し、ロンドン市民の30.7%が貧困線以下の生活状態にあることを明らかにした。また、その3割近くの人、つまり全体の1割近くの人たちは、今すぐにでも何らかの援助を受けなければ、生活が維持できないほどの貧窮状態にあることを示した。さらに、その人々について貧困原因を調べてみると、飲酒や浪費のような個人的な欠陥や怠惰による者よりは、不安定就労、低賃金等の社会経済的原因による者のほうが多いことを明らかにした。

ラウントリーは、1899年ヨークで貧困原因の調査を行い、その結果を1901年『貧困――都市生活の研究』（*Poverty : A Study of Town Life*）にまとめた。そのなかでラウントリーは、貧困を「第一次貧困」と「第二次貧困★」に分け、前者に属する者が9.91%、後者に属する者が17.93%であることを明らかにした。またラウントリーは、労働者の生活が、その労働能力と家族の状態の変化に伴って、第一次貧困線を境に一生涯のうち少なくとも3回その線以下に生活水準が下がることがあるとする、いわゆる**ライフサイクル**（life-cycle）の概念を明らかにした。

★第一次貧困と第二次貧困
第一次貧困とは、所得が生活を維持するのに必要な費用以下の水準であり、第二次貧困とは、生活を維持するぎりぎりの所得しかなく、他のものを消費できない水準である。

2 アメリカ

セツルメントの発展

1890年代はアメリカが世界第1位の工業生産国になった時期であり、アメリカ資本主義が金融資本を中心とする独占段階に移行した時期でもあった。そしてそれは同時に貧富の格差を生じさせ、さまざまな社会問題の噴出を余儀なくさせた。そのようななかで急速に発展したのが、**セツルメント**である。アメリカのセツルメントは、コイト（Coit, S.）によるニューヨークにおける1886年創立の**近隣ギルド**（Neighborhood Guild）に始まる。また、**ジェーン・アダムス**（Addams, J.）[vi]がスター（Starr, E. G.）らとともに1889年シカゴに開設した**ハル・ハウス**（Hull House）が、アメリカでセツルメントを普及させる契機となり、社会改良の近代化に貢献したことは広く知られている。その後、

vi 〔Jane Addams〕1860-1935. 1889年にシカゴ市でハル・ハウスを創設し、アメリカでセツルメントを普及させ、社会改良の近代化に貢献した。彼女が関与した社会改良運動、平和運動、女性運動は、世界規模で拡大・発展し、1931年にノーベル平和賞を受賞した。

アメリカのセツルメント運動は革新主義思想の波に乗って飛躍的に拡大し、その数は1900年までには400を超え、1915年には550を数えた。

4 成熟中期——帝国主義期から国家独占資本主義へ

1 イギリス

1920年代に入り、イギリスの失業者は全人口の約5分の1となっていた。そしてこの失業の深刻化は、従来の救貧行政および1911年に制定された国民保険法（第1部健康保険、第2部失業保険）による対応の限界を明らかにした。そこで1929年保健大臣のチェンバレン（Chamberlain, A. N.）は、地方自治体の行政範囲を拡大し、その効率を高めるとともに、財源の拡張を図ることを目的とする**地方自治法**（Local Government Act, 1929）を議会に提出した。この法律によって、救済ならびにその関連サービスは、地方議会の下に設置された公的扶助委員会（Public Assistance Committee）によって実施されることとなった。これは、エリザベス女王の時代から維持されてきた救貧法の実質的な廃止であり、1909年に提出された『少数派報告』の勧告[vii]の実現を意味した。

2 アメリカ

❶ニューディール救済政策

大恐慌がアメリカ資本主義に与えた影響は計り知れず、1933年3月にフランクリン・ルーズベルト（Roosevelt, F.）が大統領に就任した時期の失業率は24.9%であった。そこでルーズベルトは、就任直後から失業救済に対する**ニューディール**と呼ばれる新方式を採用した。彼は救済事業のために貸付金ではなく補助金を直接州に交付し、連邦救済局を設置して、単一の連邦組織の下に連邦救済を実施する内容の**連邦緊急救済法**（Federal Emergency Relief Act：**FERA**）を成立させ、さらに産業界の救済と復興を図るため、1933年6月、**全国産業復興法**（National Industrial Recovery Act：NIRA）を制定した。また

---

vii 1909年に「救貧法および貧困救済に関する王立委員会」の二つの報告書（『多数派報告』と『少数派報告』）が提出された。『少数派報告』の第1部では救貧法とその行政機関を解体し、それぞれの機能分化を推し進め、社会成員のすべてに健全な生活を保障するように社会福祉サービス体系を形成することを提案した。

FERAによって設立された連邦緊急救済局（Federal Emergency Relief Administration：FERA）は、補助金を民間団体の助成に流用することを禁じて救済責任を明確化しただけではなく、救済行政への専門職の雇用などを推進した。

❷ WPAの設立と社会保障法の制定

さらにルーズベルトは、1935年5月に労働可能な失業者に雇用を提供するための**雇用促進局**（Works Progress Administration：WPA）を設立した。同局は緊急救済支出法（Emergency Relied Appropriation Act）に基づき、失業対策事業を能率的かつ総合的に遂行するためのもので、失業者が公共事業あるいは民間企業で雇用を獲得するための活動を積極的に展開した。

社会保障法（Social Security Act）は1935年1月に上程され、7か月後の8月14日に大統領が署名し制定された。この社会保障法は、❶2種類の社会保険（連邦直営方式の老齢年金と連邦が補助する州営失業保険）、❷高齢者、母子家庭、視覚障害者に対する3種類の**特別扶助**（老人扶助、要扶養児童扶助、盲人扶助）、❸**社会福祉サービス**（母子保健サービス、肢体不自由児サービス、児童福祉サービス：州に対する補助金制度など）の3本柱で構成されていた。

5 成熟後期 ——福祉国家体制とその後の揺らぎ

1 イギリス

❶福祉国家体制の確立

資本家と労働者の利害が最も対立した第二次世界大戦下で、**ベヴァリッジ**（Beveridge, W. H.）が個人名で重要な報告書を公表した。それが**ベヴァリッジ報告**（Beveridge Report）として知られる『社会保険および関連サービス』（*Social Insurance and Allied Services*）である。この報告書が公にされる背景には、過酷な戦争を戦いぬくための士気の向上と同時に、イギリスの社会保険および公的扶助の改革を求める労働者の主張があったが、この報告書のなかで打ち出された**「ゆりかごから墓場まで」**は、社会保障の思想と体系の原点となり、**「勧告の三つの指導原則」**は、イギリスのみならず多くの資本主義諸国の指針となった。「勧告の三つの指導原則」とは、❶保険と扶助に関する全システムを抜本的に改革しなければならない、❷社会保険は5人の巨人★と

★5人の巨人
「貧窮」「疾病」「無知」「不潔」「無為」であり、貧窮に対する所得保障、疾病に対する保健医療、無知に対する教育、不潔に対する公的住宅・都市計画、無為に対する失業施策の必要性を唱えた。

密接に関連する、❸国の責任はナショナル・ミニマム★の確保、である。

ベヴァリッジの提案が具体的に法制化されたのは、戦後、アトリー（Attlee, C. R.）労働党内閣の時である。たとえば、1945 年から 1948 年にかけて家族手当法、国民保険（業務災害）法、国民保険法、国民保健サービス法、国民扶助法などが制定された。

ベヴァリッジの提案が戦後の労働党政権の下で制度化され定着したことによって、戦後の社会保障は一応確立された。

❷貧困の再発見

1960 年代になり、「ゆたかな社会」の恩恵に浴する者の影で、経済的繁栄とは無縁の者が存在していることを指摘する研究成果が相次いで発表された。その代表的なものがエイベル－スミス（Abel-Smith, B.）とタウンゼント（Townsend, P.）の『貧困者（層）と極貧者（層）』（*The Poor and The Poorest*, 1965）である。彼らは1960年時点において、実に、約 6 分の 1 の世帯が貧困状況にあることを示した。**「貧困の再発見」**である。

2 アメリカ

❶貧困の再発見と貧困戦争

第二次世界大戦後、1950 年代までのアメリカは、世界で最も豊かな資本主義国家であった。しかしそのような時代、ゆたかな社会の「忘れられた」貧困を告発した人物が現れる。ハリントン（Harrington, M.）である。ハリントンは、1962 年の著書『もう一つのアメリカ――合衆国における貧困』（*The Other America : Poverty in the United States*）で、中流階層以上の者と貧困者が二極分化していることを指摘した。また、ジョンソン（Johnson, L. B.）大統領が「**貧困戦争**（War on Poverty）」を宣戦布告したあとは、経済機会法（Economic Opportunity Act）の下、経済機会局を核とするボランティア動員★（Volunteers in Service to America：VISTA）、ジョブ・コープス★（Job Corps）、ヘッド・スタート★（Head Start）、都市・地方コミュニティ行動★（Urban and Rural Community Action）などが実施された。

❷福祉権運動

さらに、1960 年代に入って急速に発展したのは**福祉権運動**と呼ばれる公的扶助受給者を中心とした権利要求運動である。この運動が全国的に展開された背景には公民権運動★（civil rights movement）がある。公民権運動は 1950 年代後半から黒人に対する政治的・経済的・社会的

★ナショナル・ミニマム
ウェッブ夫妻が 1897 年に共著として刊行した『産業民主制論』（Industrial Democracy）のなかで提唱したものであるが、『ベヴァリッジ報告』が刊行されてから公的扶助の規範的基礎として多くの国に影響を与えた。

★ボランティア動員（VISTA）
貧困削減のためにボランティアを訓練し、受講者を州や地方の政府機関や民間の非営利団体に紹介するボランティアサービス。

★ジョブ・コープス
10 代後半から 20 代前半の若者に、仕事に就くための訓練プログラムを提供する職業訓練生活指導隊。

★ヘッド・スタート
低所得層の 3 ～ 4 歳の子どもを対象とする就学援助プログラム。日本でもよく知られているテレビ番組「セサミストリート」は、ヘッド・スタートプログラムとして始まった。

★都市・地方コミュニティ行動
貧困削減プログラムを実施する非営利組織の支援を目的にした都市・地方コミュニティ行動。

★公民権運動
1968 年凶弾に倒れるまで、この運動を主導したキング牧師は、「経済的保障は、市民的権利と投票権運動の果実であると同時に、市民的権利と投票権運動の前提条件でもある」という強固な信念でワシントン大行進を行った。

な差別の撤廃を求めて展開された社会運動である。公民権運動の成果は1964年の**公民権法**と1965年の**投票権法**の獲得であった。アメリカでは、この公民権運動のエネルギーが福祉権運動につながり、全国的な組織運動として展開された。その基盤となったのが1967年に結成された「全国福祉権組織」(National Welfare Rights Organization：NWRO）である。

福祉権運動は、当然多くの抵抗や規制を受けたが、ベトナム戦争の拡大と反比例して貧困戦争が縮小していくなかで、さらに発展していった。またその影響はソーシャルワークの領域にも及んだ。それまでのソーシャルワーカーは当事者主体などの原則を打ち立てながらも、専門技術によって自助の原理を押しつけているという不信と批判があった。それが福祉権運動を通じて噴出し、ソーシャルワーカーの役割について再考する機会となった。それを受けて、ソーシャルワーカーの新たな役割として、当事者に代わって権利を擁護する**代弁的役割**（advocate role）が注目されるようになった。

Active Learning
アメリカで今日まで続く人種差別の背景にある思想について考えてみましょう。

6 転換期——新自由主義の時代から今日まで

1 イギリス

サッチャー（Thatchar, M.）政権による一連の政治手法やその基盤となる思想は**サッチャリズム**★と称されるが、それを支えたイデオロギーが**新自由主義**である。新自由主義は、福祉国家の公共独占が個人の自由を侵害してきたと主張した。その代表的論者がフリードマン(Friedman, M.)である。サッチャリズムに基づく政策は、住宅、教育、保健・医療などの領域で、「民営化」（プライバタイゼーション）を柱として推進された。

★サッチャリズム
イギリス初の女性保守党党首であり、女性首相であるサッチャーの基盤となる思想である。サッチャーは保守的かつ強硬な姿勢から「鉄の女」と称されたが、サッチャリズムに基づく政策は、1979年5月から1990年11月までの長期政権下で展開された。

しかしその後イギリスは、サッチャーの一連の政策に対する揺り返しを体験した。公的部門で行われるべき社会福祉サービスを市場（民間）経済の活力に依存した結果、そこに競争原理は働いたが、負担能力による格差が生まれ、サービスの平等は著しく妨げられた。全国民を対象に国家の責任で包括的なサービスを供給する国民保健サービスのなかに、供給者（provider）・購買者（purchaser）の市場概念を取り込んだ法律改正に対する批判は各自治体で高まり、民営化政策として開始した公営住宅の売却促進も計画通りには進まなかった。

その結果として、自治体社会主義や共同組合の新しい動きが活発化し、1997年5月に**ブレア**（Blair, T.）を党首とする労働党が政権を獲得した。ブレアが行った**働くための福祉プログラム**は、職業訓練、就労あっせんなどを通じて、働くことが可能な者には極力就労を促す施策を積極的に展開するものであった。

2 アメリカ

1980年に「強いアメリカ」の再現をスローガンに当選した共和党のレーガン（Reagan, R.）が大統領に就任してからのアメリカは、急速に新保守主義的改革が推進された。**新保守主義**は、福祉国家が寛容な福祉サービスを展開したことで、社会の道徳規範が形骸化したと捉え、個人の自助努力を強調し、**小さな政府**と市場原理を重視する考え方である。

1996年の福祉改革を頂点とする動きは、そのスタンスを基本としながら、「働ける条件の欠如」の中身を精査することに向けられるようになった。それを象徴するのが1996年の「個人責任・就労機会調停法」（Personal Responsibility and Work Opportunity Act）通称、福祉改正法（Welfare Reform Act）によって策定された**貧困家庭への一時的扶助**（Temporary Assistance for Needy Families：**TANF**）である。

TANFプログラムのような就労を通じて福祉の実現を図る**ワークフェア政策**は、クリントン（Clinton, W. J.）大統領政権下（1993～2001年）から積極的に展開されたが、雇用機会の創出に比較的高いウエイトが置かれていた。しかしながらその後のブッシュ(Bush, G. W.)政権下（2001～2009年）では、公的扶助の受給者に対する就労義務の強化、中高所得層をターゲットとする減税政策などによる就労意欲の向上にウエイトが置かれた。

◇**参考文献**

・秋元英一・菅英輝『アメリカ20世紀史』東京大学出版会，2003.
・一番ヶ瀬康子『アメリカ社会福祉発達史』光生館，1963.
・一番ヶ瀬康子・高島進編『講座社会福祉 第２巻 社会福祉の歴史』有斐閣，1981.
・右田紀久恵・高澤武司・古川孝順編著『社会福祉の歴史――政策と運動の展開 新版』有斐閣，2001.
・小山路男『社会福祉選書　5　西洋社会事業史論』光生館，1978.
・金子光一『社会福祉のあゆみ――社会福祉思想の軌跡』有斐閣，2005.
・金子光一・小舘尚文編『新 世界の社会福祉 第１巻 イギリス・アイルランド』旬報社，2019.
・高島進『イギリス社会福祉発達史論』ミネルヴァ書房，1979.
・仲村優一・一番ヶ瀬康子『世界の社会福祉 第９巻 アメリカ・カナダ』旬報社，2000.
・ロイ・ルバヴ，古川孝順訳『アメリカ社会保障前史――生活の保障：ヴォランタリズムか政府の責任か』川島書店，1982.

● **おすすめ**

・松村祥子編著『欧米の社会福祉の歴史と展望』放送大学教育振興会，2011.
・室田保夫編著『人物でよむ西洋社会福祉のあゆみ』ミネルヴァ書房，2013.

第3節 日本の社会福祉の歴史的展開

学習のポイント

- 日本の社会福祉のあゆみを「段階論」で理解する
- 日本の社会福祉の歴史的展開から「連続性」と「非連続性」を学ぶ

1 萌芽期

6世紀、日本に導入された仏教の慈悲の思想は、仏教徒によって実践され、その過程で多くの救済が行われた。特に593（推古元）年に設立されたとされる四天王寺の四箇院（しかいん）★は、この時期の実在を疑問視する説も、聖徳太子建立説を否定する説もあるが、その後の仏教的慈善に大きな影響を与えた。

古代・中世社会の施策として、日本では**養老律令**や**七分積金制度**（しちぶつみきんせいど）などが代表的なものとして挙げられる。718（養老2）年に制定された養老律令の「戸令（こりょう）★」において、救済の対象を「鰥（かん）、寡（か）、孤、独、貧窮（びんぐ）、老、疾★」と定め、役所からの現物支給が行われた。そのほかにも、干ばつ、風水害、疾病等による生活困窮者に対して、米、塩、衣類などを支給する**賑給**（しんごう）が天皇の慈恵として行われた。ただこの賑給は、窮民の必要に応じて実施されるというよりも、救済を行う側の都合による恣意的な救済であったと考えられている。

18世紀になると、江戸市中の貧窮病者のための施療機関として、1722（享保7）年に**小石川養生所**が設けられた。小石川養生所は、江戸町奉行の大岡忠相が設置した**目安箱**に、小石川伝通院前で生業していた小川笙船（しょうせん）の貧窮病者のための施薬院の設立を求めた意見投書を採用する形で設立されたものである。また、1790（寛政2）年には無宿人や刑余者を使役するために収容する**人足寄場**（にんそくよせば）が石川島の沼地を埋め立てて設立された。さらに、備荒や貧民孤児救済等の資金制度として七分積金制度が1791（寛政3）年に松平定信によって設けられた。同制度は、町人用金を節約した額のうち七分を積み立てる制度である。

その他、大飢饉のたびに頻発した村方騒動や都市騒動、百姓一揆は、困窮して踏みにじられた市民の訴えの象徴であり、市民運動として一定

★四箇院
悲田院（ひでんいん）（仏教思想により貧窮者や孤児などを収容救助した施設）、敬田院（きょうでんいん）（仏教的教化事業を目的とする修行所）、施薬院（せやくいん）（薬草の栽培と施与を任務とする医療施設）、療病院（りょうびょういん）（無縁病者の施療施設）である。

★戸令
地方行政の組織と人民の守るべき礼の秩序、さらに身分制などについての条文を収めた令の編目（へんもく）の一つである。

★鰥、寡、孤、独、貧窮、老、疾
鰥は61歳以上の妻のない者、寡は50歳以上で夫のない者、孤は16歳以下で父のない者、独は61歳以上で子のない者、貧窮は財貨に困る者、老は66歳以上の者、疾は疾病者を指す。

の意味をもった。

2 生成期

1 一般的救済法の制定

明治時代に日本で初めて成立した貧困者に対する一般的救済法は、1874（明治７）年に制定された**恤救規則**（じゅっきゅうきそく）である。恤救規則は、貧困状態にある者の救済は、**人民相互の情宜**（じょうぎ）（したしみ・よしみ）によってなされるべきであるとし、**無告の窮民**（誰の助けも期待できない困窮者）に限って、出身地までの旅費を支給するという名目で公費を与えるものであった。すなわちこれは共同体社会から逸脱した者への制限的救済であった。

その一方でこの時期、帝国議会において本格的な救貧策を展開する動きがあった。1890（明治23）年の第一回帝国議会に提出された**窮民救助法案**である。本法案は、災厄のため自活不能となった労働能力のある窮民をも対象とし、市町村の救助義務を認めた進歩的なものであった。しかしながら、窮民に救助を受ける権利を与えはしないか、濫救や救助

表1-2　明治期の官金救済者人員

年　次	人員	年　次	人員
1886（明治19）年	18,617	1900（明治33）年	18,701
1887（明治20）年	19,308	1901（明治34）年	17,519
1888（明治21）年	18,394	1902（明治35）年	17,060
1889（明治22）年	17,845	1903（明治36）年	17,959
1890（明治23）年	21,156	1904（明治37）年	18,506
1891（明治24）年	23,251	1905（明治38）年	17,494
1892（明治25）年	23,217	1906（明治39）年	16,834
1893（明治26）年	22,713	1907（明治40）年	16,065
1894（明治27）年	21,870	1908（明治41）年	14,155
1895（明治28）年	20,892	1909（明治42）年	9,080
1896（明治29）年	19,576	1910（明治43）年	3,991
1897（明治30）年	19,482	1911（明治44）年	3,322
1898（明治31）年	21,934	1912（明治45）年	3,109
1899（明治32）年	21,228		

出典：古川孝順・金子光一編『社会福祉発達史キーワード』有斐閣, p.35, 2009.（『帝国統計年鑑』（『日本の救貧制度』の資料より作成））

i　この制度によって積み立てられた積金は町会所で管理されたが、明治維新以降、町会所は廃止され、積金はそのまま東京市に引き継がれ、養育院の運営資金の一部として活用された。

義務容認のおそれはないかなどが争点となり、最終的に廃案となった。

2 民間部門の源流

そのようななかで、世紀転換期に篤志家・慈善事業家が行った民間部門の活動を無視することはできない。たとえば、1887（明治 20）年に貧窮児童を対象とする**岡山孤児院**が**石井十次**によって、1899（明治 32）年には、**家庭学校**（現・北海道家庭学校、児童自立支援施設）が**留岡幸助**によって、それぞれ設立された。石井十次は、イギリスの孤児救済家ミュラー（Muller, G.）の影響を受けて**無制限収容**を実施し、また同じイギリスのバーナード（Barnardo, T.）が実施した「ヴィレッジ・ホーム」（Village Home）にならって**小舎制**を採用し、さらに「岡山孤児院十二則★」を設け、多彩な処遇を実践した。監獄の教誨（かい）師を務めながら犯罪の芽が幼少期に形成されることを知った留岡幸助は、不良少年たちの教育のために力を注いだ。

★岡山孤児院十二則
「家族主義」「満腹主義」「非体罰主義」「密室主義」「米洗主義」などの方針があり、なかでもユニークな「満腹主義」は、子どもたちはいつも満腹状態にしなければならないという方針である。

1891（明治 24）年に愛知県北西部から岐阜県下にかけて大きな被害をもたらした濃尾大地震の際の救済は、もっぱら慈善事業家が中心となり行われたが、このとき被災児・者のために救済活動を行った石井亮一や山室軍平は、これを契機として、**石井亮一**は聖三一孤女学院（現・**滝乃川学園**、知的障害者施設）を、**山室軍平**は救世軍日本支部における活動を展開した。1895（明治 28）年に山室軍平らによって組織された**救世軍**は、セツルメント運動のほかに釈放者保護、廃娼運動、婦人保護、無料宿泊所など多岐にわたる組織的活動を展開した。その他、幼稚園を貧困家庭の子弟教育にまで拡大する意図で、防貧的視点を強調した**野口幽香**や森島美根らが**二葉幼稚園**（現・二葉保育園）を 1900（明治 33）年に設立した。また、アリス・P・アダムス（Adams, A. P.）が、1891（明治 24）年に岡山博愛会の基礎となる日本学校を設立し、1897（明治 30）年には、**片山潜**が東京の神田三崎町に「基督教社会事業の本営」として**キングスレー館**を設立した。

3 発展期

1 明治期の社会調査

そのような状況下で、貧困者の悲惨な実情を科学的に調査し、それを公にする試みも、この時期から徐々に実施された。その代表的なものが

1899（明治32）年に刊行された**横山源之助**の**『日本の（之）下層社会』**である。横山は同書において、日本でも欧米並みの貧困問題が発生しつつあることを現地調査に基づいて実証的に描いている。

また、1903（明治36）年には、労働者の実態調査の報告書である**『職工事情』**が農商務省から発行された。これにより、日本の産業革命期の労働者、特に女工を中心とする原生的な労働者の存在が浮き彫りになった。たとえば、都市下層社会の人口は、東京府では５大貧困街（下谷万年町・浅草松葉町・深川蛤町・芝新網町・四谷鮫ケ橋）、大阪府では名護町を中心に分布しており、職業は、工場労働者、職人、日雇、人足、車夫、底辺労働者、乞食、大道芸人、屑拾等に区分された。地方下層社会もこの頃から注目を集め、日雇、賃仕事、車夫、農小作人などの職種が多かったことが明らかにされた。

2 感化救済事業

日露戦争の戦中・戦後を通して、財政難に苦しむ政府は、絶対君主制の下で絶大な権力と財力をもつ天皇を中心に家族国家観の復活を目指す感化救済事業を推進した。

まず、非行少年の教育保護を目的として**感化法**が1900（明治33）年に制定された。同法によって、不良少年、犯罪少年、親における懲罰として懲戒場に入れられる少年などの処遇機関として、**感化院**が設置された。しかし同法の第一義的目的は、不良少年の矯正というよりも、治安を保つことで、感化院への入所を親や子どもの意思にかかわらず、地方長官が自らの権限で行政処分として行うことができるものであり、親や子どもの権利はまったく保障されていなかった。

しかしながら、感化法で制定された感化院を、日本で法律上位置づけられた最初の社会事業施設として、また民間社会事業に対して公的資金の補助を最初に行ったものとして捉えておくことは重要である。すなわち感化法は、原則として府県の負担で感化院を設置すべきであることを定めたが、その区域内に団体または民間の感化事業がある場合は感化院に代用することができ、同法施行規則で代用感化院に対して府県費から補助することができると規定していた。民間社会事業に対して公（おおやけ）が介入したケースは、この時期から大都市でも地方都市でもみられ、その典型が、辛亥救災会や大阪弘済会、小野慈善院などで行われた事業であった。

感化救済事業の「感化」という語が、「道義（どうぎ）を説きて、以（もっ）て之（これ）を感化す」

（後漢書）を出典としているように、その救済事業は道徳主義と深く結びついていた。またそれは徐々に成熟していた社会主義運動に対する防御、思想対策という性格も併せもっていた。すなわち、感化救済事業は、国に負担をかけない道徳主義的・自己責任主義的な救済事業であり、それが「自治自営」を基本とする地域改良事業の一環として提起されたものであり、その主張は、1908（明治 41）年の第一回感化救済事業講習会から打ち出されていた。

★大逆事件
1910（明治 43）年、政府が幸徳秋水ら 24 名の社会主義者を大逆罪で起訴し、翌 1911（明治 44）年、幸徳を含む 12 名の社会主義者を死刑に処した事件。

大逆事件★を契機に社会主義運動への弾圧が本格化する一方で、民間社会事業の組織化もこの時期に行われた。日本の場合、「民」の結集は「官」の主導の下で展開され、**中央慈善協会**として具現化した。中央組織の中心である幹事長と８名の幹事のうち４名は内務官僚であった。具体的な活動としては、国内外の救済事業の調査、慈善団体・慈善家の連絡調整・指導奨励などが挙げられる。また、救済事業の専門雑誌『慈善』を発刊した。それはのちに『社会と救済』、『社会事業』、『厚生事業』と改題されていき、現在の『月刊福祉』に継承される。

Active Learning
日本の救済事業における「官」と「民」の関係について考えてみましょう。

さらに、天皇を中心に家族国家観の復活を目指す感化救済事業においては、いわゆる「官」の慈恵主義的行政ではなく、天皇の直接的な慈恵を必要とし、その象徴が天皇の「恩資金」に基づく財団法人の設立であった。こうして設立されたのが**恩賜財団済生会**である。

4 成熟前期

1 社会事業の形成

1918（大正７）年、富山湾周辺の漁民たちが、米の県外船積みに反対するために立ち上がったことを発端として、全国に波及した**米騒動**は、自然発生的なものであったが、日本で最初の本格的な民衆運動として位置づけられている。

そして、こうした社会構造の変化と社会運動の展開は、国民の民主主義と社会権への願いを強めていった。『大阪朝日新聞』に連載された**河上肇**の**『貧乏物語』**はそれを象徴するものである。『貧乏物語』の河上の言葉は、多くの国民の心を捉え、貧困認識の社会的転換の契機となったと考えられている。

このようにして徐々にではあるが、日本の**社会事業**が形成される。社会事業の成立指標としては、一般に「社会化」、「組織化」、「予防化」、「専門化」、「科学化」などが用いられる。

「社会化」を示すものとしては、中央、地方における社会事業行政機構の確立と体系化が挙げられる。1917（大正６）年、救済行政の中央事務の担当課である救護課が内務省に設置され、1919（大正８）年にはその名称も社会課と改称し、翌1920（大正９）年には社会局へと発展した。社会局では「社会事業に関する事項」も扱うことになり、「慈恵」にかわって「社会事業」が国の法令上に明記された。

「組織化」を示すものとしては、**方面委員制度**の成立が挙げられる。同制度は、小学校通学区域を一方面とし、その方面単位に方面委員を任命し、その委員は、担当方面居住者の生活状態を調査し、生活困窮者の適切な救済を実施する制度であり、公的制度を補うものとして一定の役割を果たした。

「予防化」を示すものとしては、「防貧」施策の**経済保護事業**が挙げられる。たとえば、食料品および日用品のための公設廉売市場、公設質屋などである。また1920（大正９）年には協調会★に政府指定の**中央職業紹介所**が設置され、翌1921（大正10）年には職業紹介法が制定された。また第一次世界大戦後の労働問題の本格化と工場法実施により、工場労働者の疾病対策が必要になり、1922（大正11）年、**健康保険法**が制定された。

「専門化」を示すものとしては、社会事業の専門教育が一部の大学、専門学校で行われたことが挙げられる。1918（大正７）年に宗教大学（現・大正大学）社会事業研究室が、1921（大正10）年に東洋大学社会事業科、日本女子大学校（現・日本女子大学）社会事業学部が開設され、社会事業の専門家養成が実施された。

「科学化」を示すものとしては、調査・研究の進展が挙げられる。1918（大正７）年、内務省に**救済事業調査会**（1921（大正10）年より社会事業調査会）が設置された。また、高田慎吾を中心に社会事業研究を推進した大原社会問題研究所も、この時期に誕生した代表的な調査研究機関である。

第一次世界大戦後の不況のなかで生じた、1923（大正12）年の関東大震災（大正関東地震）[ii]は、関東南部を中心に大きな被害をもたらした。また、アメリカの株式の大暴落に端を発した大恐慌は、日本経済にも波及し、失業者数の増大を招いた。そのような状況で、1929（昭和４）年、

★協調会
労働運動の高揚を受けて、渋沢栄一や徳川家達らによって1919（大正８）年に設立された組織。労使協調を目的としており、社会政策、社会運動の調査研究、労働争議の仲裁・和解など多岐にわたる活動を展開していた。

ii　1923（大正12）年の関東大震災の被災者救助のために、財団法人同潤会は住宅保護を展開し、東京帝国大学セツルメントは、診療、保育、法律相談などを実施した。

救護法が制定された。

2 厚生事業

1930年代に入ると、全日本私設社会事業連盟などが、社会事業に関する法制度の促進のための運動を積極的に展開し、こうした民間部門を中心とした社会事業の運動の結果、1938（昭和13）年に**社会事業法**が制定された。しかしこの社会事業法は、全日本私設社会事業連盟の主張とはかけ離れたもので、実際の助成額は少なく、戦時下における国策に沿った統制的な側面を有していた。

また、1938（昭和13）年には任意ながら国民健康保険法も成立したが、医師不足もあり医療制度は空洞化していた。その他、1937（昭和12）年の母子保護法、1941（昭和16）年の医療保護法などが整備され、対象が国民全体に拡大した。このことが外見上、社会事業の発展と捉えられ、この時期の社会事業を**厚生事業**と呼んだ。しかしその中身は、戦争遂行のための人的資源の確保と健民健兵政策の強化であり、社会事業が軍事政策の一部に組み込まれた形の、いわゆる**戦時厚生事業**であった。

戦時厚生事業をめぐる理論的立場は、軍事優先の政策動向に追随する立場から真っ向から対立し、それらを批判する立場までさまざまであった。そのなかで社会政策論の立場から生産力の論理によって、社会政策と社会事業の理論的な整理を行ったのが**大河内一男**[iii]である。大河内は1938（昭和13）年、『社会事業』に論文「我が国に於ける社会事業の現在及び将来――社会事業と社会政策の関係を中心として」を寄稿したが、それは戦後の社会福祉学の社会科学的基礎づけに大きな影響を与えた。

5 成熟後期 ――戦後改革と高度経済成長期の福祉政策

1 「福祉三法」の成立

第二次世界大戦（1939（昭和14）～1945（昭和20）年）により日本の国富は4分の1失われた。街は、浮浪児・者、失業者などであふれ、物資は極端に不足し、国民は闇市で食料を求めた。そのような状

iii 大河内一男 1905-1984. 社会政策理論の骨子を確立し、「大河内理論」と呼ばれる生産政策としての社会政策論を提唱した。1963（昭和38）年12月に東京大学の総長に就任し、1973（昭和48）年から社会保障制度審議会会長なども務めた。

況で、最低限の国民の生活を支えることが日本の社会福祉の第一義的課題となっていった。そのようななか、日本政府が1945（昭和20）年12月に提出した「救済福祉に関する件」に対する回答として、GHQ（連合国軍総司令部）は1946（昭和21）年2月に「社会救済」（SCAPIN775[iv]）を日本政府に発した。そこには、国家責任・無差別平等・公私分離・最低生活保障などの基本原則が提示されていた。そして1946（昭和21）年9月、生活保護法（以下、旧法）が制定された。しかしながら、旧法は、第2条の怠惰者や素行不良者を保護の対象外とする欠格条項、公私分離に抵触する第5条の補助機関としての民生委員の規定、保護請求権や不服申立権の否定など改善すべき点が残されていた。そのため、日本国憲法制定後の1950（昭和25）年に旧法を廃止し、日本国憲法第25条の生存（生活）権の理念に基づいた（新）**生活保護法**が制定された。

また、終戦直後の日本政府は、戦災孤児、浮浪児対策に対して、「狩り込み」による児童保護施設への強制的な収容を行っていた。しかし、「狩り込み」を行っても、抜本的解決にはならず、児童を健全に育成していく政策が必要であると認識された。そこで1946(昭和21)年12月、日本政府はGHQの指導の下、中央社会事業委員会に児童保護法要綱案を諮問した。それに対し、中央社会事業委員会は、孤児や浮浪児など特殊な問題をもつ児童を保護するという法律ではなく、児童一般を対象とし、児童の福祉を積極的に増進する立法の必要性を主張した。そして委員会は、児童福祉法案を、1947（昭和22）年1月に答申し、同年11月に**児童福祉法**が成立した。同法の体系には、戦前の「少年救護法」「児童虐待防止法★」「母子保護法」の一部が吸収統合された。

1906（明治39）年の廃兵院法★以降、傷痍軍人など戦地で大けがを負い、身体に障害をもった者は、一般の障害者よりも優遇され、施設援護サービスやリハビリテーションを受けることができた。しかし戦後は、GHQが一連の軍人優遇制度を決して認めなかった。そこで日本政府は、GHQと交渉しながら身体障害者福祉法の法案作成に入り、ついに1949（昭和24）年、**身体障害者福祉法**が成立した。同法の目的は、身体障害者の更生を援助し、その更生のために必要な保護を行うことであった。すなわち同法は、職業補導を援助し、自助の精神および家族生

iv SCAPとは、Supreme Commander for the Allied Powersの略で、連合国最高司令官のことであり、INは、Instruction（指令）のことである。「社会救済」は、public assistanceの当時の訳語であるが、その後「公的扶助」と訳され、現在に至っている。

★児童虐待防止法
深夜の物乞いや曲芸、芸妓、酌婦などで酷使されていた児童に対して一定の社会的対応が迫られ、1933（昭和8）年に制定された。戦後、同法は1947（昭和22）年に制定された児童福祉法に吸収されたが、虐待そのものを禁止する内容ではなかったため、2000（平成12）年、権利擁護の視点から同一名称の現行法（児童虐待の防止等に関する法律）が制定された。

★廃兵院法
戦闘や公務によって傷痍を受け、このために障害者となり生活することが困難な者（扶養を受ける家族のない者）に対して、国が設置した廃兵院に収容し保護する法律である。

活に必要な知識を涵養し、訓練することを目的とした更生法であった。

こうして「生活保護法」、「児童福祉法」、「身体障害者福祉法」の**福祉三法**が制定された。

2 措置制度の開始と国民皆保険・皆年金の確立

福祉三法が制定されると、社会福祉事業の全分野を網羅する共通事項を規定するための法律が必要となった。そこで 1951（昭和 26）年、**社会福祉事業法**（現・社会福祉法）が成立した。社会福祉事業法では、強い規制と監督の必要性の高い社会福祉事業を第 1 種社会福祉事業、第 1 種社会福祉事業ほど強い規制や監督を要しない事業を第 2 種社会福祉事業とした。また、この社会福祉事業法の成立によって、**措置制度**と呼ばれる行政機関の行政行為に基づいたサービス提供の仕組みが確立され、民間の団体・施設への公費補助が可能となった。

また、1950 年代後半から貧困と結核の問題が深刻化し、全国民を対象とした医療保険制度の確立が緊急の政策課題となり、1958（昭和 33）年、**国民健康保険法**が成立した。この法律の制定により、被用者に対する医療保険の対象外であった自営業者などが、国民医療保険制度に加入できるようになった。その一方で、労働者の老後を支える経済問題も深刻な課題となり始めていた。そこで 1959（昭和 34）年、すべての日本国民を被保険者とする**国民年金法**が法制化され、1961（昭和 36）年、国民年金法が完全実施された。これにより日本の**国民皆保険・皆年金**が実現した。

Active Learning

国民皆保険・皆年金が始まる前後で、市民の暮らしがどのように変わったか考えてみましょう。

3 福祉六法体制の確立

1950（昭和 25）年に制定された精神衛生法（現・精神保健及び精神障害者福祉に関する法律）は、知的障害者を精神障害者の一部として定義したが、この法律は、精神障害者に対する医療と保護に重点が置かれ、知的障害者に対する施策は、ほとんど行われなかった。

このような状況のもと、1950 年代の後半、18 歳以上の知的障害者や重度の知的障害者、そして、在宅の知的障害者に対する施策の不備が顕在化し、知的障害児の親や福祉関係者が中心となり、知的障害者に対する総合的な法律の制定を政府に求めた。そして 1960（昭和 35）年、

v 「精神薄弱」という表現が人格全般に障害があるという誤った理解につながるなどの理由から、1998（平成 10）年、精神薄弱者福祉法は「知的障害者福祉法」という名称に改正された。

精神薄弱者福祉法（現・知的障害者福祉法[v]）が成立した。これにより18歳以上の知的障害者に対する法的な援助が可能となった。

また、第二次世界大戦後、高齢者に対する施策は、生活困窮者の枠組みとして、主に生活保護法の規定の範囲で行われていた。しかし、1955（昭和30）年頃より、65歳以上の高齢者が増加し始め、高度経済成長が進むとともに、高齢化問題が表面化した。そこで政府は、1961（昭和36）年、「老人福祉法案要綱試案」を発表し、1963（昭和38）年に**老人福祉法**を制定した。

生活困窮に陥っている母子家庭に対しては、1952（昭和27）年、母子福祉資金の貸付等に関する法律が制定された。次いで、1959（昭和34）年の国民年金法に母子年金、母子福祉年金が設置された。さらに1961（昭和36）年には、児童扶養手当法が公布され、離別母子家庭に対する手当の支給が開始されたが、母子への施策としては、まだ不十分なものであった。そこで1964（昭和39）年、母子福祉資金の貸付等に関する法律が廃止され、それを継承する形で母子福祉法[vi]（現・母子及び父子並びに寡婦福祉法）が成立した。

精神薄弱者福祉法、老人福祉法、母子福祉法の立法化で、先に成立した福祉三法を含めた**福祉六法**体制が確立した。

4 人間の尊厳を問う裁判——朝日訴訟

国民皆保険・皆年金体制や福祉六法体制など社会保障、社会福祉の政策が確立され始める一方で、公害問題を訴える運動や障害者運動など、当事者による社会運動が展開されるようになった。1950年代から活発化する社会保障闘争や社会福祉の運動で、とりわけ注目されるのは**朝日訴訟**である。

朝日訴訟は、日本国憲法第25条の生存権保障の具体的あり方をめぐって、生活保護基準内容などについて争われた訴訟である。長期結核療養患者であった朝日茂氏は、生活保護によって日用品費を月額600円と給食付きの医療給付を受けていたが、その後、実兄から毎月1500円の仕送りを受けるようになった。これに対して、岡山県津山市の福祉事務所はこの600円の支給を打ち切り、さらに残額900円を医療費の一部として負担させるという保護変更決定をした。そのため、朝日氏は

vi その後、寡婦に対する立法の必要性が高まり、1981（昭和56）年に「母子及び寡婦福祉法」となり、2014（平成26）年には、父子家庭も法律の対象となり「母子及び父子並びに寡婦福祉法」に名称を変更している。

処分の取り消しを求めて訴訟を提訴した。**「人間裁判」**とも呼ばれたこの訴訟は、1960（昭和35）年の一審は原告が勝訴し、社会的に大きな影響を与えたが、1963（昭和38）年の二審では原告の敗訴となった。最高裁に上告中に原告が死亡し、保護受給権は一身専属とする最高裁判所の判断で訴訟は終了した。さらに最高裁は憲法第25条の法的性格をプログラム規定★であると判断した。

★プログラム規定
国民の権利を保障する憲法規定（生存権や教育を受ける権利など）のなかで現実に法的効力をもたず、国家に対しその実現を努めるべき政治的、道義的目標と指針を示すにとどまるもの。

1957（昭和32）年8月から約10年にわたる運動を通じて、日本の社会保障・社会福祉の問題、とりわけ貧困問題に対する国民の関心が高まり、「人間らしく生きる」ことの意味、人間の尊厳とは何かが問われた。この訴訟をきっかけに1961（昭和36）年以降、大幅な保護基準の引き上げが毎年行われ、当時の極端な保護行政の引き締めに歯止めがかけられた。そのような意味で朝日訴訟は、日本の社会福祉のあゆみのなかで意義深い訴訟であったといえる。

6 転換期——「日本型福祉社会論」

1973（昭和48）年、政府は「活力ある福祉社会の実現」を目的とした「経済社会基本計画」を策定した。同計画のなかで政府は、戦後の経済政策の基本的流れを根本的に変え、今後は活力ある福祉社会の建設を推し進めていく必要性を謳った。また1973（昭和48）年度の予算を編成するにあたって、同年を**「福祉元年」**にすると宣言した。しかしその年にオイルショックが起き、経済構造の再編と社会福祉政策の転換が強く求められ、いわゆる**福祉見直し論**が、政府を中心に主張され始めた。

福祉見直し論が登場したのち、政府は、1978（昭和53）年に、同居による三世代家族を、「福祉における含み資産★」と捉えるという内容を含む『厚生白書』を出した。そして、翌1979（昭和54）年、政府は国家の経済計画である**「新経済社会7カ年計画」**で、**日本型福祉社会**の構想を示した。

★福祉における含み資産
老親が孫の育児援助をし、子どもが老親の介護をするなど、家族構成員が、家族を援助する主体となることを重視した考え方に基づいている。

日本型福祉社会の特徴は、高福祉・高負担を特徴とする欧米型福祉国家の否定、個人の自助努力の重視、家庭による福祉の重視、地域社会における相互扶助の重視、企業福祉を代表する市場システムなど民間活力の重視、自助努力や家庭福祉などが十分機能しないときの補完政策としての社会保障である。また1980（昭和55）年、日本型福祉社会の考えをほぼ継承し、行政改革と「増税なき財政再建」による、国家財政の削減を基本路線とした政策の実行を目的に、第２次臨時行政調査会（以下、**第２臨調**）が発足した。第２臨調の答申は５回出されたが、その流れのなかで、各種福祉サービス利用料や高齢者に対する医療費の一部負担、公費削減政策などが実施された。

その後も経済が停滞するなか、高齢化は進行し、財源との関連で社会福祉を捉え直す必要性が叫ばれた。たとえば、老人保健法（現・高齢者の医療の確保に関する法律）が1982（昭和57）年に制定され、老人医療費支給制度の見直しが行われ、「福祉改革」が提唱され、在宅福祉や市町村重視が強調された。その流れでこの時期設立されたのが武蔵野市福祉公社である。任意団体としてスタートした同公社は、地域の福祉サービスを補完し、市民福祉の増進に寄与するために設立された。

◇参考文献

- 池田敬正『日本における社会福祉のあゆみ』法律文化社，1994.
- 一番ヶ瀬康子・高島進編『講座社会福祉 第２巻 社会福祉の歴史』有斐閣，1981.
- 右田紀久恵・高澤武司・古川孝順編著『社会福祉の歴史——政策と運動の展開 新版』有斐閣，2001.
- 大河内一男解説『生活古典叢書４ 職工事情』光生館，1971.
- 金子光一『社会福祉のあゆみ——社会福祉思想の軌跡』有斐閣，2005.
- 河上肇『貧乏物語』岩波文庫，1965.
- 高島進『社会福祉の歴史——慈善事業・救貧法から現代まで』ミネルヴァ書房，1995.
- 田中和男・石井洗二・倉持史朗『社会福祉の歴史——地域と世界から読み解く』法律文化社，2017.
- 横山源之助『日本の下層社会』岩波文庫，1985.
- 吉田久一『昭和社会事業史』ミネルヴァ書房，1971.
- 吉田久一『日本社会事業の歴史 新版』勁草書房，1981.

●おすすめ

- 菊池正治・清水教惠・田中和男・永岡正己・室田保夫編著『日本社会福祉の歴史』ミネルヴァ書房，2003.
- 古川孝順・金子光一編著『社会福祉発達史キーワード』有斐閣，2009.

第2章

社会福祉の思想・哲学・理論

本章では社会福祉の思想・哲学および理論について基本事項を学ぶ。第１節では、各種の社会福祉思想を育んできた自由主義の思想と、自由主義への対抗思想としてのフェミニズムの思想を概説する。第２節では、戦後日本における社会福祉理論の展開と特徴、ならびに海外における社会福祉理論を確認する。第３節では、社会福祉のあり方をめぐる論点について形式的整理を行ったうえで、二つの論点を取り上げて解説する。第４節では、ニーズをはじめとする社会福祉の対象について、その捉え方・論じ方の変遷と現代的な課題を解説する。

第1節 社会福祉の思想・哲学

学習のポイント

- 社会福祉思想を育んだ自由主義イデオロギーについて理解する
- 自由主義の克服を図るフェミニズムについて理解する
- イデオロギーごとに社会福祉の見方が異なることを確認する

1 社会福祉の思想・哲学の考え方

しばしば「思想」と「哲学」は互換的に用いられる。だがこれらは決して同じではない。同じではないとすればどう区別すればよいのか。本節では、「思想」とは体系的かつ原理的な思考のことであり、「哲学」とは思想を通じて世界や物事の根本を解明しようとする知的実践や学問のことである、と区別する。

では「社会福祉の」という限定のついた思想や哲学には、いったいどのようなものがあるのだろうか。社会福祉学の専門事典で確認すると、**人権の思想**、**ノーマライゼーション**、**社会的正義**をはじめ、多種多様な思想や哲学的概念が取り上げられていることがわかる[i]。

こうしたもののなかには、ノーマライゼーションのように、社会福祉を追求する営みのもとで生み出された思想もあれば、人権や正義のように、社会福祉の領域に限らず、人類社会に共通する理念として掲げられてきた思想もある。一見すると、専門事典における思想の取りそろえは、出自の異なる概念の寄せ集めのようにも見える。しかし、これらの思想には、いくつかの共通項を見出すこともできる。本節では、社会福祉の思想と目される雑多な思想や哲学的概念が、自由主義（liberalism）と

---

i 『エンサイクロペディア社会福祉学』では、「IV　社会福祉の思想・理論と研究の方法」として、「慈善と博愛の思想」「社会連帯思想」「社会改良の思想」「人権の思想」「自立の思想」「ボランタリズム」「ナショナルミニマムとシビルミニマム」「ノーマライゼーション」「社会的正義」が取り上げられている（仲村優一・一番ヶ瀬康子ほか監，岡本民夫・田端光美ほか編『エンサイクロペディア社会福祉学』中央法規出版，2007.）。また日本社会福祉学会が編纂した『社会福祉学事典』では、「第Ⅰ部１章　原理・思想」として、「利他主義」「互助・互酬」「福祉の権利」「ノーマライゼーション」「自立支援」「社会正義」「社会連帯」「公共性」「劣等処遇」「ナショナル・ミニマム」「社会的包摂」が取り上げられている（日本社会福祉学会事典編集委員会編『社会福祉学事典』丸善出版，2014.）。

呼ばれるイデオロギーとのかかわりのもとで培われてきた点に着目する。

個人、法の下の平等、権利、立憲主義といった、人間の尊厳を守るための近代的なアイデアは、自由主義者によって深められてきた。こうしたアイデアが多くの人々に共有されていくにつれ、自分らしく尊厳をもって生きることの大切さについて、人々が考えたり、その実現を求めたりすることができる範囲が、格段に広がった。現代の人権思想にしても、社会正義論にしても、自由主義者たちが育み鍛え上げた「個人」や「自由」の考え方が基礎をなしている。

本節では、自由主義というイデオロギーを、各種の社会福祉思想を育んだ歴史的な思考の枠組みとして位置づけ、その概要を学んでいく。だが自由主義は単体で成り立ってきたわけではなく、ほかのイデオロギーとの相互作用のもとで形作られてきた。それゆえ、関連するイデオロギーについても最小限の解説を加えていく。

2 イデオロギーとは何か

イデオロギーは政治学や社会学の研究主題であり、社会福祉学との接点は希薄である。しかし、日本の社会福祉学に影響を与えてきたイギリスの社会福祉学（social policy）では、福祉の見方を左右するイデオロギーに関する研究が蓄積されてきた。福祉イデオロギー研究は、日本の社会福祉学における原理論のような役目を担っているといってよいだろう[ii]。

一般にイデオロギーという言葉は、「虚偽意識」や「偏った主義主張」という意味で用いられたり、ほとんど「政治思想」と同義に用いられたりする。その捉え方は多様であり、定説のようなものは見当たらない。だが、議論と理解の出発点として有益な定義はいくつかある。**ヘイウッド**（Heywood, A.）による定義もその一つである。

多くの版を重ねたイデオロギー論のテキストのなかで、ヘイウッドは、イデオロギーに関する数多くの学説を踏まえて、次のような定義を示している。

ii　この点については *The Student's Companion to Social Policy* の第二部を参照（Alcock, P., Hanx, T., et al. eds. *The Student's Companion to Social Policy*, 5th edition., John Wiley & Sons, 2016.）。

> イデオロギーはそれなりに一貫性のある思想（ideas）であり、既存の権力システムの保存、修正、転覆などといった、ねらいの異なる種々の組織的な政治活動の基礎をなしている。それゆえ、あらゆるイデオロギーは次のような特徴をもつ。
> (a)「世界観」のような形で既存秩序の説明を提供する。
> (b) 望ましい未来のモデル、すなわち「善き社会」のビジョンを提示する。
> (c) 政治変革はいかになしうるか、またなすべきか、つまりいかに（a）を（b）にするかについて説明する[1)]。

この定義は、イデオロギーの特徴を、(a) 既存秩序の理解、(b) 未来社会の展望、(c) 政治変革の理論、という三つの要素が融合したものである点に見出している。言い換えれば、イデオロギーとは「世界がどうなっているのか」、「世界はどうなるべきか」、「世界をよいものにするために何をするか」という三つの問いに、おおむね一貫した回答を与える体系的な思想であるということになる。

では、イデオロギーにはどのような種類があるのだろうか。ヘイウッドは「10 種類のイデオロギー★」を扱っている。歴史的には、まず西欧の近代化を支えるイデオロギーとして自由主義が形成され、それに対するリアクションとして**保守主義**や**社会主義**が登場した。その他のイデオロギーは、これら三つの主要イデオロギーとかかわりながら発展してきた。ヘイウッドが挙げるフェミニズム、環境主義、多文化主義、イスラム主義は、それぞれ起源は古いが、現代的なイデオロギーとして、自由主義をはじめとする主要イデオロギーの不備不足を批判し、政治や社会に大きな影響を及ぼしてきた。

★ **10 種類のイデオロギー**
ヘイウッドが扱っているイデオロギーは、自由主義、保守主義、社会主義、無政府主義、ナショナリズム、ファシズム、フェミニズム、環境主義、多文化主義、イスラム主義の10 種類である。

以下では、自由主義とフェミニズムを取り上げて詳しく解説する。フェミニズムを扱う理由は、自由主義の偏りや限界を鋭く批判してきたからであるとともに、社会福祉のあり方を考えるうえで、きわめて有益な洞察を提供してくれるからでもある。

3 自由主義

1 自由主義の概要と歴史

自由主義は、自立した個人の自由な幸福追求を重視し、法の下の平等を尊重するように迫るイデオロギーである（自由主義については本書第４章も参照）。だが、こうした考え方を「イデオロギー」とみなすのは不自然ではないか、と感じた人も少なくないはずである。それは当然で、自由主義の考え方は、日本を含む先進諸国における法・政治・経済・社会の「常識」、さらには「文化」の一部となっているからである。だが、常識や文化に深く浸透する自由主義もまた、「個人」や「自立」といった特定の価値（およびその特定の解釈）を信奉するイデオロギーとして捉えることができる。

Active Learning

自分が不自由であると感じていることをリストアップし、その原因について話しあってみましょう。

自由主義の歴史をおさらいする[2)]。よく知られているように、封建社会から近代社会への移行を担ったのは、**ブルジョワジー**と呼ばれる新興の有産市民であった。彼らが依拠した**解放の思想**こそが自由主義であった。初期の自由主義者たちは、**個人の自由**、**法の下の平等**、**私的所有**といった理念を練り上げ、封建制度の変革と経済社会の近代化（民主制と資本制の発展）の基礎を整えた。

しかし、近代化が進んでいくなかで、ブルジョワジー（企業経営者や株主などの資本家階級）と労働者たちとの社会的・経済的格差が深刻化していった。一部の豊かな人々は各種の自由を手にしたが、貧しい労働者たちは自由の基本条件（一定程度の教育や所得など）すら満たすことができなかった。その結果、自由主義の内部と外部から自由主義への批判が展開された。外部からの批判は、保守主義と社会主義を形作った。内部からの批判は、新しい自由主義（現代的自由主義）を形成するに至った。以上が自由主義の大まかな歴史である。古典的自由主義と現代的自由主義との対立点や異同については後述する。

2 自由主義の特徴

次に自由主義の特徴をみてみたい。新旧の自由主義を特徴づける中心主題には「個人主義」「自由」「理性」「正義」「寛容」がある[3)]。それらを要約したものが**表 2-1** である。

この表からもわかるように、自由主義の人間観では、個人が理性的なエゴイストとみなされる。個人は、エゴイストであるがゆえに自分の利益を求めて争うものの、理性的存在であるがゆえに、争いごとの解決においては議論と交渉を優先させ、戦争や暴力を最終手段とみなす。その意味で、平和を重んじることが、自由主義の特徴であるといえる。

自由主義のもう一つの特徴は、歴史のなかで根本的な変容を遂げてきたことにある。ヘイウッドはその変容を、**古典的自由主義**（classical

表2-1　自由主義の中心主題

個人主義 individualism	個人主義は、個人を至高の存在とみなす信念である。自由主義は、個々人をユニークな存在と考える一方で、個々人の地位はみな同じだとする。自由主義者の間では、個人の本性が自己中心的であるのか否かについては意見の一致はみられないが、個人の潜在能力を最大限に発達・発揮させ得る社会の創出を望んでいる点では一致する。
自由 freedom	個人の自由は、自由主義の結合原理であるが、その意味は多様である。当初、自由とは選択によって利益を追求することであるとみなされたが、後に潜在能力の発達・発揮のための条件であるとみなされるようになった。バーリン（Berlin, I.）は、不干渉や外的制約の不在を自由とみなす「消極的自由」論と、自律や自己実現の達成を自由とみなす「積極的自由」論とを区別した。
理性 reason	自由主義は、理性による人類の進歩を確信する「啓蒙思想」の申し子である。個人は理性の力で自らの運命を切り拓ける存在であるとみなされる。それゆえ自由主義者は、人間的な理性の形成と発達に欠かせない教育を重視してきた。
正義 justice	自由主義の正義論は平等に立脚する。自由主義は、個人が平等な地位（市民権）を享受することと、生まれつきの不平等な能力を発達させる「機会の平等」とを重視する。この機会平等の重視は、努力と才能の不平等のみが富と地位の不平等に反映される社会（メリトクラシー）の肯定に結びつく。
寛容 toleration	自由主義は個人主義に立脚するがゆえに、多様性と多元主義を重視する。このことは、異なる意見や利害を尊重する寛容さとも結びつく。寛容は信仰の自由の擁護を基点に、個人の自己統治を理想とする自律倫理へと拡大した。また寛容は、多様な考えや利害の競い合いが活力ある健全な社会をもたらす原理とも目されてきた。

出典：Heywood, A., *Political Ideologies : An Introduction*, 6th edition, Palgrave, pp.27-34, 2017. の議論を要約して筆者が作成

liberalism）から**現代的自由主義**（modern liberalism）への展開としてシンプルに捉えている。古典的自由主義とは、封建主義の時代から資本主義の時代への移行期に発展し、19 世紀に絶頂期を迎えた自由主義をいう。これに対して現代的自由主義は、19 世紀以降における工業化の進展に伴う貧困・格差・不平等の蔓延を背景に、古典的自由主義の修正や補強として登場した新しい自由主義をいう[iii]。

3 古典的自由主義と現代的自由主義

次に、古典的自由主義と現代的自由主義の対立点をみていく。その概要は**表 2-2** のようになる。以下、この表のポイントを噛み砕いて解説する[4)]。

iii　古典的自由主義の基本的な性質は「利己的な個人主義の支持」、「消極的自由の信奉」、「必要悪としての最小国家（夜警国家）論」、「市民社会と自己調整的市場経済への信頼」の4点にあり（Heywood, A., *Political Ideologies : An Introduction*, 6th edition, Palgrave p.43, 2017.）、現代的自由主義の特徴は、「個性（individuality）」、「積極的自由」、「社会的自由主義」、「経済管理」を重視する点にあるとされる（同上, p.49）

表2-2　古典的自由主義 vs 現代的自由主義

古典的自由主義		現代的自由主義	
経済的自由主義	economic liberalism	社会的自由主義	social liberalism
利己的個人主義	egoistical individualism	発達的個人主義	developmental individualism
効用最大化	maximize utility	人格的成長	personal growth
消極的自由	negative freedom	積極的自由	positive freedom
最小国家	minimal state	条件整備国家	enabling state
自由市場経済	free-market economy	管理経済	managed economy
権利に基づく正義	rights-based justice	公正としての正義	justice as fairness
厳格なメリトクラシー	strict meritocracy	貧者への関心	concern for the poor
個人的責任	individual responsibility	社会的責任	social responsibility
事後的救済型の福祉	safety-net welfare	生活保障型の福祉	cradle-to-grave welfare

出典：Heywood, A., *Political Ideologies : An Introduction*, 6th edition, Palgrave, p.57, 2017. "Tensions within Liberalism" を訳出

古典的自由主義者は、私的所有権の確立をはじめとする「経済的」な自由を求めるのに対し、現代的自由主義者は「社会的」な自由を求める。社会的自由は**積極的自由**と言い換えることができる。積極的自由とは「〜になる自由」（への自由）であり、「〜に干渉されない自由」（からの自由）としての消極的自由と対比される。積極的自由は、人格的成長を目指して「個性」（独自性やアイデンティティ、つまり自分らしさ）を発達させたり、自己実現を図ったりすることを意味する。

古典的自由主義者は、個々人が「効用」（主観的な欲求や欲望の充足）を最大化するには、支配者や法制度などによって妨害されることなく、経済活動を行う**消極的自由**が欠かせないと考える。そして消極的自由に合致する最適な仕組みこそが**自由市場**であるとする。市場は**見えざる手**★ともいわれるように、放っておけば最適な資源配分を実現するとみなされた。こうした観点から古典的自由主義者は、国家のあり方として、治安維持と国防に特化した**最小国家（夜警国家）**が望ましいと考える。

これに対して現代的自由主義者は、個性の発達と自律的な自己実現のためには、制約や干渉の不在としての消極的自由だけでは不十分であると考える。そして、自分らしさの発達を阻害している社会的な不利や不平等が問題であり、それらを生み出す仕組み自体を変更したり、除去したりすることが不可欠であるとする。

古典的自由主義が強調する**メリトクラシー**★は、固定された身分を打ち破るうえでは重要な考え方であった。だが発揮すべき能力を個人が十分に発達させる条件や機会が平等でなければ、メリトクラシーは不当な格差をもたらす。それゆえ貧困への対処は、個人の責任というより社会の

★見えざる手
個々人が自己利益を追求すれば結果的に社会全体の利益がもたらされる、という市場の自己調整のたとえ。アダム・スミス（Smith, A.）が『国富論』で述べた言葉。夜警国家や自由放任（レッセ・フェール）の論拠とされることもある。

★メリトクラシー
能力主義や業績主義のこと。生まれや家柄などではなく、能力・努力・業績をもとに評価することが望ましいとする考え方や、そうした考え方に立脚する社会をいう。評価対象の能力が高度化・脱客観化した現代社会をハイパー・メリトクラシーと呼ぶこともある。

責任である。そのように考える現代的自由主義者たちは、社会問題の犠牲者である貧しい人々を事後的に救済するだけでなく、彼らが市民として自律的に自己実現を図っていくための条件を整備することは、あくまで国家の責任であるとみなした。

また現代的自由主義者は、市場はいつでも自己調整が働くわけではなく、不況などで失業が増大した場合には、人々に購買力をつけてもらうことが効果的であるというケインズ主義★の考え方を取り入れていった。そして、財政政策や金融政策によって市場に介入し、経済を管理する国家の役割を重視した。こうして現代的自由主義者の考え方によって、福祉国家が登場する思想的な基盤が整えられていったのである[iv]。以上が**表 2-2** に関する解説である。

★ケインズ主義
不況時に政府は市場経済に積極的な介入を行い、公共事業によって雇用を創出すべきだとする考え方。自由放任主義からの脱却と福祉国家の形成に大きな影響を与えた。ケインズ（Keynes, J. M.）の経済理論に由来する。

4 自由主義の対抗イデオロギー――保守主義と社会主義

自由主義の対抗イデオロギーである保守主義と社会主義★について簡単に触れておく。概要については**表 2-5** を参照してほしい。

社会福祉との関連を述べれば、支配層の立場を反映したイデオロギーである保守主義は、19 世紀においては貧民救済（イギリスでは救貧法と民間慈善活動）の根本思想であったが、20 世紀になると、国民統合の観点から福祉国家路線に合流していった。だが 1970 年代以降、保守主義は穏健さと柔軟さを捨て、過激でドグマティックな「ニューライト★」へと変質し、福祉国家批判を唱えるイデオロギーとなった。

他方で、社会福祉の発展に関する社会主義の影響は多岐に及ぶ。マルクス（Marx, K.）やレーニン（Lenin, V. I.）の思想に立脚する共産主義は、資本主義に対抗する政治勢力となり、旧東側諸国の公式イデオロギーとなった。第二次世界大戦後、資本主義国家における共産主義勢力は、体制転覆の脅威となることで、資本主義の修正と福祉国家化に間接的な貢献を果たした。共産主義とは考え方が異なる社会主義としての社会民主主義は、西側諸国で多くの支持を集めて政党として躍進し、各国の福祉国家化に直接的な貢献を果たした。イギリスの社会民主主義であ

★保守主義・社会主義
ヘイウッドによれば、保守主義を特徴づける主題は「伝統」「人間の不完全性」「有機的な社会」「ヒエラルキーと権威」「財産」であるとされる。他方、社会主義を特徴づける主題は「コミュニティ」「協力」「平等」「階級政治」「共同所有」であるとされる。

★ニューライト
ニューライトとは、経済面では自由市場を重んじる新自由主義の性質をもち、政治面では秩序維持を重んじる新保守主義の性質をもつハイブリッドなイデオロギーである。イギリスのサッチャー（Thatcher, M.）首相の政治思想としてよく知られている。ニューライトは、非効率な公的福祉の民営化と、貧困への道徳的非難を唱え、福祉国家を根本から否定した。

iv　ヘイウッドは、ベヴァリッジ報告に基づいて「ゆりかごから墓場まで」の生活保障を掲げたイギリス福祉国家や、ルーズベルト（Roosevelt, F. D.）大統領の「ニューディール」政策に始まり、ケネディ（Kennedy, J. F.）大統領の「ニューフロンティア」政策とジョンソン（Johnson, L. B.）大統領の「偉大な社会」計画で頂点に達するアメリカ福祉国家は、現代的自由主義の歴史的成果であると指摘している。また、20 世紀を代表するアメリカの政治哲学者ロールズ（John Rawls, 1921-2002）は、「公正としての正義」に依拠して平等の価値と再分配の制度を擁護することで、現代的自由主義にさらなる発展をもたらしたと、ヘイウッドは付け加えている。

るフェビアン社会主義の知的影響力は特に大きかった。1990年代末期以降の欧州各国では、新しい社会民主主義を掲げる政党が、積極的な労働市場政策を基調とする社会投資型の福祉政策を展開していった。

4 フェミニズム

1 フェミニズムの概要と歴史

フェミニズムは、他のイデオロギーと同様に、多様な考え方から構成される複雑なイデオロギーである。以下、フェミニズムの豊かな議論の一端を示していく（フェミニズムと社会福祉との関係については本書第４章を参照）。

フェミニズムの歴史の要点は以下のようになる[5)]。19世紀の西欧では、女性の参政権を求める第一波フェミニズムが誕生した。当時、女性の政治的・法的権利が確立されれば、女性に対する差別や偏見は解消されると思われていたが、その見通しは甘かった。1960年代には、母親や主婦のような性役割の押しつけによる抑圧からの解放を求める第二波フェミニズムが誕生した。この時期にフェミニズムは独自のイデオロギーとして確立した。その確立には、社会的・文化的な男女の区別を意味するジェンダーの視点が大きな役割を果たした。生物学的な性差としての「セックス」とは異なるジェンダーの視点を通じて、社会や文化にひそむ女性の抑圧や差別があらためて明るみに出された。20世紀後半以降は、フェミニズムの多様化が進んでいった。以上がフェミニズムの大まかな歴史である。

2 フェミニズムの特徴

ヘイウッドによれば、多様な立場がひしめきあうフェミニズムにも、「共通基盤」といえるような特徴的論点が存在するという。それは、「『政治的なもの』の再定義」「家父長制」「セックスとジェンダー」「平等と差異」である。その概要を整理したものが**表2-3**である。

3 平等派フェミニズムと差異派フェミニズム

繰り返すように、フェミニズムは決して一枚岩の思想ではない。その内部対立の一つとして、平等派と差異派の対立がよく知られている。平等派と差異派の主な主張については、前記の**表2-3**における「セック

表2-3　フェミニズムの特徴

「政治的なもの」の再定義 redefining 'the political'	これまで「政治」は男性が公的領域で担う活動であり、女性が私的領域で担う活動（家事や育児などの私生活）は、「非政治」的なものとみなされてきた。フェミニズムはこのような「政治」の見方を批判する。第一に「政治」はあらゆる集団のなかで生じ、私的領域での女性への暴力・抑圧・支配も、家事・育児・介護も、「政治」問題だとされる。第二に、性別役割分業は「自然なもの」ではなく「政治的なもの」（人為的なもの、決められたもの、決め直せるもの）だとされる。
家父長制 patriarchy	家父長制とは、狭義には父親＝夫による家庭の支配を意味し、広義には社会における男性の支配と女性の従属を意味する。家父長制の位置づけは立場ごとに異なる。自由主義フェミニストは、これを職場等での女性の過小評価を批判する場合に用い、社会主義フェミニストは階級不平等と並行的に用いるが、ラディカル・フェミニストは家父長的な家族における父親・夫による妻や子の支配を、社会構造レベルでの男性権力の根源とみなす。
セックスとジェンダー sex and gender	セックスは女性と男性の生物学的差異であるのに対し、ジェンダーは女性と男性の文化的差異であり、「男らしさ」と「女らしさ」というステレオタイプを通して押しつけられる。両者の区別に対して批判的な立場もある。差異派フェミニズムは、男女は本質的に異なっており、社会的・文化的な性質は生物学的な差異を反映していると主張し、両者の深い結びつきを示唆する。ジェンダーが女性か男性かを迫る二元論的な概念であることを問題視する議論もある。
平等と差異 equality and difference	自由主義、社会主義、ラディカルという三つの立場のフェミニズムは、平等派としてくくりうる。これらは、ジェンダーの差異を家父長制がもたらす支配と抑圧のあらわれとして否定的に捉える点で共通する。差異派は、男女の平等を否定し、差異を重視する。差異派によれば、男女は本質的に異なった存在であり、男性の攻撃的で競争的な性質と女性の創造的で共感的な性質は、社会構造よりも生物学的な差異を反映しているとされる。それゆえ差異派フェミニストは、男性の特性をモデルにした平等も、性差を無視した人格や個性の発展も拒否し、女性ならではの経験や特性に依拠した自己実現を重視する。

出典：Heywood, A., *Political Ideologies : An Introduction*, 6th edition, Palgrave, pp.222-230, 2017. の議論を要約して作成

スとジェンダー」および「平等と差異」の箇所にまとめたので、ここでは**表 2-4** のうち、わかりにくそうな項目のみを選んで解説する。

まず、平等派における「両性具有」と差異派における「本質主義」は、それぞれの人間観を示している。平等派は、生物学的な性差は、社会的・政治的・経済的な地位や役割とは無関係であると考え、両性具有（あるいは男女兼用）という概念で、人間を無性的な主体として捉える。これに対して差異派は、生物学的差異こそは、文化や社会構造に左右されない本質的なものであると捉える。

このような人間観の違いは、両派の目標に違いをもたらす。平等派は男女の生物学的性差を超えた普遍的な「人間性」や人権の理念に依拠して、「ジェンダー平等」という目標を追求する。これに対して差異派は、あくまで女性ならではの特性（優しさ、創造性、共感性など）に価値を見出す。そして「差異」を称賛し、「女性の連帯」や「女性の権利」と

表2-4　平等派フェミニズムvs差異派フェミニズム

平等派フェミニズム	差異派フェミニズム
両性具有 androgyny	本質主義 essentialism
人間性 personhood	女性の連帯 sisterhood
人権 human rights	女性の権利 women's rights
ジェンダー平等 gender equality	性的解放 sexual liberation
差異の撤廃 abolish difference	差異の称賛 celebrate difference
セックス／ジェンダー区分 sex/gender divide	セックスとジェンダーの一致 sex equals gender
生物学の超克 transcend biology	生物学の受容 embrace biology
人間であることの重視 pro-human	女性であることの重視 pro-woman
男性は改心させられる men are redeemable	男性こそが「問題」である men are 'the problem'
男性との連携 engagement with men	分離主義 feminist separatism

出典：Heywood, A., *Political Ideologies : An Introduction*, 6th edition, Palgrave, p.231, 2017.“Tensions within Feminism(1)”を訳出

Active Learning

フェミニズムにおける平等派と差異派の対立を、さまざまなカテゴリー（たとえば健常／障害、異性愛／非異性愛など）に当てはめて考えてみましょう。

いう理念に依拠した女性としての解放と自己実現を追求する。

5 イデオロギーと社会福祉

本節の締めくくりとして、**表2-5**に整理した四つの主要なイデオロギーが、いかなる社会福祉を望ましいと考えることになるかという推論を**表2-6**にまとめた。ここでは社会福祉を「自助・互助・共助・公助からなる多元的システム」として捉え、各「助」の位置づけ方がイデオロギーごとにどう異なるかを描き出した。各「助」の基本的な意味を示しておく。

自助とは、他からの助けに頼らず、自力で生を営むこと（自分だけで生きること）、あるいは、他からの助けを頼りつつ、自力で生の困難に挑むこと（自分にできることはすること）をいう。家族と市場が自助の領域となる。**互助**とは、何らかの紐帯に基づいた互酬的な助け合いをいう。地域コミュニティに残る地縁ベースの伝統的な互助もあれば、種々の福祉課題に取り組む民間非営利組織（NPO）やボランティアの活動ならびに当事者組織などによる選択的な縁に基づく現代的な互助もある。この自助と互助は、主として顔の見える間柄（親密圏）でのインフォーマルな「助」であるといえる。

共助とは、共通のグッズ（利益）やバッズ（負担）を、不特定多数の

表2-5　主要イデオロギーの概要

イデオロギー	概要
自由主義	封建社会から近代社会への移行を支えた解放の思想として形成され、「個人主義」「自由」「理性」「正義」「寛容」を中心主題とする（27）。消極的自由（干渉からの自由）を重んじる古典的自由主義は最小国家を支持し、積極的自由（自律・自己実現への自由）を重んじる現代的自由主義は条件整備国家を支持する。
保守主義	啓蒙思想と近代化を批判する思想として19世紀初頭に形成され、「伝統」「人間の不完全性」「有機的な社会」「ヒエラルキーと権威」「財産」を中心主題とする（65）。人間は有限な存在であるとし、新たに何かを試みるよりも残り続けることができたものを重視する。20世紀に登場したニューライト（経済面は新自由主義で政治面は新保守主義）は、福祉国家を攻撃した。
社会主義	19世紀に資本主義がもたらした激変、特に労働者階級の貧困と階級格差の深刻化に対する応答として誕生した。「コミュニティ」「協力」「平等」「階級政治」「共同所有」を中心主題とする（98）。19世紀後半に社会主義は、民主的な社会改良を目指す「社会民主主義」と、革命による体制転覆を目指す「共産主義」とに分かれた。20世紀後半には、グローバル化と脱工業化への適応を図る新しい社会民主主義として「第三の道」が登場した（123）。
フェミニズム	19世紀に女性の参政権を求める第一波フェミニズムが誕生し、1960年代には性役割の押しつけによる抑圧からの解放を求める第二波フェミニズムが誕生した（220）。「『政治的なもの』の再定義」「家父長制」「セックスとジェンダー」「平等と差異」を中心主題とする（222）。生物学的性差を否定する平等派と、それを肯定する差異派との違いは大きい。

出典：Heywood, A., *Political Ideologies : An Introduction*, 6th edition, Palgrave, 2017. の記述をもとに筆者作成。（）内の数字は参照箇所

人々が互いに分有して備え合うことをいい、公助とは、国家による制度的な保護・救済・支援の活動のことをいう。前者の典型は社会保険であり、後者の典型は生活保護制度と福祉サービス制度（狭義の社会福祉）であるといえる。共助と公助は、主として顔の見えない間柄（公共圏）でのフォーマルな「助」である点で、自助や互助と対照をなす。なお、こうした「４助」モデルではなく「自助」「共助」「公助」という「３助」モデルもみられる。その場合の「共助」は「互助」を含む共同性を広く捉えたものとなる。

表 2-6 からは、「望ましい」社会福祉のあり方は決して一様ではないということが確認できるはずである。このことを念頭に置いて、第３節の論点について考えてもらいたい。

表2-6　イデオロギーと社会福祉

イデオロギー	望ましい社会福祉のあり方
自由主義	消極的自由を重視する自由主義者は、市場を通じた個人の自助を大前提とし、市民社会での互助あるいは共助が自助を支えると想定する。そして、それらの支えが機能しない場合に限って最低限の公助を容認する。積極的自由を重視する自由主義者は、個人による自助の条件を整える手立てとして互助・共助・公助を位置づける。
保守主義	家父長的保守主義者は、家族による自助や伝統的コミュニティでの互助を重視するが、社会秩序の維持につながる限りで、自助が困難な人々への公助を容認する。ニューライトは、大きくなりすぎた共助と公助の縮小や民営化を唱える一方で、市場を通じた個人と家族の自助を賛美し、秩序維持に適した互助を推奨する。
社会主義	共産主義者は、資本主義社会での自助は搾取と抑圧に基づく疎外された営みであるとみなす一方で、共助と公助のような社会改良施策は資本主義の矛盾を隠蔽し、階級意識の形成を阻害する手段であると批判し、共産主義社会の下ではじめて自助と互助が一体化した人間的な生活が実現すると考える。社会民主主義者は、市場を通じた自助とコミュニティでの互助が、社会権として市民に保障された共助と公助によって補完されることで、社会正義に適った国家が実現できると考える。第三の道は、特に排除を被る市民の自助能力を高めるように共助と公助の再編を試みる一方で、コミュニティや市民社会での互助による連帯や共同性の再生を期待する。
フェミニズム	平等派は、家族を主体とする自助やコミュニティでの互助が、女性のケア役割やアンペイドワークを当てにしていることや、単身女性や母子世帯の自助が困難であることの不合理さを批判し、共助と公助による支援と是正を求める。他方、差異派は自助・互助・公助における女性としての貢献や責任に対する評価が不十分であることを問題化し、ケアや愛情が適切に発揮できる環境の整備を求める。いずれにしても、あらゆる立場のフェミニストが納得するような自助・互助・共助・公助の組み合わせは存在しない。だが、すべての「助」がジェンダーの視点から問い直される必要があるという点については大方の合意が得られるかもしれない。

出典：筆者作成

◇引用文献

1）Heywood, A., *Political Ideologies : An Introduction*, 6th edition, Palgrave, p.10, 2017.
2）同上，pp.25-26
3）同上，p.27
4）同上，pp.48-56
5）同上，pp.220-221

◇参考文献

・Alcock, P., Haux, T., et al. eds., *The Student's Companion to Social Policy*, 5th edition., John Wiley & Sons, 2016.
・Heywood, A., *Political Ideologies : An Introduction*, 6th edition, Palgrave, 2017.
・仲村優一・一番ヶ瀬康子ほか監，岡村民夫・田端光美ほか編『エンサイクロペディア社会福祉学』中央法規出版，2007.
・日本社会福祉学会事典編集委員会編『社会福祉学事典』丸善出版，2014.

● おすすめ

・圷洋一・堅田香緒里ほか『社会政策の視点――現代社会と福祉を考える』法律文化社，2011.
・金田耕一『現代福祉国家と自由――ポスト・リベラリズムの展望』新評社，2000.
・中村隆文『リベラリズムの系譜学――法の支配と民主主義は「自由」に何をもたらすか』みすず書房，2019.

第2節 社会福祉の理論

学習のポイント

- 戦後の日本における社会福祉理論の歴史的展開と特徴について理解する
- 海外における社会福祉・福祉政策に関する理論の概要について理解する

1 社会福祉理論と社会福祉の定義

個々の現象を法則的または統一的に説明できるように筋道を立てて組み立てられた知識体系を「理論」と呼ぶ。また、ある研究領域における個々の学者の学説や見解を「○○理論」という場合もある。社会福祉学では「岡村理論」「孝橋理論」のように後者の用法が比較的多くみられる。

一般に、ある学問が通常科学とみなされる条件は、その学問における研究的・実践的課題への論理的回答・説明を与えることを可能とする分析枠組みや方針、理論の総体（＝パラダイム★（paradigm））が共有されていることである。

★パラダイム
もともとは科学史家のクーン（Kuhn, T. S.）により提唱された科学史研究上の概念で、一般には、「特定の時代や分野において支配的な（規範となる）物事の見方や認識の枠組み」を指す（T. S. クーン，中山茂訳『科学革命の構造』みすず書房，1971.）。

今日、社会福祉学においてパラダイムが確立されているとはいえないが、社会福祉の原理・理念・歴史・対象・機能・存在意義などを含む「社会福祉とは何か」という問いをめぐって、これまで長きにわたり議論・論争が行われてきた。そのような社会福祉の根源的な問いへの応答を志向する知識体系、より限定的にいうならば社会福祉の原理や本質を解明・説明することを意図した知識体系が**社会福祉理論（社会福祉原論）**である。

「社会福祉とは何か」という問いへの応答のあり方の一つに「社会福祉（社会事業）の定義」がある。以下、1950年代に始まる「社会福祉本質論争」に象徴される理論的対立や論争の前に出されていた「社会福祉（社会事業）の定義」として、1950（昭和25）年に社会事業研究所（当時）から第5回国際社会事業会議に提出された社会事業の定義、社会保障制度審議会（当時）による「社会保障制度に関する勧告」の二つを紹介する。前者では一般政策に対する**補充性**、**代替性**がみてとれる。後者では社会保障の一部を構成する社会福祉について、その対象を「貧困者」「身体障害者」「児童」「その他援護育成を要する者」としている。

○社会事業研究所による定義

「社会事業とは、正常な一般生活水準より脱落、背離し、またはそのおそれある不特定の個人または集団に対し、その回復保全を目的として、国家、地方公共団体、あるいは私人が社会保険、公衆衛生、教育などの社会福祉増進のための一般政策と並んで、またそれを補い、あるいはこれに代わって、個別的、集団的に、保護助長あるいは処置を行なう社会的な組織的活動である」。

○「社会保障制度に関する勧告」における定義

「社会福祉とは、国家扶助の適用を受けている者、身体障害者、児童、その他援護育成を要する者が、自立してその能力を発揮できるよう、必要な生活指導、更生指導、その他援護育成を行うことをいうのである」。

さらに、社会福祉を「目的概念（的規定）」と「実体概念（的規定★）」に区別して説明する場合もある。「目的概念（的規定）」とは、社会福祉を行為・活動あるいは制度・政策の目的概念として用いるもので、社会福祉を「社会全体の幸福」として捉える。「実体概念（的規定）」とは、社会福祉を行為・活動あるいは制度・政策として現実に存在する実体概念として用いる。

★目的概念（的規定）・実体概念（的規定）
これは一番ヶ瀬康子による概念規定であるが、それ以前に「目的概念」として社会福祉を定義したのが竹中勝男である。

このように、「社会福祉」をある定義をもって一義的に説明するということは容易ではない。論者の研究的立場や時代背景によって「社会福祉」の姿や輪郭は変化するため、それを静態的に捉えるとすれば、「ある立場からのある時点における社会福祉」について定義することになる。

以下では、戦後における複数の社会福祉理論について概観するが、各々の理論的視点・立場に基づくため、そこでの「社会福祉（社会事業）の定義」にも多様性がみられる。

2 戦後における社会福祉理論の歴史的展開

戦後日本における社会福祉理論をめぐる議論は、「社会福祉の本質」に対する見解の違いを反映して1950年代から1970年代にかけて活発に展開された。それは「社会福祉学の学問的性質」をめぐる議論という側面もあった。戦後に生まれた社会福祉理論の諸学説は、それぞれが固有の存在ではあるが、理論的立場の違いから類型化することは、それぞれの理論の特徴やその系譜を整理するうえで一定の有効性がある。その整理の仕方もさまざまではあるが、ここではおおむね一般化していると思われる**政策論**、**技術論**、**固有論**、**統合論**、**運動論**、**経営論**の六つに区別する。

★社会事業論
社会事業は資本制経済の再生産機構から脱落した「経済秩序外的存在」を対象とし、社会政策に対する補充的位置にあるという考え方。

「政策論」は戦前の社会政策研究、特に**大河内一男**の社会事業論★を止揚する意図から登場した。その基本的立場は「社会事業（社会福祉）と資本主義との関係」について社会科学的立場（＝マルクス主義経済学）から「社会福祉の本質」を明らかにするものである。それに対して「技術論」は戦後日本に入ってきたアメリカのソーシャルワーク論を学問的背景としつつ、社会事業（社会福祉）の本質を**「専門的援助技術」**あるいは「専門職業としての社会事業」として捉えようとした。また、同時期には本質論争において「技術論」として括られることもある立場として、「社会福祉の固有性」を確立・主張し、社会福祉「学」の構築を志向する「固有論」が登場した。

1950年代半ば以降の社会福祉理論は「社会福祉の本質」について「政策」と「技術」という二律背反的視点からの論争を軸として展開することになり、両者は鋭く対立した（**社会福祉本質論争**）。その後、高度経済成長期になると本質論争とは異なる立場から「政策論」と「技術論」の統合を志向した「統合論（中間理論）」が主張されるようになった。

この時期は国民生活の水準が高まっていく一方、公害問題等が社会問題として認識されるようになり、1960年代半ば以降には住民運動の高揚がみられるようになった。国民生活の変化や社会福祉をめぐる状況の変化を背景にして、1960年代後半から1970年代には新たな立場として「運動論（新政策論）」が展開された。この立場は「政策論」の流れを継承しつつ「技術論」的要素も取り込みながら、社会福祉における国民・利用者の側の生存権・生活権保障を求める社会福祉運動・実践の重要性を主張した。

1970年代後半から1980年代になると、政府による「社会福祉改革」に対応した立場として、イギリスの**ソーシャルポリシー**（社会政策論）や**ソーシャルアドミニストレーション**（社会行政学／社会福祉管理運営論）を基礎とした「経営論」が登場し、「社会福祉の本質」を問うという視点から距離を置きつつ、要援護性の視点から**ニーズ論**、社会福祉サービス資源の調達・配分・運用を含む**サービス供給論**として展開された。

しかし、これ以降、社会福祉理論をめぐる議論・論争は低調となり、1990年代以降にはこれまでの諸理論の到達点と限界を指摘しつつ、新たな理論的主張として「社会福祉パラダイム転換論」「現代福祉学の構想」「社会福祉内発的発展論」「新たな社会福祉学の構想」などが提起されている。

3 戦後の社会福祉理論の特徴

1 政策論

社会事業（社会福祉）の本質を**社会科学的立場**（＝マルクス主義経済学）に依拠して解明しようとした**孝橋正一**に代表される。孝橋によれば、資本主義的生産関係における労働賃金の僅少性が社会的必要の欠乏（社会的障害）状態を特徴づける。そして、資本主義制度を貫徹する「社会＝経済法則」の作用の結果として生まれる構造的必然の所産を「社会的諸問題」としたうえで、さらにそれを社会の基礎的・本質的課題である**社会問題**、社会における関係的・派生的課題である**社会的問題**の二つに分類した。孝橋の見解では前者へ対応するのが「社会政策」、後者へ対応するのが「社会事業」である。そして構造的論理において後者は前者の補充的施策として存在することから、「社会福祉（社会事業）の本質」は「資本主義体制の維持・温存」と「社会政策に対する補充性」にあるとした。孝橋は次のように社会福祉（社会事業）を定義している。

> 社会事業とは、資本主義制度の構造的必然の所産である社会問題にむけられた**合目的・補充的な公・私の社会的方策施設の総体**であって、その本質の現象的表現は、労働者＝国民大衆における社会的必要の欠乏（社会的障害）状態に対する精神的・物質的な救済、保護および福祉の増進を、一定の社会的手段を通じて、組織的に行うところに存する[1)]。

2 技術論

戦後日本に入ってきて間もないアメリカの社会事業論（ソーシャルワーク論）を理論的基盤としつつ、社会事業の援助活動を一定の法則と専門的援助技術・方法に基づいて**体系化・科学化**することを志向した**竹内愛二**に代表される。竹内は人間関係を基盤に駆使される専門的な援助技術の体系を特に**専門社会事業**と呼び、社会事業概念の中軸に位置づけた。社会事業（社会福祉）の本質を捉える視点として「技術」に焦点化

Active Learning

各理論が主張された時代背景・社会経済状況について調べてみましょう。

しているとされることから、社会福祉理論における「技術論」として位置づけられている。竹内による社会事業（社会福祉）の定義は以下のとおりである。

（個別的・集団・組織）社会事業とは、（個人・集団・地域社会）が有する社会（関係）的要求を、その他の種々な要求との関係において、自ら発見し、かつ充足するために、能力、方法、社会的施設等あらゆる資源を自ら開発せんとするのを、**専門職業者としての（個別・集団・組織）社会事業者が、その属する施設・団体の職員として、側面から援助する、社会福祉事業の一専門領域を成す過程**をいう[2]。

3 固有論

構造機能主義（**社会学**）に基づく**社会福祉の固有性**を明らかにし、社会福祉「学」を構築しようとした**岡村重夫**に代表される。「社会福祉本質論争」の文脈においては、社会福祉の援助技術論を論じているという評価から「技術論（体系）」に分類されることが通常だが、社会福祉理論の歴史的展開・系譜においては「固有論」として扱われることも多い。岡村は個人が社会生活における基本的要求★を充足するために利用する社会制度との関係を「社会関係」と呼び、その「主体的側面」と「客体的側面」の二重構造を前提として、「社会関係の主体的側面」から見えてくる生活の困難（社会関係の不調和、社会関係の欠損、社会制度の欠陥）があるとき、そこに働きかける（あるいは調整する）ことが「社会福祉の固有性」であるとした。さらに「社会福祉の固有の視点（原理★）」を提示した。岡村は「社会福祉固有の視点」について次のように述べている。

★社会生活における基本的要求
経済的安定、職業的安定、家族的安定、保健・医療の保障、教育の保障、社会参加ないし社会的協働の機会、文化・娯楽の機会の七つが挙げられている。

★社会福祉の固有の視点（原理）
「社会性」「現実性」「全体性」「主体性」の四つが挙げられている。

すべての個人の社会生活の基本的要求が充足されるために効果的な社会関係が不可欠であるならば、社会関係の客体的側面だけに着目する専門分化的な政策だけでは不充分であって、**社会関係の主体的側面を問題とする**個別化的援助の方策がなくてはならない。それはすべての個人が社会制度から要求される役割期待への適応過程を援助する方策であって、同じく**社会生活の基本的要求の充足**にかかわるものであるが、一般的な『政策』と立場を異にするものである。これが**社会福祉固有の視点**である[3]。

4 統合論

社会福祉の統一原理を「社会科学的体系と人間行動科学体系の総合調整」、つまり「政策論」と「技術論」を統合的に理解することによって実現しようとした**嶋田啓一郎**に代表される。嶋田にとって社会福祉の究極的目的は**「全人的人間の統一的人格の確立」**である。そして社会福祉学は社会科学のみならず、人間の行動を規定する価値を含んだ「人間行動科学」であり、そのための理論を**力動的統合理論**と呼び、社会福祉実践に寄与するものであることを志向した。また、社会福祉は「資本主義体制の維持」に加え、「生活構造の擁護」を目指すものであるとした。嶋田による社会福祉の定義は以下のとおりである。

> 社会福祉とは、その置かれたる一定の社会体制のもとで、社会生活上の基本的欲求をめぐって、社会関係における人間の主体的および客体的諸条件の相互作用より生起する諸々の社会的不充足、あるいは不調整現象に対応して、個別的または集団的に、その充足・再調整、さらに予防的処置を通して、諸個人または集団の社会的機能を強化し、社会的に正常な生活標準を実現することによって、**全人的人間の統一的人格を確保しようとする公的ならびに民間的活動の総体**を意味する。これらの諸活動は、損傷された能力の回復、個人的・社会的資源の提供、および社会的機能障害の予防の三機能を包含する。[4)]

5 運動論

「政策論」の視点を継承しつつ、資本主義体制における社会福祉の存立条件を三元構造論から捉えた**真田是**に代表される。**三元構造論**とは、「対象としての社会問題」「社会問題の解決を求める運動」「資本主義国家から出される政策」という三つに注目し、社会福祉をこれらの相互関連によって把握する理論枠組みである。また、真田は社会福祉の「政策」を基礎としつつも、そこに「技術」を位置づける環として**福祉労働**に注目した。真田による三元構造論の説明は次のとおりである。

> 資本主義のもとで社会福祉が登場するためには、まず社会福祉の対象がなくてはならない。社会福祉の対象は、**社会問題としての生活問題**である。また、社会福祉を行なう主体がなければ社会福祉は登場しない。社会福祉を行なう**主体は資本主義国家**であり、政策主

体と呼ばれてきた。そして、…略…**国民の社会福祉要求と運動が政策主体に影響を与える**。[5)]

真田と同じく「運動論」の代表としては**一番ヶ瀬康子**も挙げられる。一番ヶ瀬も「政策論」の流れを止揚し、社会福祉を政策範疇で捉えつつ「政策論」と「技術論」を包摂するものとして運動論的視点を強調した。さらに、社会福祉学は**「生活権」保障**の実現を目指して現実を批判し問題提起を行っていく必要性を提起した。一番ヶ瀬は「生活権」「運動論的視点」について次のように述べている。

それ（＝社会福祉）はたんなる社会的・組織的活動ではなく、いまや憲法第25条による**「生活権」保障の制度**として、政策のもとに摂取、位置づけられ定着しつつあるものであり、その本質は、政策であると規定するのが当然であろう。[6)]

従来までの政策論をさらに、歴史的にまた実証的に展開し、下からの権利視点を前提に再編する過程で、**技術論、方法論を包含し運動論的視点で展開する**ことを志向してきた。…略…社会福祉をいわば政策範疇でとらえ、さらに政策形成とその機能を規定するものとしての運動論の展開を強調してきたのである。[7)]

6 経営論

ソーシャルポリシー(社会政策論)やソーシャルアドミニストレーション論（社会行政学／社会福祉管理運営論）の知見を基礎に、政策範疇として社会福祉を捉えたうえで、その**政策形成と運営・管理**の理論構築を意図した**三浦文夫**に代表される。三浦は社会福祉にとって「政策」も「実践（技術）」も不可欠なものとみなし、本質論争における二項対立的思考とは異なる立場をとった。社会福祉改革の動向を踏まえ、社会福祉政策研究の視点から要援護性に注目した**ニーズ論**、社会福祉サービス資源の調達と配分に関する**サービス供給（体制）論**を展開した。三浦は社会福祉経営論と社会福祉の政策課題について以下のように指摘している。

社会福祉経営論は、その基礎には、社会福祉が目的とする人間の自立と社会的統合が妨げられている**社会福祉ニード**がどのようなものであり、そしてそのニードの充足に**必要な方法**はどのようなものであるのかということの検討が不可欠である[8)]。

社会福祉の政策課題は、ニードの把握とそれに基づくニードの充足の方法・手段の選択につきるものではない。社会福祉の政策は、さらにこのニード充足のプロセスが効果的・効率的に行われるために必要な資源の調達と配分を行うことをその政策枠組みに取り入れている[9)]。

4 海外の社会福祉・福祉政策に関する理論の概要

海外において社会福祉や福祉政策に影響を与えたものとしてここではイギリスを中心に概観する。まず「福祉国家の黄金時代」にイギリスにおいてソーシャルポリシー（社会政策論）やソーシャルアドミニストレーション（社会行政学／社会福祉運営管理論）の理論家として活躍した**ティトマス**（Titmuss, R. M.）の理論である。ティトマスは**福祉の社会的分業論**として、❶伝統的な社会サービスとしての「社会福祉」、❷各種控除としての税制である「財政福祉」、❸企業による福利厚生や各種給付を指す「企業福祉」の三つを提示した。また、社会福祉政策（福祉国家）を、①福祉ニーズを充足するにあたり市場や家族が機能しない場合のみ公的福祉を提供する**残余的福祉モデル**、②福祉ニーズへのアクセスと充足の程度が労働市場における個人の生産性や功績によって決まる**産業的業績達成モデル**、③福祉ニーズに対して制度に基づく普遍主義的サービスを提供する**制度的再分配モデル**の三つに類型化した。

1970年代には二度のオイルショックを契機として高度経済成長の時代が終焉し、福祉国家批判が次第に強まり、1980年代初頭には「福祉国家の危機」が叫ばれ、この頃から福祉国家再編の基本コンセプトとして**福祉多元主義**（welfare pluralism）、あるいはほぼ同義の「福祉ミックス★」（welfare mix）、**福祉の混合経済**（mixed economies of welfare）が注目されるようになった。「福祉多元主義」はイギリスの「ウルフェンデン報告」（1978年）で最初に提唱されたもので、福祉供給における四つの主体の最適な役割分担を志向するものである。第一に、政府や自治体などの「公共セクター」、第二に市場ベースの営利企業などの「民間営利セクター」、第三に家族やコミュニティといった「インフォーマルセクター」、第四にNPOなどの民間非営利組織である「ボ

★福祉ミックス
福祉ミックス論の代表的論者であるリチャード・ローズ（Rose, R.）によれば、福祉ミックス（混合福祉）とは、「社会における福祉の総量（TWS）は家庭福祉（H）、市場福祉（M）、国家福祉（S）の総和（TWS＝H＋M＋S）」（白鳥令・R. ローズ編，木島賢・川口洋子訳『世界の福祉国家』新評論，p.25，1990.）とされている。

ランタリーセクター」である。新自由主義的立場からは「小さな政府」を志向する方策として位置づけられるが、先進諸国間で各セクターの占める比重には差異がみられる。

また、1980年代後半以降、イギリスなどで行政活動に民間企業の管理手法を導入することによって効率化を図り、質の高い行政サービスを目指す新たな管理手法である**新公共経営論**（New Public Management：NPM）が提唱されるようになり、その後、先進諸国で採用されていった。NPMの特徴は、「成果主義」「市場メカニズムの活用」「顧客（利用者）中心主義」「組織編成の簡素化」の4点が挙げられる。NPMの例としては、公共施設等の建設、維持管理、運営等に民間の資金や経営的・技術的能力を活用することで、より安価で質の高い公共サービスを提供する手法としての**PFI**（Private Finance Initiative）がある。

1990年代になると、ブレア(Blair, T.)政権の上級政策顧問を務めた**ルグラン**(Le Grand, J.)による政策理論として**準市場**(quasi-market)が登場した。それは、医療・教育など公共サービスの提供において、選択と競争を取り入れるもので、「疑似市場」と呼ばれることもある。ルグランは、よい公共サービスの条件として、❶サービスの質が高い、❷サービスが効率的である、❸アカウンタビリティ（説明責任）を確保している、❹利用者のニーズに応答的である、❺公平に提供されている、という五つを挙げた。

Active Learning

1980年代以降における海外の理論動向と日本の社会福祉の展開との関係について調べてみましょう。

そのうえで、公共サービスの提供モデルとして「信頼に基づくモデル」「命令と統制を使うモデル」「発言に基づくモデル」「利用者の選択に基づくモデル」の四つを検討し、各モデルには長所と短所があり、実際の政策はこれらの組み合わせであることを踏まえ、準市場の理念型として「利用者の選択に基づくモデル」がよい公共サービスを提供する条件を備えていると主張した。

◇**引用文献**
1）孝橋正一『全訂 社会事業の基本問題』ミネルヴァ書房，pp.24-25，1962.
2）竹内愛二『専門社会事業研究』弘文堂，p.91，1959.
3）岡村重夫『全訂 社会福祉学総論』柴田書店，p.139，1968.
4）嶋田啓一郎『社会福祉体系論』ミネルヴァ書房，pp.94-95，1980.
5）真田是『現代の社会福祉理論』労働旬報社，p.141，1994.
6）一番ヶ瀬康子『現代社会福祉論』時潮社，p.43，1971.
7）同上，p.31
8）三浦文夫『増補 社会福祉政策研究』全国社会福祉協議会，p.45，1987.
9）三浦文夫『社会福祉経営論序説』碩文社，pp.65-66，1980.

◇**参考文献**
・濱野一郎・遠藤興一編著『社会福祉の原理と思想——主体性・普遍性をとらえ直すために』岩崎学術出版社，1998.
・一番ヶ瀬康子・真田是編『社会福祉論』有斐閣，1968.
・J. ルグラン，後房雄訳『準市場 もう一つの見えざる手』法律文化社，2010.
・三浦文夫『社会福祉経営論序説』碩文社，1980.
・仲村優一・一番ヶ瀬康子ほか監，岡本民夫・田端光美ほか編『エンサイクロペディア社会福祉学』中央法規出版，2007.
・N. ジョンソン，青木郁夫・山本隆訳『福祉国家のゆくえ 福祉多元主義の諸問題』法律文化社，1993.
・岡村重夫『社会福祉原論』全国社会福祉協議会，1983.
・大河内一男『大河内一男著作集 第五巻 社会政策の基本問題』青林書院新社，1969.
・R. M. ティトマス，三友雅夫監訳『社会福祉政策』恒星社厚生閣，1981.
・右田紀久恵・秋山智久ほか編『21世紀への架け橋——社会福祉のめざすもの１ 社会福祉の理論と政策』中央法規出版，2000.
・吉田久一『日本社会福祉理論史』勁草書房，1995.

● **おすすめ**
・阿部志郎・右田紀久恵ほか編『講座 戦後社会福祉の総括と二一世紀への展望 II思想と理論』ドメス出版，2002.
・岩田正美監、岩崎晋也著『リーディングス 日本の社会福祉Ｉ 社会福祉とはなにか——理論と展開』日本図書センター，2011.

第3節 社会福祉の論点

学習のポイント

- 社会福祉の論点を形式的に把握する
- 公私関係について理解する
- 普遍主義と選別主義について理解する

1 社会福祉をめぐる論点の形式的把握

社会福祉のあり方をめぐって今何が論じられ、いかなる論点が示されているのか。その全容を捉えるのは大変難しい。そこで、まずは論点の内容ではなく、その形式を捉えることから出発してみたい。

どのような論点にも何らかの問いが含まれる。問いには疑問詞が使われる。疑問詞の種類はある程度絞ることができる。よく知られている疑問詞のグルーピングに５Ｗ１Ｈというものがある。それは「いつ（when）」「どこで（where）」「だれが（who）」「なにを（what）」「なぜ（why）」「いかに（how）」の頭文字のことである。この六つの疑問詞に「だれに（(to) whom）」と「どれだけ（how much / many）」を加えた八つの疑問詞からなる６Ｗ２Ｈによって、「社会福祉の論点[i]」を形式的に分類することにしたい。

この６Ｗ２Ｈからは、主体論、客対論、水準論、資源論、方法論、時間論、空間論、原理論という八つの主題領域が導かれる。これらの主題領域にはさまざまな「二分法的論点[ii]」が含まれる。

以上を整理したものが**表 2–7** である。表の右側にはよくみられる二分法的論点を例示した。すべてを取り上げる余裕はないため、本節では、

---

i　各疑問詞を用いて文章化すると次のようになる。社会福祉とかかわるある事柄が論じられるとき、そのある事柄は▼誰・何によって（主体）、誰・何に対して（客体）、いつ（時間）、どこで（空間）なされているのか／なされるべきなのか。▼そのとき何が（資源）、どのように（方法）、どれだけ（水準）供給・利用されているのか／されるべきなのか。▼これらがなされているのは／なされるべきなのはなぜか（原理）。

ii　これらの二分法は、「どうあるべきか」をめぐる規範的論点においては「ＡかＢか」「ＡよりもＢ」といった択一的な問題設定を促し、「何であるのか」をめぐる記述的論点においては、説明対象を二元論的ないし二項対立的に捉える問題設定を促していくことになる。

表2-7　社会福祉をめぐる八つの主題領域と二分法的論点

主題領域	二分法的論点の例
主体論	**公と私**、**政府と民間**、国家と市場、営利と非営利、有資格と無資格、供給主体と利用主体
客体論	貨幣的ニーズと非貨幣的ニーズ、社会問題と社会的問題、必要と需要、絶対的貧困と相対的貧困、自発的失業と非自発的失業、健常と障害、セックスとジェンダー、国民と外国人、若者と高齢者
水準論	最低限（ミニマム）と最適（オプティマム）、ナショナル・ミニマムとソーシャル・ミニマム、絶対的水準と相対的水準
資源論	給付と商品、現金給付と現物給付、資本と資源、経済資本と社会関係的資本、物的資本と人的資本、法定内資源と法定外資源
方法論	供給方法と利用方法、**社会保険と社会扶助**、防貧と救貧、再分配とリスク分散、**普遍主義と選別主義**、給付と負担、応能負担と応益負担、トランポリンとセーフティネット、**効率性と公平性**
時間論	長期と短期、有期と無期、開始と終結、労働時間と自由時間
空間論	ローカルとナショナル、ナショナルとグローバル、施設と在宅、公共圏と親密圏、福祉国家と福祉社会
原理論	自由と平等、自立と依存、自律と他律（自己決定とパターナリズム）、存立原理と規範原理、存在理由と正当化根拠、利己心と利他心、資本蓄積と正統化、社会権と自由権、人権と市民権

出典：筆者作成。太字は以下の解説で取り上げた論点である。なお自由と平等、自立と依存という原理論的な論点については第４章で扱われる。

Active Learning
表2-7のなかから二分法的論点をいくつか選んで、それらがどのような議論を形作っているのかを調べたり考えたりしてみましょう。

主体論と方法論に的を絞り、そこでの主要論点について解説する。なお客体論（対象論）については本章第４節で詳しく扱う。

2　公私関係論から多元的供給主体論へ

1　公私関係論の現在

公私関係という論点は、福祉供給における「公」としての政府と、「私」としての民間について、❶両者の関係（それぞれの役割や責任など）がどうなっているのか、❷またそれはどうあるべきか、という二系統の問いから構成される。

しかし今日ではこうした問いに答えることが非常に難しくなっている。政府間あるいは政府内の関係の多層化と複雑化、経済や社会のグローバル化に伴う国家の質的変容、そして公共性の意味内容の転換をうけ、「公」の範囲や役割が問い返されている。また、ライフスタイルの個人化や、家族の形態と意味づけの多様化とともに、新たなつながりや共同性が模索されるようになった。その結果、「私」の境界線もまた大きく問い直されている。こうしたことを受けて、公私関係をめぐる議論

Active Learning
社会福祉にかかわる国家（政府）の役割を洗い出し、何が必要で何が不要かを、その理由とともに考えてみましょう。

は錯綜を極めるようになったのである。

公私関係という論点が正面から問われていた時代は、社会福祉の考え方も政府の取り組みも、今日と比べればかなり未発達であった。そうであるがゆえに、社会福祉というものをどう考えたらよいのか、政府は何をすべきなのか、またすべきでないのか、ということがゼロベースで真剣に論じられたのである。

公私関係のあり方をめぐる古典的議論としては、19 世紀後半から 20 世紀初頭のイギリスで提起された**「平行棒理論」**と**「繰り出し梯子理論」**と呼ばれる二つの考え方がよく知られている。前者は、福祉供給における政府と民間の役割は異なっており、互いに平行棒のように交わることはない、とする考え方である。後者は、福祉供給における政府と民間の役割は異なるが連続した関係にある、とする考え方である。政府の福祉供給が土台としてあり、民間はその土台から繰り出された梯子のように拡張的な福祉供給を担う、というのが「繰り出し梯子理論」の要点である[iii]。

2 公私関係の展開

この古典的議論では、福祉供給における公私関係が「どうあるべきか」が論じられている。他方で、公私関係が実際に「どうなっているのか」という事実解明的な議論もある。

福祉供給における公私関係の事実解明は困難な課題である。なぜなら、そもそも「福祉」の意味や供給形態も、政府の仕組みや民間の内実も、時代ごとに、また国によっても、違いがあるためである。公私関係を実証的に把握するには、政府と民間のそれぞれが福祉供給を行ってきた歴史的経緯や法制度の発達に関する分析とともに、国際比較研究によって国ごとの行政システムの異同や特徴などを検討することも欠かせない。

しかしながら、先進国に限定して細部を捨象していえば、実際の公私関係は、19 世紀後半から 20 世紀初頭の時期には民間福祉中心の**分離関係**が顕著であったが、第二次世界大戦後の時期には国家福祉中心の**融合関係**が一般化し、20 世紀後半以降においては多元的で脱中心的な公私の**協働関係**へと転換されていった、という展開が指摘できる。

この間、先進国では「社会福祉」の意味や中身が大きく変化し、それ

iii 公私関係論について、金子光一「公私関係論に関する史的研究(1)」『東洋大学社会学部紀要』第 44 巻第 2 号，pp.39-53，2006. を参照。

と連動して「公」と「私」の形も動きも複雑化した。「公」としての政府は、規模が大きくなり、役割が増え、内部も細かくなっていった。国と地方（中央政府と地方政府）との関係や両政府内部の関係も複雑になった。さらに近年のグローバル化により、諸外国の政府や国際機関との関係も密になり、相互のやりとりも活発化している。

他方で、「私」としての民間の福祉追求主体は、営利もあれば非営利もあり、規模の大小や組織化の度合いもさまざまなものとなり、目的も活動範囲も影響力も多様化している。自国や他国の政府、そして国際的な機関や組織と関係をもち、グローバルな活動を展開する民間非営利組織もみられるようになっている。

3 ポスト公私関係

今日ではもはや、公私関係という単純な二分法的議論は、事実解明においても規範構想においても、意味を失いつつあるようにみえる。こうした「ポスト公私関係」とも呼び得る状況のもとでの主題は、多元的な福祉供給の主体ないし部門のマネジメントやガバナンスのあり方であるといえる。また福祉課題をめぐる多様な組織・団体・個人のコラボレーションのあり方も問われており、一連の複雑なネットワークが分析の対象となっている（第6章第1節「3　多元化する福祉サービス提供方式と政府、事業者、国民の役割」（p.174）および第9章第1節を参照）。

しかし、すべての供給主体をフラットに捉え、中央政府も民間非営利組織も、また自助も互助も共助も公助も、福祉供給システムの構成要素として同列に扱うことは、これまで公私関係論が保持してきた有意義な側面を見失わせるおそれがある。

その有意義な側面とは、端的にいえば「政治」である。これまで福祉供給の公私関係をめぐって繰り広げられてきた議論の背景には、イデオロギーの対立が控えていた。古典的議論である「平行棒理論」と「繰り出し梯子理論」は、それぞれ古典的自由主義と社会民主主義（フェビアン社会主義）に依拠した福祉供給構想であったとみてよい。

民間福祉と国家福祉の役割や範囲などをめぐる議論の背後には、自由とはいかなる状態なのか、国家は市民の自由を増大させ得るのか否か、よい社会の条件とはいかなるものか、といった政治的なテーマと意見対立が横たわっていた、ということである。

4 福祉システムの制御と最適化

しかし、今日のポスト公私関係論的状況のもとでは、自由と介入、国家と市民の役割等を含む、「よい社会」のあり方をめぐる政治的な議論を抜きにして、福祉システムの制御と最適化という技術的な議論が常態化している。政治やイデオロギー対立が終焉したかのような今日的状況のもとで問われているものの一つに、**効率性**（efficiency）と**公平性**（equity）をどう両立させるかという経済学的な論点がある。

福祉供給における効率性と公平性という論点のもとでは、希少な資源（財やサービス）の適切な供給のあり方をめぐって、効率性を追求すると不公平になりやすく、公平性を追求すると非効率になりやすい、といったジレンマにどう対処するか、といったことが問われている。

確認すれば、ある制度や活動が、少ないインプット（時間・お金・人員などの資源の投入やコスト）で、多くのアウトプット（必要充足や満足などの効果や便益）をもたらすとき、それらは効率的であるとされる。だが、福祉サービスにおいては、供給者が過度に効率性を追求すると、利用者の暮らしと福祉に悪影響が及ぶことも少なくない。

近年では、福祉サービスにおける効率的な資源供給を図るために、「市場型」あるいは「準市場★型」の仕組みが、積極的に活用されるようになっている。こうした仕組みには、利用者の選択の自由と民間事業者同士の競争を促進することが期待されている。だが、部分的であれ全面的であれ、市場原理を福祉サービスに導入するうえでは、利用者の意志決定や選択を支援するとともに、供給者を監督したり、事業に規制を設けたりしなければ、効率的であっても不公平なサービスになりやすい。それゆえ、利用者の支援や事業者の規制・監督を適切に行うことが、福祉サービスにおいて効率性と公平性の両立を図るには欠かせない条件となる。こうしたことを受けて、政府はサービスの直接供給を縮小させ、主として条件整備型の対応を図るようになっている。

多元的な福祉供給システムの制御と最適化が中心問題となるなかで、公私関係を論じることの意義は薄れている。だとしても、その論点をこれまで形作ってきた政治的な観点と公共的な社会構想への意志を失ってはならないはずである。たとえ多元的福祉供給システムがどれほど効率化されて最適に作動していたとしても、それによって維持されている社会が不正なものであるとしたら、効率性と最適化にどれほどの意味があるのか。この点について真剣に考えてみる必要があろう。

★準市場
我が国の準市場研究は多数に上るが、その多くはイギリスの社会福祉学者であるルグラン（Le Grand, J.）の研究を参照している。ルグランによれば、準市場は顧客をめぐって独立の提供者が「競争」を繰り広げるという意味では「市場のようなもの」であるが、サービスの費用は国家が賄うという点で「通常の市場とは異なっている」とされる。準市場の詳細については本書第６章第１節および第９章第１節を参照。

3 普遍主義と選別主義

1 論点の概要

福祉政策における資源配分の方法について、**普遍主義**（universalism）か**選別主義**（selectivism）かという論点をめぐって、これまで多くの議論が重ねられてきた。普遍主義とは、公的な給付の供給と利用は、できる限り条件を少なくした方がよいとする考え方である。これと対をなすのが選別主義であり、公的な給付の供給と利用は、できる限り必要度の高い人々に重点化することが望ましいとする考え方である。

後述するように、普遍主義と選別主義の両立を図ろうとする議論もあるが、総じて両者を対立的に捉える議論が展開されてきた。対立的な構図は今日的な議論にもみてとれる。たとえば、福祉国家を刷新する所得保障の方法として**ベーシックインカム（BI）**への期待が高まっている。このBIをめぐる議論の内部において、完全BI（無条件給付）か部分BI（参加所得や負の所得税のような条件つき給付）かという、普遍主義・選別主義論と同形の議論がみられる。また、BI自体を、選別主義的な既存の福祉システム（特に所得保障制度）に対する普遍主義的な対抗構想とみなすこともできる。

このように、普遍主義か選別主義かという対立的議論は、形を変えて繰り返されているが、その古典的な議論は「社会扶助か社会保険か」という給付方式の対立に見出すことができる。

2 社会扶助と社会保険

社会扶助は選別主義に立脚する給付方式の典型であり、税金を財源にして市民に最低生活を保障する方式をいう。貧しい人々への給付は、救貧の現代化（社会扶助化）により、恩恵から権利へと意味づけが変化したものの、選別自体は維持された。**資力調査（ミーンズテスト）**をはずし、カテゴリーへの合致を要件とすることで選別性を緩めた社会扶助方式を**社会手当**といい、資力調査を課す方式である**公的扶助**とともに、社会扶助の下位概念として位置づけられる。

福祉に依存することを嫌悪する自立至上主義の文化のもとでは、選別を通じて扶助を受給する市民は、挫折を味わい辱めを受けやすい。そうした屈辱・恥辱をもたらす特性や属性は**スティグマ**と呼ばれる。スティグマのせいで、扶助が必要な状態にあるにもかかわらず、利用申請すら拒否することがある。その結果、市民の命と暮らしを守るという制度の目的がきちんと果たせないこともある。このような問題に対処するために、「選別的ではない」方式や制度が求められ、市民の社会的な権利に裏打ちされた福祉国家体制の構築が図られていった。普遍主義への期待はこうした文脈で表明されてきた。

社会保険は普遍主義に立脚する給付方式とされることが多い。社会保険給付を利用するには、社会保険料を一定期間納めた拠出実績のほかに、制度が要求するさまざまな要件（介護保険なら認定、雇用保険なら求職活動など）を満たすことが求められる。それゆえ、社会保険の普遍性は、社会扶助と比べた限りでの相対的なものといえる。

3 対立的議論を構成する種々の二分法

この普遍主義と選別主義という二つの概念は、「対立」関係に置かれることが多い。その要因の一つは、普遍主義と選別主義が、択一的な議論に陥りやすくする各種の二分法と結びついているためであると考えられる。

そうした二分法については、❶対象となる市民は不特定／特定（一般／特殊、多数派／少数派、基本的／追加的、包摂的／排除的)、❷資力調査がない／ある（弱い条件／強い条件、受けやすい／受けにくい)、❸保険／扶助（拠出／無拠出、水平的再分配／垂直的再分配、防貧／救貧、貢献原理／必要原理)、❹スティグマがない／ある（努力／怠惰、正常／異常）といった分類がなし得るだろう。普遍主義か選別主義かという対立関係は、こうした相互に緩やかに結びつく複数の二分法がはらむ二項対立の連鎖を背景にしていると考えられる。

4 イデオロギー的背景

これらの複合的な二分法と連動した普遍主義と選別主義をめぐる対立的議論は、イデオロギーと決して無関係ではない。選別主義は古典的自由主義者や新自由主義者の考え方や信念と適合的であり、普遍主義は社会民主主義者や現代的自由主義者の考え方や信念に親和的であるといえよう（各イデオロギーについては第 1 節を参照)。選別主義と普遍主義の対立的な構成は、このようなイデオロギー的な対立を反映していると考えられる。

しかしながら、学術的な議論においては、イデオロギーの影響を回避しつつ、両者の経済的・社会的なメリットやデメリット、諸外国での経験や議論などを客観的に分析し、市民や政策担当者に対して判断材料を提供することが求められる。その際においても、前述のような連動する種々の二分法そのものに、ある種のイデオロギー的な思考と価値判断が含まれていることに対する自覚が不可欠であろう。

5 普遍主義と選別主義の両立

普遍主義と選別主義を両立させようとする議論としては、ティトマス（Titmuss, R. M.）の積極的優遇論がよく知られている。ティトマスは、普遍主義的な社会サービスが届きにくく、最も支援を必要としている人々に、これまで以上に資源を振り向けていくにはどうすればよいか、という観点から**積極的優遇**（positive discrimination）という福祉供給の考え方を提唱した。

ティトマスは、「普遍的な社会サービスと選別的なそれとの間での選択」が問題なのではなく、次の問いこそが本当の課題であるという。その問いとは「最も深刻な必要を抱えている人々の利益になるように、スティグマのリスクを最小限にしながら、積極的な優遇をねらいとした社会的に許容可能な選別的サービスが、その内部や周辺で発達していけるような価値と機会の枠組みを提供するためには、いったいどのような普遍的サービスの下部構造が必要なのか」といったものであった[1)]。

簡潔にいえば、ティトマスの積極的優遇論とは、医療や所得保障などの社会サービスを誰もが利用できるようにしたうえで、ニーズの大きい人々に追加的なサービスを提供する二階建てのシステムの提唱として理解することができる。しかし上記の引用をよく読めばわかるように、ティトマスの強調点は二階建ての仕組みというより、普遍主義そのものにあったといえる。普遍的に提供される生活保障のもとで、人々が連帯感や利他的で寛容な意識を高めることによって、不遇な状態にある人々を厚遇することが望まれていく。そうした寛容で統合された社会の建設をティトマスが展望していたとする解釈は、それほど的を失してはいないはずである。

ティトマスの構想は、論理はよく似たロールズ（Rawls, J. B.）の**格差原理**★ほどの厳密さをもって語られているわけではないが、普遍主義と選別主義という二項対立図式とは別の道があることを説得的に示しているといえよう。

★格差原理
ロールズが『正義論』で理論的に導出した「正義の二原理」の一部。社会的・政治的な不平等（格差）は、最も恵まれない人々に最大の便益をもたらすものでなければならない（報酬等の格差が促す経済の活力と豊かさは最も恵まれない人々を利する）という原理。

6 積極的優遇論と格差原理

最後に格差原理と積極的優遇論との異同について指摘しておきたい。ロールズは主著『正義論★』のなかで、格差原理とは「生まれつきの才能の分配・分布を（いくつかの点で）共通の資産と見なし、この分配・分布の相互補完性によって可能となる多大な社会的・経済的諸便益を分かち合おうとする、ひとつの合意を実質的に表している」と述べている[2)]。

社会学者の盛山和夫によれば、その中核にある考え方は、「才能や資源に恵まれない人々であっても、それらに恵まれた人々と比べてできる限り同等の機会が与えられるべき」であり、それは「自由で平等な人々からなる公正な社会的協働」のための条件である、といったものだとされる[3)]。

盛山の解釈に従うなら、格差原理が意味しているのは、決して弱者救済でもなければ、恵まれた人々を犠牲にして恵まれない人々を優遇することでもない、ということになる。つまり、公正な社会的協働は、すべての人々に便益をもたらしていくのであって、そうした協働による互恵的な便益が恵まれない人々にもたらされる局面をクローズアップしたものが格差原理なのではないか、ということである。

ロールズのいう格差原理は財や資源の「分配」にかかわるのに対し、ティトマスの積極的優遇論は、それらの「再分配」にかかわるという相違がある。しかし、普遍主義と選別主義との両立のあり方を考えるためのヒントを与えてくれるところに、両者の共通点を見出すことができるだろう。

★ロールズ『正義論』
『厚生労働白書 平成24年版』は、社会保障のあり方を考えるための思想としてロールズ『正義論』を取り上げている(pp.26–27)。白書はロールズを「全ての人々が人間らしく生きていくための社会の原理はどうあるべきかを考えた」哲学者として位置づけている。「格差（是正）原理」については「一定の格差の存在を容認しつつも、格差の存在が最も恵まれない人の状況の改善に最大限資する場合にだけ正当化されるとする」原理であると指摘している。

◇**引用文献**

1）Titmuss, R. M., *Commitment to Welfare*, Allen and Unwin, p.117, 1968.（三浦文夫訳『社会福祉と社会保障』東京大学出版会，p.143，1971.）
2）Rawls, J. B., *A Theory of Justice, revised edition*, Harverd University Press, 1999.（川本隆史・福間聡・神島裕子訳『正義論 改訂版』紀伊國屋書店，pp.136-137，2010.）
3）盛山和夫『リベラリズムとは何か――ロールズと正義の論理』勁草書房，p.138，2006.

◇**参考文献**

・Fitzpatric, T., *Freedom and Security : An Introduction to the Basic Income Debate*, Macmillan Press，1999.（武川正吾・菊池英明訳『自由と保障――ベーシック・インカム論争』勁草書房，2005.）
・古川孝順『社会福祉原論 第二版』誠信書房，2005.
・平岡公一『イギリスの社会福祉と政策研究――イギリスモデルの持続と変化』ミネルヴァ書房，2003.
・金子光一「公私関係論に関する史的研究(1)」『東洋大学社会学部紀要』第44巻第２号，2006.
・Le Grand, J. & Bartlett, W., *Quasi-Markets and Social Policy*, Macmillan, 1993.
・Le Grand, J., *Motivation, Agency, and Public Policy : Of Knights & Knaves, Pawns & Queens*, Oxford University Press, 2003.
・Le Grand, J., *The Other Invisible Hand : Delivering Public Services through Choice and Competition*, Princeton University Press, 2007.
・Titmuss, R. M., *Commitment to Welfare*, Allen and Unwin, 1968.（三浦文夫訳『社会福祉と社会保障』東京大学出版会，1971.）
・山森亮『ベーシック・インカム入門――無条件給付の基本所得を考える』光文社，2009.

第4節 社会福祉の対象とニーズ

学習のポイント

- 社会福祉の対象としてのニーズ（必要）の特徴を理解する
- 社会福祉の対象がどのように変化してきたのかを理解する
- 社会福祉学におけるニーズの捉え方とその現代的課題を理解する

1 社会福祉の対象としてのニーズ

1 本節の目的

社会福祉とは何かという問いに、誰もが納得するような答えは存在しない。しかし、人々の**ニーズ（必要）**を満たせない制度や実践は社会福祉の名に値しない、ということについては多くの人が同意するはずである。

本節の目的は、ニーズをはじめとする社会福祉の「対象」に関する捉え方や考え方を整理することにある。この「1　社会福祉の対象としてのニーズ」では、ニーズ概念の特徴について簡潔に触れる。ニーズに関する本格的な解説は第５章を参照してもらいたい。次に「2　社会福祉の対象の史的変遷」では、社会福祉の対象がどのように変化してきたのかを概観する。そして「3　社会福祉学における対象の捉え方と考え方」では、ニーズの捉え方や考え方を説明したうえで、ニーズ把握をめぐる現代的課題について考察する。

2 ニーズ概念の特徴

自分にとって何が「欲しい」かは、本人しか判断できない。しかし自分にとって何が「要る」かは、本人も他人も判断できる。このように、ニーズ（必ず要る＝必要）という概念の特徴は、ある人にとって何かが必要であると判断する主体が、常に本人であるとは限らない、という点にある。しばしばそうした判断においては、本人の主観を超えた客観的ないし普遍的なニーズの存在が前提にされる。

客観的・普遍的なニーズの存在自体には同意が得られても、何が客観的・普遍的なニーズであるかについては意見が分かれるだろう。動物として欠かすことのできない（その欠如が当人に危害を及ぼしうる）空気・水・食料・住居などが、客観的で普遍的なニーズであることには多くの人が同意するはずである。しかし、単なる動物ではなく、社会的な動物（「尊厳ある人間」や「市民」）としての人間にいったい何が必要かに関しては、議論が絶えることはない。

ニーズをめぐる議論は、こうした哲学的なテーマを伏在させている。だが、プラグマティックな問題解決を志向する社会福祉の文脈では、実践的なニーズの捉え方が重視され、「ニーズとは何か」ということよりも、「いかにニーズを満たすか」が問われる傾向がみられる。しかし、ニーズの適切な把握と充足を目指すとき、ニーズが呼び起こす哲学的な問題と真摯に向き合うことからは、多くのヒントが得られるだろう。

3 社会福祉と生の本拠

ニーズ概念は、社会福祉の対象を指す言葉として1970年代あたりから定着するようになった。社会福祉の対象は、社会福祉それ自体とともに、時代によって変化する。以下の「2　社会福祉の対象の史的変遷」では歴史を振り返りながら、社会福祉の対象の変遷を大まかに捉えていく。ここでは説明のための補助線として、**生の本拠**という概念を導入しておきたい。

生の本拠とは、家庭や共同体のような生活の拠点・帰属先・居場所を指すための概念であり、英語のhomeに相当する。多くの現代人は、家庭を拠点としながらも、学校や職場をはじめとする複数の帰属先や居場所をもっている。これら日常生活を構成する、さまざまな場と関係が生の本拠とみなし得る。こうした生の本拠の失調・喪失・剥奪が問題化され、その維持・安定・充実・再形成などの支援が求められるなかで、社会福祉の制度や援助活動が拡充されてきた。以下では、社会福祉とその対象の変容を、こうした生の本拠の展開と結びつけながら捉えていく。

Active Learning

自分にとってのホーム（生の本拠、居場所、帰属先）とはどのようなものであるかを話しあってみましょう。

---

i　これまで客観的なニーズや普遍的なニーズが存在すると考える人々によって、「人間的必要 human needs」や「基本的必要 basic needs」に関する探求が進められてきた。そして、いかなる必要が人間的・基本的・客観的・普遍的であるかについて、さまざまな見解が示されてきた（Doyal, L. & Gough, I., *A Theory of Human Need*, Guilford, 1991.（馬嶋裕・山森亮監訳『必要の理論』勁草書房, 2014.））。

2 社会福祉の対象の史的変遷

1 近代社会における社会福祉の対象

近代以前の「伝統社会」は、西洋でも東洋でも、支配従属関係を基調とする身分制社会であった。大部分の庶民は生まれ落ちた共同体で一生を送ったが、この地縁や血縁に基づく共同体こそ、伝統社会の標準的な生の本拠であった。当時の民衆は、支配層にとっては富をもたらす財産であったため、災害や飢饉の際には支配層による救済がなされ、宗教組織も施与や慈善を行った。非常時を除いて、民衆の日常に生じる欠乏や必要（衣食住、育児・看病など）は、共同体での相互扶助によって充足された。

★近代化
伝統社会との対比でいえば、近代社会では固定された身分がなくなり、地縁と血縁に基づく共同体もゆらぎ、自由恋愛に基づく異性愛カップルとその子どもから成る「近代家族」が形成された。人々は身分と共同体の縛りから解放されて「自由」になったが、同時に自助努力で生きていかねばならなくなった。

19世紀に各国で始まった近代化★（工業化と民主化）は、人々の暮らしに劇的な変化をもたらした。農業社会から工業社会へと移行するなかで、土地や資本などの生産手段をもたない人々は、自らの労働力を販売することで賃金を得なければ生活が営めなくなった。こうして**労働力の商品化**が進み、男性が賃労働に従事し、女性が無償で家族のケア（再生産）を担う近代家族が、近代社会の標準的な本拠となっていった。人々の帰属先という点では、子どもたちの「学校」や夫たちの「職場」も、しだいに生の本拠となっていくが、あくまで近代家族がおりなす「家庭」が、その中心であったことに変わりはない。

しかし近代家族の自助には、もともと危ういところがある。たとえば稼ぎ手の失業・疾病・障害・死亡等のために収入が途絶えれば、すぐに暮らせなくなる。労働力という商品は不当に買いたたかれることも、買ってもらえないこともある。こうして近代社会では、収入の不足に起因する生活問題としての貧困が、生の本拠にとっての脅威となった。

そうした脅威に対する組織的な取り組みとして、労働可能で自立が期待できる人々の生活問題（低所得、失業、労災、疾病など）に対応するために、各種の社会政策が導入されていった[ii]。このように近代初頭の社会では、近代家族の自助をゆるがす種々の脅威が、社会福祉の対象とみなされた。

---

ii　他方で、身寄りのない子どもや高齢者等、生の本拠を奪われ、労働による自立も期待しにくい人々に対する援助は、政府による選別的な救済と、民間の慈善・博愛事業が長らく担っていた。その延長上に公的な社会福祉制度が、ゆっくりと発達していった。

2 現代社会における社会福祉の対象

第二次世界大戦と前後して、冷戦期に「西側」と呼ばれた先進工業諸国では**福祉国家化**が進んでいった。国民の基本的な生活を**「ゆりかごから墓場まで」**保障すると期待された福祉国家体制は、建設当時の人々にとっては希望であり、「理想」であった。

福祉国家化を遂げた国々では、社会福祉の対象が市民生活全般に拡大し、保障のメニューは豊富になり、ボリュームも充実していった。しかし、経済的な自立が期待できる一般市民を対象とする**広義の社会福祉**と、それが期待しにくい特殊な市民を対象とする**狭義の社会福祉**という二重構造が温存されたまま今日に至っている。

3 21世紀における社会福祉の対象

19世紀以降、二度の世界史的な転換があった。前述のように、19世紀後半から20世紀前半にかけて「伝統社会から近代社会への転換」が生じた。この第一の転換は、生産の面からみれば「農業社会から工業社会への転換」であった。20世紀の後半から21世紀初頭にかけて、「前期近代社会から後期近代社会への転換」が生じた。この第二の転換は、生産の面からみれば「工業社会から脱工業社会★への転換」であった。工業社会を前提にデザインされた福祉国家は、この第二の転換によって再デザインを迫られていった。

この第二の転換を受け、福祉国家体制のもとで温存されてきた前述の二重構造に、新たな対象把握の軸が加わった。それは社会的な「包摂と排除★」という軸である。

旧来の福祉国家では、一般市民（経済的自立が期待できる人々）と特殊な市民（経済的自立が期待しにくい人々）との**平等化**が目指されていた。その平等化は、両者の経済社会的な状態を同一化することではなく、各種福祉制度への公正なアクセスを保障することを意味した。たとえば、働くことが困難な市民も、働いている市民も、同じように所得保障・保健医療・教育・介護・住宅などの社会サービスを利用できるようになったのである。

これに対して21世紀の福祉国家では、こうした平等化という目標と入れ替わるような形で、排除された市民を再び社会へと包摂する、という発想が強められてきた。こうした発想のもと、社会福祉の対象は、「社会的な排除を被る＝社会的に包摂されていない市民」として再規定されるようになった。

★脱工業社会
製造業等の第二次産業が低調になり、IT・金融・サービス等の第三次産業の比率が大きくなっていくこと。工業社会の大量生産・大量消費には画一的な雇い方や働き方が適していたが、脱工業社会の少量生産・少量消費には柔軟な雇い方や働き方が要請される。

★包摂と排除
現代社会では仕事や社会生活に各種の高度な能力が求められ、教育や対人スキル等の面で不利を被る人々が排除されやすい。そのため、学び直しや職業訓練などによる包摂が進められる一方、排除型の社会構造自体は温存されがちとなっている。

このような動きを踏まえて、社会福祉の対象の捉え方や考え方に関して、どのような課題が生じているのだろうか。この問題については「3　社会福祉学における対象の捉え方と考え方」の最後で扱うことにする。

3 社会福祉学における対象の捉え方と考え方

1 社会福祉学におけるニーズ——対象論とニーズ論

社会福祉の研究にとっては、「対象」の捉え方が決定的に重要な意味をもつ。このことを繰り返し指摘してきた古川孝順は、社会福祉学における対象論の変遷を踏まえて、総合的な社会福祉対象論を展開している。ここでは古川の議論をたよりに、社会福祉学におけるニーズ論の位置とその捉え方を整理してみたい。

社会福祉の対象といえば、障害者、高齢者、児童、貧困者といったカテゴリー集団として属性的・属人的に把握されるのが一般的である。これに対して社会福祉学においては、（狭義の）社会福祉の対象が、属人的な理解ではなく、「課題状況」として捉えられてきた[1)]。古川は、社会福祉学における対象理解の変遷を踏まえて、そこに「原因論中心」の系譜（社会的問題論や生活問題論）と「状態論中心」の系譜（福祉ニーズ論）を見出している。その概要は**表 2-8** のようになる。

古川は、原因論の系譜は政策分析に強いが、制度運営や援助活動の分析には弱く、状態論の系譜はその逆であるとし、「二つの系譜は相補的な関係において結合されなければならない」との観点から、対象論の再構成を試みている[2)]。その再構成にあたっては**生活支援ニーズ**という概念が導入されている。以下、古川の生活支援ニーズ論のポイントを整理する。

2 古川による生活支援ニーズ論

Active Learning

自分は何を社会関係や社会制度を通じて充足しているか、つまり「生活ニーズ」にはどのようなものがあるかを列挙してみましょう。

まず古川は**一般ニーズ**（生理的・人格的・社会的ニーズ）と**生活ニーズ**（一般ニーズのうち直に生命維持にかかわり、社会関係や社会制度とのかかわりで満たされるもの）を区別する。この生活ニーズが満たされない状態は**生活支援ニーズ**と呼ばれる。そして生活支援ニーズは、自助努力によっても、また家族や市場などの経路によっても満たせず、公的支援の提供が社会的合意を得られる場合に、**社会的生活支援ニーズ**に転

表2-8　社会福祉対象論の系譜

原因論的把握の系譜		
客体表記	論者	把握の形態
経済秩序外的存在	大河内一男	社会経済的属性として把握
社会的問題	孝橋正一	社会問題＝労働問題からの関係的・派生的問題として把握
生活問題	一番ヶ瀬康子	労働力の消費過程の問題に対する労働力の再生産過程の問題として把握
生活構造	副田義也	生活問題を生活構造（生活水準・生活関係・生活時間・生活空間）として全体的・具体的に把握
状態論的把握の系譜		
客体表記	論者	把握の形態
社会関係の不調和・欠損、社会制度の欠陥	岡村重夫	「人間の基本的欲求」を社会制度との対応関係のもとで「社会生活の基本的要求」と捉え、その不充足として把握
社会福祉ニード	三浦文夫	広義のニーズである「依存状態」と狭義のニーズである「要援護性」を区別しつつ充足形態に基づき類型化して把握
福祉需要	京極高宣	福祉サービスと結びつき顕在化した福祉ニーズを「福祉需要」として把握

出典：古川孝順「社会福祉の対象――問題とニーズ」古川孝順・松原一郎ほか編『社会福祉概論』有斐閣, pp.79-89, 1995.；古川孝順『社会福祉学』誠信書房, pp.117-129, 2002. をもとに筆者作成。初出の圷洋一「第４章 必要と資源」圷洋一・岩崎晋也編『社会福祉原論――現代社会と福祉』へるす出版, 2009. を一部修正した。

化するとされる。

さらに古川は、この社会的生活支援ニーズを**所得保障ニーズ**、**保健医療ニーズ**、**福祉ニーズ**に分類する。しかしながら、こうしたニーズのすべてが社会福祉の対象であるわけではないとされる。現実的には、これらのニーズが、社会福祉制度の基準に合致し認定される（「対象化」される）ことではじめて、社会福祉の制度によって扱われるようになることを強調している[3)]。

こうした古川の生活支援ニーズ論は、普遍的で基本的な必要（一般ニーズと生活ニーズ）から社会的必要（生活支援ニーズ）へ、さらには制度的必要（社会的生活支援ニーズ）へと至る、重層的な**ニーズ構築**[iii]の全体像を捉えた説明理論となっている。

興味深い点は、古川がニーズをめぐる認識主体の問題（誰がニーズを捉えたり決めたりするのか）に目を向け、社会福祉における**社会行動システム**（社会運動を通じた異議申し立ての経路）の重要性が指摘されて

iii　この「ニーズ構築」は古川の用語ではないが、それが意味しているのは、ニーズとはあらかじめ存在していて、発見や把握を待っているようなものではなく、あくまで福祉システムの過程を通して、福祉システムが対応可能なものとして作られていく（構築される）ということである。

いることである[4]。この指摘には、近年のニーズ研究における「ニーズ解釈の政治★」論との共通点を認めることができる。

社会福祉の対象論として発達してきたニーズ論は、こうした多次元的なニーズの様態と構築過程の説明に力を注いできたが、今日では対象の変化（ニーズの現代化）にどう応答するかが問われている。最後に、ニーズ論の現代的課題について考察する。

★ニーズ解釈の政治
専門家や行政官僚によるニーズ解釈と、利用者／市民によるそれとの間における交渉や駆け引きのことをいい、前者の特権性のもとで脱政治化されがちなニーズ構築を（再）政治化し係争可能なものにすることを意味する（岩崎晋也・池本美和子ほか『資料で読み解く社会福祉』有斐閣, pp.69-72, 2005., Dean, H., *Social policy*, second edition, Polity press, pp.128-130, 2012.）。

3 ニーズ論の現代的課題

ニーズ論の現代的課題の焦点は、前述した脱工業化がもたらす広範な影響を踏まえつつ、社会の劇的な変容に伴う「ニーズ構造」の転換を視野に収めていくことにあるだろう。

第三次産業（サービス・IT・金融等）に従事する人々の比率が高まった脱工業社会では、工業社会とは異なる生活支援ニーズを抱える人々が出現するようになった。たとえば**ニート**、**フリーター**に象徴される自立に困難を抱える若者、低技能・低賃金・低保障の非正規雇用で暮らしを立てる**ワーキングプア**、育児と就労の板挟みにあい理不尽な「保活」を強いられる親（特に母親）、高齢化の進行に伴う**老老介護者**や**介護難民**、育児と介護を同時に担う**ダブルケア**の提供者、自身の学業や進学等を犠牲にして、家族の介護・介助を担う**ヤングケアラー**などである。

こうした脱工業社会に特有の生活支援ニーズが発生するおそれは、**新しい社会的リスク**と呼ばれている[5]。産業構造の転換による働き方や雇い方の変化・多様化と、家族と暮らし方の変化・多様化が、これまでにはなかったリスクを生じさせているのである。工業社会では、雇用や家族の形態が比較的均一であり、生活支援ニーズの現れ方も画一的であった。そのため社会的リスクの共同化・集合化は容易であり、社会保険事故として設定しやすかった。しかし脱工業社会では、雇用の分断や待遇等の格差、家族の形成・形態の多様化に伴い、生活支援ニーズの現れ方は個別性が強くなった。その結果、社会的リスクを共同化し、社会保険で対応することが難しくなっている。

こうした状況を受けて、政府は次のような対策を講じている。社会保険からの排除を被りやすい非正規雇用者については、各種社会保険（雇用保険・厚生年金・健康保険）の適用拡大が進められている。また社会扶助から排除されやすいワーキングプアについては、求職者支援制度や生活困窮者自立支援制度による対応が図られている。そして、家庭・学校・職場からの排除については、まずもって「職場（労働市場）への包摂」が目指される一方で、「家庭」においては男女の離職要因を低減させ労働力化を支える保育や介護等の社会サービスの充実が図られ、「学校」においては、就労可能性の向上を支援するキャリア教育や、その前提となる非認知能力★を高める就学前教育の導入が進められている。こうした取り組みにより、脱工業社会に適合的な形で、家庭・学校・職場をはじめとする生の拠点の**包摂力**を再生していこうとする流れがみてとれる。

今日のニーズ論にとって、以上のような包摂政策におけるニーズ構築を批判的に検証し、人間の開花繁栄（自己実現や倫理的成長など）にとって何が必要なのかという原点に立ち返った問いを発し続けていくことが急務といえるだろう。

★非認知能力
非認知能力とは、読み書きや計算などの認知能力（いわゆる学力）を身につけるための前提や基盤となる能力をいう。目標に向けて仲間と協力して根気強く取り組む能力や、関心や意欲をもって挑戦する能力などがこれにあたる。幼児教育において注目されている。

◇**引用文献**

1）古川孝順『社会福祉学』誠信書房，p.118，2002.

2）古川孝順『社会福祉の拡大と限定――社会福祉学は双頭の要請にどう応えるか』中央法規出版，p.191，2008.

3）同上，pp.195-201

4）前出1），pp.131-132

5）田中拓道編『承認――社会哲学と社会政策の対話』法政大学出版局，p.10，2016.

◇**参考文献**

・圷洋一「第4章 必要と資源」圷洋一・岩崎晋也編『社会福祉原論――現代社会と福祉』へるす出版，2009.

・岩崎晋也「第3章 ニーズの本質とは」岩崎晋也・池本美和子ほか『資料で読み解く社会福祉』有斐閣，2005.

・岩崎晋也「社会福祉の対象――社会的必要性（ニーズ）とは何か」稲沢公一・岩崎晋也『社会福祉をつかむ』有斐閣，2008.

・岩田正美「第3章 ニードと資源」大山博・武川正吾編『社会政策と社会行政――新たな福祉の理論の展開をめざして』法律文化社，1991.

・岩田正美「社会福祉とニード――ニード論再考」右田紀久恵・秋山智久ほか編『21世紀への架け橋――社会福祉のめざすもの1 社会福祉の理論と政策』中央法規出版，2000.

・岡村重夫『社会福祉原論』全国社会福祉協議会，1983.

・京極高宣『改訂 社会福祉学とは何か――新・社会福祉原論』全国社会福祉協議会，1998.

・田中拓道編『承認――社会哲学と社会政策の対話』法政大学出版局，2016.

・古川孝順「社会福祉の対象――問題とニーズ」古川孝順・松原一郎ほか編『社会福祉概論』有斐閣，1995.

・古川孝順『社会福祉学』誠信書房，2002.

・古川孝順『社会福祉の拡大と限定――社会福祉学は双頭の要請にどう応えるか』中央法規出版，2009.

・平岡公一「普遍主義と選別主義」大山博・武川正吾編『社会政策と社会行政』法律文化社，1990.

・三浦文夫『増補改訂 社会福祉政策研究』全国社会福祉協議会，1995.

・Bradshaw, J. 'The Concept of Social Need', *New Society*, 19(496), 1972.

・Dean, H., *Social Policy*, second edition, Polity press, 2012.

・Doyal, L. and Gough, I., *A Theory of Human Need*, Guilford, 1991.（馬嶋裕・山森亮監訳『必要の理論』勁草書房，2014.）

・Marshall, T. H. and Bottomore, T. *Citizenship and Social Class*, Pluto Press, 1992.（岩崎信彦・中村健吾訳『シティズンシップと社会的階級――近現代を総括するマニフェスト』法律文化社，1993.）

・Le Grand, J., *Motivation, Agency, and Public Policy : Of Knights & Knaves, Pawns & Queens*, Oxford University Press, 2003.（郡司篤晃監訳『公共政策と人間――社会保障制度の準市場改革』聖学院大学出版会，2008.）

・Le Grand, J., *The Other Invisible Hand : Delivering Public Services through Choice and Competition*, Princeton University Press, 2007.（後房雄訳『準市場 もう一つの見えざる手――選択と競争による公共サービス』法律文化社，2010.）

第3章

社会問題と社会構造

複雑化した社会にはさまざまな社会問題が生じており、それを解決するには非常に多くのことを理解する必要がある。ここでは、社会福祉士・精神保健福祉士として現代社会において特に注視しておかなければならないテーマについて学ぶ。

また、社会問題は非常に多くの要素が複雑に絡みあっていることから、これを解決へ導くためにもどのような社会構造となっているのかについて理解を深めてもらいたい。

そこで、第１節では社会問題としてどのような課題があるのかを理解することをねらいとしている。第２節ではこれを踏まえつつ、長い時間を経た結果として、今日の社会構造がどのようなものとなっているのかを学んでいくこととする。幅広い社会問題と社会構造を理解することで要支援者のニーズに即した支援を実現する基盤としてもらいたい。

第1節 現代における社会問題

学習のポイント

- 社会が抱える問題の全体像について理解する
- 個別・具体的な社会問題について理解する
- 社会問題の解決策が検討できるようになる

1 複雑化する現代の社会問題

現代社会においては、急激な社会構造の変化により、我々の生活は大きな影響を受けている。日本では、バブル崩壊後、「失われた20年」とも呼ばれる経済の低成長期に突入していった。また、IT化が進められ、グローバル化、規制緩和による雇用の不安定化が進んでいった。結果的に労働生産性が伸び悩み、一部の職種では人余り状態も発生している。他方、少子高齢化の進展による若者世代の減少、仕事と家庭生活の両立の困難等により、以下のことが社会問題化している。

2 貧困

高まる貧困のリスク

バブル景気崩壊後、企業に残ったのは過剰投資、過剰債務、過剰雇用であったことから、日本的経営（日本の経営慣行）が崩壊し、安定した雇用をもとにした将来を描くことが難しくなった。**就職氷河期世代**ともいわれる世代が生み出されることになる。その後も若者を取り巻く雇用環境は厳しさを増し、奨学金問題、ブラック企業、低賃金、長時間労働が社会問題化する。

特に1986（昭和61）年に労働者派遣事業の適正な運営の確保及び派遣労働者の就業条件の整備等に関する法律[i]（労働者派遣法）施行後、1996（平成８）年の改正以降、その対象職種も拡大されていくことに

---

i　2012（平成24）年、法律名は「労働者派遣事業の適正な運営の確保及び派遣労働者の保護等に関する法律」に改正された。

なり、非正規雇用問題が叫ばれるようになった。非正規雇用は正規雇用に比べて賃金水準が低いことが多く、待遇面での格差などが問題視されてきた。働き方が柔軟に選べるメリットがある反面、雇い止めや不本意就労の問題もある。

他方、『男女共同参画白書 令和元年版』によれば、厚生労働省が行った「全国ひとり親世帯等調査」から、ひとり親世帯数は140万世帯以上であることが明らかになった。また、労働政策研究・研修機構による「第5回（2018）子育て世代全国調査結果速報」では、母子世帯の5割が貧困であることが明らかとなった。

そして高齢者が貧困に陥りやすい原因の一つに、定期的な収入が年金以外ないことが挙げられる。『高齢社会白書 令和元年版』によれば、我が国の高齢者世帯の所得はその他の世帯所得よりも低い傾向にある。全人口に占める生活保護の受給割合が1.66%であるのに比べ、生活保護を受給をしている高齢者の割合が2.89%と高くなっていることが指摘されている。

★非正規雇用問題
非正規採用は雇用期間の定めがあり、不安定かつ同一業務でも待遇面で正社員より低くされていることから、雇用の調整弁という批判もある。高齢者の再雇用や不本意就労もあり、労働者の約4割が非正規雇用となっている。

3 失業

1 失業とは

失業とは、景気の動向や世界情勢の影響を受けて仕事を失ってしまうことであるが、総務省がILO（国際労働機関）の基準に基づいて区分した以下のような状態を指す。

★ILO（国際労働機関）
1919年に国際連盟において最初に創設された専門機関である。本部はスイスのジュネーブ。世界の労働者の労働条件、生活水準の改善を目的としている。

完全失業者：次の３つの条件を満たす者
❶ 仕事がなくて調査週間中に少しも仕事をしなかった（就業者ではない。）。
❷ 仕事があればすぐ就くことができる。
❸ 調査週間中に、仕事を探す活動や事業を始める準備をしていた（過去の求職活動の結果を待っている場合を含む[1]。）。

失業した際は勤めていた企業（法人）から離職票を発行してもらったあと、公共職業安定所（ハローワーク）へ行き、雇用保険の手続きを行うことになる。手続き完了後、再就職のための就職活動を始めることになる。

2 失業の考え方

❶失業の定義

失業は単に仕事を失った状態というだけではなく、いくつかの分類をすることができる。イギリスのケインズ（Keynes, J. M.）[ii]は失業について三つの分類を行った。

❶　自発的失業
　自分の希望する仕事が見つからないので、当分、失業保険でも貰って暮らそうかという気楽な状態の失業
❷　摩擦的失業
　今までの仕事を辞め、もっと自分に適した仕事があるはずだと次の仕事をあれこれ探している状態の失業
❸　非自発的失業
　働いて収入を得たくても不況で仕事が見つからないという切実な状態の失業[2)]

❷失業発生の要因

総務省では失業する要因を三つに整理し、定義している。

❶　需要不足失業
　景気後退期に労働需要（雇用の受け皿）が減少することにより生じる失業
❷　構造的失業
　企業が求める人材と求職者の持っている特性（職業能力や年齢）などが異なることにより生じる失業
❸　摩擦的失業
　企業と求職者の互いの情報が不完全であるため、両者が相手を探すのに時間がかかることによる失業[3)]

失業は誰もが直面するリスクであるため、どのような形で生じるのか、その要因も含めて理解する必要がある。そのため、失業対策は社会の動向に応じた支援体制を構築することが求められる。

ii　〔John M. Keynes〕1883-1946．イギリスの経済学者。マクロ経済学を確立させる等20世紀における重要な経済学者の一人。

4 社会的孤立

1 さまざまなつながりと希薄化した人間関係

我々は社会のなかで誰かとつながっており、誰の力も借りずに生活を営んでいるわけではない。しかし、年齢や立場が変わっていくと社会とのつながりや関係性が弱まる時期もあり、孤立しやすくなっていく。また、現代社会は人間関係が希薄化しているといわれ、近隣住民との交流がない、どんな人が住んでいるのかも知らないというのは珍しくない。

2 子育て世帯の孤立

子育て期世帯は、さまざまな社会的な障壁により孤立しがちになる。たとえば、核家族★や単独世帯の割合が増加した今日、子育てに関する相談やサポートを親や親族、身の回りの人たちに頼ることが難しい。夫婦だけでは肉体的にも精神的にも追い込まれていくため、行政が保育所を整備するだけでなく、NPO法人のサポートが重要な役割を果たすことになる。これらのサポートが十分でなければ、**虐待問題**にもつながる危険性がある。

★核家族
核家族は家族形態の一つで、一組の夫婦、一組の夫婦と子供等の形態を指す。世帯としての割合は約6割で推移する一方で、三世代世帯の減少、単独世帯の増加がみられる。

3 高齢期における社会的孤立

高齢期になると人間関係が変わり、社会とのつながりが失われやすくなる。特に仕事に生涯を懸けていた男性に多い傾向にあるが、配偶者が亡くなった場合、地域とのつながりがないために**社会的孤立**★状態に陥りやすい。要介護状態になったときも社会的孤立のリスクが高まる時期である。また子どもからすれば、親をどう支えるのかも課題となる。これを放置したままだと介護リスクが増していき、介護離職に追い込まれる場合もある。

★社会的孤立
社会的孤立は地域とのつながりが断たれた状態である。たとえば、誰にも気づかれず亡くなる「孤独死」や子どもが何らかの理由で長期間ひきこもりとなった結果、親が高齢となり、収入や介護問題に直面する「8050問題」がある。

5 偏見と差別

偏見と差別とは何か

世界では、古今東西を問わず、特定の者に対する偏見と差別を繰り返してきた歴史がある。我が国でも部落問題（同和問題）は差別と偏見の一例である。特定の地域や出自において偏見・差別がなされてきたが、

Active Learning
差別や偏見、社会的排除を解消するためには、どのような課題があるのかを考えてみましょう。

日本国憲法の三大原則として基本的人権の尊重が掲げられているのにもかかわらず、今日もそれは根強く残り続けている。

中川は偏見を、「実際の経験より以前に、あるいは実際の経験に基づかないで、ある人とか事物に対して持つ好きとか嫌いとかいう感情である[4)]」と定義している。同時に、中川は、この偏見の考え方を踏まえて差別についても、「十分な証拠なしに、ある人びとやグループに対する好悪の感情に基づいて、あるグループに属する人びとを、異なったように扱う行動[5)]」と定義を行っている。

差別と偏見は古くからある問題であるため、これを克服していくことが必要である。そのためにも問題の本質を知り、行動していくことが現代社会に生きる者の課題である。

6 社会的排除と社会的包摂

1 社会的排除

現代社会は多様な属性や考え方が尊重されることが求められるが、何らかの理由や要因によって排除されてしまうことがある。現代社会において**社会的排除**★を受けるリスクが高いのは高齢者や障害者、ひきこもり、ハンセン病患者、外国人、非正規雇用者、シングルマザー等である。岩田は社会的排除について以下のように述べている。

> グローバリゼーションといわれる新しい経済体制下で、世界はまるでショッピングモールのように、あらゆる人々に開かれ、簡単に交換する場となりつつあるのに、肝心な場面で、特定の人々を「関係者以外立ち入り禁止」の札によって拒み、彼らを社会関係の外に追いやろうとする構造が存在している[6)]。

このように、社会的排除は排除する側の論理によって行われるため、基本的人権の侵害にもつながることになる。それだけでなく、時として排除する側にもされる側にもなってしまうことから社会的排除が肯定される社会は健全なものであるとはいえない。このようないびつな社会構造の転換をすることが現代社会に求められた課題である。

★社会的排除
社会的排除は、その社会のなかで異なる属性や立場、価値観、あるいは集団に対して何らかの基準によって線引きし、そこから外れた者を排除し同質的な状況（環境）をつくり出す行為をいう。

2 社会的包摂

社会的排除の対極にある概念が**社会的包摂**である。現代社会は多様な立場や背景、価値観をもった人々によって構成されている。古くから部落問題（同和問題）があることはすでに述べたとおりであるが、社会的包摂はこのような立場の違いによる排除をしないという考え方に基づいたものである。

近年の社会的包摂に関する例として、在日外国人に対するヘイトスピーチ対策がある。ヘイトスピーチは異質な存在である者を排除する目的で行われており、現代社会における多様な価値観を尊重した社会と矛盾した行為である。このため、神奈川県川崎市は「川崎市差別のない人権尊重のまちづくり条例」を制定しヘイトスピーチ対策を進めている。このように、成熟した多様性のある社会を実現するためには異なる立場の者を排除しないような相互理解と環境づくりを進めていくことが必要である。

7 依存症

依存症の代表的なものとして、薬物、アルコール、ギャンブルなどが挙げられる。厚生労働省は「特定の物質や行為・過程に対して、やめたくてもやめられない、ほどほどにできない状態をいわゆる依存症」と定義している。依存症はいつもそのことについて考えてしまうことに特徴があり、適切な治療をしなければ量や頻度が増えていく進行性の病気である。厚生労働省は依存症には２種類あるとしている。

❶ 物質の依存

アルコールや薬物といった精神に依存する物質を原因とする依存症状のことを指す。

依存性のある物質の摂取を繰り返すことによって、以前と同じ量や回数では満足できなくなり、次第に使う量や回数が増えていき、使い続けなければ気が済まなくなり、自分でもコントロールできなくなってしまう（一部の物質依存では使う量が増えないこともある）。

❷ プロセスの依存

物質ではなく特定の行為や過程に必要以上に熱中し、のめりこんでしまう症状のことを指す[7)]。

依存症になると、日常生活のリズムが崩れるだけでなく、心身や精神に不調をきたすことにもなる。たとえば、ギャンブルのために仕事を休むこと、借金をすることもある。依存症は本人だけに影響があるだけでなく、嘘や借金、ギャンブルをしていることを隠すなどして、家族や友人等との人間関係が破壊され、悪影響を与えることになる。

8 自殺

我が国の自殺者数の推移と原因

警察庁の自殺統計によると、我が国の自殺者数は1980（昭和55）年以降で、２万5000人以上を超えた1983（昭和58）年と1986（昭和61）年を除き、２万人前半で推移していた。1997（平成９）年のアジア通貨危機★による影響を受けたことで、1998（平成10）年には自殺者が３万2000人を超えている。その後も金融危機やリーマンショック★の影響もあり、2011（平成23）年までは毎年３万人以上が自殺するという高い水準であった。2012（平成24）年から現在までは減少傾向にある（**図3-1**）。

他方、10～39歳までの死因をみると、最も多いのは自殺となっている。10歳代では、2009（平成21）年は最も多かった理由が健康問題であり、その次がいじめなどの学校問題であった。2010（平成22）年以降は学校問題が自殺理由として最も多くなっており、健康問題は２番目に多くなっている。また、近年は家庭問題が健康問題とほぼ同じ割合となっている。20歳代では、健康問題が最も多い自殺理由であるが減少傾向にある。次いで多いのが勤務問題である。30歳代では、最も多い自殺理由が健康問題であるが減少傾向にある。経済・生活問題や家庭問題、勤務問題が次いで多い自殺理由となっている。40歳以上の自殺の原因で最も多いのが健康問題であるが減少傾向である。次いで多かったのが経済・生活問題であった。これも健康問題同様に減少傾向にあり、2016（平成28）年からは家庭問題とほぼ同じ件数である。

★アジア通貨危機
1997（平成９）年にタイを中心に始まった急激な通貨下落を指す。東アジア、東南アジア各国（特にタイ、インドネシア、韓国）の経済に大きな影響を与えた。日本も消費税増税が重なり、1997（平成９）年と1998（平成10）年の金融危機の引き金となった。

★リーマンショック
2008（平成20）年９月15日にアメリカの投資銀行であるリーマン・ブラザーズ・ホールディングスが経営破綻したことを契機として、金融危機が連鎖的に世界規模で生じたことを指す。結果的に日本も大幅な景気後退となった。

図3-1　自殺者数の推移（自殺統計）

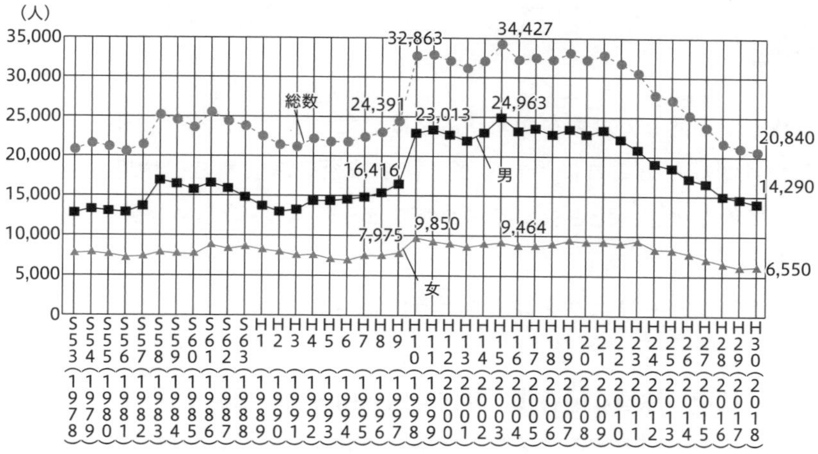

資料：警察庁『自殺統計』より厚生労働省自殺対策推進室作成
出典：厚生労働省『自殺対策白書 令和元年版』

9　ヴァルネラビリティ

ヴァルネラビリティ（vulnerability）は、人々が生きていくうえでの脆弱性を指す言葉である。ヴァルネラビリティとは、❶傷つきやすいこと、❷脆弱性、❸攻撃を受けやすいこと（攻撃誘発性）といった意味がある。玉木はヴァルネラビリティを以下のように定義している。

> 身体的に問題がなく言語自体はあるものの、生活における他者との関わりという社会的な環境要因から、自らの意向を形成したり表明したりすることが困難なため、生活のしづらさが生じている状態[8)]

> ヴァルネラビリティについては、人の痛みを自分のことのように感じて痛みを覚えること、攻撃を受けやすい性質、資本主義の影響が特定の階層の人々に及ぶことによって生じる脆弱さ、物理的な脆弱性など、多義的に用いられている[9)]。

このようなヴァルネラビリティな状態にある要支援者に対して、その背景や支援が必要となった過程を踏まえ、支援者として支援方法を見極めることは重要である。

10 ニューリスク（新しい社会的リスク）

★リスク
誰しもが将来を含めて生きている間のいずれかに受ける「危険」のこと。けが、病気、事故、死等、さまざまなものがある。我が国ではこのようなリスクのために社会保険が整備されている。

我々が生活していくなかでリスク★は一定の割合（確率）で生じる。病気やけがなどもこれに当たるが、科学技術の進展や社会情勢の変化に伴って新たに生み出されたリスクが**ニューリスク（新しい社会的リスク）**である。

若森はニューリスクを以下のように説明している。

> 技術の急速な陳腐化や非典型的雇用労働の増加といった労働市場の変化に関連するリスク、仕事と家庭生活の両立の難しさや離婚、結婚の減少、片親家族といった家族の変化に関連するリスク[10)]

このように現在の社会情勢では、低技能労働者、若年労働者、働く女性、小さな子どもをもつ家族、移民といった特定の社会階層が生活上の困難を抱えやすい。そのため高所得者層と低所得者層の二極化が生じている。また、所得が低い家庭で育った子どもは、将来低所得者になる傾向が高く、貧困の再生産として問題視されている。

◇引用文献
1）総務省統計局「労働力調査 用語の解説」 https://www.stat.go.jp/data/roudou/definit.html
2）神樹兵輔「面白いほどよくわかる 最新経済のしくみ」p.54，2008.
3）総務省統計局「労働力調査の結果を見る際のポイント No.11『需要不足失業』と『構造的失業』～完全失業者の状況を詳細に分析するために その2～」 https://www.stat.go.jp/data/roudou/pdf/point11.pdf
4）中川喜代子『差別と偏見のメカニズム』明石書店，pp.24-25，1998.
5）同上，p.26
6）岩田正美『社会的排除――参加の欠如・不確かな帰属』有斐閣，p.12，2008.
7）厚生労働省「依存症についてもっと知りたい方へ」 https://www.mhlw.go.jp/stf/seisakunitsuite/bunya/0000149274.html
8）玉木千賀子「ヴァルネラビリティへの支援――ソーシャルワークを問い直す」相川書房，p.29，2019.
9）同上，p.27
10）若森章孝「新しい社会的リスクと社会的投資国家」『關西大學經済論集』第63号第1号，p.3，2013.

◇参考文献
・厚生労働省『自殺対策白書 令和元年版』
・総務省統計局「なるほど統計学園高等部 失業とは」 https://www.stat.go.jp/koukou/cases/cat4/fact1.html
・内閣府「就職氷河期世代支援プログラム」 https://www5.cao.go.jp/keizai1/hyogaki/hyogaki.html
・内閣府『男女共同参画白書 令和元年版』「第5章第2節 高齢者，ひとり親の状況」
・内閣府『高齢社会白書 令和元年版』「第1章 高齢化の状況 第2節 高齢期の暮らしの動向 1 就業・所得」
・松元崇『日本経済 低成長からの脱却――縮み続けた平成を超えて』NTT 出版，2019.
・労働政策研究・研修機構「第5回（2018）子育て世代全国調査結果速報」

● おすすめ
・圷洋一・金子充・室田信一『問いからはじめる社会福祉学――不安・不利・不信に挑む』有斐閣，2016.

第2節 社会問題の構造的背景

学習のポイント

- 社会問題が生じている構造や背景について学ぶ
- 社会問題を理解するために多面的な視点をもつ
- 社会問題は複合要因が関連していることを学ぶ

1 人口構造と世帯構造の変化

1 人口減少期となった超高齢社会

2019（令和元）年10月1日現在、我が国の総人口は1億2616万7000人（日本人人口は1億2373万1000人）である。我が国の人口動態は少子高齢化による人口減少が進んだため、2005（平成17）年に戦後初めて総人口が前年を下回ったが、2008（平成20）年に総人口のピークを迎え、2011（平成23）年以降は毎年、人口が減少している（**図3-2**）。他方、外国人数は増加し、かつその拡大幅は拡大する傾向にある。高齢化率も30％が目前に迫り、ますます人口減少を伴った超高齢社会が進展した状態となっている。

Active Learning

少子化と高齢化が急速に進んだのは、どのような背景と要因があったのかを調べてみましょう。

図3-2　総人口の人口増減数および人口増減率の推移（1950年～2019年）

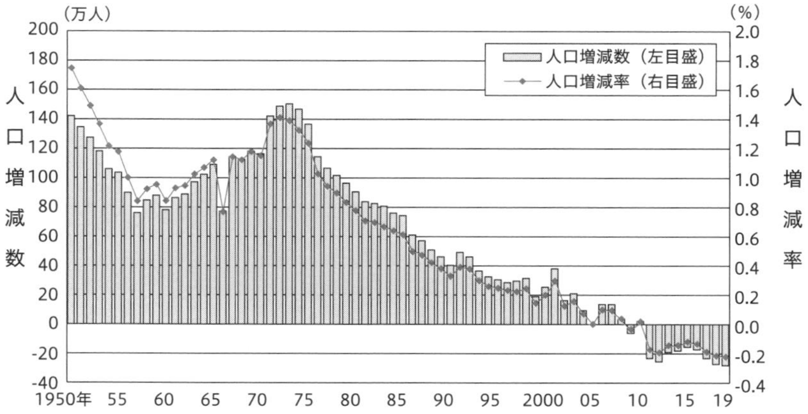

注：人口増減率は、前年10月から当年9月までの人口増減数を前年人口（期首人口）で除したもの。
資料：総務省統計局「人口推計（2019年（令和元年）10月1日現在）」

2 医療技術の発達に伴う平均寿命の伸長

日本が超高齢社会となった背景には、医療技術の発展や医療保険制度、医療機関の整備に伴う平均寿命の伸長が挙げられる（**図3-3**）。我が国の医療制度は1961（昭和36）年にスタートした**国民皆保険制度**であるが、医療保険の特徴は強制加入であり、フリーアクセス、自由開業医制、診療報酬出来高払いが挙げられる。

こうして、国民皆保険制度が整備される以前と比較して、国民にとって医療や健康問題は身近なものとして位置づけられるようになったことで平均寿命の伸長が進んでいくことになる。もちろん、第二次世界大戦後以降の経済発展に伴う国民の栄養状態の改善、居住環境の向上、健康に対する意識の向上といった要素もある。

平均寿命の伸長は喜ばしい反面、そこから派生する社会問題を無視することができなくなってきた。少子高齢社会の進展に伴う問題である。具体的には、**社会保障給付費**の上昇に伴う現役世代に対する負担上昇、近年では人口減少に伴う労働力不足問題も社会問題として取り上げられるようになった。

人口減少と高齢化に伴い問題が発生するのは、社会保障制度など、国の基本的施策が人口増を念頭に置いた形で制度設計がなされているからである。このことからも、高齢化と人口減少が進んだ社会に対応するための各種制度設計の見直しが今後求められることになる。

図3-3　平均寿命の推移と将来推計

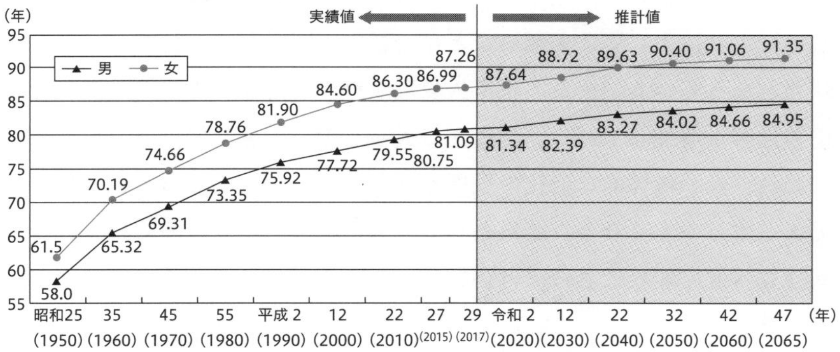

注：1970年以前は沖縄県を除く値である。0歳の平均余命が「平均寿命」である。
資料：1950年は厚生労働省「簡易生命表」、1960年から2015年までは厚生労働省「完全生命表」、2017年は厚生労働省「簡易生命表」、2020年以降は、国立社会保障・人口問題研究所「日本の将来推計人口（平成29年推計）」の出生中位・死亡中位仮定による推計結果
出典：内閣府『高齢社会白書 令和元年版』

3 都市部への一極集中と農村部の過疎化

2019（令和元）年10月1日時点で、日本の人口の50%以上が三大都市圏に居住しているが、狭い国土の中でも人口分布はこの100年で大きく変わってきている。大正時代の人口分布は、第1回国勢調査★によると都市部に住む人口は2割に満たず、戦前の工業化で徐々に増加し、1940（昭和15）年には4割弱まで上昇した。1950（昭和25）年には都市部の人口割合が5割強となり、高度経済成長期を挟んで1985（昭和60）年には8割を超えている。

これに伴い、後述するように家族形態の変化が生じることになる。特に高度経済成長期には、1947（昭和22）～49（昭和24）年に生まれた団塊世代の存在が大きい。具体的には「（ア）兄弟数が4人以上と多い、（イ）地方から都市部へ移住した者が多い[1)]」ことが、団塊世代の特徴として挙げられる。そして、都市部に移住した者は、比較的近い年齢層同士で結婚し核家族をつくった。いわゆる**ニューファミリー**である。

★国勢調査
統計法に基づき、総務大臣が国勢統計を作成するための調査である。実施時点で日本に居住しているすべての者が対象となり、国内人口、世帯、産業構造等について5年ごとに実施される。第1回は1920（大正9）年10月1日に実施された。

4 世帯構成の変化

団塊世代が都市部へ移動し、そこで生活拠点を構えることで世帯構造にも変化が及んでくる。「2019年 国民生活基礎調査の概況」によると、平均世帯人員数は1953（昭和28）年の5.00から2019（令和元）年の2.39へと減少する一方で、世帯数は1953（昭和28）年の1718万世帯から2019（令和元）年の5178.5万世帯と増加している（**図3-4**）。

他方、世帯構造は**図3-5**のとおりとなっている。都市部での人口集中は高齢社会の進展とも相まって、コミュニティの希薄化も生み出すこととなる。たとえば、核家族では子育てを遠方に住む親に頼ることは難しい。これにより誰にも頼ることができず、安心して子育てがしにくい状態となっている。また、世帯人員数が減少したなかで、特に高齢者の単独世帯が増加している。高齢期に入ると定年退職に伴う地位や立場が失われ、かつ身体的な老化や配偶者、友人などが亡くなるといった**複合喪失**が生じやすくなる。結果として、人とのつながりが弱くなり、社会的孤立状態に陥り、さらには**孤独死**へとつながっていく危険性もはらんでいる。

図3-4　世帯数と平均世帯人員の年次推移

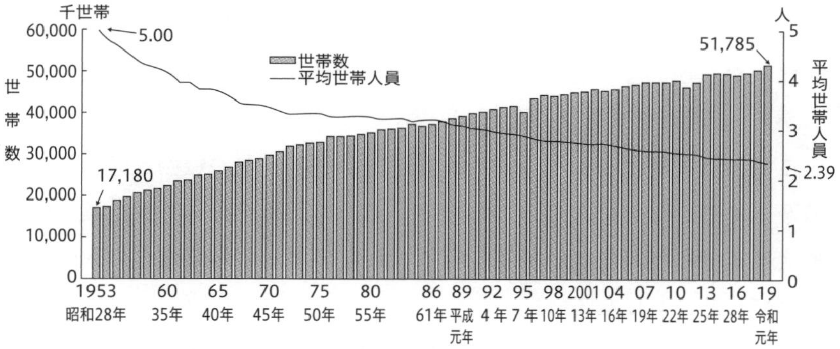

注１：1995（平成７）年の数値は、兵庫県を除いたものである。
注２：2011（平成23）年の数値は、岩手県、宮城県及び福島県を除いたものである。
注３：2012（平成24）年の数値は、福島県を除いたものである。
注４：2016（平成28）年の数値は、熊本県を除いたものである。
出典：厚生労働省「2019年 国民生活基礎調査の概況」p.3

図3-5　65歳以上の者のいる世帯の世帯構造の年次推移

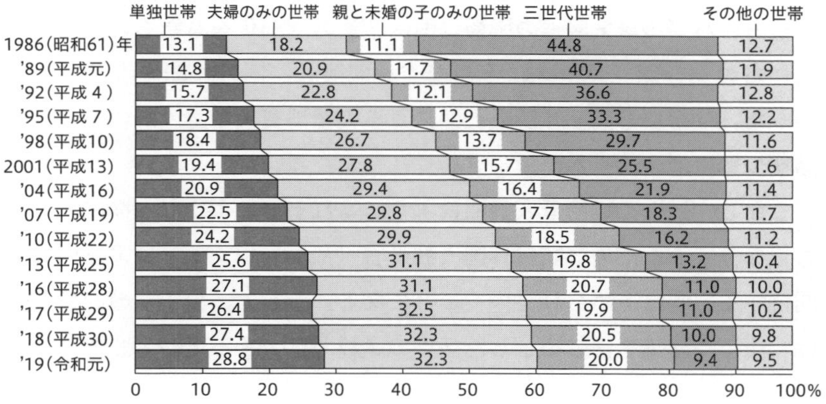

	単独世帯	夫婦のみの世帯	親と未婚の子のみの世帯	三世代世帯	その他の世帯
1986(昭和61)年	13.1	18.2	11.1	44.8	12.7
'89(平成元)	14.8	20.9	11.7	40.7	11.9
'92(平成４)	15.7	22.8	12.1	36.6	12.8
'95(平成７)	17.3	24.2	12.9	33.3	12.2
'98(平成10)	18.4	26.7	13.7	29.7	11.6
2001(平成13)	19.4	27.8	15.7	25.5	11.6
'04(平成16)	20.9	29.4	16.4	21.9	11.4
'07(平成19)	22.5	29.8	17.7	18.3	11.7
'10(平成22)	24.2	29.9	18.5	16.2	11.2
'13(平成25)	25.6	31.1	19.8	13.2	10.4
'16(平成28)	27.1	31.1	20.7	11.0	10.0
'17(平成29)	26.4	32.5	19.9	11.0	10.2
'18(平成30)	27.4	32.3	20.5	10.0	9.8
'19(令和元)	28.8	32.3	20.0	9.4	9.5

注１：1995（平成７）年の数値は、兵庫県を除いたものである。
注２：2016（平成28）年の数値は、熊本県を除いたものである。
注３：「親と未婚の子のみの世帯」とは、「夫婦と未婚の子のみの世帯」及び「ひとり親と未婚の子のみの世帯」をいう。
出典：厚生労働省「2019年 国民生活基礎調査の概況」p.4

2　工業化から脱工業化への変化

1　産業構造の変化

平成時代は我々の生活環境、仕事環境が大きく変わった時代であった。昭和時代のOA（office automation）化から進展し、IT（information technology）化による**情報化社会**へと転換していった。中島はこの社会的変革について国勢調査をキーワードに説明している。中島は、国勢調査で用いられている**日本職業分類**に記載されている職業分類から消えた職業、誕生した職業から産業構造の変化に着目した。消えた職業では、たとえばワードプロセッサ操作員、タイピスト、場立人、呼売人などがある。他方、新たに生まれた職業はIT関係（情報システム系）、心理カウンセラーなどがある。

このような変化をもたらしたのはインターネットの登場と通信機器の普及である。これにより、これまで一部の専門職が行ってきた業務は一般会社員でも格段に扱いやすくなり、我々の生活にも情報化の波が押し寄せてくることになる。

実際に我が国の産業別就業者の動向をみてみると、1950年代より一貫して第一次産業が減少傾向にあり、第三次産業が増加傾向にある。第二次産業は一時期の増加から減少、横ばいとなっている（**図3-6**）。特に第三次産業のなかでも高齢社会の進展を背景に医療、福祉は増加している。

他方、バブル景気終焉の影響は国内産業の空洞化をもたらした。より人件費の安い開発途上国に生産拠点を開設し、国外移転を推し進めていった。ほかにも高度経済成長期による大量消費大量生産時代から、多品種少量生産時代へと転換していくこととなる。

しかし、長引く経済低成長期により、これまでのような内需拡大は難しくなってきたため、訪日外国人観光客（インバウンド）による消費を期待する方向に進められていくことになる。そして、少子化の影響も受け、福祉や建築をはじめとした多くの職種では人手不足が生じている。

図3-6　産業別就業者数

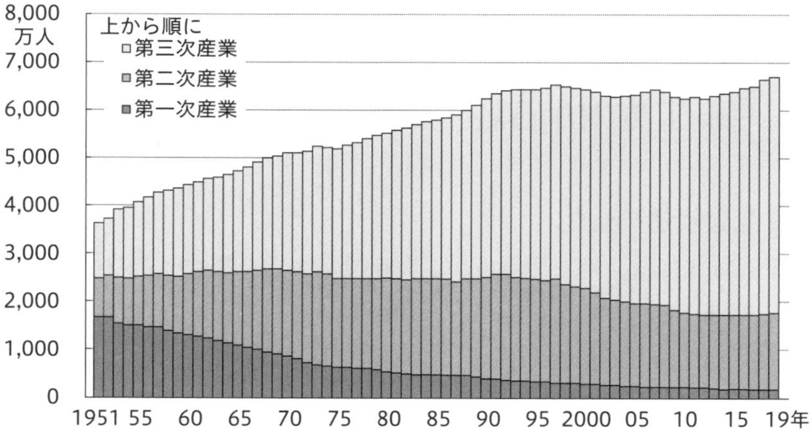

資料：労働政策研究・研修機構

2 低経済成長と雇用問題

バブル経済が崩壊した1991（平成３）年以降、我が国の経済は低成長期に突入した。また、経済の低迷に伴って、完全失業者や非正規雇用者が急増していった。特に1970（昭和45）～1984（昭和59）年生まれの者が高校や大学等を卒業した時期と重なり、就職がこれまでのように決まらないことが生じた。就職氷河期である。この年代は非正規雇用を選択せざるを得ない状況が他の世代よりも多く、就職氷河期世代★と呼ばれている。また、規制緩和・新自由主義アプローチの流れを受けて、労働者派遣事業の適正な運営の確保及び派遣労働者の保護等に関する法律（労働者派遣法）の見直しがバブル景気崩壊後幾度もなされ、正規雇用者として就業することが困難な要因の一つとなっている（**表3-1**）。

★**就職氷河期世代**
この世代は1993（平成５）～2004（平成16）年頃に新卒採用の時期だったが、雇用情勢の悪化もあり、不本意非正規雇用者は50万人、非労働力人口は39万人と多く、不安定就業者を減少させていくことが課題となっている。

なお、規制緩和・新自由主義アプローチとは「労働市場の規制（各種の雇用保護、最低賃金制度、労働組合の法的支援など）が賃金の硬直化を招いているせいで、賃金の低い諸外国に対する競争力が削がれていることや、福祉国家における寛大な給付が失業者に依存文化をもたらしていることを、失業の増加や長期化の要因とみなして問題化する[2)]」政策と説明できる。

この規制緩和に伴って、流動化による雇用の不安定化の影響を受けるのは特定の属性にある者に偏っていることに注意をする必要がある。つまり、労働市場は企業規模が大きいほど長期雇用が維持されており、かつ若者層では学校経由の就職（初職入職過程）において、正規雇用への有力なルートが維持されている。労働者派遣法の見直しがなされても中核的職種は旧来型終身雇用、福利厚生等の恩恵が受けられるが、それ以

表3-1　労働者派遣法の見直し動向

	労働者派遣法に関する主な改定事項
1986（昭和61）年	労働者派遣法が施行される。
1996（平成８）年	対象業務が26業務となる。
1999（平成11）年	対象業務のネガティブリストが作成される。
2000（平成12）年	紹介予定派遣を解禁する。
2004（平成16）年	製造業の派遣が可能。26業種の派遣期間を無制限化。
2006（平成18）年	医療関係業務の一部において派遣の解禁をする。
2007（平成19）年	製造業務の派遣期間を最長１年から３年に延長する。
2012（平成24）年	日雇い派遣の原則禁止等の規制強化を行う。
2015（平成27）年	３年ルールといわれる期間制限の見直しがなされる。

出典：筆者作成

外の者は不安定かつ低い待遇の業務を担う方向に進んでいる。

また、佐藤は「特定の層は依然として保護的な制度に守られているが、別の階層は高まる流動性に巻き込まれている[3]」という二極化が進んでいると指摘している。そして、近年は減少傾向にあるが、第1節で触れたように、30歳代、40歳代においては自殺の理由が、「健康問題」に次いで「経済・生活問題」が2番目となっており、安心して生活を営むことが困難な状況にある。

3 社会意識と価値観の変化

1 求められる社会的多様性

これまでみてきたように人口構造の変化、産業構造の変化以外にも多くの変化によって社会のありようは変化してきている。後述するように、現代社会を生きる我々の多様性や価値観の変化も社会問題の一端として理解しておく必要がある。

これまでのような家族の枠組みも集団的なあり方から、個別的なあり方に変化してきている。これにより同質的な社会の枠組みから個別的な社会へのあり方へと移行しつつある。つまり、今日の個別的な社会では社会的少数派であった者が自らの立場について発信することも増えつつある。同時にそれは性別役割分業★や選択的夫婦別氏（べつうじ）制度★、マジョリティとマイノリティの対立を生み出すことにつながっている。

★性別役割分業
高度経済成長期頃からよくみられる家庭における形態であり、男性は仕事で所得を得る、女性は家事・子育てというように性別によって役割を区分するあり方をいう。近年は男女共に働き、家事・子育てを分担して行う傾向がみられる。

★選択的夫婦別氏制度
一般的には選択的夫婦別姓制度と称される。これは結婚後もそれぞれが結婚前の姓を名乗ることを認める制度をいう。

2 晩婚化・非婚化

少子高齢化が進展する要因の一つに晩婚化・非婚化が指摘される。2018（平成30）年の平均初婚年齢は、男性が31.1歳、女性が29.4歳となっている。これは結婚に対する価値観の多様化、結婚するだけの収入や経済的安定性がない等の理由により結婚が遅くなる、結婚を選択しない（できない）者が増加していることが背景にある。

3 性別役割分業（仕事と家庭、育児）

仕事や家事を行うのはどちらの性であっても変わらないが、典型的な性別役割分業の例として、男性は仕事、女性は家事がある。近年、男性が育児に参加するようになり、彼らをイクメンと称するようになったが、育児をする時間が女性よりも短く、先進国のなかでは最低水準にある。また、企業レベルで考えれば、2018（平成30）年度に**育児休業**をとる男性の割合は6.16％と、女性の82.2％に比べて低い状況である。

4 選択的夫婦別氏制度と旧姓使用

結婚後の姓について「夫の氏」を選択する夫婦が多い。ただし、姓の変更に伴って仕事上で不利益が生じる恐れもあるため、旧姓の使用を認める企業もある。他方、アイデンティティの問題もあり、事実婚を選択する者、一度は結婚をして相手の姓を名乗ったが、その後離婚を選択する者もいる。

このようなことを背景に、選択的夫婦別氏制度の導入が議論されるようになった。内閣府が2018（平成30）年に公表した「家族の法制に関する世論調査」によると、たとえば、親の姓が異なっても家族の絆は変わらないと答えた者の割合は6割を超えていたが、子どもには好ましくない影響があると答えた者の割合も6割を超えていた。

5 LGBT

ヒトは生物学的な男性、女性のみではなく、かつ異性愛者だけではない。肉体的な性と精神的な性が一致しない者や同性愛者もいる。こういった性的自認や性的指向をもつ者をセクシャルマイノリティ、LGBT★という。現代社会において、LGBTに対する社会的な差別や偏見が根強く残っていることから、彼ら、彼女らは社会生活を営むうえで不利益を受けやすいという問題がある。LGBTの権利を守るため、東京都渋谷区は「渋谷区男女平等及び多様性を尊重する社会を推進する条例（**同性パートナーシップ条例**）」を市区町村として初めて整備しており、その他の自治体でも同様の仕組みを取り入れているところがある。

★ LGBT
LGBTとは、女性同性愛者（レズビアン（Lesbian））、男性同性愛者（ゲイ（Gay））、両性愛者（バイセクシュアル（Bisexual））、生物学的な性と自認している性が異なる者（トランスジェンダー（Transgender））から頭文字をとっている。セクシャルマイノリティにはLGBT以外にも、男女どちらにも恋愛感情を抱かない人や、自分自身の性を決められない人などさまざまな人がいる。

◇**引用文献**

1）縄田康光「歴史的に見た日本の人口と家族」『立法と調査』第260号，pp.90-101，2006.

2）圷洋一・堅田香織里ほか『社会政策の視点――現代社会と福祉を考える』法律文化社，p.40，2011.

3）佐藤嘉倫「現代日本の階層構造の流動性と格差」『社会学評論』第59巻第４号，pp.632-647，2009.

◇**参考文献**

・大山治彦「現代家族とジェンダー・セクシュアリティ」『近代家族のゆらぎと新しい家族のかたち 第２版』八千代出版，2016.

・神奈川県川崎市「『川崎市差別のない人権尊重のまちづくり条例』～施行規則，解釈指針，条例周知リーフレット，ポスターを掲載しました」2020年６月22日掲載　http://www.city.kawasaki.jp/250/page/0000113041.html

・厚生労働省編『自殺対策白書 令和元年版』

・厚生労働省「平成31年（2019）人口動態統計月報年計（概数）の概況」

・厚生労働省「2019年 国民生活基礎調査の概況」

・人口問題審議会「【1988年12月８日】日本の人口・日本の家族『総論 人口変動と家族』」http://www.ipss.go.jp/publication/j/shiryou/no.13/data/shiryou/souron/42.pdf

・総務省統計局「<労働力調査ミニトピックス no.21>『35～44歳』世代の就業状況」2019年６月28日掲載　http://www.stat.go.jp/data/roudou/tsushin/pdf/no21.pdf

・内閣府「家族の法制に関する世論調査」

・中島ゆき「統計データからみる①国政調査から消えた『平成の職業』」大正大学地域構想研究所ホームページ　https://chikouken.org/report/8795/

・中島ゆき「統計データからみる②国勢調査より『平成で新たに誕生した職業』_前編」大正大学地域構想研究所ホームページ　https://chikouken.org/report/9065/

・中島ゆき「統計データからみる③国勢調査より『平成で新たに誕生した職業』_後編」大正大学地域構想研究所ホームページ　https://chikouken.org/report/9068/

・中島ゆき「統計データからみる④この15年で日本の産業構造はどう変わったのか？」大正大学地域構想研究所ホームページ　https://chikouken.org/report/9225/

・法務省「選択的夫婦別氏制度（いわゆる選択的夫婦別姓制度）について」 http://www.moj.go.jp/MINJI/minji36.html

・松元崇『日本経済低成長からの脱却――縮み続けた平成を超えて』NTT 出版，2019.

● **おすすめ**

・小熊英二『日本社会のしくみ――雇用・教育・福祉の歴史社会学』講談社，2019.

第4章

福祉政策の基本的な視点

本章では、福祉政策をめぐる基本的な視点や視座、概念や理念等を取り上げる。第１節では、まず本章における福祉政策の範疇を確認する。そして、福祉政策が対象とする「福祉」という概念について、幸福、徳、選好、功績の四つの関連概念を通して、掘り下げて考える。また、福祉政策において中心的な概念であるニーズ（必要）概念を整理する。第２節では、福祉政策において重要ないくつかの概念や視点について紹介している。

第1節 福祉政策とは何か

学習のポイント

- 「狭義の福祉」と「広義の福祉」を理解する
- 幸福、徳、選好、功績といった概念との関係から福祉を理解する
- ニーズ（必要）の概念を理解する

1 福祉政策とは何か
——社会政策は「福祉」政策？「労働」政策？

福祉政策という言葉は、論者や文脈によって異なる意味で用いられており、社会政策や社会保障政策、あるいは社会福祉政策といった類似概念とあまり区別されずに用いられることも多い。たとえば古川孝順は、福祉政策とは「従来の社会福祉（政策）を基幹的な部分としながら、所得保障、保健サービス、医療サービス、更生保護、司法福祉（青少年サービス）、人権擁護、権利擁護、後見制度、住宅政策、まちづくり政策などと部分的に重なり合い、あるいはそれらの社会政策との連絡調整、協働を通じて展開される施策[1)]」であるというように、「社会福祉（政策）」を中心に据えつつも、かなり広範に福祉政策を定義している。ちなみに古川は、これを**福祉政策のブロッコリー型構造**と呼んでいる。

一方、圷洋一によれば、今日の日本においては、福祉政策は**社会政策**（social policy）と「ほぼ同義に用いられている」とされる[2)]。しかし、社会政策といえば、かつての日本では、戦前から大きな影響力をもっていた大河内一男の理論を下敷きに、「福祉」政策というよりはむしろ「労働」政策を指すものとされてきた。武川正吾は、このような社会政策＝労働政策という枠組みは、社会政策を単に労働力の「商品化」ないし「労働力商品の保全」を促進・補完するためのものとみなす傾向にあり、労働力の「脱商品化」を促し得るような社会保障の側面については等閑視してきたことを指摘している[3)]（第5章第2節脚注ⅰ参照）。こうした理論的枠組みは、企業中心社会であり、脱商品化度も低い日本の文脈にはよく符合していたといえるかもしれない。

しかし、現実の社会政策は、時に**労働力の商品化**というよりは、むしろその脱商品化を促すように機能することもある。そこで武川はさら

に、労働力の商品化の促進・補完のための社会政策（＝「労働」政策）ではなく、いわば**脱商品化**のための社会政策（＝「福祉」政策）という理論的地平を新たに切り開いていく[4)]。その背景には、ヨーロッパを中心に展開されつつあった比較福祉国家論があり、いわゆる「福祉国家の危機」以降の福祉国家の展開を分析するためには「脱商品化」という視点がとりわけ重要だという了解があったといえよう。こうして、社会政策をめぐる知の枠組みは1990年代以降、日本においても大きく転換していくことになる。社会政策の概念は、もはや「労働」政策（のみ）を指すのではなく、「福祉」政策を指すものとなっていくのである。本章では、坏や武川によるこうした理解にならい、福祉政策と社会政策を「ほぼ同義」のものとして扱うことにし、引用等の場合を除き福祉政策に語を統一する。

2 福祉とは何か

1 福祉とは何か①――「狭義の福祉」と「広義の福祉」

前節で論じたように、福祉政策という語は、社会政策（social policy）とほぼ同義に用いられてはいるものの、論者や文脈によって異なる意味で用いられている。このため、福祉政策（あるいは、社会政策）についての普遍的で明確な定義が必ずしも存在するわけではない。とはいえ、単純に考えれば、福祉政策とは福祉に関する政策である、とはいえるだろう。とするならば、福祉政策が想定する「福祉」が何を指しているのかということが、福祉政策の実質を左右することになる。そこで、以下ではまず、「福祉」とは何か、について考えてみよう。

みなさんは、福祉（welfare ／ well-being）という言葉から何を連想するだろうか。おそらく、高齢者のための介護サービスや、地域で暮らす障害者のための介助サービス等の社会サービスを思い浮かべる人が多いのではないだろうか。あるいは、虐待を受けた児童に対するケア、経済的に困窮状態にある人のための生活保護等を思い浮かべる人もいるかもしれない。これらはいずれも、慣用的な福祉という語の使用法だといえるだろう。

しかし、福祉政策の文脈においては、福祉という概念はもう少し広い意味で用いられることもある。そこで以下では、福祉の概念について、「狭義の福祉」と「広義の福祉」に分けて整理してみよう。

先に例示したような各種の社会サービスや給付は一般に、**狭義の福祉**と呼ばれる。この「狭義の福祉」について武川正吾は、「社会的に弱い立場にある人びとが自立した生活を送れるように援助や支援をすること」であると整理している[5]。これは、英語の**welfare**（福祉）に近い概念であるといえよう。他方、**広義の福祉**とは、「社会的に弱い立場にあるかどうかは別として、人々の幸福のこと」を意味するという[6]。これは英語の**well-being**（福祉）に近い概念であるといえよう。武川は、このように「狭義の福祉」と「広義の福祉」を定義したうえで、前者を対象とする福祉政策は**社会福祉政策**（社会福祉法に定められているような社会福祉事業に関連する公共政策）、そして後者を対象とする福祉政策は**社会政策**（social policy）とほぼ同義であると整理している。こうした整理にならい、福祉政策≒社会政策（social policy）として理解する本章においては、とりわけ広義の意味での福祉（well-being）に焦点化し、もう少し掘り下げて考えてみたい。

2 福祉とは何か②——幸福、徳、選好、功績

では、あらためて福祉（well-being）とは何か。この壮大な問いに向きあうにあたり、ここではトニー・フィッツパトリック（Fitzpatrick, T.）の議論を頼りに、福祉（well-being）に関連するいくつかの概念を概観してみよう。

❶幸福（happiness）

福祉とは、しばしば幸福のことを意味するとされる。たとえば、先述した武川による「広義の福祉」の定義はその典型であろう。実際、国語辞典を引けば、福祉の「福」、「祉」のどちらも、その一義的な意味は「幸福」であると記されているだろう。では、幸福とは何だろう。幸福という概念も、福祉の概念と同様に、「狭義の」幸福と「広義の」幸福の二つに分けて理解することができる。**狭義の幸福**とは、たとえば何らかの大会で賞を獲得し表彰されるときや、仕事上で昇進が決まったとき等に感じる喜びのような、心理的ないし物質的な経験を指し、いわば快楽主義的な意味で用いられるものである。これに対して**広義の幸福**とは、より一般的な生活の状態について言及するものである。それは、必ずしも高揚感や喜び、快楽に還元することはできないけれども、長期的な満足感や充足感、あるいは精神的な落ち着きにつながるようなものである。

これら二つの幸福概念のうち、福祉（well-being）について考える際により重要なのは、「広義の幸福」のほうである。快楽に関連する「狭

義の幸福」を追求することは、時に「広義の幸福」の達成を困難にしてしまうことすらあるだろう。たとえば依存症者を例に考えてみよう。多くの依存症者は、快楽をもたらす物質がどのようなものであれ、初めて経験した快楽を再び味わうことを求めて繰り返しその物質に手を出し、特定の物質に依存することになる。その物質は、たしかに当人に一時的な快楽や高揚感、すなわち「狭義の幸福」をもたらすことはできるだろうが、「広義の幸福」、すなわち当人のより一般的な生活の状態という観点で考えると、満足感をもたらすものとはいえないであろう。では、私たちは、福祉という概念を、「広義」の意味での幸福という観点から定義することができるのだろうか？

❷徳（virtue）

古代ギリシャの哲学者であるアリストテレス（Aristoteles）は、「幸福（エウダイモニア）」こそが「最高善★」であると論じている。アリストテレスによれば、善には「有用さ」、「快楽」、そして「幸福」の３種類があるという。「有用さ」とは、他のものの“目的”のための“手段”として役立つという善さを指し、「快楽」とは、それ自体望ましいものではあるけれども、時に他のものの“手段”となることもあるような善さであるという。これらに対し、三つ目の善である「幸福」は、“目的”を満足のいく形で実現することから得られる究極的な充足感を指し、“手段”ではあり得ない――そして、それゆえに「最高善」なのである――という。では、目的が実現しさえすれば、その目的がどのようなものであっても「最高善」につながるのだろうか。たとえば、私の目的が「テレビを観ること（のみ）」だとしたら、どうだろう？　「テレビを観る」という目的のために、私の生活すべてが犠牲にされるとしたら？　このとき、「テレビを観る」という目的の実現は、果たして私を幸福（エウダイモニア）の状態に導いてくれるだろうか？

実は、アリストテレスにとって最も重要だったのは、知性に基づく観想の実践であった。それは、卓越的に生きるということであり、それこそが（動物とは異なる）人間の主要な機能を実現するということであるとも述べている。要するに、理性的に判断し行動するという「徳」のある生活こそが、人を幸福（エウダイモニア）の状態に導いてくれる、というわけだ。とすると、単に「テレビを観る」だけの生活は、「徳」のある生活とはほど遠く、アリストテレスからすれば「最高善」とは呼べないということになるだろう。「徳」の観点からみれば、ある目的（たとえば「テレビを観る」というような目的）に比べて、より「善い」目

★最高善
アリストテレスを中心とするギリシャ哲学が追求してきた究極的目的である最高の「善」を指し、最高の道徳的理想でもある。アリストテレスは最高善を「幸福（エウダイモニア）」であると定義している。

的があり得る、ということになるのである。つまり、目的の実現のみでは不十分で、目的の質／中身も、その実現と同様に重要であるということだ。しかし、それはいささかエリート主義的な考え方ではないだろうか。知性や徳が重要であることに異論はないとしても、「最高善／エウダイモニア」ないし福祉（well-being）は、果たしてそれらによってのみ卓越的にもたらされるものなのだろうか？

❸選好（preference）

徳を重視するアリストテレス的価値観を批判したのは、自由主義者である。かれらは、個人個人に、何が「善」であるかを決める権利があると考えた。そして、自由主義者が「徳」の代わりに重視したのが選好★（preference）である。たしかに、選好が充足されている人と充足されていない人がいたとしたら、前者の方が福祉（well-being）に近い状態にあるといえそうである。たとえば、新しいiPadを買いたいと思っており、かつ買うだけの経済力のあるAさんと、iPadを買いたいけれどもお金がなくてとても手が出ないBさんがいたとしたら、前者の方がその福祉の水準は高いといえるだろう。福祉をこのように定義しようとする姿勢の背景には、この概念を計量可能なものとみなしたいという欲望がある。実際、あるものの価値は、ある個人がそのものに対して、市場においてどれだけ支払う用意があるかということだと論じる福祉経済学者もいる。

★選好
選好とは、経済主体の嗜好や行動様式を表現する最も基本的な概念であり、選択肢の集合上に定義される二項関係を指し、選好関係とも呼ばれる。

けれども、ここにはいくつかの困難がある。ある人の選好は、(a) ゆがめられている、(b) 表面的である、(c) 操作されている、(d) 他者の選好と干渉する、という可能性があり、そうだとすると、選好が充足されたところで福祉の水準が上がったとは単純にいえなくなる、という問題だ。具体的に考えてみよう。(a) もし私が喫煙者だったら、非喫煙者に比べて、欲望（たばこを吸いたいという欲望）が満たされる瞬間をより多く経験するかもしれない。なぜなら、一服するたびに、私の欲望は満たされるからである。けれども、欲望の充足をもたらすその一服は同時に、長期にわたる健康上のリスクにより、私の福祉（well-being）を相当程度損ない得るともいえるだろう。あるいは、(b) もし私の選好が、ひたすらテレビを見ていることだったり、(c) ファッションアドバイザーがおすすめする最新のファッションアイテムを何でもかんでも購入することだったりした場合、欲求の充足は実質的かつ長期的な満足感をもたらしはしないだろう。これらの選好は、先述した「狭義の幸福」のようなものだといってもよいかもしれない。さらに、(d)

私の欲望の充足は、他者の欲望の充足を妨げることもあり得る。たとえば、たばこを吸いたいという私の欲望は、きれいな空気を吸いたいという他者の欲望と容易に干渉するであろう。となると、選好という概念もまた、福祉（well-being）が意味するものを完全に捉えるにはいささか狭すぎる、さらにいえば個人主義的過ぎるといえないだろうか。これに対し、より社会的な文脈で福祉を捉えようとする視点として、「功績（desert）」と「必要（needs）」を挙げることができる。以下、順にみてみよう。

❹功績（desert）

功績という概念は、貢献と報酬の間に等価性があるということを含意している。もし私が20の貢献をし、あなたが10の貢献をした場合、私が受け取る報酬はあなたが受け取る報酬の2倍相当であることが妥当だろう、という考え方だ。これは、福祉（well-being）を説明しようとするほかの概念と比べると、非常にシンプルでわかりやすいものに思えるかもしれない。しかし実際には、功績を測定することはそれほど容易なことではない。具体的に考えてみよう。もしある消費者が、高名なアーティストが数年を費やして作成した芸術作品よりも、誰かのいい加減な落書きを好み、これを買いたいという場合、功績の概念は、市場の文脈においては何の意味ももたなくなる。

こうした現実は、貢献原則を維持したいのであれば、市場の先をみていく必要があるということを含意している。実際、市場という仕組みに懐疑的な左派のなかにも、社会正義に関連して功績概念を用いる者もいる。いうまでもなくマルクス（Marx, K.）はその代表であり、彼は必要概念同様に功績概念を重視していた。マルクスは、きたる共産主義社会においては、資源は必要に応じて分配されるが、その手前の社会主義の下では、人々はその労働に応じて受け取る――すなわち、貢献に応じて報酬を受ける（功績原則）――だろう、と論じている。

他方で、功績の概念は、道徳原則としても機能することがある。たとえば保守主義者は、労働や拠出をせずに給付を受け取っている福祉受給者等、貢献した以上に社会から受け取っている（ようにみえる）人に制裁を与えるために、功績の概念を用いることがある。福祉の給付をめぐってしばしば構築される「受給者」と「納税者」の間の対立は、こうした文脈において理解することができるだろう。ともあれ、このように、功績概念は福祉（well-being）と関連しているといえそうだけれども、その用いられ方は、イデオロギー的な文脈によって大きく異なり得るといえよう。

以上、福祉（well-being）という概念に関連する、幸福、徳、選好、功績という四つの概念について概観してきた。いずれも、福祉に深く関連してはいるものの、これを説明するのに必ずしも十分といえるものではなかった。続く「3　ニーズ（必要）とは何か」では、特に福祉政策の文脈において、福祉（well-being）を説明するための最有力候補となり得る「必要（ニーズ／ニード）」の概念についてみていこう。

3 ニーズ（必要）とは何か

社会福祉学者の三浦文夫は、「必要」を次のように説明している。

> 何らかの基準に基づいて把握された状態が、社会的に改善・解決を必要とすると社会的に認められた場合に、その状態をニード（要援護状態）とすることができる[7)]。

この定義において重要なのは、第一に、「必要」とは「何らかの基準に基づいて」把握されるものであるということ、そして第二に、その状態の改善が「社会的に認められた場合」に、それが必要であるといえるということ、である。このことは、必要を把握する際に用いられる基準が異なれば、必要の中身も異なり得るということ、そして必要の概念は個人的な選好とは異なり、社会的な合意が求められるということを意味している。

さて、福祉（well-being）を「必要」の観点から定義するといっても、それほど簡単なことではない。というのも、必要と一口にいっても、それは文脈によってさまざまな意味で用いられているからである。イギリスの社会政策学者であるハートリー・ディーン（Dean, H.）は、必要という概念が福祉政策において中心的な概念であり続けていながら、同時にそれは「驚くほど多様なやり方で解釈される概念」でもあることを指摘している[8)]。このため、これまでにも多くの学者が、さまざまな軸や次元を用いて、必要という概念をなんとか整理しようと格闘してきた。

第一に、絶対的か相対的か、という最もよく用いられる軸である。フィッツパトリックはこれを、普遍的か／相対的か、と言い換えている。たとえば食料や水は、すべての人にとって常に必要なものであるという意味で普遍的（絶対的）な必要であるといえそうだ。では、スマートフォンはどうだろう。一般にスマートフォンが「必要」であるかどうかは、当該社会によって異なるだろう。あるいは、屋内トイレは100年前には「必要」とは考えられていなかったが、現代社会では一般に必要だと考えられているといってよいだろう。これらは、時代や社会によって異なり得るという意味で、相対的な必要だといえるだろう。

第二に、それが基本的／非道具的であるのか派生的／道具的であるのか、という次元である。生存のために基本的に必要とされるもの、たとえば食料などは基本的／非道具的な必要である。これに対し、ほかのニーズ（たとえば食料のような基本的必要）を充足するために必要とされるようなもの（たとえばお金）を、道具的／派生的必要という。

第三に、それが客観的であるのか主観的であるのか、という次元である。当事者が、その経験や認識に基づいて主観的に必要を判断するような場合、それは主観的な必要であるといえる。しかし、この**主観的な必要**は、先の三浦の定義に従えば、何らかの「社会的な合意」が求められる福祉政策には、あまりなじまないものであるといえるかもしれない。これに対し、当事者の経験や認識から独立した客観的な基準で判断されるような場合、それは客観的な必要であるといえ、その判断基準は多くの場合、「専門家」によって提供されてきた。そして一般に福祉政策が参照してきたのは、**客観的な必要**であったといえよう。

福祉政策における必要判定をめぐるこうした状況に対しては、福祉を必要とする当事者たちから異議が申し立てられてきた。たとえば障害当事者たちは、障害者にとって何が必要かを最も深く理解しているのは、「専門家」などではなく障害当事者であり、それゆえ、「何が必要か」をめぐる判定が当事者抜きで行われることは望ましくない、と主張した。こうした訴えは、「私たち抜きで私たちのことは何も決めるな」というスローガンとともによく知られている。フレイザー（Fraser, N.）は、必要判定をめぐるこうした状況を、**「必要充足の政治」**から**「必要解釈の政治」**へ、と呼んでいる。障害当事者たちの主張は、従来の福祉政策が中心に据えてきた「（専門家が「客観的」に判定した）必要をどのように充足するのか」という問い（＝「必要充足の政治」）から、そうした問いの一歩手前にある、そもそも「誰が必要を解釈するのか」という問い（＝「必要解釈の政治」）へと私たちを導いたといえよう。

このように、福祉（well-being）を必要の観点から定義するといっても、さまざまな次元での整理が必要になり、それほど単純ではないことがわかる。それでも、「必要」の概念は、やはり福祉政策において中心的な概念であり続けてきたといえる。実際、先述した武川は、社会政策（福祉政策）とは、「政府が個人の幸福追求を援助したり支援したりするために」講じている「さまざまな手段」のこと、と定義し、そのうえで、個人の幸福追求に関連するのであれば、何でも福祉政策の対象となるわけではなく、それらのうちで「社会的に見て必要だと考えるもの」が福祉政策として実施されると論じている[9)]（傍点筆者）。

◇**引用文献**

1）日本社会福祉学会編『福祉政策理論の検証と展望』中央法規出版，p.332，2008.
2）圷洋一『福祉国家』法律文化社，p.21，2012.
3）武川正吾『社会政策のなかの現代』東京大学出版会，pp.1-42，1999.
4）同上，pp.1-42
5）社会福祉士養成講座編集委員会編『新・社会福祉士養成講座④ 現代社会と福祉 第４版』中央法規出版，p.78，2014.
6）同上，p.78
7）三浦文夫「社会福祉政策の構成と運営」三浦文夫・三友雅夫編『講座社会福祉３ 社会福祉の政策』有斐閣，p.33，1982.
8）福士正博訳『ニーズとは何か』日本経済評論社，p.2，2012.
9）武川正吾『福祉社会——包摂の社会政策 新版』有斐閣，p.22，2011.

◇**参考文献**

・Fitzpatrick, T., *Welfare Theory : An Introduction to the Theoretical Debates in Social Policy*, Palgrave, 2011.
・J. I. チャールトン『私たちぬきで私たちのことは何も決めるな——障害をもつ人に対する抑圧とエンパワメント』明石書店，2003.
・Fraser, N., *Unruly Practices : Power, Discourse, Gender in Contemporary Social Theory*, University of Minnesota Press, 1989.

● **おすすめ**

・齋藤純一『思考のフロンティア 自由』岩波書店，2005.

第2節 福祉政策において重要な概念・理念

学習のポイント

- 自由と平等の概念を理解する
- 自由主義の思想とその変容を理解する
- 新自由主義が福祉政策に与える影響について理解する

本節では、福祉政策を理解するにあたって重要となる、いくつかの基本的な概念・理念を、そうした概念・理念を基盤に形成されてきた思想・イデオロギーとともに概観していこう。

1 自由と平等

1 自由

近代以降、**自由**は最も尊重されるべき理念の一つとして理解されており、それは福祉の領域においても同様である。先述した障害当事者たちの運動における「私たち抜きで私たちのことは何も決めるな」という主張は、福祉政策が内包している専門家や官僚等による支配やパターナリズム★を批判し、自由を希求するものであったと読み替えることもできよう。では、自由とは何か。ここでは、自由という理念を最重視する**自由主義**の考え方を通して、自由の含意について考えてみたい。自由主義において自由とは、基本的に「個人の自由」を指す。近代以前は封建制や身分制、生まれた土地や宗教等に縛られていた人たちがそれらから解放され、個人個人が、自分の好きな土地に住み、自分の就きたい職業に就き、そして何を信じるかを選択することができる、ということを表す概念として自由は理解されてきたのである。

このように、「個人の自由」を何より重視するというスタンスは、個人の意思決定や選択に対する外部からの干渉や制約が最小化された状態を志向する。このため、自由主義においては一般に、個人に対して強力な干渉や強制を行う主体である国家（政府）は、個人の自由にとって最大の脅威の一つとみなされ、国家による諸活動もまた、常に批判の対象になり得る。そして、その批判の目は、国家による福祉供給にも／にこ

★パターナリズム
ソーシャルワーカーは、しばしばその「専門性」を背景に、福祉利用者の福祉（well-being）のために、当事者の自由や自己決定を疎外する場合であっても、介入を行うべきとされることがあり、これをパターナリズムと呼ぶ。

Active Learning
自由とパターナリズムの関係について、具体的な福祉政策をもとに考えてみましょう。

そ、向けられる。当たり前のことだが、福祉政策を充実させ、より多くの福祉サービスや給付を供給しようと思えば、その分、徴税を通した国家の強制力を強めざるを得ず、それは個人の自由の制約という側面を伴う。このため、とりわけ古典的自由主義においては、むしろ「国家からの（個人の）自由」に力点が置かれ、国家の役割は私有財産の保護や防衛、治安維持等に極力限定すべきとする**夜警国家**があるべき国家の姿とされていた。

そこで国家の代わりに自由主義が擁護するのは、市場の役割である。「個人の自由」の尊重は一般に、個人の能力を行使することで生産した財を、その個人が所有し、財産を形成すること——私有財産——の正当性を主張するが、個人で生産できるものには限界がある。このため、個人の能力で生産できる財以上のものを入手するために、自らの所有する財と他者のそれとを交換するための制度——**市場**——が整えられていくことになる。市場で交換し得るような財をもたない者は、「労働力」を交換手段として労働市場（という擬制的市場）を介し、生活に必要な財を得ることになる。こうして、自由主義においては、個人が自由に参入することのできる市場における需要と供給の自動調整メカニズムこそが財の配分の望ましいあり方とみなされ、国家による市場への介入、ないし福祉政策は、そのメカニズムを崩すものとして忌避されてきた。

2 平等

19 世紀後半になると、市場経済が必然的にもたらす貧困や格差によって、深刻な不平等や社会的分裂が社会問題化していった。これにより、市場経済およびこれを中心に据えた自由主義ないし資本主義に対する批判や、自由よりも**平等**を重視するような勢力が次第に政治的影響力をもちはじめるようになる。なかでも、資本主義を克服するような新たな体制（社会主義／共産主義）への道筋を理論的に示したマルクス主義の影響力は決定的だった。マルクス主義者たちは、資本主義体制における資本蓄積のありようを批判し、近代的な国家権力もまた、そうした体制を維持するための装置にすぎないと批判した。そのうえで、資本主義が生み出す資本家階級（生産手段を保有する者）と、労働者階級（生産手段をもたない者）との間の「不平等」が階級対立を生み、これが深刻化することで「革命」がもたらされ、自由主義／資本主義から社会主義／共産主義への転換が起き、そこで真の平等が達成されると考えたのである。

このようなマルクス主義ないし共産主義の勢力はグローバルなレベルで力を増していき、ついに1918年には、ロシアにおける社会主義「革命」の実現をもたらしもした。この「革命」の実現は、「西欧」の自由主義社会にも非常に大きなインパクトを与えることになる。「西欧」社会においても、自由市場がもたらす不平等と階級間の対立が次第に激化しつつあったなかで、社会主義「革命」が実現可能なものとなったことで、「個人の自由」を保障する財の配分システムとしての市場の優位性が大きく揺らぎ始めていったのである。そして、このような社会体制の揺らぎにより、自由主義のありようも変更を迫られていくことになる。

3 自由主義の変容──「自由」と「平等」の調停

社会主義勢力の拡大に危機を感じた自由主義社会は、自由な市場経済が必然的にもたらす格差や分裂をできるだけ抑制し、資本家階級と労働者階級の間の階級対立を和らげるために、国家の役割を変容させていくようになる。「革命」（を通した自由主義社会の転覆）を未然に防ぐために、国家による市場への介入が容認されるようになり、再分配機能をもつ福祉政策の整備が進められたのである。一方、社会主義勢力の側でも、自由主義との緊張関係のなかで「修正」が加えられ、「改良主義」的な潮流──社会民主主義とも呼ばれる──が形成され、求心力をもつようになる（一方、旧来の社会主義勢力は弱体化していく）。次第に、「自由」と「平等」は両立不可能なものとして位置づけられるのではなく、むしろ両者の調停が志向されていくことになるのである。

こうして、国家による市場への介入は最小限であることが望ましいという考え方から、「個人の自由」を実質的に（あるいは平等に）保障するためには、むしろ国家は市場に積極的に介入すべきであるという考え方に自由主義の内実も大きく変容していくことになる。そして20世紀半ば以降には、多くの自由主義国家が夜警国家から**福祉国家**へとそのありようを変容させていったのである。実際、福祉国家の青写真を描いたとされる**ベヴァリッジ**（Beveridge, W. H.）も、イギリスの代表的な自由主義者であったことはよく知られている。こうして、福祉国家の成立以降、福祉政策を含む国家による諸活動は、「個人の自由」と常に緊張関係に置かれながらも、さらに大きく拡大していったのである。

4 新自由主義の台頭──「自由」と「平等」の関係の再編

「自由」と「平等」との調停を志向するという自由主義の考え方は、

福祉国家の理論的支柱を提供してきたといえるが、1980年代になると、新自由主義（ネオリベラリズム）と呼ばれる新たな潮流が台頭するようになる。ハーヴェイ（Harvey, D.）によれば、新自由主義とは、個々人の企業活動の自由とその能力とが無制約に発揮されることによって人類の富と福利が最も増大する、と主張する政治経済的実践の理論であるという。何よりも「自由」を重視するその姿勢は、古典的な自由主義に近似しているようにも思える。実際、1980年代後半以降、現代福祉国家の多くが、規制緩和と分権化を通してさまざまな公的福祉サービスを「民営化＝私有化」し、福祉政策における市場の役割が復権した。

しかし、福祉サービスを市場経済のみにおいて十分に供給することは難しく、次第に福祉サービス供給の場として**準市場**が形成されるようになる。今日では、準市場の主要な担い手であるNPO等の市民福祉がますます活用されるようになり、国家福祉の一部を代替するようになりつつある。「アクティブな市民」が市民福祉に関与し、国家福祉の一部を肩代わりすることを期待され、促されているというわけだ。そこでは、国家はかつての古典的自由主義のように市場から撤退していくというよりはむしろ、あらゆる市民が「アクティブな市民」としてその「能力」を発揮するよう、積極的に働きかけていく。

日本の福祉政策において、国家（政府）が積極的に市民社会を活用する段階に舵が切られたのは、1990年代以降のことである。その契機となったのは、社会福祉基礎構造改革である。以降、準市場のアイデアとともに、「新しい公共★」や「参加型福祉社会」といった理念が称揚されるようになり、市民福祉の活用が本格的に始まることとなった。近年ではさらに、「一億総活躍社会」（まさに、国民一人ひとりが「アクティブな市民」となるような社会）の理念の下にさまざまな福祉政策が展開されるようになりつつある。なかでもNPO等の地域資源・市民福祉の積極的な活用を志向する「地域共生社会」構想等は、このような福祉のネオリベラルな再編をよく表しているといえるだろう。

★新しい公共
従来主として行政が独占的に担ってきた「公共」部門について、地域市民や民間の企業やNPOといった事業者とが協働し、共に担っていくという考え方を指す。日本では2010（平成22）年に民主党政権下で、「新しい公共」円卓会議が開催された。

2 自立と依存

1 「自立支援」型政策の広がり

日本における一連のネオリベラルな福祉再編の過程において、頻繁に用いられるようになったキーワードが、**自立支援**である。ここでは、再編の契機となったともいわれている社会福祉基礎構造改革をひもといてみよう。同改革では、「従来のような限られた者の保護・救済にとどまらず、国民全体を対象として、このような問題が発生した場合に社会連帯の考え方に立った支援を行い、個人が人としての尊厳をもって、家庭や地域の中で、障害の有無や年齢にかかわらず、その人らしい安心のある生活が送れるよう自立を支援すること」（傍点筆者）が「これからの社会福祉の目的」であると明確に述べられている[1)]。

これを受けて2000（平成12）年に社会福祉法が改正されると、以降、社会福祉・社会保障の各分野において、「自立支援」という用語が急速に広がっていったのである。今日では、「自立支援」に関する施策・事業はさまざまな福祉分野において展開されており、「自立支援」の理念は日本の福祉政策において中心的な位置を占めるようになっているといえよう。しかしそもそも、自立とは何であり、福祉政策を通して自立を支援するとはどのような意味をもつのだろうか。

2 「自立」と「依存」の系譜学

何を「自立」とし、何を**依存**とするかは、当該社会がどのように編成され、どのような言説が支配的か、ということを反映するものであり、時代や社会によって異なり得る。そこで、ここでは、「自立」の対概念である「依存」の意味内容の歴史的変遷を考古学的手法によってたどったナンシー・フレイザー（Fraser, N.）とリンダ・ゴードン（Gordon, L.）の議論を参照しながら、自立と依存の系譜学をたどってみよう。フレイザーらによれば、前産業化時代において「依存」は従属関係を意味していたという。当時の階級制社会においては、従属としての「依存」は、多くの人にとって標準的かつ日常的な状態であり、それゆえ何ら道徳的非難の意味をもたずスティグマを負うこともなかった。一方「自立」は「労働からの自由」を指し、労働せずに生きていけるほどの富を所有している等の特権を含意する限定的なものであった。つまりこの頃は「労働して生きていくこと」は「自立」というよりもむしろ、経済的な依存状態とみなされていたのである。

ところが産業資本主義の台頭とともに、賃労働への従事が多くの人にとって標準的な状態となり、一般化していったことで、かつては経済的依存とみなされていた「労働して生きていくこと」が「自立」と読み替えられるようになっていく。同時に、賃労働から締め出された人々——福祉の受給者、原住民や奴隷、主婦——が「依存」の象徴とされるようになった。そこで依存は、（従属関係のような）社会関係というよりは個人的な資質を示すようになり、次第に道徳的非難とスティグマを帯びるようになっていく。ただし「主婦」の依存に関しては、家族賃金の概念の下、（男の）賃労働による自立を創出するために必要な（女の）経済的依存の形態とみなされ、その限りにおいて正当化されていた。ともあれ、こうして「賃労働」による「自立」の標準化とともに、「依存」が脱正当化されていったのである。

ポスト産業化時代になると、家族賃金の概念が脱中心化し、これにより家族賃金の名の下で正当化されていた主婦の（男性稼得者への）経済的依存の正当性が揺らいでいく。また、産業化時代にはそこから排除されていた人々にも多くの市民的／政治的権利が拡張され、一見すると依存を生み出す社会構造的条件は除去されたように見えるようになり、いかなる依存も個人の過失として解釈され得るようになる。これにより、あらゆる依存がますます個人化され、脱正当化されるようになる（それは同時に、あらゆる人に自立が要求されるということでもある)。このような「依存」の意味論上の変容の傍らで、「自立」の意味は「賃労働による経済的自立」のまま維持されていた。こうして、賃労働による自立が自明視される一方で、依存が「問題」だとされるようになっていった。なかでも福祉への依存（国家への依存）は、賃労働による自立（市場への依存）に対する悪しき象徴として問題化されていく。たとえば英語圏では、**福祉依存**（welfare dependency）という用語がネガティブな含意とともに流通し、福祉のネオリベラルな再編に大きく貢献したともいわれている。

3 福祉政策における「自立」の多元化

日本の福祉政策においても、「自立」――とりわけ「賃労働」を通した経済的自立――ないし「自助」は望ましい／目指すべき状態とされ、「依存」は克服すべき状態であると一般にみなされてきた。国民の福祉を支えるラスト・セーフティネットといわれる生活保護においても、最低生活保障と並んで「自立の助長」がその目的として位置づけられてきた。そこで助長されるべき「自立」とは、従来賃労働を通した「経済的自立」＝「就労自立」を果たし、福祉（生活保護）への「依存」状態から脱却することを意味していた。ところが、先述したように、1990年代以降福祉のさまざまな領域において「自立」ないし「自立支援」が強調されるようになるにつれ、生活保護ないし福祉政策における「自立」

の意味がしだいに多元化していく。

たとえば立岩真也は、福祉の領域においては、「自立」という言葉が(a)「経済的自立」の意味に加え、(b)「日常生活動作」の自立（「ADLの自立」)、(c)「自己決定する自立」(「自己決定権の行使としての自立」）という意味でも用いられていると整理している[2)]。(a) はおなじみの「賃労働による自立」(ないし、福祉への依存状態からの脱却)の意であるが、(b)は、日常生活動作において、他者の援助を必要としない状態を指し、経済的自立ができていなくても日常生活動作において自立できる範囲があるとされる。(c) は、主に1970年代以降の障害者の自立生活運動において主張された「自立」のありようで、経済的自立や日常生活動作の自立はできていなくとも、給付や介助等を利用しながら「自らの人生や生活のあり方を自らの責任において決定し、自らが望む生活目標や生活様式を選択して生きること」を指し、「自律（autonomy)」とほぼ同義であるとされる。

また、先述した生活保護においても、2005（平成17）年に**自立支援プログラム**が導入されたことを契機に、「自立」の含意が変容・多元化していった。同プログラムの導入を方向づけたともいわれる「生活保護制度の在り方に関する専門委員会」の最終報告書では、「『自立支援』とは、社会福祉法の基本理念にある『利用者が心身共に健やかに育成され、又はその有する能力に応じ自立した日常生活を営むことができるように支援するもの』を意味し、就労による経済的自立のための支援（就労自立支援）のみならず、それぞれの被保護者の能力やその抱える問題等に応じ、身体や精神の健康を回復・維持し、自分で自分の健康・生活管理を行うなど日常生活において自立した生活を送るための支援（日常生活自立支援）や、社会的なつながりを回復・維持するなど社会生活における自立の支援（社会生活自立支援）をも含む」と述べられている。

4 「自立」から「依存」へ

このように、「自立支援」をキーワードに、ネオリベラルな福祉再編が進行するなかで、福祉政策における「自立」の意味内容は拡張し、多元化していった。とりわけ貧者を対象とする生活保護においては、「自立」とは保護に「依存」しないで生活できる状態、すなわち就労を通した「経済自立」＝「保護廃止」と解するのが従来一般的であったのに対し、「社会生活自立」や「日常生活自立」の概念を打ち出し、自立の範囲が拡大されたことで、自立が「経済自立」に限定され「保護廃止」に直結してしまわないような道が模索されたともいえる。社会生活や日常生活における自立が定義されることで、生活保護に依存したままでも、利用者一人ひとりの個別性に沿った「自立」のための「支援」が用意されるようになったということである。

しかし、支援の対象となる自立の範囲が多元化・拡大していったということは、同時に、経済自立に限らず、日常生活や社会生活の領域においても「自立」が問われるということでもある。そこでは、単に働かない、就労意欲がないといった「就労自立」を問われるのみならず、日常生活や社会生活における「ふるまい」や「モラル」までもが問われ、いわば生のあらゆる局面において、個々人それぞれに応じた「能力」の活用や「自立」を求められることになるのだ。そして、皮肉にも、「自立支援」が拡張すればするほど、それでも「自立」できない（とみなされる）者の自己責任はますます強調され得るだろう——これだけ「支援」しても、なお「自立」できないとすれば、それは当人の責任だろう、と。

こうして、福祉政策を通した「自立支援」の権力は私たちの生のすみずみに浸透し、私たちは「支援」の名の下にますます自立への義務に駆り立てられるようになっている。しかし、フレイザーとゴードンが明らかにしたように、「自立」（や「依存」）の含意は時代や社会によって異なり得るものである。とするならば、「自立」の中心性を維持したまま、その範囲を拡張するのではなく、むしろ「依存」を中心に据えた理論や政策を考えることもできるはずである。たとえば、フェミニスト政治哲学者のエヴァ・フェダー・キティ（Kittay, E. F.）は、依存こそが人間および人間社会の基本的条件であり、社会正義をめぐる理論は、ケアを必要とする「依存者」と、それをケアする「依存労働者」を中心に展開されなければならないと論じている。彼女は、「みんな誰かお母さんの子供」というフレーズに象徴されるように、人間として生まれる限り、誰もが他者に依存しなければ生きていくことができない、という事実を議論の出発点に据え、「自立」している（とみなされる）特定の市民のみに焦点化した従来の社会理論を批判する。そうではなく、依存者と依存労働者を中心とした社会理論および社会制度の構想が追求されるべきである、と。「自立支援」をキーワードに進められるネオリベラルな福祉再編について再考しようとするとき、「自立」ではなく「依存」を中心に据えるようなこうしたアプローチの重要性が理解されるだろう。

3 インターセクショナリティ（差別の交差性）の視点

1 フェミニズムと福祉政策

前述したように、1980年代には新自由主義／ネオリベラリズムの立場から福祉国家への異議申立てがなされ、それが現代の福祉国家再編の原動力にもなってきた。しかしこの時期には同時に、それまで福祉国家において周辺化／排除されてきたマイノリティ――女性、障害者、エスニック・マイノリティなど――もまた、福祉国家に対する批判を展開していたということも忘れてはならないだろう。これらのマイノリティからの福祉国家批判のなかでも、現実の福祉政策をめぐる言説政治に最も大きな影響を与えてきたのは、フェミニズム★である。

福祉国家ないし福祉政策に対するフェミニズムからの批判はなによりもまず、それが前提としてきた特定の家族モデル――「近代家族モデル（男性稼得者／女性家事従事者モデル）」――に向けられた。近代家族とは、婚姻関係に基づき、「労働者としての市民」（商品化された男）と「主婦（ケア提供者）としての市民」（家族化された女）の対に支えられた家族モデルを指しており、それは資本制と家父長制という「近代的福祉国家の二つの環境」を反映したモデルだといえよう。ここで期待されているのは、男が稼ぎ手となる一方で、女は男に経済的に依存し、不払いの家事労働を担うことである。

いうまでもなく、このような近代家族モデルを基にした福祉国家においては、そのシティズンシップ、ないし社会権のありようもまた、女性と男性で異なるものとして構築される。そこでは一般に、男性の社会権は「労働者としての市民」の権利として与えられ、女性の社会権は「ケア提供者としての市民」の権利として与えられてきた。社会権へのこの「二つのチャンネル」は、単に並列されているのではなく、序列化されてもいる。具体的には、男性（市民＝労働者）に起こり得るさまざまなリスク――たとえば失業、疾病、老齢など――に備えた社会保険の仕組みが整えられる一方で、女性（市民＝ケア提供者）は原則的に男性の被扶養者として位置づけられ、社会保険に対する権利も「夫を通じて推定される権利」を与えられるにとどまってきた。さらに、単身女性やシングルマザーなど、そもそも近代家族モデルから逸脱するような女性は、多くの場合社会保険に比して権利性の低い無拠出の公的扶助の対象になってきた。こうして、多くの福祉政策はジェンダーに不均衡な形で展

★フェミニズム
女性解放の思想および女性解放を志向する社会運動のことをフェミニズムと呼ぶ。女性の参政権獲得運動を中心とする第一波フェミニズムと、性差別や性暴力との闘いを中心とする第二波フェミニズムがあり、以降も、さまざまな思想的広がりをみることができる。

開されてきたのである。

また、近代家族モデルや「家族賃金」の理念の下、福祉国家は一般に「世帯への分配」――より正確には「世帯主への分配」――に関心をもって取り組んできたが、他方で「世帯内の分配」にはほとんど無関心であったといえよう。その背景には、世帯内の分配がスムーズに公平に行われるであろうという想定がある。しかし実際には、すべての世帯で分配が公平に行われるわけではないし、不公平な分配ゆえに、世帯主（多くの場合、夫／父などの男性）に経済的に依存している女性や子どもが貧困状態に陥ることもあり得る。しかし、そのような貧困は、世帯の「中」に隠されている／きたのである。近年では、女性の貧困をより正確に捉えるために、世帯「内」の分配に着目するような研究も少しずつ進みつつある。

2 アンチ・レイシズムと福祉政策

フェミニズム同様、1980年代頃から福祉国家・福祉政策に対する批判・意義申立てを広く展開し始めたのは、アンチ・レイシズム（反人種差別主義）である。実際、「人種★」の問題は、福祉国家と福祉をめぐる社会的諸関係の展開を理解するためには、歴史的にも今日においても、決定的に重要である。にもかかわらず、アンチ・レイシズムからの福祉国家批判は、フェミニズムからのそれに比べて、福祉政策をめぐる言説政治においてはマイナーな位置にとどまっていた。というのも、一般に福祉国家をめぐる諸議論は、国民国家という枠組みを自明のものとして展開してきたし、「人種」の問題は都市問題や貧困問題といった文脈に還元されて論じられることが多かったからである。

★「人種」
「人種（race）」は、社会科学の文脈においてはおよそ括弧つきで記述される概念である。それは、論者によって異なった意味で用いられることも多い多義的な用語であるということのみならず、むしろ植民地主義と結びつきながら展開してきたという意味で高度に政治的な概念であることに由来する。

これに対して、アンチ・レイシズムの立場は、福祉政策をめぐる主流派の議論が人種差別の問題を無視、ないし周辺化しているとして、痛烈に批判してきた。その批判は、およそ以下の2点に整理することができる。第一に、福祉政策のエンタイトルメントは多くの場合国籍と関連づけられており、国籍を保有しない者――移民や外国人等――は排除ないし劣等処遇されることが多かった、という点である。1970年代以降、ようやく多くの福祉国家において**国籍要件**が緩和され始め、今日では、福祉政策のなかでもとりわけ保険料の拠出を給付の条件とする社会保険について国籍要件が撤廃されていることが一般的である。しかし他方で、無拠出の手当や扶助の場合、いまだに受給資格が制限されることがしばしばあることにも注意したい。

第二に、福祉政策は、人種差別を解消するどころか、むしろそれを維持・再生産してきた、という点である。イギリスの社会政策学者フィオナ・ウィリアムズ（Williams, F.）によれば、「黒人」やエスニック・マイノリティが福祉政策の適用上経験する不利は、多くの場合労働市場における不利を反映しているという。というのも、福祉政策の中心的な仕組みである社会保険は、労働市場における業績に大きく依存しているからである。一般に、「黒人」ないしエスニック・マイノリティは、白人に比べて低賃金で、不安定な就労に配置されがちであり、そうした不利益は、労働市場における業績を反映するような福祉政策においても引き継がれてしまうのである。このため、「黒人」ないしエスニック・マイノリティは相対的により貧困に陥りやすいといえよう。

3 インターセクショナリティ（交差性）の視点

ここまで、フェミニズムやアンチ・レイシズムの立場からの福祉国家批判をみてきた。いずれも、福祉国家や福祉政策が、女性やエスニック・マイノリティの不利や抑圧をもたらすような形で構築された、不平等なものであることを明らかにしてきたといえる。しかし、これまで両者の議論が「交差」することはそれほど多くなかったといえよう。たとえば従来のフェミニズムは、福祉国家の家父長的性格や女性に対する抑圧を明らかにしてきたが、「白人女性」を前提に議論を構築しており、「黒人女性」の異なる経験について見落としがちであった。このようなフェミニズム内部における「黒人女性」の周辺化に対抗して登場してきたのがブラック・フェミニズムである。家父長制的資本主義ばかりでなく、そこに埋め込まれた人種差別をも批判の対象とするこの立場は、「人種」の問題を女性の問題に「付け加える」だけの形式的な平等主義戦略を拒否する。彼女たちはむしろ、白人女性を脱中心化し、西洋中心主義的な単一の「女性」という概念を切り捨てることで、これまでの白人中心の視点で編まれたフェミニズムそのものの変革を要求していったのである。

このようなブラック・フェミニズムの主張は、単に「人種」とジェンダーとの交差に焦点を当てただけではなく、ジェンダーがいかにほかの社会的分割――「人種」やエスニシティ、階級、セクシュアリティ、障害等――と交差してきたかに目を向けようとするものでもあった。そして、「女性」という単一のカテゴリーを脱構築していくこの新しい動きのなかで誕生したのが、インターセクショナリティの視点である。当たり前のことだが、私たちは一人ひとり異なる存在である。「女性」といっても、障害や「人種」、階級や国籍、セクシュアリティ等によって、その経験は——差別や抑圧の経験も——一人ひとり異なるはずである。このような異なりに目を向けるとき、インターセクショナリティの視点の重要性が理解できるであろう。

Active Learning

インターセクショナリティの視点を取り入れた福祉実践の事例について考えてみましょう。

インターセクショナリティという言葉を最初にフェミニズムにもち込んだキンバリー・クレンショー（Crenshaw, K.）は、従来のフェミニズムが性差別を問題化するとき、それは「白人の、中産階級の、女性」を念頭に置いたものにすぎなかったこと、そして、黒人の、あるいは労働者階級の女性の問題を理解するには、インターセクショナリティの視点が欠かせないと指摘した。この視点が教えてくれるのは、「黒人の、労働者階級の、女性」の経験は、「女性」というカテゴリーに基づく抑圧の経験に、「労働者階級」というカテゴリーに基づく搾取の経験、そして「黒人」であることに伴う差別の経験を付加していくような「足し算」方式で理解することはできないということである。そうではなくて、そもそも「女性」という概念にはどのような階級的／人種的意味づけがなされてきたか、「労働者階級」という概念はどのようなジェンダー的／人種的な意味を内包してきたか、「黒人」概念に伴うジェンダー的／階級的含意とは何か、といった、カテゴリー間の「交差」を考えることなしには、「黒人の、労働者階級の、女性」の経験や社会的位置づけについて理解することはできない、ということなのだ。

福祉政策ないし福祉政策研究は、これまでにもさまざまな差別や抑圧、不平等や搾取と向きあってきたといえる。しかし、人々の差別や抑圧経験の異なりについては、それほど注意を払ってこなかったのかもしれない。近年になってようやく、ジェンダーによる差異や「人種」による差異を認識することの重要性が理解され始めているが、先述したように、ジェンダーや「人種」、あるいはその他の社会的分割の「交差」についてはほとんど目が向けられていないままである。けれども、とりわけグローバル化に伴い変化し続けている今日の福祉政策ないし福祉政策研究にとっては、インターセクショナリティの視点こそが重要であるといえるだろう。

◇**引用文献**

1）中央社会福祉審議会「社会福祉基礎構造改革について（中間まとめ）」p.3，1998.

2）立岩真也「自立」庄司洋子・武川正吾ほか編『福祉社会事典』弘文堂，pp.520–521，1999.

◇**参考文献**

・Harvey, D., *Spaces of Neoliberalization*, Frantz Stainer Verlag, 2005.（本橋哲也訳『ネオリベラリズムとは何か』青土社，2007.）

・Fraser, N. & Gordon, L., ‘A Genealogy of “Dependency”’, *Signs* 19（2）, 1994.

・Kittay, E. F., *Love’s Labor : Essays on Women, Equality, and Dependency*, Routledge, 1990.（岡野八代・牟田和恵監訳『愛の労働あるいは依存とケアの正義論』白澤社，2010.）

・武川正吾『連帯と承認――グローバル化と個人化のなかの福祉国家』東京大学出版会，2007.

・Sainsbury, D., *Gender, Equality and Welfare States*, Cambridge University Press, 1996.

・Lister, R., ‘“She has other duties” : Women, Citizenship and Social Security’, in Baldwin, S. and Falkingham, J. (eds.), *Social Security and Social Change*, Prentice Hall, 1994.

・室住真麻子『家計から診る貧困――子ども・若者・女性の経済的困難と政策』法律文化社，2019.

・Lister, R., *Understanding Theories and Concepts in Social Policy*, Policy Press, 2010.

・Williams, F., *Social Policy : A Critical Introduction: Issues of Race, Gender and Class*, Polity Press, 1989.

・Hooks, B., *Feminist Theory : From Margin to Center*, South End Press, 1984.（清水久美『ブラック・フェミニストの主張――周縁から中心へ』勁草書房，1997.）

・Crenshaw, K., ‘Demarginalizing the Intersection of Race and Sex : A Black Feminist Critique of Antidiscrimination Doctrine, Feminist Theory and Antiracist Politics’, *The University of Chicago Legal Forum*, 1989(1), Article 8, 1989.

● **おすすめ**

・C. アルッザ・T. バタチャーリャ・N. フレイザー，惠愛由訳，菊地夏野解説『99％のためのフェミニズム宣言』人文書院，2020.

第5章

福祉政策における
ニーズと資源

福祉政策は広く考えれば社会政策（雇用・社会保障・住宅ほか）と同じ意味になる。反対に狭く考えれば、社会福祉事業に関する公共政策ということになる。本書では福祉政策を、社会福祉事業や福祉サービスに関する公共政策と考えている。

市場経済の下では、一般の財やサービスは価格メカニズムによって需要と供給が均衡する。ところが何らかの理由によって、生活に必要なものが家族や市場を通じて入手できないことがある。このときが福祉政策の出番である。

本章では、ニーズという言葉の使い方、ニーズ（必要）とデマンド（需要）の対比、必要原則と貢献原則の対比、資源（リソース）の性質、種類などについて学ぶ。

第1節 ニーズ（必要）

学習のポイント

- 心理学、マーケティング、社会福祉におけるニーズ概念を学ぶ
- 福祉政策におけるニーズ（必要）概念の理解を、デマンド（需要）との関連で深める
- 公正の原理としての必要原則を、貢献原則との関連で学ぶ

1 ニーズの使われ方

現在の日本では多くの領域で外来語の「ニーズ（needs）」という言葉が頻繁に用いられている。社会福祉の領域も例外ではない。それどころかニーズは社会福祉の最重要概念とされることが多い。ところが、それぞれの領域で使われる「ニーズ」という言葉の意味は微妙に異なっている。混乱を避けるためには、それぞれの領域で、この言葉がどのような使われ方をしているかを最初に理解しておくのがよい。

心理学ではマズロー（Maslow, A. H.）の提唱するニーズのハイアラーキー（Hierarchy of Needs）が有名である。日本では欲求の5段階説として知られる（**図5-1**）。人間のニーズは「生理的ニーズ」といった低次のものから「自己実現」といった高次のものに至る5段階★があり、低次のニーズが充足されると次のより高次の段階のニーズを求めるようになるというのがマズローの学説の眼目である（衣食足りて礼節を知る！）。この学説で使われる「ニーズ」に対応する日本語は「欲求」である。

マーケティング★の領域では潜在的な需要の意味で「ニーズ」という言葉が用いられる。コトラー（Kotler, P.）とケラー（Keller, K. L.）による定評のある教科書[1)]は、ニーズ（needs）と欲求（wants）と需要（demand）を区別する。彼らによればニーズは「人間の基本的要件」であり、ニーズが特定のものに向けられたとき欲求になる。たとえば、食料はニーズだが、ハンバーガーやフライドポテトは欲求の対象である。これらに対して、需要は「特定の製品に対する欲求で、支払能力に後押しされる」。言い換えると、ハンバーガーやフライドポテトを欲しいと思っている人がいて、その人のお財布のなかにそれらを買えるだけ

★ニーズの5段階
マズローによるニーズの5段階とは①「生理的」(Physiological)、②「安全」(Safety)、③「所属と愛情」(Love and belonging)、④「尊厳」(esteem)、⑤「自己実現」(Self-actualization)である。

★マーケティング
マーケティングの教科書では、マーケティングを「ニーズに応えて利益を上げること」と定義している。(P. コトラー・K. L. ケラー, 恩蔵直人監, 月谷真紀訳『コトラー＆ケラーのマーケティング・マネジメント 第12版』丸善出版, p.6, 2014.)

図5-1　ニーズのハイアラーキー（欲求の5段階説）

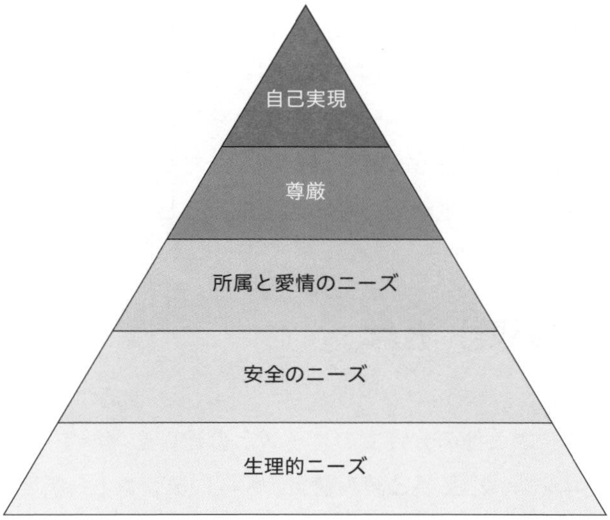

図5-2　マーケティングにおけるニーズ

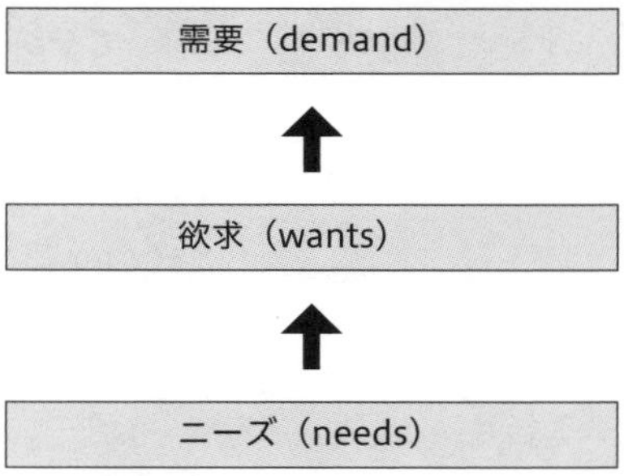

のお金が入っているとき、ハンバーガーやフライドポテトに対する需要が存在することになる（電子マネーでもクレジットカードなどのキャッシュレス決済でも支払能力の有無が、商品の需要の有り無しの決め手となる）。企業が利潤を上げるためには、人々のニーズを発見して、欲求の対象となる製品を開発し、それを消費者が購入可能となるような価格で販売しなければならない。

社会福祉との関連で重要なことは、コトラーとケラーが次のように述べているくだりである。「マーケターは、メルセデス・ベンツを持てば社会的地位を高められるというニーズが満たされるとの考え方をプロモーションするかもしれないが、社会的地位というニーズを生み出してはいない」。翻って考えると、メルセデス・ベンツの需要の背後には社会的地位というニーズがあるということになる。つまり社会的地位というニーズが欲求となり、それに金銭的な裏づけが与えられれば、メルセデス・ベンツの需要が生まれるということである。マーケティングの用語法では、メルセデス・ベンツもニーズを充足するための重要な手段である。

日本の社会福祉の世界で、「ニーズ」という概念を普及させるうえで最も重要な貢献をした人物の一人は三浦文夫である。三浦はニーズを複数形ではなく、ニードと単数形で用いていた[i]。彼は社会福祉における「個々のニードに共通する社会的な要援護性」を強調し、「社会的ニード」

i　社会福祉の世界でも近年はニーズという言葉が用いられることが多いが、当初はニードと単数形で使われることが多かった。

を「ある種の状態が、一定の目標なり、基準からみて乖離の状態にあり、そしてその状態の回復・改善等を行う必要があると社会的に認められたもの」と定義した[2)]。ここでのニード（ニーズ）には、欲求の５段階説の「ニーズ」やマーケティングの「ニーズ」とは異なり、個人の欲求や欲望といった意味合いはほとんど含まれていない。ただし、三浦に先行する岡村重夫はニードを「社会生活面の基本的要求」としている。

2 ニーズ（必要）とは

Active Learning

子供が近居の一人暮らし高齢者と、三世代同居の高齢者との間で、福祉サービスに対するニーズ（必要）に違いがあるかどうか考えてみましょう。

社会福祉におけるニーズと他の分野でのニーズとの違いを理解するうえで有益なことは、「ニーズ」を必要と読み替え、さらにデマンド（需要）という補助線を引いてみることである。社会福祉の世界ではニード・ニーズという用語がよく用いられるが、「必要」という言葉を用いたほうがコミュニケーションの混乱を回避することができる。第一に、なじみのないカタカナ語の濫用は、一般の人々にとっては理解不能である。第二に、他分野の用語法が浸透してきて、福祉政策における必要の意味が不明確になる。たとえば「特養のニーズがある」と言ったとき、それは「特養ビジネスのチャンスがある」という意味にも解され得る。第三に「訪問介護が必要ですよ」と言えば済むところを、「ホームヘルプのニーズがありますよ」と言われると利用者は戸惑う。第四に、このことども関連するが、こうしたわからなさから後述するような「専門家支配」を誘発する。第五に、必要の有無については日常言語のなかで考えることができるが、ニーズの有無については完全には日本語化していないので、思考停止に陥らざるを得なくなる。

需要は経済学の基本概念であり、供給との対比で用いられる。日本語の需要は学術用語の雰囲気が漂っているが、英語圏では日常会話のなかでもデマンド（demand）が使われる。たとえば、『新編 英和活用大辞典』（研究社）は次のような例文を掲載している。“I have many demands on my time”（いろいろなことに時間をとられる）。最近は日本語でもカタカナ語としてデマンドを用いることが多くなってきた。需要にただちに応じるという意味でオンデマンド（on demand）という言葉が使われることが多くなった。たとえば、オンデマンド印刷（注文印刷）やオンデマンド出版（注文出版）、さらにインターネットの発達によって可能となったビデオ・オンデマンドなどである。さらに新型コロナウイルス感染症（COVID-19）による感染の危険があるとき、多くの学校で遠隔授業が行われたが、それはライブの場合もあったが、オンデマンドの場合もあった。日本語でもデマンドが日常語化しつつあるのかもしれない。

「何かのニーズ（必要）がある」あるいは「何かのデマンド（需要）がある」というとき、いずれの場合も何かが求められているという状況は共通している。しかし、それぞれが求められる理由は異なる。前者の場合は何らかの客観的な基準に基づいてニーズ（必要）が生まれるのに対して、後者の場合は主観的な欲求や欲望に基づいてデマンド（需要）が生まれるからである。

たとえば、スマートフォン（以下、スマホ）について考えてみよう。「スマホの需要がある」というとき、そこで意味されているのは、何らかの欲求や欲望に基づいてスマホを手に入れたいと思っている人々が存在するということである。

コトラーたちの用語法では、単に手に入れたいと思っているだけでなく、スマホを買うことのできるお金をもっていなければ需要があるとはみなされないが、ここでは福祉政策における必要と需要の対比を鮮明にするため、需要の概念から購入可能性の条件を外し、金銭的裏づけのある需要については単なる「需要」ではなく、ケインズ（Keynes, J. M.）に倣って有効需要★（effective demand）と呼ぶことにする。

有効需要になっているか否かにかかわらず、スマホの需要が生まれる（スマホを欲しがる）理由はさまざまであり得る。A さんは家族と連絡を取り合うためにスマホを求めているのかもしれないし、B さんはネットゲームをするためにスマホを求めているのかもしれない。ある人がスマホを欲しがる本当の理由を他人は知ることができない。その人の心のなかをのぞくことはできないからである。しかし、その人がスマホを欲しがっているという事実は、本人以外の他者にも観察することができる。

これに対して、必要の場合はどうか。「私はスマホが必要だ」という言い方もできるし、「このスマホは修理が必要だ」という言い方もできる。ここでは後者の例を考えてみよう。スマホは通話をしたり、チャットをしたり、ネットサーフィンをしたり、動画を撮ったり、疑問に思ったことを検索によって解決したりするための道具である。最近のスマホは、道案内や電子決済や健康管理の道具としても使うことができる。ところが、このスマホは圏外でもないのに、あるいは十分に充電されているにもかかわらず、これらの機能の一つ、あるいは二つ以上が使えない。つ

★有効需要
貨幣による支出を伴う需要。単に欲しいと思うだけでなく、実際に買われるとき、その需要は有効となる。ケインズは国全体の有効需要が景気や失業を左右すると考えた。

まり、このスマホはどこかが故障している。したがってスマホ本来の望ましい姿に戻すために修理をしなければならない。これが「このスマホは修理が必要だ」ということの意味である。要するに、何かが必要であるというときには、何らかの望ましい状態が想定されていて、何かが欠けている（あるいは剥奪[ii]されている）ために、その望ましい状態が実現できていないということである。この点は人間が主語の場合でも、物が主語の場合でも変わらない。必要という言葉には、欠けている何かを手に入れて、本来の望ましい状態を実現するということが言外に含まれている。

3 ニーズ（必要）とデマンド（需要）の対比

こうした需要と必要の違いは、大和言葉（固有語）の「欲（ほ）しい」と「要（い）る」の違いにも対応する。たとえば、小学校の生徒が保護者にスマホをねだるとき、「スマホが欲しい」と言ってねだるのと、「スマホが要る」と言ってねだるのとでは、生徒の置かれている状況が異なるだけでなく、保護者の受ける印象もおそらく異なってくるだろう。

「スマホが欲しい」という場合、その生徒はネットゲームで遊びたいからスマホが欲しいのかもしれないし、音楽を聴くためにスマホが欲しいのかもしれない。あるいはLINEで友達との絆を確かめるためかもしれない。もしかすると親に隠れて動画を楽しむためかもしれない。いずれにせよスマホを入手することによって、良し悪しは別として、生徒の何らかの欲求・欲望が満たされる。また、まれには、スマホはまったく使わなくてもスマホを所有すること自体が欲求・欲望の対象であって、それを充足することがスマホを欲しがる理由ということもある。

これに対して「スマホが要る」という場合は、単に欲求・欲望が充足されるというよりは、スマホを入手することによって、何らかの望ましい状態が実現されることを意味する。スマホがないと学校の宿題をするための調べ物ができないのかもしれない。またスマホがないと学校で仲間外れにされたり、いじめの標的になったりするのかもしれない。単に「スマホが欲しい」と言われただけでは買い与えるのを渋っていた親も、

---

ii 「剥奪」という言葉は日常会話ではあまり用いられないが、社会福祉の世界では英語の deprivation の訳語として用いられることが多い。deprivation は当然そこにあって然るべきものが、何らかの理由によって存在しないことを意味している。

表5-1　ニーズ（必要）とデマンド（需要）の対比

	ニーズ（必要）	デマンド(需要)
把握の根拠	道徳・価値	欲望・欲求
根拠の性質	客観的・外在的	主観的・内在的
把握の基準	善悪（正・誤）	利害（快・苦）
把握の主語	人間・物	人間

子供から「(僕（わたし）は勉強するために）スマホが要る（んだ)」と言われると、気持ちも変わるのではなかろうか。

以上をまとめると、必要と需要とは以下の点で対比的であることがわかる（**表 5-1**)。

第一に、必要の根拠が道徳や価値であるのに対して、需要の根拠は欲望や欲求である。人は何らかの道徳や価値に基づいて、何かが要る（何かが必要である）と考える。これに対して、何かが欲しい（何かの需要がある）というとき、そこには特段の価値判断が前提とされているわけではない。欲しいから欲しいだけでのことである。需要は人間の欲求や欲望の直接的な表現である。

第二に、それぞれの根拠が客観的か主観的かという点も、必要と需要を分かつ点である。

必要の根拠となる道徳や価値は客観的なものである。もちろん道徳観や価値観は人によって異なることがある。その意味では、道徳や価値も主観的だともいえる。この点に関して社会学者ヴェーバー(Weber, M.)は、価値をめぐる争いを「神々の争い」にたとえた。彼によれば、どの神（価値）が正しいかということを科学的に結論づけることはできないことになる。とはいえ、カント（Kant, I.）をもち出すまでもなく、人間は自分が信奉する価値や、自分が正しいと考える道徳が恣意的なものである、あるいは自分勝手な思いつきにすぎないと考えているわけではない。寛容を美徳とする人々も自分たちが信奉する道徳や価値が人類にとって唯一絶対だとは言わないのはもちろんのことだが、それらが少なくとも一定の範囲の他者との間では共有されているとは考えている。必要の根拠となる道徳や価値は、このように**共同主観的**であるという意味で客観的である。

そして、それらは言語と同様に、自分が生まれるはるか以前から存在しているという意味で外在的である。いま私たちが使っている母語は、現在の私たちが単語の意味を決め、文法を決めてから使い始めたのではなく、生まれる前からすでに存在しており、生後それらを学習することによって使いこなせるようになったものである。私たちが抱いている道徳や価値も現在の私たちが生まれてから発明したものではなく、生まれる前から存在していたものを内面化したものである。

これに対して、需要の根拠となる欲望や欲求は主観的である。もちろん個人の欲望や欲求が社会的な要因によって決まることはあるし、特定の社会に所属する人々の欲望や欲求の多くは共通している。金銭欲や名誉欲はその典型であろう。そうした意味では欲望や欲求にも客観的なところがある。しかしながら欲望や欲求の最終的な判定者は個人であって社会ではない。いかに社会の影響を受けていようとも、個人にはそれを拒否する自由があるため、本人がそれを欲している（あるいは、欲していない）と言えば、需要の把握は完結する。ある需要が虚偽であるということを他者は確かめることができない。

第三に、必要と需要はそれらが存在しているか否かを把握する際の基準も異なる。

あるものが必要とされているか否かは、想定されている望ましい状態が、それによって実現できるか否かによって決まる。たとえば、Cさんが通所介護（デイサービス）を必要としているか否かは、Cさんの身体的自立や介護予防につながるか否かによって決まる。これは価値判断それ自体とは異なり、原理的には科学によって判定可能である。通所介護の利用がCさんの身体的自立につながるのであれば、その利用は正しい（あるいは善い）ことであり、「通所介護は必要だ」ということになる。これに対して、Cさんの身体的自立につながらない、あるいは身体的自立とは関係ないのであれば、その利用は誤っている（あるいは悪い）ことであり、「通所介護は必要ない」ということになる。

これに対して需要の場合は、それを欲している人の欲求や欲望の充足につながる（と思われているか否か）、言い換えれば、当該の人に快楽を与える（と思われている）か、苦痛を与える（と思われている）か、ということが需要の有無を把握する際の基準となる。たとえば、要介護認定で「自立」の判定が下された一人暮らし高齢者のDさんには「訪問介護の必要はない」。しかし、もしかしたらDさんにも生活援助をはじめとする「訪問介護の需要はある」かもしれない。そしてDさんに経済的余裕があるならば、その需要は有効であるから、Dさんは市場を通じてサービスを購入することができる。そして、そのことによってDさんの欲求・欲望は満たされる。このように需要の有無を把握するうえで重要となってくる基準は善悪や正誤ではなくて、利害（快・苦）である。

最後に、必要は人間が主語の場合もあるし、物が主語の場合（たとえば、この時計は修理が必要だ）もあるのに対して、需要の主語は人間に限られるといった意味での違いもある。子供が机の上を散らかしているとき、親や教師が子供に対して「この机は整頓されることを欲している（望んでいる）から、片づけようね」などとしつけの一環で言うことはあるかもしれない。しかしその場合も、机はあくまで擬人化された机であって、机そのものに欲望や欲求があるわけではない。

4 ニーズ（必要）とデマンド（需要）の乖離

必要の概念と需要の概念は以上のように対比することができるが、それぞれが排他的な概念というわけではないという点にも注意すべきである。両者は重なる部分もあるし、重ならない部分もあるからだ（**図 5–3**）。

人間が生きていくためには衣食住が必要である。そして自殺願望や希死念慮を抱いていないかぎり、人間は衣食住を欲する。一般に生きていくうえで欠かせないもののことを生活必需品というが、この生活必需品こそはまさに必要と需要が重なった事物である。また一般には生活必需品とはみなされないものであっても、人間は自分にとって必要と感じるものは、自ら欲するのが普通である。生物学的生存にとって不可欠ではないものであっても、通常の社会生活を送るために必要なものについては自ら欲するであろう。また、より良い（望ましい）生活を送るために必要と感じるものについても入手したいと思うだろう。（**図 5–3**のⅠの

図5–3　福祉政策におけるニーズ／必要とデマンド／需要

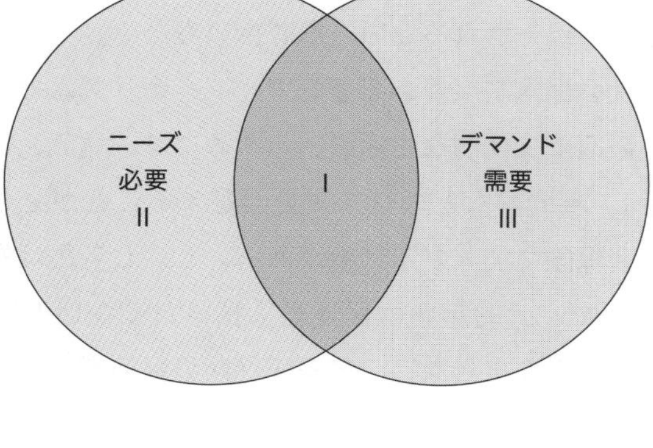

部分)。そしてこのように必要と需要が一致し、しかもその需要が有効需要である場合には、市場を通じて、必要＝需要は充足される。ところが必要ではあっても有効需要とならないこともある。そのときこそが福祉政策の出番である。社会保障給付や福祉サービスなどは、有効需要となり得ていない必要＝需要を有効需要に変える働きをする（たとえば基礎年金を受給することによって、生活必需品を購入することが可能となる、など)。

とはいえ「健康で文化的な最低限度の生活」（憲法第 25 条）にとって必要なものを欲しない人も、なかにはいるかもしれない。実際には生活保護基準以下で生活している一般世帯は多い。必要であるにもかかわらず需要とはならない場合である（**図 5–3**のIIの部分)。このような場合の福祉政策はどうあるべきか。

自由至上主義（リバタリアニズム）の立場に立てば、いくら必要なものであっても本人が欲しがらないものを与えるべきではないということになるだろう。貧困にとどまる自由を尊重し、貧困からの脱却を望まない者に対してまで、生活保護を適用すべきではないというわけである。実際、日本の生活保護制度は**申請保護の原則**をとっているから、本人や家族からの申請がない限り、原則として、生活保護は行われない。ただし例外的に「要保護者が急迫した状況にあるときは、保護の申請がなくても、必要な保護を行うことができる」（生活保護法第 7 条)。

しかし、個人は賢明な判断をしないこともあるので、賢明な第三者が本人の意向とは別に福祉政策が介入すべきという考え方もある。**パターナリズム**（温情主義、**家父長主義**などともいう）の立場である。

たとえば、精神保健福祉の分野では措置入院という制度がある。精神障害のある者が「自身を傷つけ又は他人に害を及ぼすおそれがある」と認められる場合には、都道府県知事などの命令によって強制的に入院させることができる制度のことである。ここには社会防衛（他者危害の回避）の意味もあるが、本人の意思ではなく賢明な第三者の判断（自傷行為などの回避）が優先されるという意味合いもある。

強制加入の社会保険制度もある意味でパターナリズムの考え方を前提としている。健康で文化的な生活を送るためには、病気、けが、失業、老後（長生き)、要介護などのリスクを回避することが必要である。そのためには社会保険に加入する必要がある。しかし老後は貧困になってもかまわないので、公的年金の保険料は払いたくないという若者はいる。病気になってもかまわないので医療保険の保険料は払いたくないとうそぶく者もいる。しかし若いときの考えが年齢を重ねるにつれて変わることはあるかもしれない。入院して高額の医療費を請求されて後悔することがあるかもしれない。したがって年金や医療などの社会保険は、個人の一時的な意思ではなく、賢明な第三者の熟慮が優先されて強制加入となっている。

最後に、需要（有効であるか否かを問わない）はあるものの必要はないという場合もある（**図 5-3**の III)。有名な「**水とダイヤモンド**」の例になぞらえていうと、水は必要と需要が完全に一致するが、ダイヤモンドには、需要はあるものの、きわめて例外的な場合（たとえばLP時代のレコード針）を除いて、生活していくうえでの必要はない。このように需要はあるが必要のないものは、たとえその需要が**行政需要**（後述）であったとしても、福祉政策の対象にならないことは誰でも納得するに違いない。

さらに極端なのは、たばこや違法薬物の場合である。いずれも必要はないが需要は存在する。さらにそうした不必要なものが有効需要となる場合もある。したがってたばこには合法的な市場が認められている。違法薬物については地上で公然と売られることはないが、地下経済で取引されている。これらは福祉政策の対象ではなく、取り締まりの対象である。前世紀のたばこの箱には「健康のため吸いすぎに注意しましょう」とだけ書かれていたが、2005（平成17）年以降は、喫煙が肺がん、心筋梗塞、脳卒中、肺気腫のリスクを高めることを、たばこの箱に表示することが義務づけられた。さらに2020（令和２）年４月からは受動喫煙防止のため屋内喫煙は原則禁止となった。それでも喫煙者はおり、たばこの有効需要はある。また違法薬物の取引についても摘発が続いている。

5 行政需要と行政ニーズ

行政の世界には**行政需要**という言葉がある。この言葉は1962（昭和37）年に設置された「臨時行政調査会」（第一臨調）で使われ、その後、一般に普及したものである。市場メカニズムにおける需要と供給の関係を政治・行政のメカニズムのなかに「類推適用したもの」だといわれる[3)]。この行政需要とは、行政サービスに対する需要、言い換えると、国民から政府に対して寄せられる要求・要望・要請などのことを指しており、そこでは暗黙のうちに行政需要に応えることが国や地方公共団体の仕事だと考えられている。

しかし政府には財政の制約があるため、行政需要のすべてに応えることはできない。そのため行政需要のふるい分けが避けられない。市場の場合であれば、価格の上下によって有効需要と供給の関係が調整される。有効需要が供給を上回れば、価格が上昇して有効需要は抑え込まれる。ところが行政サービス（福祉サービスも行政サービスの一環として供給されることが多い）の場合には、そうした価格メカニズムを働かすことは難しい。したがって別のふるい分けのメカニズムが導入されなければならない。

また単に財政的な理由によって行政需要に応えられないということだけでなく、そもそも行政需要のすべてに応えるのがよいことなのかといった、より本質的な問題も存在する。つまり、住民の利己的な欲求に対して、政府は応える必要があるのだろうかという問題である。障害者施設の建設に反対する住民の行政需要に応えるべきなのか。原子力発電所の廃炉を求める行政需要と原子力発電所の再稼働を求める行政需要があった場合、行政はどちらの行政需要に応えるべきなのか。このように国民の各層から矛盾した行政需要が表明された場合はどうするのか。自己決定と自己責任を重視する立場からすれば、国民はみだりに自分たちの需要を行政に対して表明すべきではないということになるし、小さな政府を追求する立場からすれば、すべての行政需要に応えることは大きな政府につながるので好ましくないということになる。いずれにせよ応えるべきでない行政需要というものがあり得る。

このような財政的理由と道徳的理由が存在するため、行政需要はしばしば二つに区分されることになる。一つは「国民の生の声」、国民が直接表明した行政需要である（**即時的な行政需要**と呼ぶことができるかもしれない）。他の一つは、国民が表明した行政需要に何らかの検討が加えられ、行政が応える価値があると考えられるようになった行政需要である。これは真の行政需要といわれる（**対自的な行政需要**と呼ぶことができるかもしれない）。行政学者の西尾勝は前者を単に「行政需要」と呼び、後者の行政需要を**行政ニーズ**と呼んで両者を区別した。西尾の定義によれば、「行政需要とは人々が政府に対してその充足を期待する効用（すなわち欲求――引用者）のことであり、行政ニーズとは政府の側が行政サービスによって対応すべき課題と認定したもの」である[4)]。西尾のいう行政ニーズは、一定の価値判断を前提にして決定されるものであり、本章で必要と需要を対比したときの必要に対応するものであり（**表 5-1**）、行政に対する必要（行政需要に対して行政必要）と解することができる。行政と関連の深い福祉政策や福祉サービスにおける必要と需要の関係を理解するうえで、こうした行政需要と行政ニーズの区別は参考となる。

6 ニーズ（必要）の把握

「5 行政需要と行政ニーズ」ではニーズ（必要）をデマンド（需要）から区別をした。それでは、そうした必要と需要は福祉政策において、どのような方法で把握されるのだろうか。

需要の把握はそれほど困難なことではない。アルマーニのパンツの需要があるか否かは、当人にアルマーニのパンツが欲しいか否かを聞いてみればよい。欲しいという答えが返ってくるのなら、アルマーニのパンツの需要はあることになる。また社会全体でみたとき、アルマーニのパンツが売れているならば、単に需要があるだけでなく、相当な量の**有効需要**が存在することがわかる。買い手は本当に欲しいと思っているのかどうかわからないということがあるかもしれない。もしかしたら企業に惑わされて欲しいと思っているだけのことかもしれない。経済学者ガルブレイス（Galbraith, J. K.）は、現代社会はそうした**虚偽欲求**（false needs）に溢れていると主張する。しかし、売り手は「本当に欲しいの？」などといった野暮なことは聞かない。売れればよいのであって、売れるということは有効需要が存在することの証しである。生産者＝供給者はその欲求＝需要が虚偽か否かといったことには関心がない。

これに対して必要の把握はそう単純ではない。必要の把握には価値判断が何重にも関係してくるからである。第一に、望ましい社会のあり方についての判断が一致するとは限らない。多くの先進社会では自由民主主義（liberal democracy）が支配的な価値として支持されているが、そこから先になると意見の対立が生まれる。そうであるからこそ民主主義国であっても政党が存在するのである。また第二に、望ましい状態に関する意見の一致がみられたとしても、それを実現するための方法に関しては道徳観や価値観の違いから意見が分かれることがある。

とはいえ個人の価値判断は任意である（ように見える）ものの、その自由な個人は社会のなかで社会化された個人であって、それぞれの価値観や道徳観も社会のなかに存在する価値や規範を内面化したものである。したがって望ましい状態に関して社会の構成員の間でそれほど極端な形で食い違った判断が出てくるわけでもない。たとえば健康や自立は一般に望ましいものと考えられていて、これに対して異議申立てをする人はほとんどいないであろう。

それでは、そうした一般的に望ましいと考えられているものを前提としたうえで、特定の福祉サービスの必要は誰がどのような方法で把握するのだろうか。

7 ニーズ（必要）の種類（1）：客観的必要

福祉サービスは、福祉サービスの利用者自らの感じ方や考え方に基づいて把握される場合と、第三者により利用者の意思を超えた客観的な基準に基づいて把握される場合がある。前者の方法で把握された必要が**主観的必要**であり、後者の方法で把握された必要が**客観的必要**である。主観的必要は他者から見ると、単なる需要の表明にすぎないのではないかとの疑念がつきまとうため、それが本当に必要なのか否かを見極めることが難しい。このため従来は客観的必要のほうが重視されることが少なくなかった。

客観的必要の第一の形態は、専門性を根拠にして把握される必要である。そこでは専門家が専門家集団の間で共有されている専門知識に照らして、利用者（当事者・クライエント）がどのようなサービスを必要としているかを判断する。ヘルスケア（保健・医療）の場合であれば、保健・医療の従事者（医師や**コメディカル**★等々）が、それぞれの専門性に基づいて患者にとって必要な治療、看護、退院支援などを判断することになる。医療現場は専門家による必要把握の典型であるが、専門家による必要把握は医療現場に限られるわけではない。社会サービスでは多かれ少なかれ、何らかの形で専門性に基づく必要把握が行われる。社会福祉の場合は、ソーシャルワークに関する社会福祉士の専門性、介護に関する介護福祉士の専門性、介護支援専門員（ケアマネジャー）の居宅介護支援（ケアマネジメント）に関する専門性が、利用者（当事者・クライエント）が必要とする福祉サービスが何であるかを判定する際の鍵となる。

★コメディカル
医師や歯科医師と協力して働く看護師、臨床検査技師、薬剤師、理学療法士、作業療法士などを指す和製英語。

また客観的必要の第二の形態は**社会通念**（conventional wisdom）

に基づいて把握される必要である。社会通念とは、ある時代のある社会において共通して受け入れられている（と考えられる）ものの見方や考え方のことを指している。常識（コモンセンス）や共通感覚などとも呼ばれる。たとえば、特別養護老人ホーム（介護老人福祉施設）に入所する必要があるか否かについての判断は、高齢者のADL（activity of daily living：日常生活動作）やIADL（instrumental activity of daily living：手段的日常生活動作）といった客観的指標を用いた専門性の観点からなされる一方、それに加えて、高齢者介護のあり方に関する社会通念（たとえば家族の役割に関する考え方）の影響も受ける。同居家族がいるか一人暮らしか、同居家族がいる場合でもその家族が外で働いているかいないか、家族のなかにほかに要介護状態の人がいるかいないかといった点も入所の必要度合の判定に影響を及ぼす。

8 ニーズ（必要）の種類（2）：主観的必要

客観的必要が専門性や社会通念に照らして把握されるのに対して、主観的必要は、サービス利用者やその家族などの感じ方や考えに基づいて把握される必要である。フェルトニード★（felt need：感じ取られた必要）や表出されたニード（expressed need）と呼ばれるものがそれに該当する[iii]。当事者の直感に基づいているという意味では、「直感的必要」と呼ぶこともできるだろう。利用者も単なる欲望・欲求と必要を区別しているはずであるが、第三者の眼から見ると利用者の唱える必要は需要と区別することが困難であるため、結局は需要と同じではないかといった批判が起こり得る。しかし次に挙げるような理由から、利用者の直感に基づく主観的必要も客観的必要と同様に重要である。

第一に、専門性や社会通念に基づく客観的な必要の把握も誤りに陥る可能性があるからである。専門家は利用者のすべてについて知っているわけではない。重要な情報を見逃しているかもしれないし、利用者が何らかの事情によって重要な情報を秘匿しているかもしれない。第三者の

★フェルトニード
ブラッドショー（Bradshaw, J.）は一般に使われているニードの概念を、脚注iiiに書いているように四つに整理した。そのうちの一つがフェルトニードで、当事者が専門家や行政官とは別に自分にとって必要だと感じているもののことを指す。

iii これらの用語は、ブラッドショー（Bradshaw, J.）による必要の分類に由来する。彼は必要を「フェルトニード」「表出された必要」「規範的な必要」「比較に基づく必要」の四つに分類しているが、最初の二つがここでいう主観的必要である。ただしブラッドショーの場合は「フェルトニード」を需要（want）と同じ意味で用いている。（Bradshaw, J., 'A taxonomy of social need', McLachian, G. ed., *Problems and Progress in Medical Care*, Oxford University Press, pp.69-83, 1972.）

知り得ない事情を知っているために、利用者のほうが専門家よりも正確な必要把握をできるということはあり得る。

第二に、専門家の見解が対立するときや、社会通念の解釈が人々の間で異なる場合には、利用者の直感によって必要判定の決着をつけることがあり得る。科学といえども万能ではなく、確実にいえることには限界がある。社会通念もそれほど堅牢堅固ではなくて、時間や空間によって揺らぐ。場合によっては社会通念が数年単位で変化することもあるし、そもそも地方やコミュニティによって異なることもある。

第三に、主観的必要は、福祉サービスにおける専門家支配[5)]に対する歯止めとなり得るという意味で重要である。というのは客観的な必要把握には権力的な要素が伴いがちであるからだ。専門家が専門家として成り立つのは、専門家（玄人）と非専門家（素人）の間に情報の非対称性があり、両者の境界が非連続的であるからである。したがって一般の財・サービスのような消費者主権★が福祉サービスでは成り立ちにくい。このため利用者は専門家に対して受動的とならざるを得なくなり、専門家の権威や権力に従わざるを得なくなり、専門家支配が生まれる。こうした事態を回避するためにも直感的な必要把握は有用である。さらに進めて利用者こそが必要把握の最終決定者であるという趣旨の当事者主権論★が年々主張されるようになっている。

★消費者主権
生産体制を最終的に決定するのは消費者であるという経済学の考え方。

★当事者主権論
中沢らによると、当事者主権とは「自分の身体と精神に対する誰からも侵されない自己統治権、すなわち自己決定権」のことを意味する（中沢正司・上野千鶴子『当事者主権』岩波書店，2003.）。

9 公正の原理としてのニーズ（必要）

福祉政策においては、デマンド（需要）から区別されたニーズ（必要）の概念を正しく捉えることが重要であるという点について、これまで述べてきた。要約すると、福祉政策の存在を正当化するのは人々の需要という概念よりは、人々の必要という概念のほうである、ということであった。

こうした福祉政策を正当化する原理としての必要に加えて、必要の概念にはもう一つの重要な役割がある。それは「分配の正義」(distributive justice)、あるいは「分配の公正」(distributive justice) としての必要である。

ある社会の富をどのように分配するのが正義に適っているか、また、どのような分配であれば公正とみなせるかということについては、人間社会が成立して以来多くの人々が考えてきた。そうしたなかで三つの基

図5-4　分配の正義

①絶対的平等（数量的平等）

②相対的平等（比例的平等）
- ⓐ貢献原則
- ⓑ必要原則

準が比較的多く用いられてきた。それらのなかの一つが必要である（**図 5-4**）。

分配の正義の考え方の第一は①**絶対的平等**（あるいは数量的平等）による分配である。人間は性別年齢を問わず本質的に平等であるから、一人ひとりがまったく同一の量の富を所有するように分配するというのが絶対的平等の考え方である。

日本の総資産のうち家計が占める部分は、日銀の発表によると 2019（令和元）年 12 月末現在で約 1900 兆円であり、総人口は 1.26 億人であるから、絶対的平等の原則によって富が分配されるならば、一人当たりの資産所有は約 1500 万円となる。実際にはこのような分配が行われることはないし、また仮に、そのようなことが行われたとしても、そこには能力や努力をはじめとする各人の個別的事情が配慮されていないことから、悪平等であるとの批判を免れない。

とはいえ絶対的平等の考え方が分配においてまったく無意味だというわけではない。人間は個体差があるとはいっても、生物界における種が異なるというほどの大きな違いがあるわけではないからである。背の高い人はいるが、身長が 3 m や 4 m の人がいるわけではない。また近年話題となっている**ベーシックインカム**★（BI）は絶対的平等の原則で分配される。直近では、新型コロナウイルス感染症緊急経済対策の一環として支給された特別定額給付金も絶対的平等の原則に基づいて行われた。

★ベーシックインカム
市民権をもつ個人全員に無条件に一定額を給付するという所得保障の構想。

これに対して、各人の特性を平等に扱うというのが、②**相対的平等**（比例的平等）である。「等しき者を等しく扱う」ともいわれる。人間には個体差があるから、各人の資質や事情を配慮して行われる分配の結果は、数量的な平等とは一致しない。

こうした比例的平等を達成するうえで基準となる二つが、人類の歴史のなかでは説得力をもって語られ続けてきた。

一つはⓐ**貢献原則**である。国富は過去から現在にいたる多くの人々がそれぞれの能力や努力に応じて働きながら築きあげたものである。当然そこには、傑出した力量によって、より多くのことを成し遂げた人々がいる一方、そうでない人々もいる。それぞれ富を築きあげるうえでの貢献の度合は異なる。それぞれの貢献を平等に評価し、貢献の度合に応じた分配を行うというのが，ここでいう貢献原則の考え方である。現在の職業だと、営業職が契約高に応じて給与を受け取るというのは、貢献原則の典型例であろう。貢献（contribution）というと市場経済における分配の正義であって、福祉政策とは関係ないのではないかと思われるかもしれない。しかし社会保険における給付は「拠出」や「保険料」と関連づけられており、保険料の支払実績に応じて給付額が変化する。そして「拠出」や「保険料」はcontribution（貢献）の訳語でもあることに注意すべきであろう。福祉政策が貢献原則とまったく無関係というわけではない。

他の一つがⓑ**必要原則**である。人間が生きていくうえで必要なものは異なる。生物学的存在としての人間には個体差があるので、生理的な面での必要は異なっている。また人間は社会的動物であり、それぞれの社会で標準的な社会生活を送っていくうえで必要となるものは異なってくる。各人の必要を平等に扱う（「等しき者を等しく扱う」）のが必要原則の考え方である。働くことができるかできないか、扶養家族がいるかいないか、家族に障害のある者がいるかいないか、などによって必要なものの量は異なってくる。生産力の低い狩猟採集経済の下では、何らかの理由で狩猟や採集に人手を出せなかった家族に対しても成果物が分け与えられた。特に魚介類の場合は保存も効かないので、必要なものを必要とする人に分配するのが合理的だった。

現代社会でも福祉サービスが必要原則に基づいて提供されるのはいうまでもない。生活保護は保護を必要としている者に提供される。医療は病気やけがなどで診療や療養を必要としている者に提供される。とはいえ、市場経済の下にある企業の方も必要原則にまったく無頓着というわけでもない。必ずしも給与が貢献原則一辺倒で成り立っているわけではない（ただし正規雇用と非正規雇用で異なる）。家族手当、通勤手当、住宅手当などは労働者の貢献に応じて支払われるのではなく、各労働者の扶養、通勤、居住に伴う必要に応じて支給される。

10 まとめ

まとめると、人間が生きていくうえでの必要は、とりあえず家族などインフォーマルな手段によって充足されるか、需要となって市場を通じて充足される。何らかの理由でそれができないときは、福祉政策（より広い意味での社会政策）やコミュニティがその役割を遂行する。

また必要に応じた分配は貢献に応じた分配とともに分配の正義に関する重要な原則である。福祉政策において必要原則が優位にあることは間違いないが、貢献原則が支配的な市場経済で活躍する企業のなかにも必要原則は部分的に取り入れられている。

◇引用文献

1）P. コトラー・K. L. ケラー，恩蔵直人監，月谷真紀訳『コトラー＆ケラーのマーケティング・マネジメント 第12版』丸善出版，p.31，2014.
2）三浦文夫『増補 社会福祉政策研究』全国社会福祉協議会，p.59，1991.
3）西尾勝『行政学 新版』有斐閣，p.283，2001.
4）同上，p.285
5）E. フリードソン，進藤雄三・宝月誠監訳『医療と専門家支配』恒星社厚生閣，pp.118ff，1992.

◇参考文献

・市川繁治郎ほか編『新編 英和活用大辞典』研究社，1995.

● おすすめ

・L. ドイヨル・J. ゴフ，馬嶋裕・山森亮監訳『必要の理論』勁草書房，2014.
・D. ハートレー，福士正博訳『ニーズとは何か』日本経済評論社，2012.
・上野千鶴子・中西正司編『ニーズ中心の福祉社会へ』医学書院，2008.

第2節 資源（リソース）

学習のポイント

- ニーズ（必要）を充足するものとしての資源（リソース）を理解する
- 福祉政策における資源の種類や性質について学ぶ

1 資源とは何か

資源は英語のリソース（resource）の訳語である。「資源」というと、石炭や石油など工業生産で利用される原材料やエネルギー源のような天然資源のことを思い浮かべがちである。人的資源といった言い方がされることもあるが、いずれにせよ、もともと資源は人間の生産活動のために利用されるモノやヒト、サービス（役務）などのことを指すことが多かった。

しかしリソース（資源）には、何かが必要となったとき、その充足に役立つものといった意味合いもある。たとえば『新英和中辞典』（研究社）では「彼は逃げるよりほかに道はなかった」（Flight was his only resource.）といった例文を挙げている。この場合のリソースは「方策」「やりくり」といった意味である。現在、社会政策や福祉政策[i]でも**資源（リソース）**という用語が使われるようになっている。

何かが必要であるということは、前節で述べたように、何らかの望ま

i 経済政策が経済システムの安定と発展を直接の目的とする公共政策であるのに対して、社会政策は市民生活の安定と向上を直接の目的とする公共政策である。雇用、社会保障、住宅等の分野からなる。社会政策のうち、社会福祉事業を中心とした公共政策が社会福祉政策である。

　これらに対して福祉政策は社会政策と同じ意味で用いられる場合もあるが（社会政策＝福祉政策）、他方で、社会福祉政策と同義で用いることも可能である（福祉政策＝社会福祉政策）。

　しかし近年では両者の中間的な意味で用いられる（社会政策＞福祉政策＞社会福祉政策）。社会福祉学会編『福祉政策理論の検証と探訪』（中央法規出版, p.332, 2008.）のなかで、古川孝順は「福祉政策」について「従来の社会福祉（政策）を基幹的な部分としながら、所得保障、保健サービス、医療サービス、更生保護、司法福祉（青少年サービス）、人権擁護、権利擁護、後見制度、住宅政策、まちづくり政策などと部分的に重なり合い、あるいはそれらの社会政策との連絡調整、協働を通じて展開される施策」と述べている。以下では社会政策の一部としての福祉政策について議論を集中することにする。

　社会政策・福祉政策・福祉サービスの関係については**図 5-5** を参照。

図5-5　社会政策と福祉政策

- 公共政策
  - 秩序維持政策
  - 経済政策
  - 社会政策
    - 雇用政策
    - 所得保障政策
    - 保健医療政策
    - 福祉政策（福祉サービス政策）
    - 住宅政策

- 社会政策ー福祉政策（福祉サービス政策）
  - 福祉サービス
    - 社会福祉事業
      - 第１種社会福祉事業
      - 第２種社会福祉事業
    - 社会福祉を目的とする事業（給食、入浴サービスなど）
    - 社会福祉に関する活動（ボランティア、見守りなど）
  - 福祉関連サービス（居住支援、就労支援、権利擁護など）

しい状態を実現するために何かが欠けていることを意味する。社会政策や福祉政策における資源とはこの場合の何かである。資源はリソースとカタカナ書きされることもあるが、ニードやニーズの場合と違って、単に資源と漢字で表記することのほうが今のところ多い。

ここでいう資源とは何らかの好ましい状態を実現するために必要とされているものであるから、何が資源となり何が資源とはならないのかは、必要の定義に依存する。

このため資源の具体的な形態はさまざまである。有体物（机や椅子のように形のあるもの）であるかもしれないし、無体物（電気や無形のサービスなど）であるかもしれない。また有体物と無体物を合わせたモノであるかもしれないし、他者に対する役務や奉仕としてのサービスであるかもしれない。かつては社会サービスが社会奉仕と訳されることもあった。さらにまた必要なモノやサービスを市場で購入するためのお金であるかもしれない。さらにはヒトが人材として、人的資源とされることはすでに指摘したとおりである。

また生活環境や生活習慣が異なれば必要なものも異なってくるから、同じものがある地域では資源となり、別の地域では資源とならないということもあり得る。北海道や東北地方では生きていくためには雪おろしが必要であるから、これらの地方では雪おろし隊や除雪装置は貴重な資源である。ところが沖縄ではそもそも雪おろしの必要はないから、それらを取り立てて資源として扱うことはない。また家族形態や家族規範が

Active Learning

あなたが暮らしている地域には、どのような社会資源があるか調べてみましょう。

異なっていると必要な福祉サービスも異なってくる。一人暮らしの場合とそうでない場合では、必要な資源も異なってくるだろうし、同居家族に対する役割期待の違いによっても異なってくるだろう。

2 資源の性質

資源の具体的形態はさまざまであるが、手元にあるものすべてが資源となるわけではない。ある事物が資源となり得るためには、第一に、何らかの好ましい状態を実現するための効果が確かに存在するということが重要である。前節でも述べた有名な「水とダイヤモンド」の例でいうと、水はたしかに人間の生存にとって必要な資源である。これに対して、ダイヤモンドはいかに高価なものであったとしても、それ自体としては人間の生存にとって必要ではないため、ここでいう資源には当たらない。ただし宝飾品としてのダイヤモンドを身につけることが望ましいという社会通念が確立したとすれば話は別である。また売り払って生活必需品を購入するということができるという意味では、ダイヤモンドも間接的な意味での資源となり得るかもしれない。

第二に、資源には希少であることが求められる。いかに必要の充足にとって効果があったとしても、誰もが容易に入手することができるのであれば、それを資源として取り上げることの意味は乏しい。水は日本のように降水量の多い地域では、死活的な資源として扱われることは少ない。希少性に欠けるからである。しかし砂漠で水が貴重な資源であるのはもちろんだが、アジア・アフリカ諸国のなかには、砂漠ではなくても、「安全な水」を容易に入手できない地域がある。こういった地域では、水は何にもまして重要な資源である。WHO の定義によれば、住居から 1 km 以内に 1 人で 20L の「安全な水」を確保できる場所があるか否かというのが絶対的貧困の一つの基準であり、これが達成されないということは**絶対的貧困**★に陥っていることを意味する。

★**絶対的貧困**
人間の生存を脅かすような貧困。時代や国・地域によって異なる相対的貧困と異なり、人類に共通する基準によって定められた貧困を意味する。世界銀行は1日1.9ドル未満で暮らす人々を貧困層としている。また持続可能な開発目標（SDGs）はあらゆる形の貧困をなくすことを目標としているが、この場合の貧困には経済的な問題だけでなく、教育や就業の機会、食料や水、医療や居住などが奪われている状態も含んでいる。

3 現金給付と現物給付：法定資源

社会政策は個人で調達できない資源を提供するための制度の一つである。社会政策によって提供される資源は**現金給付**（benefits in cash）

図5-6　社会政策によって提供される資源（リソース）

```
        ┌現金給付……生活扶助費、児童扶養手当など
┌社会給付┤  （バウチャー）
│       └現物給付……福祉用具貸与、介護サービスなど
└社会規制
```

と**現物給付**（benefit in kind）の二つに分類されることが多い。

現金給付は一定の受給資格を設定し、これに合致する人々に対して直接現金を給付することを意味する。公的年金、家族手当（児童手当）、家賃補助、生活扶助（生活保護費）などは現金給付である。人々が生活を送るうえで必要なものは衣食住をはじめとする種々のモノ（財）やサービスである。現金がそれ自体で人間生活の必要充足に役立つわけではない。かつての社会福祉学では「貨幣的ニード」と「非貨幣的ニード」を区別する習慣があった。前者が現金給付に、後者が現物給付に対応するわけだが、ニード（必要）自体に両者の区別があるわけではなく、市場が成立しているか否か、消費者の需要が有効か否かによって、同じニード（必要）の扱われ方が異なってくるにすぎない。しかし商品経済の発達とともに、そうした生活に必要なものの多くは市場を介してお金で買うことができるようになってきた。このため現金給付も人々が生活していくうえで社会保障制度から得られる資源となる。

現物給付とは、現金以外の給付のことを指している。現物という言葉に惑わされて、車いす、歩行器、介護ベッドなど福祉用具のことだけを現物給付と考えてしまう人がいるかもしれないが、社会政策で現物給付というときはモノだけでなく、サービスを含んでいる。というよりは現物給付の大部分はサービスである。医療保険の場合であれば、医療が必要な患者は診察、治療、投薬、訪問看護などのサービスを利用することができる。これらは現物給付である。医療保険の場合、療養のための休業期間中に傷病手当金が支給されるが、これは所得保障のための現金給付である。介護保険の場合も同様である。要介護の状態のとき（介護が必要なとき）に利用することのできる給付の大部分は介護サービスであり、これらも現物給付である（ただし福祉用具貸与のようなモノの給付も一部ある）。日本の介護保険制度では、諸外国と異なり、家族介護者に対する現金給付はない。

4 バウチャー、社会規制、ベーシックインカム

現金給付と現物給付の中間形態として**バウチャー**（voucher）という形式の給付がある。社会政策におけるバウチャーは利用目的が限定されたクーポン券である。現金給付の場合は、現金の使途は限定されていない。仮に生活保護費を遊興費に使ったとしても、世間の批判は浴びるかもしれないが、法的にはとがめられない。これに対してバウチャーは、教育や福祉サービスなどの利用に限定される。

公立学校は学区によって通うべき学校が決まっている。これは学校のほうが入学する生徒を選んでいることを意味する。教育バウチャーが導入されると、保護者と生徒がバウチャーを利用して学区とは関係なく行きたい学校を選ぶことができる。当局は集まったバウチャーに応じて各学校に予算を配分する。教育バウチャーの背後には、学校間の競争が進み、教育の質が向上するとの考えがある。福祉サービスにバウチャーを導入する場合の考え方も同様である。

日本では、まだ本格的なバウチャー制度は導入されていないが、類似のものとして教育訓練給付金制度がある。認定機関で教育訓練を受けると費用の一定割合が償還される。また健康保険証や介護保険証も自己負担はあるものの一種のバウチャーとみなすことができるかもしれない。

また政府は現金給付や現物給付に加えて、**社会規制**を行っている。規制とは個人や団体の行動の一部を制限したり、一定の方向へと導いたりするための方策である。労働基準法は労働時間など労働条件に関する最低基準を定めており、使用者がこれに違反すると罰則が科される。社会規制の拘束力には、違反すると罰則のある法律から、努力義務を定めただけの法律、行政指導、条例、慣習などとさまざまな段階がある。

福祉政策の例で当てはめてみると次のようになる。日本には障害者の雇用の促進等に関する法律（障害者雇用促進法）による**障害者雇用率制度**があり、民間企業、国・地方公共団体などの事業主に対して一定割合（法定雇用率）以上の障害者を雇用することを義務づけている。障害のある者の就労に対する必要にとって、この制度が重要な資源（リソース）となっている。

さらに政府が提供する資源のなかで近年注目されているものに**ベーシックインカム**（以下、**BI**）がある。これは既存の社会保障制度を廃止して、BIに一本化しようとする構想である。BIは現金給付ではあるが、

既存の現金給付とまったく異なり、市民権を有する（日本人であれ外国人であれ、日本なら日本で正式に生活を営んでいる）ということ以外に、受給資格の制限をいっさい設けないで最低生活を保証するため一定額の給付金を定期的に支給する制度である。市民権を有すること以外は無条件であるから、**資力調査**（**ミーンズテスト**）は行われないし、就労要件が課されることもない。また世帯単位ではなくて個人単位で支給される。

BIの構想が出される背景は、第一に、既存の社会保障制度が**SDGs**（**持続可能な開発目標**）の第一の目標である貧困をなくすことに成功していないからである。第二に、既存の制度が複雑になりすぎていて、一般市民には理解困難なものとなっているからでもある。BIは福祉国家を擁護する人々のなかにも、「小さな政府」を擁護する人々のなかにも支持者がいる。前者の人々は、BIが貧困をなくすための有力な手段と考える。また後者の人々は、既存の社会保障制度をBIに置き換えることによって、官僚制組織をスリム化することができると考える。

BIの支給水準がどのくらいであるべきかという点についての合意はBI支持者の間にもない。また財源をどうするかという点についても意見も分かれている。税金の減免（所得控除や税額控除）を廃止して、所得税と社会保険料を財源にすべきとの主張もあるし、付加価値税（消費税）や相続税などを充当すべきとの意見もある。

まだ一般市民の間ではBIの認知度は低いが、国会で取り上げられたこともあり、また、専門家の間で熱心な議論が行われていることもあり、将来、社会政策が提供する資源の重要な柱となるかもしれない。

5 医療資源と福祉資源

資源（リソース）はニーズ（必要）を充足するのに役立つものであるから、資源の種類は必要の種類に依存することになる。

社会政策、とりわけ社会保障の歴史のなかで著名な**ベヴァリッジ報告**[1)]は、社会の再建と進歩を阻むものとして**5人の巨人**（ジャイアンツ）を指摘した（**図5-7**）。すなわち❶欠乏、❷疾病、❸無知、❹不潔、❺怠惰である[ii]。それぞれの巨人は、❶適切な所得、❷医療の利用、❸教育機会、❹居住、❺有給の雇用に対する必要を表している。そしてそれぞれに対応する資源が**社会政策**としての、❶所得保障政策、❷ヘルスケア政策、❸教育政策、❹住宅政策、❺雇用政策ということになる。

図5-7　5人の巨人（ジャイアンツ）

TACKLING THE FIRST GIANT：
最初の巨人へのタックル

Want：欠乏
Ignorance：無知
Disease：疾病
Squalor：不潔
Idleness：怠惰

出典：https://www.open.edu/openlearn/health-sports-psychology/health/nursing/the-beveridge-vision/content-section-1.2

「５人の巨人」は人間の生活の必要を分類したものであり、「ベヴァリッジ報告」はそれらに対する資源を提供するものとして社会政策の体系を示唆した。それぞれの社会政策が提供する資源は多様なものから成り立っている。

たとえば、疾病に対する医療資源には以下のようなものがある。

●医師、歯科医師

●看護師、薬剤師、その他のコメディカル

●病院、診療所、薬局

・病床数

・先端医療機器

・その他

これらの医療資源は、指標化し、健康（ヘルスケア）に関する社会指標の一つの側面として用いられることがある。たとえば健康は、一方で、乳児死亡率、罹病率、平均余命などが健康そのものを示す指標として用いられるが、他方で、健康を守るための社会的条件の指標として、

●人口 1000 人当たりの医療施設数

●人口 1000 人当たりの病床数

---

ii　『ベヴァリッジ報告』が刊行されたのは 20 世紀の半ばであり、その後、５人の巨人以外にも巨人がいるのではないかとの指摘が出てきた。たとえばウィリアムは「性差別」（Sexism）と「人種差別」（Racism）といった２人の巨人を追加した（Williams, F., *Social Policy: A Critical Introduction*, Polity, Oxford, p.162, 1989.）。また「能力障害」（Disability）や「フレイル・虚弱」（Frailty）も巨人であり、この巨人にタックルするための資源が社会政策から提供される（武川正吾『福祉社会 新版』有斐閣, 2011.）。さらに「不正」や「暴力」を巨人として加える著者もいる（相馬直子「少子化と社会政策」横浜国立大学経済学部テキスト・プロジェクトチーム編『ゼロからはじめる経済入門――経済学への招待』有斐閣，2019.）。

- 人口1000人当たりの医療従事者数

などの医療資源の現況が**社会指標**として用いられる。

人間の必要や資源は多岐にわたるから、福祉政策に関係する必要や資源は人間生活の全体からみると一部にすぎない。しかし、それでも多様な範囲の必要・資源が存在する。福祉政策にとっての資源は、公共政策としての社会政策が提供するものだけでなく、それ以外のものも視野に入れて考えていくのが通例である。福祉資源としては以下のようなものが考えられる。

- 福祉事務所
- 地域包括・在宅介護支援センター
- 社会福祉事業従事者
  - 社会福祉士、認定社会福祉士、その他
- 社会福祉施設
  - 保護施設、老人福祉施設、障害者支援施設、児童福祉施設、母子生活支援施設、その他
- 介護保険事業従事者
  - 介護福祉士、訪問介護員、ケアマネジャー
- 社会福祉協議会

これらは法定化された福祉資源であり、制度化された資源である。これらは**法定福祉資源**・法定資源と呼ぶことができるかもしれない。

これに対して、自発的に生成された法定外の福祉資源も多岐にわたる。「社会福祉を目的とする事業」や「社会福祉に関する活動」である。歴史的にはむしろこちらのほうが先行していたといえるだろう。たとえば、リッチモンド（Richmond, M. E.）は協力可能な福祉資源について、**図5-8**のように整理した。家族が中心にあって次に個人的な関係（親戚・友人など）に基づく力が登場し、さらに同心円状に力（福祉資源）が広がっていき、最終的に公的救済が登場するような形になっている。

図5-8のCからEはコミュニティと言い換えることができるだろう。また今日ではFの公的救済の力（福祉資源）が拡大しており、また市場にも福祉資源が存在するから、福祉資源の配置は**図5-9**のように捉えたほうが、より正確だろう。というのは、福祉サービスの供給主体は多様化・複合化してきており、単純に公的救済と区別することが難しくなってきているからである。また高齢化により福祉サービスが市場としても成り立つようになってきたため、リッチモンドの時代には想定されなかった企業の営利活動も福祉資源となり得るようになってきているか

図5-8　チャリティ・ワーカーにとって協力可能な力（リッチモンド）

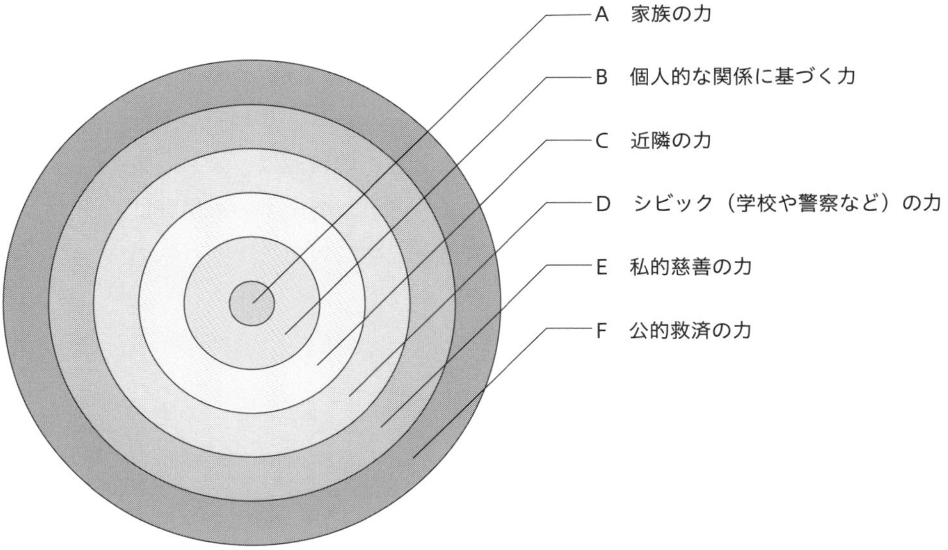

出典：Park, E. & Burgess, E. W. ed., *Introduction to the Science of Sociology,* The University of Chicago, p.492, 1921.

らでもある。このため今日では**図 5-9** におけるような**サードセクター**の存在を見逃すことができなくなっている。そこでは営利・非営利、公式・非公式、公的・私的といった区分が錯綜している。

そうしたことを前提としたうえでコミュニティにおける福祉資源を取り上げると、次のようなものが考えられる。

- 家族や親族などの非公式ネットワーク
- 近隣のネットワーク
- ボランティア
- 特定非営利活動法人（NPO）
- 協同組合
- 社会福祉法人
- 各種の自発的結社
- その他

また介護保険制度ができたことによって、すでに述べたような株式会社などの営利組織も市場に属する福祉資源となっている。

図5-9　福祉トライアングルとサードセクター

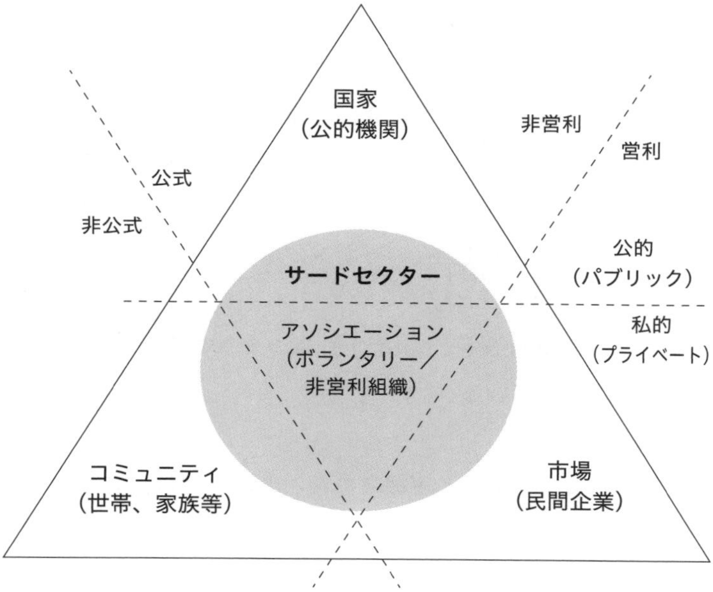

出典：V. ペストフ，藤田暁男・川口清史・石塚秀雄・北島健一・的場信樹訳『福祉社会と市民民主主義――協同組合と社会的企業の役割』日本経済評論社，p.48，2000.
ただし訳語は若干変えてある

6 資源の開発

ボランティア、NPO、協同組合などの自発的に成立した活動や団体はコミュニティにおける重要な福祉資源であるが、これらの福祉資源の背後には**社会関係資本**★の存在がある。社会関係資本とは他者への信頼やネットワークのことを指しており、社会関係資本の蓄積によって人々の協力行動が生まれる。福祉資源との関係でいうと、ホーティン(Hawtin, M.）らが指摘しているように、次のような無形資源は社会関係資本であろう。

> コミュニティ・メンバーのフォーマル、インフォーマルなスキル、家族、世帯や近隣といったインフォーマルなサポートのネットワーク、セルフヘルプ・グループやコミュニティ団体といったよりフォーマルなサポート、回復力、決断力、信頼、コミュニティの熱意、ボランティアや積極的な市民意識の程度といったコミュニティに存在する質や性格[2)]

★社会関係資本
Social capitalの訳語である。経済資本や文化資本とは異なる側面の資本を意味している。社会資本とすると日本では社会基盤（インフラ）のことを意味するので、社会関係資本と訳されることが多い。

福祉資源の開発には、こうした社会関係資本の醸成が不可欠である。社会関係資本は自生的なものもあるが、行政からの働きかけによって生まれる場合もある。住民のネットワーク形成、地域に存在する団体の連携促進などは社会関係資本の強化につながる可能性がある。日本の地域福祉でもこうした社会関係資本を強化する手法が試みられてきた。

『ベヴァリッジ報告』はマクロレベルにおける必要と資源の全体構想を示唆していたが、地域社会といったメゾレベルにおける必要と資源の関連を示したのがコミュニティ・プロファイルである。ホーティンとパーシー－スミス（Percy-Smith, J.）はコミュニティ・プロファイルを次のように定義している。

> 他からコミュニティと定義された、もしくは自らコミュニティと定義した一群の人々の「ニーズ」と当該コミュニティに存在する「リソース」の「包括的」な記述である。それは、コミュニティの生活の質を向上させる「アクション・プラン」や他の方法を発展させるために、「コミュニティ自身の積極的な関わり」によって行われる[3)]。

社会学で社会資源といった場合、社会的行為の手段を意味しており、経済的資源（資産や所得）、関係的資源（権力や威信）、知識・情報などのすべてが含まれる。これに対して社会福祉学における社会資源は、もう少し別の視点から考えられている。何らかの困難が生じたときに身近で利用できる手段の総称が社会資源となる。社会保障や社会福祉事業は法令に基づく法定の社会資源である。民間団体（株式会社、協同組合、社会福祉法人など）が営む福祉サービスも社会資源である。つまり社会資源とは法定・法定外を含めて人々の必要を充足する資源の総称である。そしてそれらのリストがコミュニティ・プロファイルである。

図 5-10 はある自治体が考える社会資源マップの例である。

7 まとめ

人間が生活するうえでのニーズ（必要）を充足するのが資源（リソース）であり、資源には法令に基づく現金給付、現物給付、社会規制などがある。特に福祉資源や医療資源は人間が生活を営むうえでの社会基盤である。また法定外の資源も重要である。社会資源は法定・法定外の資

図5-10　社会資源マップの例

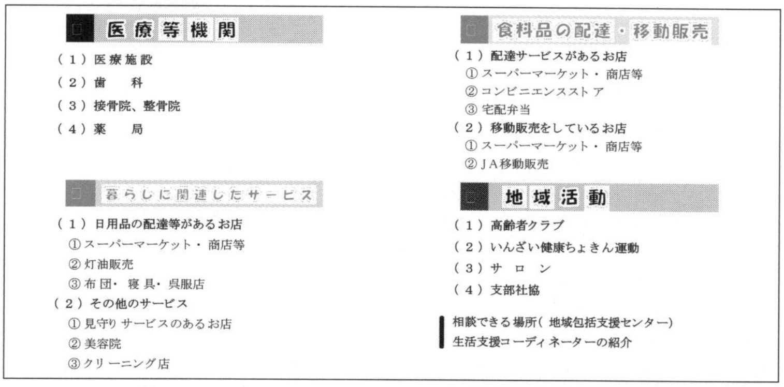
医療等機関
（１）医療施設
（２）歯　科
（３）接骨院、整骨院
（４）薬　局

食料品の配達・移動販売
（１）配達サービスがあるお店
①スーパーマーケット・商店等
②コンビニエンスストア
③宅配弁当
（２）移動販売をしているお店
①スーパーマーケット・商店等
②ＪＡ移動販売

暮らしに関連したサービス
（１）日用品の配達等があるお店
①スーパーマーケット・商店等
②灯油販売
③布団・寝具・呉服店
（２）その他のサービス
①見守りサービスのあるお店
②美容院
③クリーニング店

地域活動
（１）高齢者クラブ
（２）いんざい健康ちょきん運動
（３）サロン
（４）支部社協

相談できる場所（地域包括支援センター）
生活支援コーディネーターの紹介

出典：印西市「印西市社会資源マップ～高齢者にやさしいお店・サービス等の情報誌～」の目次より　https://www.city.inzai.lg.jp/0000009678.html

図5-11　市場経済と福祉政策

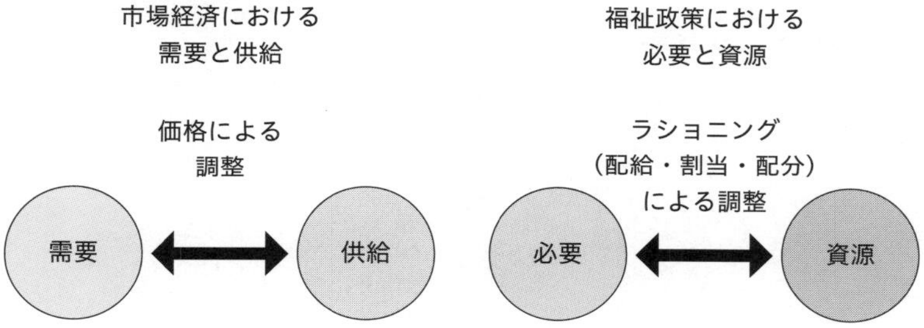

源の総称であるが、社会資源の開発といった場合は、コミュニティにおける互助や共助の育成が念頭に置かれることが多い。互助や共助の前提には社会関係資本の充実がある。地域住民の必要が満たされるためには、社会資源の見取り図（社会資源マップ）が用意されるのがよい。最後に、福祉政策における必要と資源を市場経済との対比で捉えると**図5-11**のようになるだろう（ラショニング（配給・割当・配分）についてはp.186、p.265参照）。

◇**引用文献**
1）W. H. ベヴァリッジ，一圓光彌監訳『ベヴァリッジ報告――社会保険及び関連サービス』法律文化社，p.267，2014.
2）M. ホーティン・J. パーシー－スミス，清水隆則監訳『コミュニティ・プロファイリング――地域のニーズと資源を描く技法』川島書店，p.8，2018.
3）同上，p.6

第6章

福祉政策の構成要素と過程

本章では、福祉政策を成り立たせる要素や過程にはどのようなものがあるか、学んでいく。政策が成り立つためには、政策が扱う領域・分野、政策の目的・役割、資源を配分するためのシステム、資源を実際に人々に届けるためのサービス提供の仕組み、などが決まっていなくてはならない。第１節は、これらについて学んでいく。また、福祉政策は、政策が取り組む課題と具体的な対策が設定され、その実行が公式に決定される道のりを経て、ようやく具体化される。ただし、具体化された政策がどれほど有意義なのかは、実際に行われた政策を評価しなければわからない。第２節では、こうした福祉政策の過程と評価のあり方を学んでいく。本章の学びは、社会福祉士・精神保健福祉士としての自分たちの実践を福祉政策と関連づけて考えるとき、また、福祉政策を動かすような実践とは何かを考えるときの手助けとなるだろう。

第1節 福祉政策の構成要素

学習のポイント

- 福祉政策の構成要素を、政策の分野と各分野の目的から理解する
- 福祉政策の資源配分の諸形態について、経済市場、社会市場、準市場という概念と関連づけて理解する
- 福祉サービス提供方式が多元化するなかで政府や事業者、国民が果たす役割について学ぶ

1 福祉政策の構成要素とその役割・機能

1 福祉政策の構成要素

❶福祉政策と経済政策

福祉政策は、社会全体の幸福を高めるという広い意味の福祉を目的とする政策として捉えられる場合もあれば（**広義の福祉政策**）、社会的に弱い立場にある人たちへの援助・支援という、より限定された意味の福祉を目的とする政策★として捉えられる場合もある（**狭義の福祉政策**）。社会全体の幸福を高める政策には、広義の福祉政策（社会政策（social policy）ともいう）のほかにも、経済政策（economic policy）がある。経済政策は、人々の幸福追求の主要な手段である経済活動の安定や発展を直接的な目的とする。これに対し、（広義の）福祉政策は、社会を構成する人々の生活の安定や向上を図ることを直接の目的とする。社会の構成メンバーとしての資格をもつものを「市民」という。

★政策
政府による公共政策には、このほかに警察、国防、司法など社会全体の秩序維持を目的とする秩序政策（low and order）もある。公共政策を秩序政策に限定する国家は「夜警国家」ともいわれる。

❷福祉政策の分野

広義の福祉政策（社会政策）は、市民生活の安定や向上を図るために、人々が直面する生活上のリスクを取り除いたり、減らしたりする役割をもつ。その政策の分野は、市民生活を脅かすリスクに対応させて整理することができる。イギリスの社会保障制度を構想したベヴァリッジ（Beveridge, W. H.）は、**ベヴァリッジ報告**のなかで、生活上のリスクとして、窮乏（want）、疾病（disease）、無知（ignorance）、不潔（squalor）、無為（idleness）を挙げ、これらを「５人の巨人」とした。「５人の巨人」に対応する政策分野は、窮乏には年金・所得保障が、そして、疾病には保健医療、無知には教育、不潔には住宅、無為には雇用

(労働)が当てはまる。なお、今日の高齢化や疾病構造の変化のなかでは、障害（disability）や虚弱（frailty）が6人目の「巨人」となり、支援・ケアを提供する狭義の福祉（対人社会サービス）が、それに対応する分野であると指摘されている[1)]。さらに近年では、気候変動等により頻発する災害も、人々の生活インフラを突然に破壊するリスクとしての存在感を増しており、それに対応する災害政策も、一つの政策分野として位置づける必要があるかもしれない。

2 政策の目的・役割

❶消極的目的と積極的目的

社会政策（最広義の福祉政策）を構成する、年金・所得保障、保健医療、教育、住宅、雇用、対人社会サービス(狭義の福祉)、災害対策といった個別分野の政策の目的は、それぞれ、窮乏の退治、疾病の退治、無知の退治、不潔の退治、無為の退治、障害・虚弱の克服、破壊の回避、となる。ただし、この場合の政策の目的は、マイナスの価値からの回避という意味で、消極的なものである。これに対し、人々の生活のなかでプラスの価値を増やすという、より積極的な目的で福祉政策が実施される場合もある。たとえば、イギリスのブレア（Blair, T.）政権のブレーンといわれた社会学者のギデンズ（Giddens, A.）は、福祉国家の「第三の道★」を探るなかで、「窮乏」に対しては個人の自律（autonomy）を、疾病に対しては活力に満ちた健康状態（active health）を置くなど、**ポジティブ・ウェルフェア（積極的福祉）**に基づく政策を唱えた[2)]。

❷積極的福祉としての目的

ポジティブ・ウェルフェアの視点から、各分野の政策目的を考えてみよう。所得保障政策の目的は、窮乏をなくすことにとどまらず、個人の自律（autonomy）を高めることになる。保健医療政策の目的は、単に疾病がないだけでなく、活力に満ちた健康状態（active health）を達成することになる。福祉サービスの目的も、障害・虚弱により生じた不利を補うだけでなく、社会における能力発揮や社会参加の拡大が含まれるようになる。雇用政策の目的は、無為をなくす（失業をつくらず、就労を促す）だけでなく、創意（initiative）が発揮される労働環境の整備や労働生活の質の向上まで視野に入るだろう。教育政策の目的は、無知をなくすだけではなく、継続的な発達であり、住宅政策の目的は、不潔不良な住宅の撤廃だけではなく、よい暮らしぶり（well-being）や快適さ（amenity）の向上が、視野に入ってくる。災害政策も、消極的

★福祉国家の「第三の道」
第二次世界大戦後のイギリスでは、福祉国家の路線に関して、労働党の路線（政府による資源再分配の重視。社会民主主義的）と保守党の路線（市場原理の最重要視。新自由主義的）との対立があった。こうした二元論的な対立を乗り越えるべく、労働党のブレア政権が提唱したのが、福祉国家の「第三の道」である。「第三の道」では、市場の効率性とともに公正・機会の平等を確保する政府の役割も重視され、公共サービスにおける官民連携、最低賃金制度の導入、就労を通じた社会参加の動機づけの支援などが展開された。

表6-1　福祉政策の体系と目的

公共政策（政府の政策）	秩序政策			
	経済政策			
	社会政策（広義の福祉政策）	〈政策分野〉	〈消極的目的〉	〈積極的目的〉
		雇用	無為の退治	創意の発揮 労働生活の質向上
		所得保障	窮乏の退治	自律
		保健医療	疾病の退治	活力増加、健康増進
		福祉サービス（対人社会サービス） 〈狭義の福祉政策〉	障害・虚弱の克服	能力発揮、社会参加
		教育	無知の退治	発達
		住宅	不潔の退治	よい暮らしぶりや快適さ
		災害	破壊の回避	レジリエンスの強化
		その他		

出典：武川正吾『福祉社会――社会政策とその考え方』有斐閣, p.158, p.170, 2011.、塩野谷祐一「五人の悪の巨人」『季刊 家計経済研究』第65巻, pp.60-61, 2005. を参考に作成

な目的としては、災害により破壊された生活基盤の応急があるが、積極的な目的としては、レジリエンス★（resilience）の強化などが挙げられるかもしれない。

★レジリエンス
回復力、弾性、復元力などともいわれ、外の力からのゆがみを跳ね返す柔軟性のある力を指す。近年では、個人や組織の対処能力に関して用いられることが多い。

以上で述べた、福祉政策の体系と目的をまとめたのが、**表6-1**である。

3 福祉政策の機能と逆機能

福祉政策が機能しているかどうかは、政策を実施することにより政策の目的が達成されたのか、ということから判断される。つまり、政策の目的として一定の望ましい状況が想定されているとする。その状況と現状との間にギャップがあるとして（それが「ニーズ」となる）、政策を実施した結果として、そのギャップがどの程度埋まったのかが、政策が機能しているのかを判断する基準となる。

所得保障の分野の例で考えてみよう。「窮乏の根絶」を所得保障の目的とした場合、所得保障制度を通じてすべての世帯に、安定した生活を送れるだけの所得が行き渡れば、所得保障制度はその目的を果たすのに十分に機能しているといえる。また、所得保障制度のおかげで所得水準が**貧困線**以上になった世帯が多く出現する場合、所得保障制度は、窮乏の根絶とまではいかずとも、貧困の緩和という点では良好に機能しているといえよう。

政策は、常に目的に向かって「機能」するとは限らず、場合により「逆機能」することもある。ある研究では、日本の母子世帯の貧困率は、他の世帯と比べて非常に高いという特徴があるが、その貧困率は、税・社会保障を通じた所得再分配後の方が高くなっていたことが明らかにされた[3)]。母子世帯に対し、日本の税制・所得保障制度が適切に機能していないばかりか、むしろ「逆機能」していることの例であろう。

★逆機能
政策の逆機能とは、政策を実施することで、目的に照らして状況を一層悪化させてしまうことをいう。

2 福祉政策と資源配分

福祉政策がその目的を達成するためには、ニーズを充足する資源があるだけでは不十分である。資源が、それを必要とする人々に、何らかの方法で配分され、利用されなければならない。代表的な資源配分の方法には、経済市場を通じた**交換**（exchange）、政府の公的供給を通じた**再分配**（redistribution）、家族やコミュニティにおける人々の自発的ないし義務的な贈与や相互扶助に基づく**互酬**（reciprocity）がある。

★交換・再分配・互酬
ポランニー（Polanyi, K.）は、社会統合のパターンとして互酬、交換、再分配の三つを挙げている（K. ポランニー，玉野井芳郎・栗本慎一郎訳『人間の経済 I』『人間の経済 II』岩波書店，1980.）。

1 経済市場における交換

市場を基礎にした社会では、生活に必要なものの多くは、消費者の需要として現れる。たとえば、トイレットペーパーは私たちの日常生活に必要な生活用品であり、そのニーズはトイレットペーパーの需要として現れる。需要を満たすため、私たちは自分の使えるお金で必要なものを買う。

しかし、純粋な市場によりニーズが充足されないこともある。考えられるケースには、❶そもそも市場が存在しない、❷市場が存在しても価格が高く、標準的な個人や家族には購入可能性（アフォーダビリティ）がない、❸市場が存在しても低所得・貧困が理由で購入できない、などがある。

★購入可能性（アフォーダビリティ）
適正な規模の資源を適正な負担において入手できること。適切な分を入手するための費用負担が過度な場合や、負担能力の範囲内では適量を入手できない場合は、アフォーダビリティがあるとはいえない。

保育サービスを例に考えてみよう。出産を機に退職したAさんは、子どもが1歳になったら仕事に復帰したいと思っているが、そのためには、子どもを預ける必要がある。第一のケースでは、Aさんに支払い能力があっても、Aさんの住む地域に保育サービス事業者が存在しないため、Aさんは保育サービスを利用できない。また、第二のケースについては、地域の保育サービス料金の相場が1時間2000円であったとしよう。Aさんがフルタイム（週5日、1日8時間労働）で働く間、保育サービスを利用しようとすると、ひと月の保育サービス料金は32万円にもなる。これはAさん世帯が毎月払える金額ではなかった。保育サービス市場は存在しても、主たる利用者（消費者）は高所得層に限定され、多くの人々は保育サービス資源を必要に応じて利用することができない、というケースである。第三のケースを考えよう。保育サービス料金が比較的「お手頃」（1時間1200円など）になったとしても、Aさん世帯が低所得であったらどうだろうか。Aさんが仕事に復帰したことで見込める収入が時給換算で1000円程度であれば、1時間1200円の保育サービスの利用は、Aさん世帯の家計をこれまで以上に圧迫することになる。市場に保育サービスがたくさん存在するとしても、Aさん世帯が低所得であれば、その利用は現実的な選択肢にはなりにくい。

★有効需要
貨幣により裏づけられた購買力のある需要のこと。

経済市場の作動原理は有効需要★（effective demand）とそれに基づく「交換」であるが、それだけでは、貨幣の裏づけのないニーズに対する資源供給が上手くいかない。また、世界恐慌が引き起こされることに示されるように、経済市場が人々の生活に脅威をもたらすこともある。経済市場は万能ではなく「市場の失敗」も起こる。人々の生活には、経済市場とは異なる資源配分のシステムも要請される。

Active Learning
純粋な市場ではニーズが充足されない場合について、保育以外のニーズについても考えてみましょう（住まいや介護のニーズなど）。

2 社会市場

❶経済市場とは異なる領域での資源配分

イギリスの社会政策学者のティトマス（Titmuss, R. M.）は、ニーズと資源とのマッチングが行われる経済市場とは異なる領域を社会市場として概念化し、その作動原理を、貨幣的裏づけとは無関係な「必要」と「贈与」であるとした[4)]。ティトマスは『贈与関係論』（*The Gift Relationship: from Human Blood to Social Policy*）のなかで、贈与による必要充足が優位な例として、献血を取り上げている。1950年代から1960年代のイギリスとアメリカの血液事業を比較すると、アメリカの売血制度（経済市場の資源配分）では、金銭目的で利己主義により血液が提供されるため、感染した血液が流通してしまうといった問題が起こりやすかった。これに対し、イギリスの献血制度では、利他主義によりボランタリーに血液が贈与され、輸血による肝炎感染の問題等は起こりにくかったという。

社会市場では、ニーズと資源とのマッチングは、政府の公的供給や、家族やコミュニティにおける贈与・相互扶助などを通じて行われる。公的供給のために人々が税金や社会保険料を政府に払う場合でも、献血のように何らかの具体的な資源を人々が贈与する場合でも、そうした資源の拠出・贈与が、自分や家族もその一員である社会にとって良い結果をもたらすであろうという人々の意識を伴う場合には、社会市場は**社会連帯**の基盤になりうる。

❷「政府の失敗」への批判

ティトマスは、社会市場の主要な仕組みとして、政府による普遍主義的な公的福祉サービスの制度を重視した。しかし、経済市場が万能ではなく「市場の失敗」があるように、政府による公的サービス供給を通じた必要充足も万能ではなく、**「政府の失敗」**として批判されてもきた。その主な例としては、官僚主義的な制度運用の弊害による資源配分の非効率が挙げられる。

官僚制は、そもそもは効率的・公正な職務遂行を担保する組織のあり方として概念化された。しかし、官僚制組織では、効率的な職務遂行という目的の「手段」であるはずの「規則の遵守」が絶対化することもある（とにかく規則を守ればよい）。そうなると、形式主義、杓子定規、事なかれ主義などが強まり、変化する状況への柔軟な対応がなされにくくなる。私たちが批判的な意味をこめて「官僚主義的」という場合は、こうした官僚制の「逆機能」を批判しているといえる。

「政府の失敗」に関しては、このほかにも、家父長主義や人種差別主義を政策・制度が内包していることで、資源配分に不公正が生じているとの批判がある。そこでは、福祉国家の政策が、女性より男性を、また、特定の人種を優遇する設計になっているなど、福祉国家を構成するメンバーが実質的には「主流の市民」と「二級市民」に分けられていることへの異議申立てが行われてきた。福祉国家による資源配分の果実が、結果として中流階層に手厚く配分され、低所得層への分配は少ないといった福祉国家の「中流化」の問題や、近代家族モデルを前提にした制度設計のために近代家族モデルに当てはまらない人々に対する資源配分が不十分であったり、制度が逆機能するといった問題も、「政府の失敗」に関する議論といえる。

社会市場による資源配分は、人々の社会連帯を基盤に発展する場合もあれば、非効率的な分配の温床になったり、人々の分断を増大させる危険性もはらんでいるといえる。

3 準市場の理論

純粋な市場（経済市場）と社会市場は、それぞれに、必要を充足するうえでの課題がある。これらの課題を克服するアプローチとして登場したのが、**ルグラン**（Le Grand, J.）たちが提唱した**準市場**★（quasi-market）という理論的枠組みである。

準市場は、市場における競争や選択という要素を取り入れながら、人々の購買力の違いから生じる不平等を回避するような形で、公共サービスを提供する仕組みでもある。準市場は、「市場に準じる」という意味の通り、市場に似てはいるがまったく同じではない。準市場は、資源の利用者（顧客）をめぐって、独立の提供者が「競争」を繰り広げるという側面においては「市場のようなもの」である。他方で、サービス購入の費用を利用者がすべて自己負担するのではなく、国家が賄ったり、また、バウチャーの公的な支給を通じて利用者の「選択」の自由を促したりする点では、通常の市場とは異なっている[5)]。

先に、純粋な市場を通じた資源配分が機能しない例として保育サービスを取り上げたが、「準市場」を通じてニーズを充足する場合はどうなるであろうか。そもそも保育サービス市場が存在しない場合は、政府が公的な保育サービスを直接供給することもあるが、「準市場」の考え方では、政府が民間保育サービス事業者に業務を委託したり、補助金を出したりして、事業者の保育サービス市場への参入を促すことが考えられる。次に、保育サービス市場が存在しても、高価すぎて標準的な個人や家族にとっては、購入可能性（アフォーダビリティ）がない場合を考えてみよう。「準市場」では、政府が事業者に補助金を支給し、事業者の運営コストを補填することで、サービス価格を引き下げたり、保育サービスを必要とする個人や家族への現金給付やサービス購入費用の補填を通じ、人々の購入可能性を高めることができる。純粋な市場では低所得のためにサービスを購入できない場合も、「準市場」においては、政府による低所得者に対するサービス購入費用の減免制度などを通じ、低所得者の購入可能性を高めることができる。

理論上は、公共サービスを準市場の考え方で提供することのメリットは、市場原理を活用することで、低品質化や低効率化などの官僚的弊害を防ぎ、同時に市場原理を抑制して、人々の購買力の違いから生じる不平等を回避する、こうしたことを可能にする点にある。また、サービスを必要とする人々は、公的サービスを一方的に受給するという存在ではなく、購買力をもって市場に参加し、サービス利用者としての「声・発

★準市場
1990 年代にイギリスの経済学者、ルグラン教授らが国営医療や公教育の民営化のあり方を研究対象とするための独創的な理論的枠組みとして提示した。準市場および前節の社会市場については、以下を参照。圷洋一「福祉国家における『社会市場』と『準市場』」『季刊 社会保障研究』第 44 巻第 1 号，pp.82–93，2008.

言（voice）」が尊重され、サービスを選択する権利をもち、サービスの提供・利用の関係から、「退出（exit）」することができる（したがって、低品質のサービスを我慢して受け入れ続けなくて済む）存在として位置づけられる。準市場は、理論上は平等主義的であり、また、ニーズをもつ人々の**エンパワメント**を重視しているといえる。

ただし、「準市場」の考え方が導入された実際のサービス供給の仕組みが、理論通りにいくとは限らない。サービス料金が公的にカバーされるといっても、公的なカバーの割合が少なければ（つまり、自己負担の割合が大きければ）、人々の費用負担能力の格差に応じてサービス利用に格差が生じる可能性も高まる。また、サービス利用者が、サービスの提供・利用関係を自由に解消したり、自らのニーズや利用するサービスに対する意見を自由に表明するのは、現実には困難なことも多い。

4 日本における「準市場」的な制度展開

❶措置制度からの転換

日本でも、**社会福祉基礎構造改革**と介護保険制度、そして障害福祉サービスの制度改革（支援費制度および障害者自立支援法）などにおいて、準市場的な制度の展開を認めることができる。

1990年代後半から政府により進められた「社会福祉基礎構造改革」は、福祉サービスの給付形態について、それ以前に主流であった「措置制度」からの転換を図ったものである。措置制度においても、行政が直接的にサービスを提供するだけでなく、民間事業者（社会福祉法人など）にサービス提供を委託する場合もあった。しかし、措置制度の下では、サービスの受給者は、行政の措置を通じて**「反射的な利益」**を受けているにすぎない存在として位置づけられ、サービス受給者は、「サービス利用者」としての権利性は明確にされず、サービスの提供利用関係においてもサービスを提供する事業者と「対等な立場」に立つことはなかった。

❷社会福祉基礎構造改革における準市場的な利用者像

1990年代後半からの社会福祉基礎構造改革は、「利用者の立場に立った社会福祉制度の構築」を改革の柱の一つに位置づけ、受給者の「サービス利用主体」としての権利性が高まるようなサービス提供・利用の仕組みへの転換を目指した。新たな仕組みは、サービスの利用者がサービス事業者と対等な関係で利用契約を結び、サービスを選択して利用するというものである（サービスの「契約制度」ないし「利用制度」といわれる）。**「措置から契約（利用）へ」**という政策基調のなかで、保育、介護、障害福祉などの分野で、バリエーションはあるものの、利用制度が採用されていった。利用制度への移行は、利用者を一方的に給付される受身的な存在（受給者）から、サービスを主体的に選択する「声（voice）」をもち、また「サービス関係からの退出（exit）」の権利を備えた、契約主体として位置づけ直すものである。その利用者像は、準市場の理論において目指される利用者像と重なる。

2000（平成12）年に施行された公的介護保険制度は、人々が介護サービス事業者と契約してサービスを利用する場合、料金の自己負担を1割（制度開始当初）にして残りの９割は保険給付でカバーする仕組みである。事業者間にある程度の競争を促しつつ、他方で利用料の自己負担割合を低く抑えることで、多くの人々に介護サービスの利用可能性を広げた点で、典型的な「準市場」の例といえるだろう。

既に述べたように、準市場を取り入れた資源配分の実際は、必ずしも準市場の理論が想定したとおりになるとは限らない。日本の福祉政策における準市場の導入についても、実態を検証する必要があるのはいうまでもない。

3 多元化する福祉サービス提供方式と政府、事業者、国民の役割

1 多元化する福祉サービス提供方式

❶福祉サービス提供方式の多元化

近年の福祉政策では、準市場に代表されるように、公的供給への「市場メカニズム」の要素の導入や、市場を通じてニーズが充足されるための政府による条件整備などが行われてきた。それに伴い、公的な福祉制度に基づいて提供される福祉サービスは、政府や自治体による直接的な提供や、行政から民間事業者への事業委託にとどまらず、その提供方式が多元化してきている。

たとえば、ケアサービスを必要とする者に、ケアサービスの現物を給付するのではなく、サービス購入を支援する目的で、政府が一定額の現金をサービス利用者に支給することがある（各国でその具体的な施策の内容や制度の枠組みには多くのバリエーションがあるが、総称して**cash for care**あるいは**payment for care**などといわれる仕組みである）。また、市場サービスを利用した場合に税制優遇を行う**財政福祉**

などもある。このように、福祉サービスの提供方式の多元化は、市場サービスを通じた必要充足を政府が推進する動き、すなわち**福祉の「市場化」**(marketization of welfare)として展開している側面が大きい。

❷福祉の「市場化」と「営利化」

福祉サービス市場に参加する事業者は、純粋な利他的動機でサービスを提供する者とは限らず、むしろ、自己の利益拡大に動機づけられている者が主流かもしれない。その結果、福祉サービスの提供が、利用者のニーズ充足という目的から離れ、営利追求の手段としてのみ提供される危険性もある。福祉の「市場化」の広がりは、福祉の「営利化」を進めている可能性もある（もちろん、福祉の「市場化」が常に福祉の「営利化」を引き起こすとは限らない)。

❸福祉多元主義

福祉サービスの提供は、「２　社会市場」(p.170) の箇所でも説明したように、家族やコミュニティ・地域社会における（義務的および自発的）贈与・互酬としても行われるし、非営利目的による民間事業★としても行われる。政府以外の担い手を、民間営利部門、民間非営利部門、家族・親族や近隣などのインフォーマルな部門に分けたうえで、政府部門とこれらの部門がそれぞれの特徴を活かして活動するという考え方を、**福祉多元主義**という。福祉多元主義に基づくサービス提供の全体像が実際にどのようなものになるかは、それぞれの部門の相対的な比重や、それぞれの部門を構成する関係者がとる行為や果たす役割により、多様なものとなる。

★非営利目的による民間事業
非営利目的で活動を行う組織を、民間非営利組織（Not-for Profit Organization: NPO）という。

民間部門のなかでも営利セクターが重視され、市場原理によるサービス提供が支配的になる場合は、「福祉の市場化」が「営利化」につながりやすくなるかもしれない。他方で、民間の非営利部門による福祉サービス提供の活性化が、政策的に推進される場合は、福祉サービス提供への市民参加という側面が強まる可能性もある。

インフォーマル部門の役割を重視する場合は、政府が、家族や近隣によるケア提供を積極的に支援することもある。または、インフォーマル部門による福祉・ケアの提供は、政府から「当然のこと」として位置づけられ、特に積極的な支援を政府が行わない場合もある。

2 福祉供給のガバナンスと政府、事業者、国民の役割

❶ガバメントからガバナンスへ

福祉多元主義や、福祉サービス提供の多元化の下では、多様な部門の

多様な人々が、福祉供給の「関係者」となる。「関係者」である事業者、地域住民、また、サービスを利用する人々を含めた国民が、どのような動機や役割をもって福祉の諸活動にかかわるかは、福祉政策の成功を左右する重要な要素となる。こうしたことから、近年では、福祉供給の統治のあり方として、これまでの政府中心の統治（**ガバメント**）という発想に変わり、政府もその一員である社会の諸構成員の協働による統治（**ガバナンス**）という発想が広がりつつある[6)]。

ガバナンスという観点から国や地方自治体に期待される役割を考えたとき、そこで重要性を増すのは条件整備（enabling）の役割である。条件整備の役割とは、多様な福祉供給の主体が適切に役割分担・協働して社会のニーズを充足していけるための条件を、サービス供給、財源、規制の各分野で整備する役割のことである。

❷日本の福祉政策におけるローカルガバナンス

日本でも、福祉の「市場化」や「準市場」の拡大が進むなか、地域を基盤とした福祉の資源配分と運用におけるガバナンスが重視されるようになってきた。社会福祉基礎構造改革の下で改正された社会福祉法（題名改正 平成12年法律第111号）でも、地域住民や社会福祉の事業者に、相互に協力して「地域福祉の推進」に努めることを、役割として求めている（社会福祉法第4条★）。また、国や地方自治体の役割として、福祉サービスの提供体制の確保や適切な利用の推進、住民や事業者による地域福祉の推進のために必要な措置など、条件整備主体としての役割を果たすことが記されている（社会福祉法第6条）。

★社会福祉法第4条
「地域住民、社会福祉を目的とする事業を経営する者及び社会福祉に関する活動を行う者（以下「地域住民等」という。）は、相互に協力し、福祉サービスを必要とする地域住民が地域社会を構成する一員として日常生活を営み、社会、経済、文化その他あらゆる分野の活動に参加する機会が確保されるように、地域福祉の推進に努めなければならない。」

日本の近年の福祉政策におけるガバナンスの考え方に特徴的なのは、「市町村単位など、比較的小規模な地域を単位としたガバナンス」（**ローカルガバナンス**）を志向する点である。

❸地域包括ケアシステムとローカルガバナンス

現在、日本では**地域包括ケアシステム**の構築・運用が政策的に推進されているが、これも、福祉多元主義を前提にした、ローカルガバナンスを実現しようとする政策的試みである。地域包括ケアの構成要素として、**自助**、**互助**、**共助**、**公助**という福祉供給（**ニーズの充足**）の4形態が示されている点は、福祉多元主義的な側面の現れであろう。政府が打ち出した地域包括ケアシステムの考え方は、社会保険による共助や公的な福祉供給（公助）の限界とともに、地域社会の構成員同士の互助や、支援を必要とする人々の自助も重視されている。政府や市場による福祉の限界を踏まえ、自助や互助の主体としての国民（住民）の役割が重視されている点が、特徴的である。また、地域包括ケアシステムの運用では、住民や民間事業者を含めた関係者による地域の福祉課題の検討（**地域ケア会議**）が重要な手法として位置づけられるなど、ローカルガバナンスの重視がうかがえる。

Active Learning

国（政府）や自治体は地域ケア会議についてどのように説明しているでしょうか。Webで具体的に調べてみましょう。

4 まとめ

福祉政策は、人々の生活におけるリスクの軽減・除去や積極的価値の向上を目指し、純粋な市場だけで充足できないニーズへの対応として展開される。ニーズ充足のための資源配分における「政府の失敗」を克服する試みとして、準市場や福祉の「市場化」が進んでいる。こうした展開とともに、サービスの提供体制は多様化・複雑化するなかで、条件整備主体としての政府の役割や、福祉供給における多様な関係者の行為主体としての関与の仕方、それらの全体を制御・統治するガバナンスが、重要性を増しつつある。日本では、ローカルガバナンスと、自助や互助の主体としての国民の役割を強化する政策的な志向性がうかがえる。

期待されることが、必ずしも実現するとは限らない。政策は、現実には十分に機能しなかったり、逆機能することすらある。現実に発生している状況（実態）に基づいた、政策の検証・評価が不可欠である。

◇引用文献

1）武川正吾『福祉社会――社会政策とその考え方』有斐閣，p.85，2001.
2）塩野谷祐一「五人の悪の巨人」『季刊 家計経済研究』第65巻，pp.60-61，2005.
3）大沢真里「税・社会保障におけるジェンダーバイアス」『学術の動向』第23巻第5号，pp.22-26，2018.
4）武川正吾「社会政策とは何か」大山博・武川正吾編『社会政策と社会行政――新たな福祉の理論の展開をめざして』法律文化社，p.8，1991.
5）Le Grand, J., *The Other Invisible Hand: Delivering Public Services through Choice and Competition*, Princeton University Press，p.41，2007.
6）長谷川万由美「社会福祉と公私・政府間関係」仲村優一・一番ヶ瀬康子ほか監，岡本民夫・田端光美ほか編『エンサイクロペディア社会福祉学』中央法規出版，pp.324-327，2007.

◇参考文献

・Titmuss, R. M., *The Gift Relationship: From Human Blood to Social Policy*, Allen and Unwin, 1970.

第2節 福祉政策の過程と評価

学習のポイント

- 福祉政策を複数の過程からなるものとして捉え、その全体像と各過程について理解する
- 福祉政策の方法・手段を整理したり、プログラム・事業を評価するうえでの重要概念を学ぶ
- 福祉計画、福祉行財政に関する基本的な概念を学ぶ

1 福祉政策の諸過程と政策決定

1 福祉政策の諸過程と政策循環

福祉政策は、その開始から終了まで、どのような過程（プロセス）をたどるのだろうか[1)]。政策が実行されるには、まずは政策として取り組むべき課題が明らかにされ（政策課題の設定）、課題を解決するための方針や手段が検討される（政策の立案）。そのうえで政策を実行するという意志決定が行われる（政策の決定）。政策が実施されたあとには、その政策を維持するのか、または変更するのかという判断が必要になる。そのためには、政策の効果を評価することも必要になる。こうしたことから、福祉政策の過程は**表6-2**のようにいくつかの段階に整理できる。

政策の評価情報の活用が、新たな政策課題の設定につながるというように、各段階が連鎖的である場合、その連鎖は**政策循環**（policy

表6-2　福祉政策の諸過程

①政策課題の設定	人々が抱える生活困難が、公共的な問題（社会問題）として注目され、政府の対応を誘発するような政策課題に発展する段階。
②政策の立案	課題を解決する方策を考案するため関連情報を収集・分析し、実行可能な案を作成する段階。
③政策の決定	特定の解決策を公式に審議し、その実行を担保する権限と資源の付与を決定する段階。
④政策の実施	公式に決定された政策を、具体的な状況のなかで各種の行政作用を通じて実施・執行する段階。
⑤政策の評価	政策の実施過程やその結果として生じる効果、その有効性等を点検・評価する段階。
⑥政策の維持・継続・終了	評価情報を活用して新たな政策課題に還流させる段階。

cycle）と呼ぶことができる。政策循環は、PDCA（Plan 企画 -Do 実施 -Check 評価 -Action 対応策・改善）のサイクルとして捉えられることもある。

以下では、まず政策の決定までの各段階についてみていく。そのあとで、政策の実施や評価について、項目をあらためてみていく。

2 政策課題の設定

福祉政策が、人々の生活困難の緩和を目的とするといっても、人々が直面するあらゆる生活困難が、すべて、政策課題となるわけではない。その多くは政治上の争点とはならず、放置・拒絶される。政策課題の設定に至るには、まず、問題が社会の関心を引きつけ、政策による対応を促す必要性が共有され、さらに、政策の争点となって政策課題の一つに組み込まれる、こうした諸段階を経ることになる。

問題が問題として存在するためには、誰かが問題を発見しさえすればよいわけではない。実際には、政治的または専門的な議論に影響力をもつものに、問題の存在が認知されねばならない[2)]。児童虐待への対応策は、政治的な議論の場で、しつけではなく虐待の問題として認められたからこそ、可能になったのである。

また、人々の心配、緊張、不満が、政府の対応を引き出すのに十分なほど高まると、問題は、政策の争点に発展しやすくなる。介護が政策の争点となった背景には、介護者の介護負担が「介護地獄」と評されるほどにまで全国的に高まったということがある。

政策の争点が形成される引き金（要因）は、このほかにもある。社会的な資源・価値の分配に対する人々の意識（格差意識など）、人口構成の変化（少子高齢化）、既得権益を増やそうとする一定の集団の動き、センセーショナルな事件・事故、外圧（外国からの注文）や国際的取り決め、技術革新といったことも、政策の争点がつくられる引き金となる。

注意したいのは、問題や争点のすべてが、政府により真剣に検討されるべき事項として認定されるわけではないという点である。ある事柄を政治の表舞台で議論される対象から外すという、「非決定[★]」（non-decision making）と定義される過程がある。日本では、貧困は高度経済成長を通じて解決される問題として政策的に位置づけられた結果、本格的な貧困調査や貧困克服を掲げた対策がなされてこなかったという指摘があるが[3)]、これは貧困に関する「非決定」の例である。

問題が政策の争点や課題となる過程では、争点を可視化する機能をも

Active Learning

私たちが生きるなかで感じる問題・困難のうち、政策で重要課題として取り上げられているもの、取り上げられていないもの、それぞれの例を探してみましょう。

★非決定
バックラック等が提唱した概念である（Bachrach, P. and Morton, S. B., *Power and poverty*, Oxford Press, 1970.）。非決定とは、決定がなされないということではなく、何も決めないという決定をすること、すなわち、現状変更の声を抑え現状を維持するという決定のことである。

つマスコミが、大きな影響力をもつ。マスコミを通じた情報の統制や発信のあり方も、政策課題の設定プロセスに関する検討の対象となる。

3 政策の立案

❶問題の操作化

政策を立案するうえで重要なのが、問題の操作化と実行可能性である。**問題の操作化**とは、政策課題が、「一連の対応を引き出すような用語に翻訳される過程[4)]」である。

少子化対策を例に考えてみよう。少子化対策の問題を、「出産する人が少ないことである」と翻訳した場合、対策は出産数を増やすこととなり、具体策として、複数の子どものいる世帯への優遇策や、出産に対する肯定的イメージの啓発といったことが考えられる。一方で、少子化対策の問題が「仕事と子育ての両立が出産年齢期の女性にとって困難であること」と翻訳される場合には、対策の柱は、仕事と育児の両立支援になる。このように、同じ政策課題に対応する場合でも、問題の操作化が異なれば、対応策の中身やその優先順位が異なってくる。

❷実行可能性

問題の操作化を通じて具体的な対応策を検討する際には、**実行可能性**（その対応策が実行可能なのか）が考慮される。実行可能性を判断する際に考慮されるのは、社会的なニーズの強さ、政治家たちの関心と支持、政策の実施に必要な資源の調達可能性、行政上の執行可能性などである[5)]。

実行可能性を考慮した問題解決策の立案活動に、恒常的に参加し、大きな影響力を行使しているのが、テクノクラート官僚★や、大学や民間調査機関に所属する知識人、ジャーナリストなどからなる「政策サークル」である。政策サークルは、政府の審議会や委員会などフォーマルな政策立案のシステムの内部に組み込まれるのが一般的だが、政策サークルのメンバー同士は、インフォーマルな個人的ネットワーク（友人知人関係、私的研究会等）でつながっていることも多い[6)]。

政策立案のプロセスに誰が参加できるのかは、**社会的排除**（ソーシャルエクスクルージョン）の克服・**社会的包摂**（ソーシャルインクルージョン）の推進という観点からも、重要な論点である。地方自治体の福祉事業の計画・推進の過程は、近年、住民参加★のルートが確保される場合が多い。「住民」のうち、誰が「住民参加」の場にかかわることができており、誰がそうした場から排除されているのかにまで踏み込んで、政策

★テクノクラート官僚
科学技術の専門知識と政策立案能力をもった上級職の技術官僚のこと。

★住民参加
社会福祉法（2000 年）では、地域福祉の推進主体として地域住民が位置づけられ（第 4 条）、市町村地域福祉計画における住民の参加の促進が掲げられている（第 107 条）。

立案への住民参加の実態をみていく必要がある。

❸ルーティーン化した政策立案

なお、政策の立案は、新たな政策課題に対して行われているだけではない。多くの場合は、法令に根拠を置く中央各省庁の所管事項に基づいて、ルーティーンとして繰り返し行われている。たとえば、保護費の支給決定事務における保護基準は、毎年、厚生労働大臣が決定・公示することになっており、保護基準が社会保障における大きな政策の争点・課題として取り上げられない限り、その改定は厚生労働省（保護課）の日常業務として毎年消化されている。

4 政策の決定

政策は、政策決定権者が、特定の政策案を採用・承認・修正ないし拒否することで決定される。政策の決定は、法令の公示、行政規則の通知、予算等、さまざまな形式をとる。その意義は、政策案を実行するという行動に公的な権威を賦与する点にある。正式の政策決定権者による決済を経てはじめて、その政策は、社会のすべて、または特定の成員に利益をもたらしたり、彼らを拘束したりする正統性を得ることになる。政策決定権者のなかで中心を占めるのは、民主制の社会では、公選の代表者である議会や首長（首相、知事、市町村長）である。

政策決定は、議会においては、審議を経て多数決により実施される。議会の審議には、通常は、多くの手間や時間がかかり、議会内部での工作・駆け引き・取引等が行われるなど、それ自体が非常に複雑な政治過程となることもある。実際には、こうした議会内での政策決定をめぐる会派・党派間の動きを見越し、政策決定が円滑に行われるような配慮が事前になされることもある。

たとえば、日本の閣議や国会に上程される政策案は、上程された時点ですでに政権党の関係機関や主要な利害関係者間での調整が終わり、実質的に了解されていることが少なくない。その場合は、閣議や国会での政策決定は、了解された政策案を文書によって正式に確認する事後的手続き、という性格をもつ。

ほとんどの政策は、予算措置を通じて具体化する。このため、予算の分捕りを中心とした政策要求が増大し、政策の総量は膨張する傾向をもつ。この膨張傾向の抑制に失敗すると、財政上の危機が深刻化しかねない。あとで触れる政策の評価や、政策の維持・継続・終了といったプロセスは、こうした政策膨張の抑制機能という面でも重要である。

5 政策の実施

正式に決定され、公示された福祉政策が現実のものになるには、「実行」というプロセスを経ることになる。実行段階のさまざまな動きを通じ、政策の目的や理念のレベルで期待されることと、利用者に届けられるレベルで実際に生じることとの間に、ズレが起こることは珍しくない。革新的という看板を背負って決定された政策が、実施機関の諸手続きや、利害関係者の行動により、ゆがめられたり、予期せぬ困難にあって風化したりすることもある。こうしたことに深くかかわるのが、「ストリートレベルの官僚制★」や、サービス提供形態の多元化、援助実践の関係者・機関の連携である。

★ストリートレベルの官僚制
M. リプスキーが提示した概念。公的な便益の給付や制裁に関して幅広い裁量を行使し得る人たちが働く公的組織を指す（Lipsky, M., *Street-Level Bureaucracy: Dilemmas of the Individual in Public Services*, The Russell Sage Foundation, 1980.（田尾雅夫訳『行政サービスのジレンマ――ストリートレベルの官僚制』木鐸社, 1986.））。

❶ストリートレベルの官僚制

福祉の相談や給付申請の窓口で働く、自治体の福祉行政機関の第一線職員は、「ストリート官僚」の例である。福祉行政の現場には、決定された政策を実行するための実務的な工夫が求められる。自分の所属する組織環境に合うような実務の工夫は、場合によってはその組織で担当者が習得すべき実務の常識・慣例となる。注意すべきは、そうした慣例が、法の趣旨と異なったり、受給者・利用者の利益や権利を損なったりする場合もあるという点である。たとえば、相談者が生活保護の申請を希望したとしても、初回相談では保護の申請用紙を渡さないことが福祉事務所で慣例的に行われていたとすれば、それは人々の**保護申請権**を侵害していることになる。

❷サービス提供形態の多元化

サービスの提供形態が多元化すると、政策の目的や理念のレベルで期待されていることと、政策実施の実態との間にズレが発生しやすくなる。サービス提供事業者のなかで民間営利事業者の比重が高まり、福祉の「営利化」の傾向が強くなれば、複雑な生活課題を抱えた「手間のかかる人」へのサービスが忌避されるなど、制度の公正な適用が危機に陥るかもしれない。

❸関係者・機関の連携

さらに、援助実践にかかわる地域の社会資源（関係者・機関）が多様化するなかで、援助関係者の連携の質も、政策の実行プロセスにとって重要である。高齢者介護、障害者支援、生活困窮者支援、児童虐待対応といったさまざまな分野で、協議会等の運営を通じた地域関係者・機関の連携が推奨されている。こうした協議会の運営が、形式的な集まりにとどまるのか、実効性のある実務者ネットワークとして機能するのかにより、政策の実行の最終段階、すなわち、利用者に援助がとどく段階での援助の質に、大きな相違が生まれるのである。

2 福祉政策の方法・手段

以下では、福祉政策の方法・手段についてみていく。政策の方法・手段を整理するうえで重要な概念には、「規制と給付」「現物給付と現金給付」「割当」といったものがある。

たとえば、「新型コロナウイルス感染症対策」の政策決定がなされたとして、それをどのような方法･手段で実施するのかが問題になる。人々の活動をどこまで制限するか（規制)、何を人々に給付するのか（給付)、給付するのはマスクなどの現物か給付金などの現金か（現物給付、現金給付)、マスクは全員に配るのか、1世帯あたり2枚配るのかなど、どのように人々に割り当てるのか（割当)、検討せねばならない。

1 給付と規制

政策の手段は、**給付**と**規制**の二つに大きく分けることができる。給付は、現金であれ、何らかの物・サービスであれ、何かを人々に提供することであり、それを通じて、政策の目的に人々の状態を近づけたり、人々の行動を促す側面が強い。これに対して、規制は、人々の行動・社会の諸活動を、何らかの基準を設けて制限したり、禁止することである。

たとえば、障害の有無にかかわらず基本的人権が尊重され、個人として尊厳ある暮らしを実現するという政策の目的を実現するには、障害のある人の日常生活や社会参加・就労を支援すると同時に、障害のある人の基本的人権や尊厳を侵害するような差別行為を禁止することが求められる。前者に対応するものとしては、障害者の日常生活及び社会生活を総合的に支援するための法律（障害者総合支援法）では、障害のある人が利用できる日常生活や社会生活の支援に関する給付（**自立支援給付**）が定められている。後者に対応するものとしては、障害を理由とする差別の解消の推進に関する法律（障害者差別解消法）では、障害のある人に対する「不当な差別的取扱い★」が定義され、その禁止が定められている。

★不当な差別的取扱い
障害者差別解消法第6条第1項に基づいて作成される「障害を理由とする差別の解消の推進に関する基本方針」では以下のように規定されている。❶障害のある人に対して、正当な理由なく、障害を理由として財・サービスや各種機会の提供を拒否すること、❷障害のある人に財・サービスや各種機会を提供するにあたり、正当な理由なく、障害を理由として場所や時間帯などを制限すること、❸障害のない人に対しては付けない条件を付けることなどにより、障害のある人の権利や利益を侵害すること。

2 現物給付と現金給付

必要に基づいて政策を実施するというとき、ニーズを充足するために、どのような形態の資源を用いるかを考えることになる。人々に何かを給付するという場合、物品やサービスなどの現物の資源を給付することもあれば（**現物給付**）、お金を支給する場合もある（**現金給付**）。現物給付は、ニーズを直接的に満たすことを目指すのに対し、現金給付は、現金を通じた資源の調達（市場での購入）を保障することを目指すことになる。現物給付、現金給付には、それぞれに長所と短所がある。保育サービスのニーズを例に考えてみよう。

❶保育サービスのニーズから考える

A 市に住む B さんは、保育サービスを利用したいと考えている。A 市で公的な保育を提供している保育所は 2 か所ある。A 市内ではほかに、純粋な民間保育サービスもあるが、料金は B さんにとってはかなりの高額である。B さんが、行政に保育利用の申請に行ったところ、「今なら 1 か所の保育所に 1 名だけ定員の空きがあるが、それを断ったら次に入れる時期は保証できない」と言われた。また、保育所の利用を選ばない場合は、月 2 万円を上限とする保育サービス利用助成金を申し込むことができるとも言われた。公的な保育所は、保育士や施設環境の質には安心感があるが、定員に空きがあるのは自宅からも、通勤経路からもとても離れている保育所で、毎日の送迎の負担が非常に重いことが予想された。他方で、民間の保育サービスは近所にあり、親にとってはとても便利である。助成金だけでは保育サービスの支払い費用はまかなえないが、助成金があれば費用の負担軽減にはなる。ただ、この民間サービスは、施設が狭く、スタッフも頻繁に入れ替わっており、保育の質という点で心配が残る。保育所の利用を申し込むか（現物給付）、助成金を申し込むか（現金給付）、B さんの悩みは尽きない。

❷現物給付の長所と短所

現物給付の長所は、現金を通じて入手することが困難な資源の場合に、それを直接給付することで、ニーズを満たせる点にある。また、給付内容の質について規制を設けることで、給付する現物の質を保証することができる。前述の例でいえば、一定の質が保証された公的な保育サービスの現物支給は、良質で、安く、利用しやすい保育サービスが市場になかなか存在しない状況であれば、保育のニーズを満たすための重要な手段である。

他方で、現物給付の短所としては、利用する側の自己決定や選択の制約という点が挙げられる。定員の空きが遠方の保育所（できれば利用を避けたい）にしかない場合、どの保育所にするかの自己決定や選択の余地はない。また、規制を通じて、一定の質が保証されているとはいえ、それが、利用者の感じている「必要」を十分に満たすとは限らない点にも注意が必要である。保育所内で提供される保育の質は、親にとってはもちろん重要であるが、保育所への送迎に関することも、親の感覚としては、重要な「保育」に関するニーズの一部である。

❸現金給付の長所と短所

現金給付の長所と短所についてみてみよう。現金は、資源を入手する手段として汎用性が高い点が長所である。現金を通じて多様なものを入手できるというわけである。また、現金を通じてどのようなものを入手するか、利用する側の選択や決定が介在することが多く、個人の選択の自由を保障しやすい資源の形態といえる。前述の例でいえば、保育サービス利用助成金の２万円を活用して、複数ある民間保育サービスのうちどれを利用するか、利用者のニーズに即して柔軟に決めやすい、ということになるだろう。

他方で、現金給付の短所として、当初の必要の充足とは異なる使い道をされてしまう危険性が挙げられる。また、入手したいものがなかったり、入手可能なものがあっても、その品質が悪い場合には、お金という手段では必要を満たすことができないという点も、短所として挙げられる。保育サービス利用助成金をもらっても、安心して利用できる民間保育サービスが周囲になければ保育ニーズは満たせない。

3 割当

❶希少な資源と価格メカニズム

現金給付であれ現物（物やサービス）給付であれ、それらはニーズを満たすために、資源をニーズを抱えた人に配るための手段である。配ることができる資源や、そうした資源を確保するための予算が潤沢にあれば、必要な資源を確保し、それを必要とする人々に必要なだけ配ればよい。問題は、そうした資源が「希少」である場合である。資源を必要とするすべての人々に、必要十分な資源を配ることができないときに、どのように資源を配るのか。市場では、物品の価格がつり上がることで購入できる人が絞り込まれるといった**価格メカニズム**が働いて、需要と供給が一致するかもしれない。しかし、福祉政策では、価格メカニズムを用いることが望ましくない状況が多い。

❷割当（rationing）——価格メカニズム以外の資源の割り当て

福祉政策や福祉サービスの提供においてどのように資源が人々に届けられるのかを捉えるときに、**割当**(rationing)という概念が重要になる。坂田周一によれば、「割当とは資源が必要量に対して不足しており、かつ本来的に価格メカニズムが適用不可能、ないし適用が不適切である状況において用いられる、資源配分効果をもたらす諸方法の総称である[7)]」。

割当の方法は、多様である。社会福祉のサービス利用者を絞りこむために利用資格を厳しくしたり、保育施設の定員が変わらないのに入所希望者が増えている状況で、入所の優先順位を決めて順位の高い人から順番に案内をしたり、といったことは、よくある割当の例である。ほかに、相談に来る人々が多数いるのに、相談対応の職員数が少ない場合、１日の相談受付人数を限定したり、１人あたりの相談時間を短くしたり、といった対応がとられるかもしれない。これも、割当の一形態である。

ニーズに対する希少な資源の割り当て、すなわち割当は、政策実施のために意図的に行われるだけではなく、明確に意図していなくても結果的に生じる場合がある。たとえば、少人数での相談体制で、多くの相談に応じようとしても限界があり、結果として一部の相談者にしか対応できないこともある。また、福祉サービス料金の自己負担割合を行政が引き上げたことで、所得の低い人がサービスの利用を控えたとする。この場合は、行政が意図していなかったとしても、結果として、所得の低い人々に資源の配分を薄くするという割当が行われたことになる。

3 福祉政策の評価

政策評価とは、広くいえば「政府の行う公共政策の内容およびプロセスについて、そのメリット・デメリットについて判断すること[8)]」である。政策が実施されたあとには、その政策を維持するのか、または変更するのかという判断をすることになる。そのためには、政策が適切に実施されたのか、実施したことにより意図した結果を得られたのか、どのような効果を上げたのかといったことの検証、すなわち、福祉政策の評価が必要になる。

1 政策評価の次元

政策や、政策目標の達成のために実施される取り組み（プログラム）

や事業を評価する際、私たちが注目する次元には、およそ以下の五つがある。

❶投入資源（インプット：input）

投入される予算や人員や設備等の資源に着目する。なお、私たちは、予算などが多いことを理由に政策全体を評価しがちだが、予算が大きければ事業の効果も大きいという予測は、当たるとは限らない。

❷実施過程（プロセス：process）

政策や事業が実施される手続きや手順、方法が適切かどうかに着目する。政策の実施過程が適切であるからといって政策の結果が良好であるとは限らない。しかし、手続きにおいて利用者の権利保障を重視する場合や、事業を委託する場合の委託先の公正な選定など、手続き・手順のあり方に重要性が認められる場合には、過程に着目する意義は高くなる。

❸産出（アウトプット：output）

実施された活動（給付やサービス等）の量（時間や回数等）に着目する。産出の評価は、データが入手しやすく、投入資源の評価よりは、効果との関連も比較的強い。しかし、実施される事業・サービスの「質」に関する評価を含むわけではない。私たちは、たくさんの事業活動が行われたことをもって、その事業の充実度を判断してしまうことがあるが、効果が上がっているかどうかわからない活動や、良質ではない活動が量的にたくさん実施されている可能性もある。

❹結果・成果（アウトカム：outcome）

実施した結果によるニーズの充足や問題解決の程度に着目する。政策のメリット・デメリットを判断するには、政策の結果（アウトカム）の把握が重要になるのはいうまでもない。しかし、福祉政策、特に社会福祉の取り組みにおいて、これまでアウトカムの評価は必ずしも十分には行われてこなかった。その背景には、効果を特定することが難しかったり、特定したとしても、そのデータを得ること、とりわけ効果の数量的な測定が容易でないといった事情がある。たとえば、日本の生活保護では、その目的が最低生活の保障とともに、「自立の助長」とされているが、「自立の助長」という目的が達成されたかを把握することは容易ではない。

❺効率性（efficiency）

費用とアウトカムとの関係に着目する。効率性の評価というと、費用をいかに抑えるかという観点からの評価であると誤解されることも多い。しかし、事業にかける費用が低く済んだとしても、事業のアウトカム（成果・結果）が良好でなければ、効率的とはいえない。効率性とい

Active Learning

障害福祉、児童福祉など分野を選んで、政策の成果としてどのようなものが挙げられそうか、アイデアを出してみましょう。

う観点で本来みるべきなのは、「良好なアウトカムを、より少ない費用で済ませられるか」、または、「同じ費用で、よりたくさんの良好なアウトカムを産み出せるか」という点である。

2 政策評価の方法

政策評価の代表的な方法には、**プログラム評価**（program evaluation）、**業績測定**（performance measurement）、**費用便益分析**（cost-benefit analysis）がある[9]。

❶プログラム評価

福祉政策におけるプログラム評価とは、「政策またはヒューマンサービス実践の目標の達成を目指す社会的プログラムの実施と、そのアウトカム（結果）との因果関係を科学的方法によって確定させるための手法[10]」である。プログラム評価の構成要素には、プログラムが対応するニーズに関する**ニーズ評価**、プログラムがどのようなロジックによりデザインされたのかに関する**セオリー評価**、プログラムの**プロセス評価**、プログラムのアウトカム（成果）やインパクト（効果）に関する**アウトカム・インパクト評価**、プログラムの**効率性評価**などがある[11]。

❷業績測定

業績測定とは、「政策目標や組織目標の達成度、あるいは、プログラムの実施状況や組織の活動状況を示すと考えられる業績指標（performance indicator）を用いて評価を行う方法である[12]」。達成目標を示す基準値（ベンチマーク）を設定し、それと実績値とを比較して評価する方法は、**ベンチマーキング**（ベンチマーク方式）と呼ばれる。市町村の保健福祉計画や地域福祉計画では、個別の諸施策についてベンチマークを設定し、施策の進行状況や達成状況を評価している自治体もある。業績測定からは、政策の実施と結果の因果関係を判断することは難しく、この点は注意が必要である。

❸費用便益分析

費用便益分析は、「政策やプログラムの結果を、原則としてすべて貨幣タームで測定して、政策・プログラムの実施に要した費用と結果の関係を分析する手法[13]」である。福祉政策分野では就労支援サービスの経済効果に着目した費用便益分析の例などがある。

3 日本における行政評価

❶中央政府の政策に関する評価

日本の中央政府の政策については、各府省が自ら所管する政策を評価し、総務省がそれをチェックすることが**行政機関が行う政策の評価に関する法律**（平成13年法律第86号）により定められている。評価の方式には**総合評価**、**実績評価**、**事業評価**の３種類がある。それぞれの代表的な評価手法は、総合評価の場合はプログラム評価、実績評価の場合は業績測定、事業評価の場合は費用便益分析である[14)]。実際には、多くの行政分野で、業績測定を行う実績評価方式が中心であり、総合評価については、実施件数が低調であり、政策のアウトプットの記載にとどまる内容が多く、政策効果の把握が不十分であることなどが指摘されてきた[15)]。

❷地方自治体における行政評価

地方自治体が自らの行政活動に対して実施する評価は、中央政府のように特定の法律に基づいたものはないが、さまざまな名称（事務事業評価、施策点検など）で行われており、**行政評価**と総称されることが多い。ただし、これらの行政評価は、組織の目標達成や活動状況の進捗といった管理評価的な色彩が強い。こうしたことから、日本では、中央政府の政策評価においても、また地方自治体の行政評価においても、政策の実施と結果の因果関係を把握することが難しいのが現状である。

❸アウトカム志向の計画と評価

ただし、近年では、福祉政策において事業のアウトカムを重視する動きもみられるようになってきた。自治体が策定する事業計画について、国が自治体に対しアウトカム指標による目標設定の導入を義務づけたり、奨励する例もある。**介護保険事業計画**では、第７期（2018（平成30）～2020（令和２）年度）の計画から、保険者（基礎自治体など）が介護予防等の**取組と目標**を記載することが必須となった。さらに、第８期（2021（令和３）～2023（令和５）年度）計画では、目標は「取組の効果に関する仮説としてアウトカム指標を設定して検証することが望ましい[16)]」とされている。

4 福祉政策と福祉計画、行財政

1 政策の計画化と分権化

（広義の）福祉政策のなかで、事業やサービスの整備目標値が予算の裏づけを伴って示される、本格的な実施計画が立てられるようになったのは、主に 1990 年代以降である。1990 年代の後半になると、福祉政策の分権化を重視する思想が強まるなかで、**福祉計画**の策定主体も国から地方自治体に移っていく[17)]。自治体による計画の策定は、法律により「任意」や「努力義務」とされる場合もあれば、義務づけられる場合もある。たとえば、介護分野では、介護保険法（平成 9 年法律第 123 号）において、市町村介護保険事業計画、都道府県介護保険事業支援計画の策定が義務づけられた。障害福祉分野でも、障害者自立支援法（平成 17 年法律第 123 号、現・障害者総合支援法）において、市町村障害福祉計画、都道府県障害福祉計画の策定が義務づけられた。

2 福祉計画の細分化と包括化

現在、地方自治体は、実にさまざまな福祉計画を策定している。社会福祉に限っても高齢者福祉、障害者福祉、児童福祉（子ども・子育て支援）など、対象別の計画がいくつも策定されている。こうした状況は、地域で生活する住民の視点からは、「縦割り」行政の都合による計画の乱立のようにみえることもある。「地域での交流拠点の整備」を例に考えてみよう。高齢者福祉、障害者福祉、子ども・子育て支援といった、それぞれの計画でその整備が位置づけられ、「縦割り」で計画が実施された場合、地域に高齢者向け、障害者向け、子ども・子育て向け、それぞれの交流拠点がつくられるかもしれない。しかし、地域全体の課題として「多様な人々や世代の交流」の活性化を位置づけ、それを政策の成果（アウトカム）とするならば、多様な人々が集い、交流できる拠点を地域に一つ整備すれば、成果は達成されるだろう。

福祉計画や政策・事業評価の単位を対象別ないし分野別に細分化することは、一つの日常生活圏（地域）のなかでの生活課題を、総合的に捉える視点が抜け落ちやすくなる危険を伴う。対象や分野を横断して、福祉の課題を包括的・総合的に把握し、地域として達成することが望ましい状態（地域レベルのアウトカム）を考える視点が、現在は重要性を増しているといえる。

3 行財政

❶計画としての予算編成

以下では、福祉政策の実施にかかわる行財政の重要側面として予算編成を取り上げる[18)]。福祉政策の実施予定を立てるのが福祉計画であるが、計画を実行するにはお金がかかる。使えるお金には限りがあるから、国や自治体では、政策・施策に必要なお金の規模を事前に算定する（予算を立てる）。行政活動は予算に縛られて行われるので、予算も計画の一部といえる。

毎年、個々の福祉の施策・事業のために使えるお金を割り振る「予算編成」のプロセスは、それぞれの事業実施の部局や利害関係者との調整のなかで決められていく。

❷増分主義（インクリメンタリズム）

予算編成は合理主義的に行われるとは限らない。「前年度の予算を基本としそれに付加するかたちで予算を決定するやり方[19)]」、すなわち**増分主義（インクリメンタリズム）**により編成されている場合が多い。増分主義的（インクリメンタル）な予算編成では、政策の目的よりも現行の手段を維持することに重きが置かれ、現在実施しているサービスの維持やその拡大が志向される。過去の予算編成や基準年となる予算を逸脱しない形で、予算計画を立てることになる。

インクリメンタリズムという考え方は、多様な利害の絡む予算編成は、前年度予算を前提として、その増減の範囲に検討を限定したほうが現実的であるという主張から生まれた。しかし、福祉政策の財政的な制約が強まるなか、予算を含めた福祉計画の策定をより合理的にすることへの圧力も強まっている。

❸合理主義的な予算編成と計画

合理主義的な予算編成を、増分主義的なものとの対比で捉えると、以下のように整理できる。合理主義的な予算編成は目的志向的である。すなわち、福祉政策・施策の目的に照らして、行政が対応すべきニーズや需要の計測から出発し、また、それらの将来予測に基づいて、予算も計画的に算出される。施策によって達成したい状況を想定し、どのタイミングで、どの施策を重点的に行うのか、そのためにどの程度の予算を投入するかを戦略的に分析し、予算の将来計画を立てていく。

日本でも、地方自治体の福祉計画を合理主義的に編成することを促す政策的な動きがある。市町村介護保険事業計画では、国が市町村に対し、介護・支援のニーズに関する実態把握に基づき、それに対応するサービス・施設の整備量を中長期的に推計し、計画期間中の保険料を戦略的に設定することを求めている。整備すべきサービスや施設の量を推計するには、施策により実現したい状況達成（アウトカム）を念頭に置き、その実現のために各年度の達成目標と予算を考え、予算を賄うために計画期間内の保険料を設定することになる。福祉政策のアウトカムを意識した**政策循環**（PDCA サイクル）と、合理主義的な予算編成は、表裏一体で進むものといえるだろう。

◇引用文献

1）大森彌「福祉政策のプロセス」大森彌・松村祥子編『福祉政策Ⅰ——福祉政策の形成と実施 改訂版』放送大学教育振興会，pp.65-77，2006.

2）P. スピッカー，武川正吾・上村泰裕・森川美絵訳『社会政策講義——福祉のテーマとアプローチ』有斐閣，pp.129-131，2001.

3）岩田正美『現代の貧困』筑摩書房，pp.7-8，2007.

4）前出２），p.131

5）前出１），p.68

6）武川正吾「公共政策と社会学」武川正吾・三重野卓編『公共政策の社会学』東信堂，pp.3-45，2007.

7）坂田周一『社会福祉政策——現代社会と福祉 第３版』有斐閣，p.72，2014.

8）宮川公男『政策科学入門』東洋経済新報社，p.232，1995.

9）平岡公一「福祉政策における政策評価・行政評価」福祉社会学会編『福祉社会学ハンドブック——現代を読み解く98の論点』中央法規出版，pp.192-193，2012.

10）同上，p.192

11）Rossi, Peter. H., M.W.Lipsey., et al., *Evaluation: A Systematic Approach 7th edition*, Sage Publications, pp.52-61，2004.（大島巌・平岡公一ほか監訳『プログラム評価の理論と方法』日本評論社，2005.）

12）前出９），p.192

13）同上，p.192

14）山谷清志『政策評価の実践とその課題——アカウンタビリティのジレンマ』萌書房，p.8，2006.

15）宗高有吾「プログラム評価の日本における理論と実際——中央府省が実施する総合評価」『同志社政策科学研究』第17巻第１号，pp.51-64，2015.

16）厚生労働省老健局介護保険計画課「第８期介護保険事業計画における介護予防等の「取組と目標」設定の手引き——介護予防・日常生活圏域ニーズ調査の活用」p.7，2019.

17）畑本裕介「福祉政策における計画化の現状」福祉社会学会編『福祉社会学ハンドブック——現代を読み解く98の論点』中央法規出版，pp.176-177，2013.

18）前出７），pp.90-93

19）同上，p.91

第7章

福祉政策の動向と課題

本章では2000年代における福祉政策と近年の社会福祉を特徴づける包括的支援の動向・課題について学ぶ。まずは、現在の社会福祉のあり方に影響を与えている社会福祉基礎構造改革や社会福祉法の改正を含む政策動向の要点について整理したうえで、福祉改革の基本コンセプトとしての地域共生社会など、今日における福祉政策の理念を表すキー概念の目的や内容を、社会経済の変化等の構造的背景を踏まえて解説する。また、福祉政策と包括的支援をめぐる課題として、地域づくり、福祉人材の確保、多文化共生の推進ならびに社会的課題の解決に向けた包括的支援に求められる新たな手法としてのソーシャル・インパクト・ボンド（SIB）やファンドレイジングについて取り上げる。

第1節 福祉政策と包括的支援の現状

学習のポイント

- 今日の福祉政策の起点としての社会福祉基礎構造改革と社会福祉法について理解する
- 近年の福祉政策の動向について包括的支援の視点から理解する

1 21世紀における福祉政策の起点としての社会福祉基礎構造改革

戦後50年が過ぎ、21世紀の到来を目前とした1990年代末、日本の福祉政策★は大きな転換期を迎えた。その分水嶺となったのが**社会福祉基礎構造改革**（以下、基礎構造改革）である。その背景には1990年代初頭のバブル経済の崩壊以降、少子高齢化やグローバル化の進展、低成長経済への移行など、戦後以来の日本の社会経済構造全般の変化に伴う構造改革の必要性が唱えられるようになったことがある。

★福祉政策
ここでいう「福祉政策」とは、いわゆる社会福祉における社会福祉事業を中心とする「狭義の福祉政策」あるいは「社会福祉政策」である。福祉政策の概念については第4章を参照。

戦後日本の社会福祉は全国民の経済的困窮への対策（貧困対策）としてスタートし、1950年代から1970年代初頭までのおよそ四半世紀に及んだ高度経済成長とともに発展を遂げてきた。「一億総中流社会」という言葉に象徴されるように、一定の経済的豊かさが実現されていく過程において、少子高齢化の進展、家族機能の変化、障害者の自立と社会参加などが進むなかで、選別主義的色彩の強かった社会福祉は次第に**普遍主義**に基づくものへと変化し、国民全体を対象として社会生活の安定を支える役割が期待されるようになった。

こうした国民の期待に応えていくためには、社会経済構造の変化に対応しつつ、必要な福祉サービスを適切に提供できるような新たな社会福祉の枠組みを構築することが求められた。そのため、戦後半世紀にわたり基本的な仕組みが変更されていない社会福祉の基礎構造ともいえる**社会福祉事業**、**社会福祉法人**、**福祉事務所**などについて、抜本的改革を行う必要性が指摘された。

近代社会以降、前提とされてきたのは個人が自らの責任において生活を維持していく**生活自己責任の原則**である。しかし、現実にはすべての人々が常に自助努力・自己責任のみで生計を営むことは困難である。そのため、今日の社会福祉は、社会生活上の多様なリスクへ適切かつ効果的に対応するため、一部の困窮者などの保護・救済にとどまらず、国民全体を対象として社会連帯の考え方に立った支援を行い、地域のなかで年齢や障害の有無などにかかわらず、個人が尊厳をもって、その人らしく安心した生活が送れるよう自立支援を行うことが目指された。

以上のような基礎構造改革の理念を踏まえ、改革の基本的方向として次の７点が示された（**表 7-1**）。

基礎構造改革の具体的内容についてのポイントは次の４点に整理できる。

❶福祉サービスの利用方法

戦後、福祉サービスは一般に行政庁がその必要性の有無や程度を行政処分として決定し、社会福祉法人などに実際のサービス提供を委託する措置（委託）制度★で提供されてきたが、改革後は利用者が自らサービスを選択し、提供者（施設・事業所など）と契約を締結することを基本と

★措置（委託）制度
サービスの利用者と提供者の間の法的な権利義務関係が不明確であり、サービスの利用者と提供者との対等な関係が成り立たないことなどが問題視された。しかし、全国一律のシステムで福祉サービスが提供されるということや、行政責任（公的責任）が明確であるなどの利点もあった。

表7-1　社会福祉基礎構造改革の基本的方向

1．対等な関係の確立 個人が尊厳を持ってその人らしい生活を送れるよう支援するという社会福祉の理念に対応し、福祉サービスの利用者と提供者との間に対等な関係を確立する。
2．地域での総合的支援 利用者本位の考え方に立ち利用者を一人の人間としてとらえ、その人のニーズを総合的かつ継続的に把握し、その上で必要となる保健・医療・福祉の総合的なサービスが、教育、就労、住宅、交通などの生活関連分野とも連携を図りつつ、効率的に提供される体制を利用者の最も身近な地域において構築する。
3．多様な主体の参入促進 利用者の幅広いニーズに応えるためには様々なサービスが必要であることから、それぞれの主体の性格、役割等に配慮しつつ、多様なサービス提供主体の参入を促進する。
4．質と効率性の向上 福祉サービスの内容や費用負担について、国民の信頼と納得が得られるよう、政府による規制を強化するのではなく、社会福祉従事者の専門性の向上や、サービスに関する情報の公開などを進めるとともに、利用者の選択を通じた適正な競争を促進するなど、市場原理を活用することにより、サービスの質と効率性の向上を促す。
5．透明性の確保 利用者による適切な福祉サービスの選択を可能にするとともに、社会福祉に対する信頼を高めるため、サービスの内容や評価等に関する情報を開示し、事業運営の透明性を確保する。
6．公平かつ公正な負担 高齢化の進展等により増大する社会福祉のための費用を公平かつ公正に負担する。
7．福祉の文化の創造 社会福祉に対する住民の積極的かつ主体的な参加を通じて、福祉に対する関心と理解を深めることにより、自助、共助、公助があいまって、地域に根ざしたそれぞれに個性ある福祉の文化を創造する。

出典：中央社会福祉審議会社会福祉構造改革分科会「社会福祉基礎構造改革について（中間まとめ）」平成10年６月17日

★「措置から契約へ」
高齢者・障害者の福祉サービスに先行して、保育では1997（平成9）年の児童福祉法改正により、「措置」から利用者が入所先を選択できる契約制度へ移行した。

した。このような「措置から契約へ★」の移行によって、利用者と提供者の間の権利義務関係を明確にし、利用者の尊厳を保持することとした。なお、契約制度への移行にあたっては、自己決定能力が低下している者などの権利擁護の仕組みの創設など、契約制度を補完し、適切な福祉サービスの利用を可能とする制度が必要であるとされた。

❷利用者の権利擁護

自己決定の尊重やノーマライゼーションをさらに推進するため新たな権利擁護の制度が必要とされた。具体的には財産管理や身上監護を目的として、それまでの禁治産・準禁治産制度などに代わる**成年後見制度**の導入や高齢者、障害者、児童等による各種福祉サービスの適正な利用などを援助する制度（地域福祉権利擁護事業、社会福祉法では**福祉サービス利用援助事業**）の導入である。これは先にみた福祉サービスの利用方法が契約制度となることに関連し、情報の非対称性により利用者が不利益を被ることを防止する観点から重要とされた。

❸福祉サービスの質の確保と向上

利用者による選択を通じた提供者間の競争によりサービスの質を向上させることを目指し、その前提として事業者などの情報公開を進めること、福祉サービス（介護保険制度）における**ケアマネジメント**の導入や専門職の役割および位置づけの明確化、サービス評価における**第三者評価**の採用、苦情解決システムなどの必要性が指摘された。特に利用者の選択を前提とし、事業者間が競争原理に基づき福祉サービスを提供するという仕組みへの移行は、社会福祉における市場原理の導入という点で**福祉の（準）市場化**と呼ばれる。これにより、事業者は「経営」という視点とその「効率性」も求められることとなった。

❹地域福祉の確立

各地域で総合的なサービスが受けられる体制を整備する必要があることから、それまで対象者ごとに策定されてきた福祉計画などを統合し、都道府県および市町村を主体として、住民参加も含めて策定される新たな計画として**地域福祉計画**を導入することとなった。地域福祉計画においては、住民が身近なところで総合的な相談を受けられ、サービスの適切な利用と結びつける体制整備や、保健・医療・福祉の総合的な展開と併せて、教育、就労、住宅、交通などの生活関連分野との連携に配慮する必要性が強調された。地域福祉計画においても、地域住民を施策の対象としてのみ捉えるのではなく、地域福祉の担い手として位置づけるとともに、住民の自主的な活動と公的なサービスとの連携を図っていくことが重要とされた。

2 社会福祉法の成立と近年の主な改正内容

1 社会福祉法の成立

戦後の社会福祉事業は社会福祉事業法（昭和26年法律第45号）を共通基盤として実施されてきたが、基礎構造改革により半世紀ぶりに大幅な改正が行われた。2000（平成12）年6月、「社会福祉の増進のための社会福祉事業法等の一部を改正する等の法律」（法律第111号）が公布され、社会福祉事業法は**社会福祉法**と改められた。法律名称は変更されたが、社会福祉に関する基本的共通事項を定めた「社会福祉の基盤法」としての位置づけは維持された。社会福祉法へ改正されたことによる新たな理念にかかわるキーワードとしては、「地域福祉（計画）」「個人の尊厳」「自立（生活）」「（住民）参加」「利用者の意向」「福祉サービスの質」「事業経営の透明性（情報開示）」「サービス評価」「福祉サービス利用援助（権利擁護）」「苦情解決」などを挙げることができる。これらが21世紀における今日の社会福祉の基本的方向を特徴づけている。近年行われた社会福祉法の改正概要は以下のとおりである。

2 2016（平成28）年改正

2016（平成28）年3月31日に成立・公布された「社会福祉法等の一部を改正する法律」（改正社会福祉法）の主な柱は、**社会福祉法人制度の改革**と**福祉人材の確保の促進**である。前者では❶経営組織の**ガバナンス**の強化、❷事業運営の透明性の向上、❸財務規律の強化、❹地域における公益的な取組を実施する責務など、後者では①介護人材確保に向けた取り組みの拡大、②介護福祉士の国家資格取得方法の見直しによる資質の向上等[i]が挙げられている。

3 2017（平成29）年改正

2017（平成29）年6月2日に公布された「地域包括ケアシステム

i　国は介護福祉士国家資格の取得について、国家試験合格を必須としたが、現場への影響を勘案して2017（平成29）年度から5年間の経過措置を設け、2022（令和4）年度から完全実施の予定であった。しかし、養成校に通う外国人留学生が急増したことなどを考慮し、経過措置は5年間延長（2026（令和8）年度卒業生まで）されることとなった。

の強化のための介護保険法等の一部を改正する法律」による社会福祉法の改正（2018（平成30）年４月１日施行）のポイントは次の３点である。

第一に、「我が事・丸ごと」の地域福祉推進の理念を規定したことである。地域福祉推進の理念として、支援を必要とする住民（世帯）が抱える、多様で複合的な地域生活課題について、住民や福祉関係者による把握および関係機関との連携等による解決が図られることを目指す旨を明記した。

第二に、１点目で挙げた理念を実現するため、市町村が包括的支援体制づくりに努める旨を規定した。

第三に、地域福祉計画の充実である。市町村および都道府県が地域福祉（支援）計画を策定するよう努めるとともに、福祉の各分野における共通事項を定め、上位計画として位置づけた。

4 2020（令和２）年改正

2020（令和２）年６月５日に成立、同12日に公布された「地域共生社会の実現のための社会福祉法等の一部を改正する法律[ii]」（2021（令和３）年４月１日施行）では、地域共生社会の実現を図るため、地域住民の複雑化・複合化した支援ニーズに対応する包括的な福祉サービス

図7-1　地域共生社会の実現に向けた包括的支援体制のイメージ

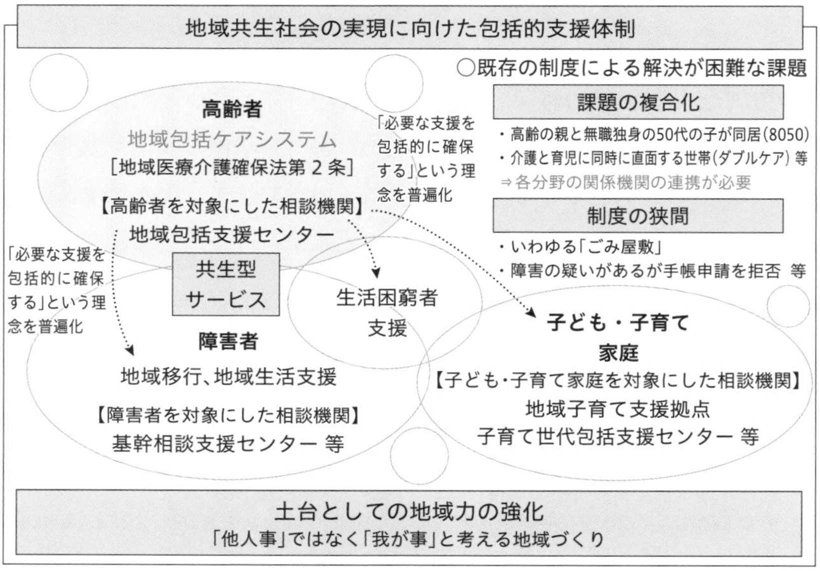

出典：厚生労働省ホームページ「『地域共生社会』の実現に向けて」 https://www.mhlw.go.jp/stf/seisakunitsuite/bunya/0000184346.html

図7-2　市町村における新たな包括的支援体制のイメージ

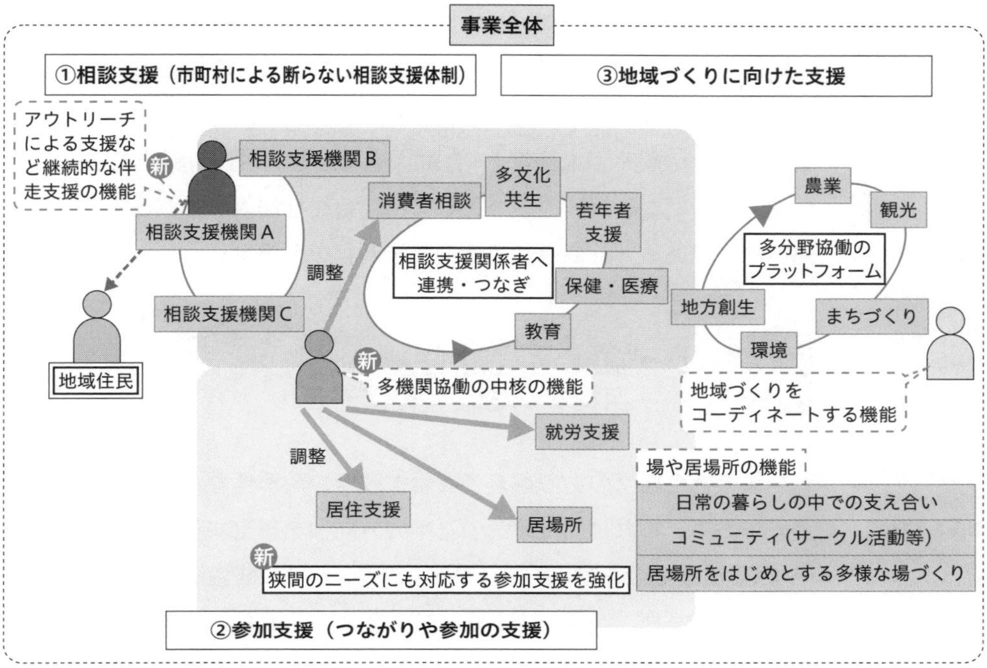

出典：厚生労働省ホームページ「『地域共生社会』の実現に向けた包括的支援体制整備のための『重層的支援体制整備事業』の創設について」より一部改変　https://www.mhlw.go.jp/content/000605987.pdf

提供体制を整備する観点から、市町村の包括的な支援体制の構築の支援、地域の特性に応じた認知症施策や介護サービス提供体制の整備等の推進、医療・介護のデータ基盤の整備の推進、介護人材確保および業務効率化の取り組みの強化、社会福祉連携推進法人制度の創設等の所要の措置を講ずることを趣旨としている[iii]。

そのなかで社会福祉法の改正に関する事項としては、❶地域住民の複雑化・複合化した支援ニーズに対応する市町村の**包括的な支援体制の構築の支援**、❷**社会福祉連携推進法人制度**の創設の２点がある。

❶は社会福祉法に基づく新たな事業★を創設するもので、市町村において既存の相談支援等の取り組みを活かしつつ、地域住民の複雑化・複合

★新たな事業
「重層的支援体制整備事業」のこと。従来の「地域力強化推進事業」や「多機関の協働による包括的支援体制構築事業」に加え、新たに「地域づくりに向けた支援」、「参加支援」等の内容が追加された。財政支援も縦割りではなく一体的に実施されることとなっている。

---

ii　福祉政策の新たなアプローチとして、専門職による対人支援は「具体的な課題解決を目指すアプローチ」と「つながり続けることを目指すアプローチ（伴走型支援）」の二つを両輪とすることが提案されている。さらに、「伴走型支援」は「専門職による伴走型支援」と「地域住民同士の支え合いや緩やかな見守り」の二つを想定している。

iii　2019（令和元）年５月から12月の、「地域共生社会に向けた包括的支援と多様な参加・協働の推進に関する検討会」（地域共生社会推進検討会）の最終とりまとめ（12月26日）の内容を踏まえ、市町村における包括的支援体制の構築を目指すため「重層的支援体制整備事業」が新設された。

化した支援ニーズに対応する包括的な支援体制を構築するため、「断らない相談支援」「参加支援」「地域づくりに向けた支援」を実施する事業を創設する（任意事業だが、実施する場合は三つを必須とし、国による交付金あり）。❷は、社会福祉法人間の連携方策として、「社会福祉協議会や法人間の緩やかな連携」「合併、事業譲渡」「社会福祉法人の新設」に加え、新たな選択肢の一つとして、社会福祉法人を中核とする非営利連携法人である「社会福祉連携推進法人★」を創設する。

★社会福祉連携推進法人
社会福祉法人間の連携方策として新たに創設された社会福祉法人を中核とする非営利連携法人（一般社団法人を認定）。業務内容として、地域共生社会の実現に資する業務の実施に向けた種別を超えた連携支援、災害対応に係る連携体制の整備などがある。

3 「一億総活躍社会」——目指すべき社会経済モデル

今後の社会経済のあるべき姿を示す政府の政策理念が「一億総活躍社会」である。これは福祉政策の基本的方向性を規定するものでもある。「一億総活躍社会」は2016（平成28）年6月に閣議決定された「ニッポン一億総活躍プラン」（以下、本プラン）で示されたが、それは「女性も男性も、お年寄りも若者も、一度失敗を経験した方も、障害や難病のある方も、家庭で、職場で、地域で、あらゆる場で、誰もが活躍できる、いわば全員参加型の社会[1)]」とされている。より詳細にその内容を確認しておくならば、次のように整理することができる。

本プランは、日本の経済成長の隘路の根本にある少子高齢化の問題に真正面から取り組むもので、経済のさらなる好循環を形成するため、これまでの三本の矢★の経済政策を一層強化することを目指している。広い意味での経済政策として、子育て支援や社会保障の基盤を強化し、それが経済を強くするという循環を生み出すことで新たな経済社会システムづくりに挑戦することを意図している。

★三本の矢
安倍内閣における通称「アベノミクス」と呼ばれる経済政策で「大胆な金融政策」「機動的な財政政策」「民間投資を喚起する成長戦略」の三つから構成されている。

これは単なる社会政策（＝広義の福祉政策）ではなく、「究極の成長

表7-2　一億総活躍社会とは

■若者も高齢者も、女性も男性も、障害や難病のある方々も、一度失敗を経験した人も、みんなが**包摂され活躍できる社会**
■一人ひとりが、個性と多様性を尊重され、家庭で、地域で、職場で、それぞれの希望がかない、それぞれの能力を発揮でき、それぞれが**生きがいを感じることができる社会**
■強い経済の実現に向けた取組を通じて得られる成長の果実によって、子育て支援や社会保障の基盤を強化し、それが更に経済を強くするという**『成長と分配の好循環』を生み出していく新たな経済社会システム**

出典：首相官邸ホームページ「一億総活躍社会の実現」 https://www.kantei.go.jp/jp/headline/ichiokusoukatsuyaku/index.html

図7-3　ニッポン一億総活躍プランの概要

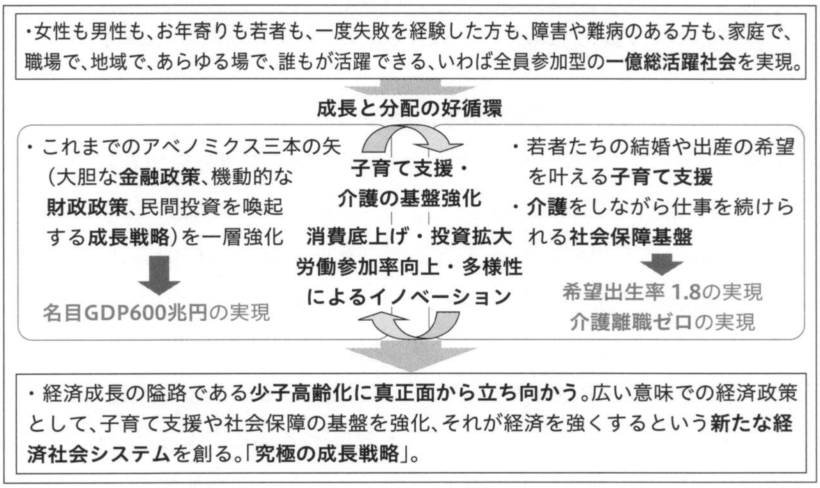

・女性も男性も、お年寄りも若者も、一度失敗を経験した方も、障害や難病のある方も、家庭で、職場で、地域で、あらゆる場で、誰もが活躍できる、いわば全員参加型の一億総活躍社会を実現。
成長と分配の好循環
・これまでのアベノミクス三本の矢（大胆な金融政策、機動的な財政政策、民間投資を喚起する成長戦略）を一層強化
名目GDP600兆円の実現
子育て支援・介護の基盤強化
消費底上げ・投資拡大
労働参加率向上・多様性によるイノベーション
・若者たちの結婚や出産の希望を叶える子育て支援
・介護をしながら仕事を続けられる社会保障基盤
希望出生率1.8の実現
介護離職ゼロの実現
・経済成長の隘路である少子高齢化に真正面から立ち向かう。広い意味での経済政策として、子育て支援や社会保障の基盤を強化、それが経済を強くするという新たな経済社会システムを創る。「究極の成長戦略」。

出典：首相官邸ホームページ「ニッポン一億総活躍プラン」を一部抜粋　http://www.kantei.go.jp/jp/singi/ichiokusoukatsuyaku/pdf/gaiyou2.pdf

戦略」として位置づけられ、すべての人が包摂される社会が実現できれば、安心感が醸成され、将来の見通しが確かになり、消費の底上げや投資の拡大にもつながるという。女性や高齢者、障害者を含めた多様な個人の能力の発揮による労働参加率向上やイノベーションの創出が図られることを通じて、経済成長が加速することが期待されている。

本プランでは「戦後最大の名目 GDP 600 兆円」、「希望出生率 1.8★」、「介護離職ゼロ」の三つが大きな目標とされており、それを実現する政策手段として**新しい三本の矢**が示されている。第一の矢は**希望を生み出す強い経済**である。このメインの施策は**イノベーション**（技術革新）と**働き方改革★**である。第二の矢は**夢をつむぐ子育て支援**である。一億総活躍社会の実現に向けた根源的課題は少子高齢化とそれに伴う人口減少とされ、目標として「希望出生率 1.8」を叶えることを目指す。第三の矢は**安心につながる社会保障**である。「介護離職ゼロ」という明確な目標を掲げ、現役世代の「安心」を確保する社会保障制度へと改革を進めていく。

以上より、本プランでは「新たな第一の矢による成長の果実なくして、新たな第二の矢と第三の矢は放つことができない。つまり、新・三本の矢は、三つすべてがそろっていないと意味がない。まさに三本あわせて究極の成長戦略となる[2]」としている。そして、これら三本の矢を貫く横断的課題として働き方改革と生産性向上★を挙げている。

★希望出生率 1.8
この実現に向けた施策として、❶子育て・介護の環境整備、❷すべての子どもが希望する教育を受けられる環境の整備、❸女性活躍、❹社会生活を円滑に営むうえでの困難を有する子ども・若者等の活躍支援などを挙げている。

★働き方改革
「働き方改革」の方向は、❶同一労働同一賃金の実現など非正規雇用の待遇改善、❷長時間労働の是正、❸高齢者の就労促進である。

★生産性向上
「戦後最大の名目 GDP 600 兆円」に向けて、❶第 4 次産業革命、❷サービス産業の生産性向上、❸観光先進国の実現、❹地方創生、❺規制・制度改革などが取り組み項目とされている。

4 「地域共生社会」の実現 ——今日における福祉改革の基本コンセプト

1 先行モデルとしての地域包括ケアシステム

総務省統計局によれば、2020（令和２）年９月15日現在推計の65歳以上の高齢者人口は3617万人、総人口に占める割合は28.7%で、ともに過去最高を更新した。また、国立社会保障・人口問題研究所の推計では、高齢化率が2025（令和７）年には30.0%、第二次ベビーブーム期（1971（昭和46）年～1974（昭和49）年）に生まれた世代が65歳以上となる2040（令和22）年には35.3%になると見込まれている。団塊の世代（約800万人）が75歳以上となる2025（令和７）年以降は、国民の医療や介護に対するニーズがさらに増加するとみられている。

以上のような将来推計はこれまでに幾度となく行われきたが、それに対応するための施策として「地域包括ケアシステム」という言葉が最初に使われたのは、2008（平成20）年の厚生労働省老人保健健康増進等事業による「地域包括ケア研究会報告書」である。以来、この言葉は10年以上にわたり高齢者の保健医療福祉施策におけるキーワードとされてきた。

現在では団塊の世代が75歳以上となる2025（令和７）年を目途に、高齢者の尊厳の保持と自立生活の支援の目的のもとで、可能な限り住み慣れた地域で、自分らしい暮らしを人生の最期まで続けることができるよう、地域の包括的な支援・サービス提供体制（地域包括ケアシステム）の構築が進められている。そのポイントは、住まい・医療・介護・予防・

図7-4　地域包括ケアシステムのイメージ

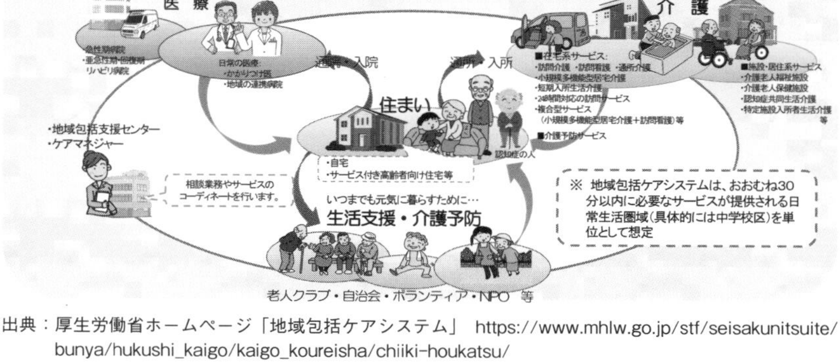

出典：厚生労働省ホームページ「地域包括ケアシステム」 https://www.mhlw.go.jp/stf/seisakunitsuite/bunya/hukushi_kaigo/kaigo_koureisha/chiiki-houkatsu/

生活支援が一体的に提供されるという点にある。

2014（平成26）年6月25日に公布された地域における医療及び介護の総合的な確保を推進するための関係法律の整備等に関する法律（平成26年法律第83号）に伴い改正された地域における医療及び介護の総合的な確保の促進に関する法律（平成元年法律第64号）の第2条では地域包括ケアシステムについて次のように定義されている。

（定義）

第2条　この法律において、「地域包括ケアシステム」とは、地域の実情に応じて、高齢者が、可能な限り、住み慣れた地域でその有する能力に応じ自立した日常生活を営むことができるよう、医療、介護、介護予防（要介護状態若しくは要支援状態となることの予防又は要介護状態若しくは要支援状態の軽減若しくは悪化の防止をいう。）、住まい及び自立した日常生活の支援が包括的に確保される体制をいう。

2「地域包括ケア」から「地域共生社会」へ

現在、そして今後の社会福祉の行方に大きな影響を与えている政策理念が「地域共生社会」の実現であり、「地域包括ケアの深化・拡充」として2020年代初頭に全国展開することが目指されている。**地域共生社会**というキーワードが登場する契機となったのは、2015（平成27）年、厚生労働省の新たな福祉サービスのシステム等のあり方検討プロジェクトチームから提出された「誰もが支え合う地域の構築に向けた福祉サービスの実現――新たな時代に対応した福祉の提供ビジョン」（以下、**新福祉ビジョン**）である。

新福祉ビジョンは、今日における問題意識として、❶家族・地域社会の変化に伴い、複雑化する支援ニーズへの対応、❷人口減少社会における福祉人材の確保と質の高いサービスを効率的に提供する必要性の高まり、❸誰もが支えあう社会の実現の必要性と地域の支援ニーズの変化への対応という3点から、新たな社会福祉システムのあるべき姿を検討し、次のように指摘している。

「福祉の世界においても、今まで以上に、高齢者、障害者、児童、生活困窮者等、すべての人が世代やその背景を問わずに共に生き生きと生活を送ることができ、また、自然と地域の人々が集まる機会が増え、地域のコミュニティが活発に活動できる社会の実現が期待される。そして、この共生社会を実現するためのまちづくりが地域において求められ

図7-5　新福祉ビジョンの概要

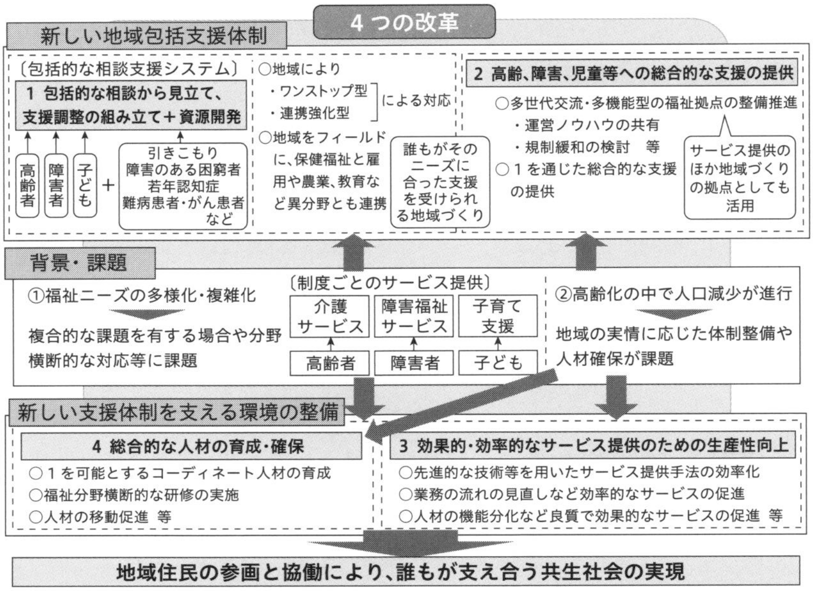

出典：厚生労働省「新たな福祉サービスのシステム等のあり方検討プロジェクトチーム・幹事会 概要説明資料１」（平成27年９月17日）

る。[3]」

新福祉ビジョンにおける検討のポイントと改革の方向性は次の３点である。

①　新しい地域包括支援体制の確立

これはすべての人が世代や背景を問わず、安心して暮らし続けられるまちづくりとして**全世代・全対象型地域包括支援**を目指すもので、地域包括ケアの考え方を全世代・全対象に発展・拡大させるものといえる。それには、複数分野の問題や複雑に絡む問題を抱える対象者や世帯に対し、対象者や世帯との相談と、それを踏まえて必要となるサービスの検討、プランの作成などの相談支援を分野横断的かつ包括的に提供することが求められる。

②　生産性の向上と効率的なサービス提供体制の確立

全世代・全対象型地域包括支援の確立には、生産性の向上や業務の効率化を図り、少ない人数でのサービス提供が可能となるようなサービス提供体制の構築が不可欠としている。

③　総合的な福祉人材の確保・育成

今後人材確保が困難となる可能性を見据え、福祉業界における働き方・キャリアの積み方をより魅力的なものとし、福祉人材であり続けることを可能とする必要がある。また、幅広い業務があり、多様性を有する福祉という業界全体でのキャリアステップを可能とすることが求められる。さらに、求められる福祉人材は、複数分野を束ね、必要とされる支援を実施するために、業務や職員をコーディネートすることができ、自らの専門分野のほかに分野横断的な福祉に関する基礎知識をもっている必要があるとしている。

この構想が、翌年閣議決定された「ニッポン一億総活躍プラン」において「地域共生社会の実現」として結実し、３目標の一つである「介護離職ゼロ」に向けた取り組みのなかに位置づけられた。

具体的な改革内容は、厚生労働省が 2016（平成 28）年７月に立ち上げた「我が事・丸ごと」地域共生社会実現本部で検討され、「『地域共生社会』の実現に向けて（当面の改革工程）」（平成 29 年２月７日厚生労働省「我が事・丸ごと」地域共生社会実現本部決定）に基づき進められている。そこでは「地域共生社会」とは「社会構造の変化や人々の暮らしの変化を踏まえ、制度・分野ごとの『縦割り』や『支え手』『受け手』という関係を超えて、地域住民や地域の多様な主体が参画し、人と人、人と資源が世代や分野を超えつながることで、住民一人ひとりの暮らしと生きがい、地域をともに創っていく社会」とされている。

地域共生社会は、これまで分野別・対象者別に進められてきた縦割りの個別支援・地域支援のシステムを抜本的に見直し、地域住民を中心としたすべての関係者が地域の福祉問題を**我が事**として受けとめ、主体的に解決を図る体制を構築するとともに、複合化・複雑化した生活課題に**丸ごと**対応できるような地域における包括的相談支援体制を構築していくことを目指す政策理念である。

「地域共生社会」と「地域包括ケアシステム」の関係について整理するならば、一方では「地域共生社会」とは今後の日本社会が目指す社会イメージやビジョンであり、高齢者領域から始まり、議論と実践および改善を積み重ねてきた「地域包括ケアシステム」は、ゴールとしての「地域共生社会」を実現するためのシステム・仕組み、つまり手段・方法であるといえる。他方では、「地域共生社会」は高齢者領域で行われてきた「地域包括ケアシステム（の構築）」という政策理念を、高齢者以外の児童家庭、障害、生活困窮者、在留外国人なども含めたより広い領域に深化・拡充するものと理解することもできる。

「我が事・丸ごと」地域共生社会実現本部による「地域共生社会」の実現に向けた改革の骨格は以下のとおりである。

Active Learning

地域共生社会の実現に向けた各地域における取り組みについて調べてみましょう。

表7-3 「地域共生社会」の実現に向けた施策の経緯

年月	施 策
2015（平成27）年９月	「新たな時代に対応した福祉の提供ビジョン」（厚生労働省）の策定
2016（平成28）年６月	「ニッポン一億総活躍プラン」（閣議決定）で「地域共生社会の実現」が掲げられる
2016（平成28）年７月	「我が事・丸ごと」地域共生社会実現本部の設置
2016（平成28）年10月	地域力強化検討会（地域における住民主体の課題解決力強化・相談支援体制の在り方に関する検討会）の設置
2016（平成28）年12月	地域力強化検討会 中間とりまとめ
2017（平成29）年２月	「「地域共生社会」の実現に向けて（当面の改革工程）」が「我が事・丸ごと」地域共生社会実現本部で決定
2017（平成29）年５月	社会福祉法改正案（地域包括ケアシステムの強化のための介護保険法等の一部を改正する法律案）の可決・成立
2017（平成29）年６月	改正社会福祉法の公布
2017（平成29）年９月	地域力強化検討会 最終とりまとめ
2018（平成30）年４月	改正社会福祉法の施行
2019（令和元）年５月	地域共生社会推進検討会（地域共生社会に向けた包括的支援と多様な参加・協働の推進に関する検討会）の設置
2019（令和元）年７月	地域共生社会推進検討会 中間とりまとめ
2019（令和元）年12月	地域共生社会推進検討会 最終とりまとめ
2020（令和２）年６月	地域共生社会の実現のための社会福祉法等の一部を改正する法律の公布

第一に**地域課題の解決力の強化**である。生活に身近な地域において住民が世代や背景を超えてつながり、相互に役割をもち、「支え手」「受け手」の関係を超えて支えあう取り組みを進めることにより、すべての人びとが生活における楽しみや生きがいを見出し、さまざまな困難を抱えても社会から孤立せず、安心してその人らしい生活を送ることができる社会を目指す。

第二に**地域丸ごとのつながりの強化**である。社会・経済活動の基盤でもある地域において、社会保障･産業などの領域を超えてつながり、人々の多様なニーズに応えると同時に、資源の有効活用や活性化を実現する好循環を生み出していくことで、人々の暮らしと地域社会の双方を支えていく。

第三に**地域を基盤とする包括的支援の強化**である。「地域包括ケア」の理念を普遍化[iv]し、高齢者のみならず、生活上の困難を抱える障害者や子どもなどが地域において自立した生活を送ることができるよう、地域住民による支え合いと公的支援が連動し、地域を「丸ごと」支える包括的な支援体制を構築し、切れ目のない支援を実現する。

---

iv その具体例として、高齢者と障害児者が同一の事業所でサービスを受けやすくすることを目的として介護保険法と障害者の日常生活及び社会生活を総合的に支援するための法律（障害者総合支援法）、児童福祉法で新たに「共生型サービス」を位置づけた。

第四に**専門人材の機能強化・最大活用**である。専門性の確保に配慮しつつ保健医療福祉の専門職★養成課程のあり方を見直し、各資格を通じた基礎的知識や素養を身につけた専門人材を養成していく。各資格の養成において共通基礎課程を創設し、資格ごとの専門課程との2階建ての養成課程へ再編し、資格所持による履修期間の短縮、単位認定の拡大を検討する。

以上のように「地域包括ケア」「地域共生社会」の実現は、2020年代初頭あるいは2025（令和7）年を目途とされているが、さらに2040（令和22）年に向けた施策の方向性も明らかにされている。2019（令和元）年5月29日に公表された「2040年を展望した社会保障・働き方改革本部のとりまとめ」では「2040年を展望し、誰もがより長く元気に活躍できる社会の実現」を目指した施策展開が志向されている。今後、高齢者の増加から現役世代の急減という新たな局面を迎える状況に対応した政策課題として、❶多様な就労・社会参加の環境整備、❷健康寿命の延伸、❸医療・福祉サービスの改革による生産性の向上、❹（継続課題として）給付と負担の見直し等による社会保障の持続可能性の確保v の4点が示された。❶については「地域共生社会」と併せ、「一人ひとりの意思や能力、個々の事情に応じた多様で柔軟な働き方を選択可能とする社会」の実現に向けた環境整備を行うとされている。

★保健医療福祉の専門職
看護師、准看護師、理学療法士、作業療法士、視能訓練士、言語聴覚士、診療放射線技師、臨床検査技師、社会福祉士、介護福祉士、精神保健福祉士、保育士が対象として例示されている。

5 多文化共生の実現に向けた施策

法務省の在留外国人統計によれば、2019（令和元）年12月末の在留外国人数は293万3137人で、前年末に比べ20万2044人（前年比7.4%）増加となり過去最高を記録した。年次ベースで7年連続の増加となっており、日本社会における外国人の存在感が高まりつつあることがみてとれる。「在留外国人」とは3か月以下の短期滞在者を含まず、永住者や中長期在留者、留学生などを指す。在留資格別の内訳をみると、永住者が79万3164人（27.0%）で最も多く、次いで技能実習が41万972人（14.0%）、留学が34万5791人（11.8%）と続いている。2019（平成31）年4月に新設された「特定技能1号★」による在留者は、

★特定技能1号
特定産業分野に属する相当程度の知識または経験を必要とする技能を要する業務に従事する外国人向けの在留資格で、「介護」「建設」「農業」「外食業」など14種類から構成されている。

v 2040（令和22）年に向けては医療、介護、福祉、年金、雇用保険などの社会保障の枠内で考えるだけでなく、農業、金融、住宅、健康な食事、創薬にもウイングを拡げ、関連する政策領域との連携のなかで新たな展開を図っていくとしている。

2019（令和元）年12月末時点で1621人である[4]。国別・地域別では、中国81万3675人（27.7%）、韓国44万6364人（15.2%）、ベトナム41万1968人（14.0%）となっている。

在留資格別の増加率（2018（平成30）年末比）の内訳は、「介護」が220.0%、「高度専門職」が34.9%、「技能実習」が25.2%、「技術・人文知識・国際業務」が20.5%、「医療」が17.2%であり、就労が目的の在留外国人の増加が目立っている。この背景として、少子高齢化などに伴う労働力不足や海外事業の展開などが進んでいることから、近年、企業による外国人労働者の採用強化が加速していることが考えられる。

このような現状を踏まえ、現在、政府は「多文化共生の推進・実現」を掲げ、それに向けた施策を展開している。**多文化共生**という言葉が政府レベルではじめて政策スローガンとして掲げられたのは、総務省による報告書「多文化共生の推進に関する研究会報告書――地域における多文化共生の推進に向けて」（2006（平成18）年）においてである。同報告書では「地域における多文化共生」について、「国籍や民族などの異なる人々が、互いの文化的違いを認めあい、対等な関係を築こうとしながら、地域社会の構成員として共に生きてゆくこと[5]」としている。

総務省では2005（平成17）年の「多文化共生の推進に関する研究会」の設置以降、多くの多文化共生に関する取り組みを行ってきた。その最初が各都道府県および市町村における多文化共生施策の推進に関する指針・計画の策定に資するために策定した「地域における多文化共生推進プラン★」である。そこで示された地域における多文化共生の意義は、「外国人住民の受入れ主体としての地域」「外国人住民の人権保障」「地域の活性化」「住民の異文化理解力の向上」「ユニバーサルデザインのまちづくり」の5点であった。それから10年が経過した2017（平成29）年3月、各地における先進的な取り組みを「多文化共生事例集――多文化共生推進プランから10年 共に拓く地域の未来」として公表し、その全国的普及・展開に努めている。2019（平成31）年3月の「多文化共生の推進に関する研究会報告書2018」では多文化共生に係る優良な取り組みの新たな共有手法として、❶多文化共生アドバイザー制度★、❷多文化共生地域会議★を提案し、2019（令和元）年度からスタートしている。

現在では、人手不足への対応策の一つとしての**新たな外国人材の受け入れ**という視点から積極的に多文化共生の推進が図られており、それは

★地域における多文化共生推進プラン
その柱となる基本的考え方は❶コミュニケーション支援、❷生活支援、❸多文化共生の地域づくり、❹多文化共生施策の推進体制の整備の4点である。

★多文化共生アドバイザー制度
総務省において多文化共生の取り組みに関する先進的な知見やノウハウを有する団体の担当部署または職員のデータベース（多文化共生アドバイザー名簿）を作成し、多文化共生施策に取り組もうとする地方公共団体が、取り組み分野に応じた助言やサポートを受けることができるようにするもの。

★多文化共生地域会議
有識者・多文化共生アドバイザーによる講演や先進事例の紹介等を通じて、地域における多文化共生施策のさらなる推進を図ることを目的としたもの。

近年の政策文書からも確認できる。「未来投資戦略 2017」（平成 29 年 6 月 9 日閣議決定）では、経済・社会基盤の持続可能性を確保していくため、真に必要な分野に着目しつつ、外国人材受け入れのあり方について総合的かつ具体的な検討を進めるとした。

また、「まち・ひと・しごと創生基本方針 2018」（平成 30 年 6 月 15 日閣議決定）においては「地方における外国人材の活用」として外国人材の地域でのさらなる活躍を図るとともに、地域における多文化共生施策を一層推進することが目指された。同日に閣議決定された「経済財政運営と改革の基本方針 2018（骨太の方針 2018）」では、人手不足が深刻化している状況にあることから、一定の専門性・技能を有し即戦力となる外国人材を幅広く受け入れていく仕組みを構築する必要があるとして、新たな在留資格を創設するとともに、外国人が円滑に共生できるような社会の実現に向けて取り組むとした。同年 7 月には新たな外国人材の受け入れおよび我が国で生活する外国人との共生社会の実現に向けた環境整備について、省庁間の連携の下で検討するため、「外国人材の受入れ・共生に関する関係閣僚会議」が設置された。その後、外国人材の受け入れ・共生のための取り組みを、政府一丸となってより強力かつ包括的に推進していく観点から**外国人材の受入れ・共生のための総合的対応策**（平成 30 年 12 月 25 日関係閣僚会議決定）がまとめられた。その趣旨は、日本人と外国人が安心して安全に暮らせる社会の実現に寄与することであり、「生活者としての外国人に対する支援[vi]」に重点が置かれた内容となっている。

「経済財政運営と改革の基本方針 2019（骨太の方針 2019）」（令和元年 6 月 21 日閣議決定）では「共生社会実現のための環境整備」として外国人を適正に受け入れ、日本人と外国人が安心して安全に暮らせる共生社会を実現するため、外国人を支援する個人・団体等および地方自治体の相談窓口がワンストップで正確な情報を入手可能な拠点として「外国人共生センター（仮称[vii]）」の設置や司法分野や行政窓口等における多言語対応のための体制整備を図るなど施策を充実・強化するとしたことから、それを踏まえた施策が進められている。

---

vi　具体的施策の例として「多文化共生総合相談ワンストップセンター」の設置がある。これは、日本に滞在するすべての外国人が在留手続、雇用、医療、福祉、出産・子育て・子供の教育等に関する行政手続きや困りごとなどを一元的に相談できる窓口で、外国人が集住する自治体を対象としている。

vii　具体的には、留学生の受け入れ促進・就職、高度外国人材の受け入れ促進、外国人材・家族の人権擁護、法律トラブル、査証相談、労働基準・労働安全衛生等、地方を含む外国人の雇用促進等に対する支援等の施策を一括して実施する。

6 持続可能な社会の実現

「持続可能性」（sustainability）という言葉は、1987（昭和62）年、国連環境と開発に関する委員会が出した報告書「地球の未来を守るため」により広まったとされている。同報告書では人類共通の課題として**持続可能な開発**（Sustainable Development）が取り上げられ、「将来世代のニーズに応える能力を損ねることなく現在世代のニーズを満たす発展」と定義された。今日では**持続可能な社会**（Sustainable Society）という表現がよく用いられているが、一般に「地球環境や自然環境が適切に保全され、将来の世代が必要とするものを損なうことなく、現在の世代の要求を満たすような開発が行われている社会」を指す。化石燃料使用量の削減、高効率エネルギーの開発、エネルギー消費の削減、資源の有効利用などを目指す社会は**低炭素社会**と呼ばれるが、それも「持続可能な社会」に連なるものといえる。

「持続可能性」を福祉政策に引きつけて考えた場合、よく用いられるのが「社会保障制度の持続可能性」という表現である。具体的には、少子高齢化の進行や人口減少社会の到来という社会保障の基礎的存立条件の変化を踏まえ、「給付と負担の関係」について考えること、換言すれば今後「負担する側が少なくなり、給付を受ける側が多くなる」ことが見込まれるなかで、社会保障制度を安定的かつ持続的なものにする方策

図7-6　持続可能な開発目標（SDGs）の概要

ロゴ：国連広報センター作成

出典：外務省ホームページ「持続可能な開発のための2030アジェンダ」

表7-4　持続可能な開発目標の詳細

目標１．	あらゆる場所のあらゆる形態の貧困を終わらせる
目標２．	飢餓を終わらせ食料安全保障及び栄養改善を実現し、持続可能な農業を促進する
目標３．	あらゆる年齢のすべての人々の健康的な生活を確保し、福祉を促進する
目標４．	すべての人々への包摂的かつ公正な質の高い教育を提供し、生涯学習の機会を促進する
目標５．	ジェンダー平等を達成し、すべての女性及び女児の能力強化を行う
目標６．	すべての人々の水と衛生の利用可能性と持続可能な管理を確保する
目標７．	すべての人々の、安価かつ信頼できる持続可能な近代的エネルギーへのアクセスを確保する
目標８．	包摂的かつ持続可能な経済成長及びすべての人々の完全かつ生産的な雇用と働きがいのある人間らしい雇用（ディーセント・ワーク）を促進する
目標９．	レジリエントなインフラ構築、包摂的かつ持続可能な産業化の促進及びイノベーションの推進を図る
目標10.	各国内及び各国間の不平等を是正する
目標11.	包摂的で安全かつレジリエントで持続可能な都市及び人間居住を実現する
目標12.	持続可能な生産消費形態を確保する
目標13.	気候変動及びその影響を軽減するための緊急対策を講じる
目標14.	持続可能な開発のために海洋・海洋資源を保全し、持続可能な形で利用する
目標15.	陸域生態系の保護、回復、持続可能な利用の推進、持続可能な森林の経営、砂漠化への対処、ならびに土地の劣化の阻止・回復及び生物多様性の損失を阻止する
目標16.	持続可能な開発のための平和で包摂的な社会を促進し、すべての人々に司法へのアクセスを提供し、あらゆるレベルにおいて効果的で説明責任のある包摂的な制度を構築する
目標17.	持続可能な開発のための実施手段を強化し、グローバル・パートナーシップを活性化する

出典：外務省「我々の世界を変革する：持続可能な開発のための2030アジェンダ（仮訳）」（2015年９月25日第70回国連総会で採択）

を検討するという文脈である。その場合、「財源問題」や「負担論」に焦点化されることも少なくない。

　しかし、社会福祉の観点から「持続可能性」について捉える際には、単なる「福祉財源の確保」や「費用問題」のみならず、今日では地方創生との関係から**「地域の持続可能性」**も重要である。加えて、「自由」「平等」「人権擁護」「多様性尊重」「社会正義」など社会福祉の価値規範に基づく理念との関係から理解することも必要となる。それは、一国内の視点だけではなく、特定地域や世界全体あるいはグローバル経済における先進諸国と発展途上国の関係などを踏まえたものである必要がある。

　現在、世界共通の「持続可能性」にかかわる目標は**持続可能な開発目標**（Sustainable Development Goals：**SDGs**）と呼ばれている。これは、2001（平成13）年に策定された**ミレニアム開発目標**（**MDGs**）の後継として、2015（平成27）年９月、「国連持続可能な開発サミット」

Active Learning
持続可能な開発目標（SDGs）に関する具体的な取り組みについて調べてみましょう。

で採択された「持続可能な開発のための2030アジェンダ」にて記載された、2030（令和12）年までに持続可能でよりよい世界を目指す国際目標である。内容は17の目標・169のターゲットから構成され、地球上の「誰一人取り残さない」(leave no one behind)ことを誓っている。このような姿勢は、今日の福祉政策・社会福祉におけるキー概念の一つである**社会的包摂**（social inclusion）とも親和性が高く、世界全体の視点から福祉問題を扱う「国際社会福祉」とも関連が深いといえる。SDGsは発展途上国のみならず、先進国も含めて世界全体で取り組むユニバーサルなものと位置づけられており、日本も政府として取り組みを進めている。

SDGsを支える柱は「人間」「豊かさ」「地球」「平和」「パートナーシップ」の五つである[6)]。

❶ 人間（People）

あらゆる形態と次元の貧困と飢餓に終止符を打つとともに、すべての人間が尊厳をもち、平等に、かつ健全な環境の下でその潜在能力を発揮できるようにする（目標１、２、３、４、５および６）。

❷ 豊かさ（Prosperity）

すべての人間が豊かで充実した生活を送れるようにするとともに、自然と調和した経済、社会および技術の進展を確保する(目標７、8、９、10および11)。

❸ 地球（Planet）

持続可能な消費と生産、天然資源の持続可能な管理、気候変動への緊急な対応などを通じ、地球を劣化から守ることにより、現在と将来の世代のニーズを充足できるようにする（目標12、13、14および15)。

❹ 平和（Peace）

恐怖と暴力のない平和で公正かつ包摂的な社会を育てる。平和なくして持続可能な開発は達成できず、持続可能な開発なくして平和は実現しない（目標16)。

❺ パートナーシップ（Partnership）

グローバルな連帯の精神に基づき、最貧層と最弱者層のニーズを特に重視しながら、すべての国、すべてのステークホルダー★、すべての人々の参加により、持続可能な開発に向けたグローバル・パートナーシップをさらに活性化し、このアジェンダの実施に必要な手段を動員する（目標17)。

★ステークホルダー
通常は企業や政府の活動に関する利害関係者を指すことが多い。SDGsは世界共通の諸課題に関係していることから、各国政府などの公的組織、営利企業、非営利団体などあらゆる組織・団体、各種のコミュニティや集団、個人がステークホルダーといえる。

SDGsの実施にあたっては五つの原則が定められており、それは①先進国を含めすべての国が行動する**普遍性**、②人間の安全保障の理念を反映し誰一人取り残さない**包摂性**、③すべてのステークホルダー（政府・企業・NGO・有識者等）が役割を担う**参画性**、④社会・経済・環境は不可分であり統合的に取り組む**統合性**、⑤モニタリング指標を定め定期的にフォローアップする**透明性**である。

「持続可能な開発」が将来世代のニーズを充足する能力を損なわずに、現世代のニーズを充足する開発であるならば、「持続可能な社会」の実現にはそれが不可欠な条件であり、**経済成長**、**社会的包摂**、**環境保護**という三つの要素・目標を調和させることが不可欠といえる。

◇引用文献

1）「ニッポン一億総活躍プラン」（平成28年6月2日閣議決定）p.3. http://www.kantei.go.jp/jp/singi/ichiokusoukatsuyaku/pdf/plan1.pdf
2）同上，p.5
3）厚生労働省「誰もが支え合う地域の構築に向けた福祉サービスの実現――新たな時代に対応した福祉の提供ビジョン」（平成27年9月17日）p.2 https://www.mhlw.go.jp/file/05-Shingikai-12201000-Shakaiengokyokushougaihokenfukushibu-Kikakuka/bijon.pdf
4）法務省ホームページ「特定技能在留外国人数の公表」 http://www.moj.go.jp/nyuukokukanri/kouhou/nyuukokukanri07_00215.html
5）総務省「多文化共生の推進に関する研究会報告書――地域における多文化共生の推進に向けて」（2006年3月）p.5 https://www.soumu.go.jp/kokusai/pdf/sonota_b5.pdf
6）国際連合広報局「我々の世界を変革する：持続可能な開発のための2030アジェンダ」

◇参考文献

・厚生労働統計協会編『国民の福祉と介護の動向』各年版
・国際連合広報センターホームページ「2030アジェンダ」 https://www.unic.or.jp/activities/economic_social_development/sustainable_development/2030agenda/
・社会福祉の動向編集委員会編『社会福祉の動向』中央法規出版，各年版
・首相官邸ホームページ「一億総活躍社会の実現」 http://www.kantei.go.jp/jp/headline/ichiokusoukatsuyaku/
・地域共生社会に向けた包括的支援と多様な参加・協働の推進に関する検討会（地域共生社会推進検討会）「最終とりまとめ（概要）」（令和元年12月26日） https://www.mhlw.go.jp/content/12602000/000581294.pdf

● おすすめ

・社会保障入門編集委員会編『社会保障入門2020』中央法規出版，2020.
・ミネルヴァ書房編集部編『社会福祉小六法2020』ミネルヴァ書房，2020.
・日能研教務部編集『SDGs 国連 世界の未来を変えるための17の目標――2030年までのゴール』みくに出版，2017.
・坂田周一『社会福祉政策――原理と展開 第4版』有斐閣，2020.
・田中治彦・枝廣淳子・久保田崇編著『SDGsとまちづくり――持続可能な地域と学びづくり』学文社，2019.

第2節 福祉政策と包括的支援の課題

学習のポイント

- 地域共生社会の実現と地域づくりに向けた課題について理解する
- 福祉人材の確保と多文化共生の推進のための課題について理解する
- 社会的課題の解決に求められる新たなアプローチについて理解する

1 「地域共生社会」における公的責任

今日における福祉改革の基本コンセプトである**地域共生社会**は、社会構造や人々の暮らしの変化を踏まえ、制度・分野ごとの「縦割り」や「支え手」「受け手」という関係を超え、地域住民や地域の多様な主体が参画し、人と人、人と資源が世代や分野を超えてつながることで、住民一人ひとりの暮らしと生きがいや地域をともに創っていく社会とされている。このような政策目標は、制度に基づく縦割り的対応や支援者－被支援者の関係性の固定化の打破、すべての人々の**多様な社会参加**の促進、地域における**多業種連携**の構築・推進と**地域共創**など、これからの社会福祉のあり方や方向性を考えるうえで、基本的には多くの共感を得られやすい内容である。その点からいえば目指すべき目標としての一定の社会的有意味性を備えており、今後、これを踏まえた具体的施策の展開においては実践現場でも相応の対応が必要となっていく。

他方、この政策理念を理解する際に注意しておかなければならない点もある。「地域共生社会」の実現に向けた取り組みを進める背景として、厚生労働省「我が事・丸ごと」地域共生社会実現本部は、戦後の高度経済成長を経験する過程で、地域の相互扶助機能や家族・職場における支え合い機能が低下してきたことを受け、「地域や家庭が果たしてきた役割の一部を代替する必要性が出てきた」ことから、社会保障などの公的支援制度が整備されてきたとしている。しかし、今日における公的支援制度は、地域・家族・職場による助け合いが機能しない場合の代替的位置づけにとどまるものではない。それは近代社会あるいは資本主義社会において、生活問題のすべてを個人の自己責任や地縁・血縁の支え合いなどで対応することが困難な現実に向けた対応策として登場し、20世紀的な福祉国家体制の基礎である基本的人権（特に社会権）に由来する公的な生活保障を担うセーフティネットとして捉える必要がある[i]。

社会保障あるいは公的支援制度が、今日においてもインフォーマルな相互扶助システムの役割を代替するものにすぎないとすれば、「自助」「互助」「共助」「公助」の組み合わせ[ii]による（地域での）生活保障を考える場合、「公助」のみですべての生活課題に対応することが困難であるとしても「自助」「互助」が過剰に強調されること、あるいは自助・共助の政策的強要のような風潮が広まっていくことがあってはならない。

たとえば、地域共生社会の実現に向けた「地域住民等が主体的に地域課題を把握し、解決を試みる体制」とは、「多機関協働による包括的な相談支援体制と連携を図り、地域住民等が、地域福祉を推進する主体及び地域社会の構成員として、近隣住民による見守りや日常の地域活動の中で身近な圏域に存在する多種多様な地域課題や表出されにくいニーズに気づき、行政や専門機関とともにその解決に向けてそれぞれの経験や特性等を踏まえて支援を行う体制[1)]」とされている。地域（福祉）活動における**住民主体**の重要性はいうまでもないが、それが地域課題を解決するうえで地域住民に対する過剰な役割期待や責任転嫁となると、「住民への丸投げ」という事態になる。「地域共生社会」は国家の責任において示された政策理念であり、「公助」あるいは国家・自治体の公的責任の重要性・位置づけはあらためて確認・共有される必要がある。

2 持続可能性からみる地域づくり

持続可能性（sustainability）は現代社会における世界共通のキーワードである。グローバルな視点からの代表例は**持続可能な開発目標（SDGs）**であり、その内容は貧困、医療・福祉、教育、人権、環境など多岐にわたっている。同じようなことがナショナルレベルの福祉政策にもあてはまる。少子高齢化を背景とした年金・医療・介護などの**社会保障制度の持続可能性**、すべての地域（市町村）で安心した社会生活を

i　今日、国家がサービス提供者としての役割を縮小し、サービス提供の条件設定や環境整備を担う役割に重点をおく場合、「福祉国家」（welfare state）と異なるものとして「条件整備国家」（enabling state）と表現される。

ii　生活保障を四つの組み合わせで捉える枠組みは地域包括ケアシステムの構想で示されたものである。社会福祉では伝統的に「自助」「共助」「公助」の三つのレベルで生活保障・生活支援を議論してきた。

営むための**地域（社会）の持続可能性**という課題である。今までは当然のものとして存在していた社会制度などが、何の対策も講じなければ存続が危ぶまれる状況にあるのが現代社会である。

「社会保障制度の持続可能性」は、**負担と給付**の収支均衡を基本条件とするが、財政的視点のみならず、負担者と受益者の世代循環、いわば「世代間の支え合いの循環」から考えなければならない。少子高齢化により現役世代・若年世代といった支える側が減少していくなかで、増え続ける退職世代を支える必要があるが、これは**世代間の公平性**にかかわる問題でもある。一般に、ある世代が長期間支える側としての役割を果たすことへ納得・合意は、将来的に「支えられる側」になれる（＝さらに下の世代が支える側として存在する）ことへの期待によって成り立っている。今日では、少子化に歯止めがかからない状況にあるなかで、将来への悲観的認識が広まりつつあり、社会保障制度への信頼性を損ねる状況が生まれている。地域共生社会に向けた高齢者、障害者、女性、外国人など多様な人々の社会参加や活躍の促進は、社会保障制度の持続可能性を見据えて、支え手の裾野を広げ、確保するという制度存続の根幹にかかわる方策という側面もある。

「地域（社会）の持続可能性」をめぐる課題としては地方部における過疎高齢化の進行が典型的な例である。人口減少の波は、多くの地方部で社会経済の担い手の減少を招き、それを背景に空き家や耕作放棄地の増加、地域経済の衰退、買い物難民など、さまざまな地域課題が顕在化している。地域共生社会の構想は、このような状況を乗り越えていくため、官民を問わずさまざまな主体・組織・団体などが立場や領域を超えてつながり、個人と地域全体を支えていく体制の構築を目指すものである。それは東京一極集中を是正し、都市から地方へヒト・モノ・カネの流れを作り、地方を活性化させる一連の取り組みである「地方創生★」の施策とも関連が深い。外国人材の受け入れによる**多文化共生**の推進も、人材不足という地方部が抱える深刻な課題への一つの対応策として位置づけることもでき、広く「地域づくり」としての地域創生や地域共生社会の取り組みと連関した施策として理解する必要がある。ただし、地域共生社会が「安上がりな福祉政策」となってしまわないようにするには、市町村の財源確保と体制構築の担い手である専門人材の確保が大きな課題である。

★地方創生
四つの基本目標は❶「稼ぐ地域をつくるとともに、安心して働けるようにする」、❷「地方とのつながりを築き、地方への新しいひとの流れをつくる」、❸「結婚・出産・子育ての希望をかなえる」、❹「ひとが集う、安心して暮らすことができる魅力的な地域をつくる」である。五つの政策原則として、①自立性、②将来性、③地域性、④直接性、⑤結果重視を挙げている。

3 福祉人材確保と多文化共生の推進

福祉人材の確保は地域共生社会の実現あるいは福祉政策の適切かつ効果的な展開を考えるうえで最重要課題である。特に深刻なのが介護人材の不足で、今後の介護ニーズの推計からみても介護サービス基盤を根底から揺るがしかねない状況にある。第７期介護保険事業計画（2018（平成30）～2020（令和２）年度）の介護サービス見込み量等に基づき都道府県が推計した介護人材の需要推計★によると、2020（令和２）年度末には約216万人、2025（令和７）年度末には約245万人が必要と推計されている。2016（平成28）年度の約190万人を基準とした場合、2020（令和２）年度末までに新たに約26万人、2025（令和７）年度末までに約55万人、年間６万人程度の介護人材を確保する必要がある。ところが、介護分野の有効求人倍率は全産業に比べて高い水準のままであり、人材不足は改善するどころか、深刻さを増している。

公益財団法人介護労働安定センター「介護労働実態調査」（平成30年度）によれば、事業所における介護サービスに従事する従業員の不足感（「大いに不足」＋「不足」＋「やや不足」）は67.2％、「適当」は32.4％であった。2013（平成25）年以降、５年連続して不足感が増加している。不足している理由としては、「採用が困難である」が89.1％で、その原因を尋ねたところ「同業他社との人材獲得競争が厳しい」が56.2％に上る。

介護人材の中核を担うことが期待される介護福祉士[iii]についても、現場でスキルを磨きながら国家資格の取得を目指す「実務経験ルート」の要件に**実務者研修**が加わった2016（平成28）年度（第29回介護福祉士国家試験）から受験者数が半減した。2019（令和元）年度（第32回）は受験者数と合格者数が過去15年の中でそれぞれ２番目に少なかった。双方とも過去最多だった2013（平成25）年度（第26回）と比べると、2019（令和元）年度の受験者数はマイナス45.6％、合格者数はマイナス41.0％と大幅な減少である。

このような現状を踏まえ、政府は総合的な介護人材確保対策として❶介護職員の処遇改善★、❷多様な人材の確保・育成、❸離職防止・定着促

★介護人材の需要推計
介護人材数は、介護保険給付の対象となる介護サービス事業所、介護保険施設に従事する介護職員数に、介護予防・日常生活支援総合事業における従前の介護予防訪問介護等に相当するサービスに従事する介護職員数を加えたものである。

★介護職員の処遇改善
2019（令和元）年10月より、これまでの処遇改善加算に加えて介護福祉士の資格をもつリーダー級の職員（勤続10年以上）を対象に、月額最大8万円相当の処遇改善加算制度が新たに創設された（介護サービス事業者等に対する介護職員等特定処遇改善加算）。

iii 経済連携協定（EPA）による介護福祉士候補者について2019（令和元）年度は来日者数の増加を背景に受験者数（758人）、合格者数（337人）ともに過去最多を更新した。これまでの合格者総数は1322人である。

★生産性向上
ICT化・介護ロボットの活用による業務の効率化、業務プロセス・作成、文書の見直し等による介護分野の生産性向上が進められている。

進・生産性向上★、❹介護職の魅力向上、❺外国人材の受け入れ環境整備などに取り組んでいるが、十分な成果を上げているとはいえない。安定的に質の高いサービスを利用者へ提供し続けるためには福祉人材確保が必須条件であることから、引き続き継続的かつ強力な対策の実施が求められている。

福祉のみならず産業全体での人材確保と関連して推進されているのが、少子高齢化の進展やグローバル化を背景とした新たな外国人材の受け入れなど**多文化共生**の施策である。そこで重要なことは、外国人を人手不足のための単なる労働力としてのみ受け入れるような施策であれば、多文化共生は実現できないということである。多様な背景をもつ人々の文化やアイデンティティを尊重しつつ、社会の一員として受け入れることが多文化共生の実現には不可欠であり、それは多様な背景を有するあらゆる人々が「共生」する**インクルーシブな社会**を目指すという意味で、地域共生社会にもつながる。

その際、生活に関する各種の行政サービスを提供する自治体（市町村）における外国人[iv]の受け入れ環境の整備が重要となる。地方自治体における多文化共生の推進に係る指針・計画の策定状況は、2018（平成30）年4月1日現在、都道府県・指定都市ではほぼすべての団体で策定されている一方、市区町村では取り組みに濃淡がある（市区町村の策定割合は約44％）。地方自治体へのアンケート調査の結果によると、重点的に取り組んでいる分野等として、「多言語対応」「教育・日本語学習支援」「防災」といった分野が多く挙げられた。先進的な取り組みの共有が期待されている分野も同様の傾向が示されるとともに、先進的な取り組みの共有に関するニーズの高さがうかがえた。

外国人の定住化が進む現在の日本では、外国人を観光客や一時的滞在者としてのみならず、生活者・地域住民として認識する視点が今まで以上に強く求められており、外国人住民への生活支援を総合的に行うと同時に、地域社会の構成員として社会参画を促す仕組みを構築することが重要である。地方創生の施策と関連させながら、今後の地域社会のあり方として**多文化共生の地域づくり**をさらに進めていく必要がある。

---

iv　外国人の大都市圏への偏在が顕著である。出入国在留管理庁によれば2019（令和元）年12月末時点における都道府県別の在留外国人数は、東京都（59万3458人）、愛知県（28万1153人）、大阪府（25万5894人）、神奈川県（23万5233人）と、4都府県で全体の約47％を占めている。そのため、地方部は自治体と企業が協力して地方で働くこと、暮らすことの魅力についての広報や募集活動の強化が課題である。

4 新たな手法を活用した社会的課題へのアプローチ

社会的課題を解決する場合、伝統的に二つのアプローチがある。一つは公費に基づく行政施策による対応であり、もう一つが市場原理に基づき企業などの民間営利組織を主体とする対応である。しかし、複雑かつ多様な社会的課題に直面し、低成長経済の時代である今日においては、上記の二つに加え、新たな担い手としてのNPOなど民間非営利組織やソーシャルビジネスが生み出す**社会的インパクト**を可視化し、資金を「寄付」や「社会的投資」で賄うことを促進することで、社会的課題の解決へ取り組む新たな手法が登場している。地域共生社会に向けた取り組みにも関連する新たなアプローチに関するキーワードが**ソーシャル・インパクト・ボンド**（以下、**SIB**）、社会的インパクト評価、ファンドレイジングである。

経済産業省によれば、SIBとは「民間資金を活用して革新的な社会課題解決型の事業を実施し、その事業成果（社会的コストの効率化部分）を支払の原資とすることを目指すもの」あるいは、「民間活力を社会的課題の解決に活用するため、民間資金を呼び込み成果報酬型の委託事業を実施する新たな社会的インパクト投資の取組」とされている。SIBは、2010年にイギリスで開発され、現在ではアメリカ、オーストラリアなど欧米諸国で実績がある新たな官民連携の社会的投資モデルである。SIBでは初期投資を民間資金で賄い、成果報酬型の事業を複数年度に渡る事業として設計するため、初期投資に大きな費用を要する予防的事業に取り組む際に、特にその効果が期待できるとされている。SIBを実施する場合には、行政・資金提供者・事業者の合意が取れる成果指標とその評価方法・基準を設定する必要があるため、結果的に事業の成果についての**社会的アカウンタビリティ**（説明責任）を果たすうえでも有効とされている。

SIBの導入は財政問題の解決と公共サービスの効率化と、社会的課題の解決に取り組むNPOやソーシャルビジネスなどの活動の活性化という点で可能性をもっている。日本におけるSIBを活用した事業（保健福祉分野）としては、子どもへの支援（里親支援、フリースクール★支援など）、健康づくり支援（要支援高齢者の健康寿命延伸、糖尿病重症化予防、服薬見直しによる医療費適正化など）、生活困窮者への支援（ひきこもりへのアウトリーチによる若者の就労支援など）、地域づくり（子

Active Learning
新たな手法を活用した福祉課題へのアプローチ例を調べてみましょう。

★フリースクール
一般に、不登校の子供に対し、学習活動、教育相談、体験活動などの活動を行っている民間の施設で、民間の自主性・主体性の下に設置・運営されている。2015（平成27）年度に文部科学省が実施した調査では、全国で474の団体・施設がある。

どもの居場所づくり、農福連携による認知症予防など）で実践が進んでいる。

SIB の取り組みで重要な点は、事業や活動の評価をあらかじめ設定した基準や指標を基に可視化することであり、それが**社会的インパクト評価**である。G8社会的インパクト投資国内諮問委員会社会的インパクト評価ワーキング・グループによると、「事業や活動の短期・長期の変化を含めた結果から生じた社会的・環境的な変化、便益、学び、その他効果を定量的・定性的に把握し、事業や活動について価値判断を加えること」と定義されている。社会的インパクト評価の意義は次の2点である。第一に、事業や活動の利害関係者に対する説明責任を果たすことである。外部のステークホルダー（利害関係者）に社会的インパクトに係る戦略と結果を開示することで、事業組織が生み出した社会的価値が明確になるため、資金提供者とのコミュニケーションの円滑化や社会的事業の有効性を PR することが可能となる。

第二に事業や活動における学び・改善に活用することである。事業組織において社会的インパクトに係る戦略と結果を共有し、事業／組織に対する理解を高め、意思決定の判断材料を提供することで、事業運営や組織のあり方を改善できる。評価実施の過程で、事業の検証作業を実施するため、活動内容や目標を見直す機会が生まれ組織の成長につながる。

このような新たな取り組みはその事業資金を民間から調達するという特徴があるが、NPO や社会的企業などが社会課題の解決に向けた事業への共感を得ることで民間から資金調達することを**ファンドレイジング**と呼んでいる。NPO などの非営利組織が多様な財源、すなわち寄付、会費、助成金（補助金）、事業収入、各種融資を最適なバランスで獲得していくことがファンドレイジングに求められる。これからの社会福祉法人は、社会福祉法第24条の2に基づいて地域における公益的取り組みがさらに求められることから、法人の自主財源のみならずファンドレイジングを活用した地域課題の解決に資する公益事業の立案・実施が期待されている。

◇**引用文献**

1）社会保障審議会福祉部会福祉人材確保専門委員会「ソーシャルワーク専門職である社会福祉士に求められる役割等について」（平成30年３月27日），p.5　https://www.mhlw.go.jp/file/05-Shingikai-12601000-Seisakutoukatsukan-Sanjikanshitsu_Shakaihoshoutantou/0000199560.pdf

◇**参考文献**

・GSG 国内諮問委員会ホームページ「社会的インパクト評価ツールセット」 http://impactinvestment.jp/2016/06/tool.html
・介護労働安定センター「介護労働実態調査」（平成30年度） http://www.kaigo-center.or.jp/report/2019_chousa_01.html
・厚生労働省ホームページ「『地域共生社会』の実現に向けて」 https://www.mhlw.go.jp/stf/seisakunitsuite/bunya/0000184346.html
・経済産業省商務・サービスグループヘルスケア産業課「新しい官民連携の仕組み：ソーシャル・インパクト・ボンド（SIB）の概要」 https://www.meti.go.jp/policy/mono_info_service/healthcare/socialimpactbond.pdf
・「経済財政運営と改革の基本方針2017」（平成29年６月９日閣議決定） https://www5.cao.go.jp/keizai-shimon/kaigi/cabinet/2017/decision0609.html
・総務省「多文化共生の推進に関する研究会報告書2018」（2019年３月） https://www.soumu.go.jp/menu_news/s-news/01gyosei05_02000118.html
・日本財団社会的投資推進室「新たな官民連携の仕組み ソーシャル・インパクト・ボンドについて」 https://www.soumu.go.jp/main_content/000471874.pdf

● **おすすめ**

・塚本一郎・金子郁容編『ソーシャルインパクト・ボンドとは何か――ファイナンスによる社会イノベーションの可能性』ミネルヴァ書房，2016.
・日本社会福祉士会編『地域共生社会に向けたソーシャルワーク――社会福祉士による実践事例から』中央法規出版，2018.
・牧里毎治監、とよなか国際交流協会編『外国人と共生する地域づくり――大阪・豊中の実践から見えてきたもの』明石書店，2019.
・田村秀『地方都市の持続可能性』筑摩書房，2018.
・上野谷加代子編著『共生社会創造におけるソーシャルワークの役割――地域福祉実践の挑戦』ミネルヴァ書房，2020.

第8章

福祉政策と関連施策

本章では、福祉政策の動向と課題を踏まえたうえで、関連政策について理解することを目標としている。ここでは、関連政策として、保健医療政策、教育政策、住宅政策、労働政策、災害政策を取り上げる。まずは、それぞれの政策の概要について学び、そのうえで、それぞれの政策の課題を明確に理解することが重要である。また、福祉の視点から、その課題を考察し、社会福祉士および精神保健福祉士が、それぞれの政策に、どのようにかかわり、連携していくかについても言及していく。

第1節 保健医療政策

学習のポイント

- 保健医療政策の概要について学ぶ
- 保健医療政策を理解することの重要性を認識する

1 保健医療政策とは

保健医療政策の目標は、すべての国民に安全で質の高い保健医療を提供することだといえる。ここで指す保健医療とは、単に治療だけではなく、健康増進、予防、看護、リハビリテーションなど広範な意味を含む。また、政策においても問題解決の方向性を示すための体系的な諸策を提示することが重要となる。

保健医療政策は、国によりさまざまな形態をとる。日本の保健医療政策の最大の特徴は、**国民皆保険制度**である。国民はいずれかの公的医療保険に加入し、一定の自己負担で必要な医療を受けることが可能となった。また、患者の医療機関へのフリーアクセス、医師の原則自由開業・標榜制★、公的・民間の医療機関も特徴である。その結果、日本は世界最高水準の平均寿命や保健医療提供体制を達成してきた。しかしながら、保健医療をめぐる環境の変化からさまざまな課題を抱えている。

時代とともに保健医療政策はどのように展開されてきたのか、その歴史を振り返ることは、今後の課題を考えていくにあたり重要である。**表 8-1** に第二次世界大戦以降の主な政策をまとめた。これらのことから、いつの時代も保健医療政策の主たる課題は、医療施設・従事者を中心とした保健医療提供体制と公的医療保険制度の公平、かつ効率的・安定的な運営だということがわかる。

★自由開業・標榜制
医師は原則として自由に開業でき、法に定められた標榜科名のなかから専門科を自由に選べる。ただし、病院は医療法の医療計画に基づき整備される。

Active Learning
保健医療政策の変遷とその時代背景を調べてみましょう。

2 保健医療の課題と政策

日本の保健医療政策は、世界で高齢化が最も早く進む国の一つとして注目されてきた。一方、国内では高齢化率の高さ、すなわち高齢者の増

表8-1　第二次世界大戦後の主な日本の保健医療政策

1947（昭和22）年	新保健所法制定
1948（昭和23）年	医療法制定
1950（昭和25）年	社会保障制度に関する勧告 医療法人制度発足
1958（昭和33）年	国民健康保険法改正
1963（昭和38）年	老人福祉法制定
1972（昭和47）年	老人福祉法改正
1973（昭和48）年	健康保険法改正
1982（昭和57）年	老人保健法制定
1985（昭和60）年	第１次医療法改正
1986（昭和61）年	老人保健法改正
1993（平成５）年	第２次医療法改正
1994（平成６）年	地域保健法制定
1997（平成９）年	介護保険法制定 第３次医療法改正
2000（平成12）年	健康保険法等の一部を改正する法律成立 第４次医療法改正
2002（平成14）年	健康保険法等の一部を改正する法律成立
2005（平成17）年	介護保険法改正
2006（平成18）年	医療制度改革 健康保険法等の一部を改正する法律成立 第５次医療法改正
2008（平成20）年	社会保障国民会議最終報告とりまとめ
2011（平成23）年	介護サービスの基盤強化のための介護保険法等の一部を改正する法律
2012（平成24）年	国民健康保険法改正
2013（平成25）年	健康保険法等の一部を改正する法律成立 社会保障改革プログラム策定
2014（平成26）年	地域における医療及び介護の総合的な確保を推進するための関係法律の整備等に関する法律（医療介護総合確保推進法）成立 第６次医療法改正
2015（平成27）年	持続可能な医療保険制度を構築するための国民健康保険法等の一部を改正する法律成立 第７次医療法改正
2017（平成29）年	地域包括ケアシステムの強化のための介護保険法等の一部を改正する法律 第８次医療法改正
2019（令和元）年	健康保険法等改正

出典：厚生労働統計協会『国民衛生の動向 2019/2020』2019.、日本医療政策機構「日本の医療政策 1.背景」2019. をもとに作成

加に伴い、財政基盤と医療・介護の質という課題に直面している。近年、それらに対する政策として二つの法律が成立した。

まず、保健医療提供体制を確保するため、2014（平成26）年に成立した「地域における医療及び介護の総合的な確保を推進するための関係法律の整備等に関する法律（**医療介護総合確保推進法**）」である。この法律は、持続可能な社会保障制度の確立を図るために、効率的かつ質の高い医療提供体制と地域包括ケアシステムの構築に向けた整備等を行うものである。この法律により、医療法、介護保険法、国民健康保険法など19の法律が横断的に改正された。主な内容として、❶新たな基金の創設と医療・介護の連携強化、❷地域における効率的かつ効果的な保健医療提供体制の確保、❸**地域包括ケアシステム**の構築と費用負担の公平化などが挙げられている。

次に、医療保険制度を維持するため、2015（平成27）年には「持続可能な医療保険制度を構築するための国民健康保険法等の一部を改正する法律（**医療保険制度改革関連法**）」が成立した。この法律では、①国民健康保険の財政基盤の安定化、②後期高齢者支援金の全面総報酬割の導入、③負担の公平化などが決定された。

戦後は医療体制の整備、高度経済成長を背景に社会保障は増大した。1980年代以降になると、戦後の拡大路線の影響、経済状況の悪化や高

表8-2　保健医療のパラダイムシフト

これまで	2035年に向けて	概要
量の拡大	質の改善	必要な保健医療を確保しつつ、質と効率の向上を目指す
インプット中心	患者の価値中心	構造設備や人員配置の管理や評価ではなく、その効果を評価
行政による規制	当事者による規律	秩序維持から、保健医療の当事者による自律的で主体的なルールづくり
キュア中心	ケア中心	治癒のみが目的ではなく、生活の質を維持・向上させ健康を保つ
発散	統合	専門職・制度間での相互連携を重視し、切れ目のない対応をする

出典：保健医療2035策定懇談会「保健医療2035提言書」厚生労働省，2015．をもとに作成

齢化の進展に伴い医療保険財政は急激に悪化し、制度改革を繰り返して対応してきた。しかし、今後さらに増大、変化していく保健医療ニーズに対し、これまでのような医療の効率化、医療費の抑制や自己負担の増加では限界がある。そのため、保健医療のパラダイムシフトが求められている（**表 8-2**）。

3　保健医療政策と社会福祉士・精神保健福祉士

保健医療政策と社会福祉士・精神保健福祉士はどのようにかかわるのか。たとえば、救急搬送された病院で脳梗塞の治療を行ったあと、自宅退院に向けて回復期リハビリテーション病棟★を有する病院へ転院することがある。この背景には地域の医療資源を効果的かつ効率的に活用し、患者の状態に応じた良質な保健医療サービスにつなげる先述した医療介護総合確保推進法といった保健医療政策がある。

図 8-1 に保健医療政策と社会福祉士・精神保健福祉士のかかわり方について示した。支援対象者には保健医療サービスを必要とする患者も多い。また、医療ソーシャルワーカー★は医療提供施設において直接患者を支援することになる。そのため、保健医療サービスと患者の状況を理解していくためには、政策と実践を両輪として考えていくことが重要である。

★回復期リハビリテーション病棟
脳血管疾患や大腿骨骨折などの治療のあと、社会復帰を目指し集中的なリハビリテーションを行う病棟。

★医療ソーシャルワーカー
保健医療機関において、社会福祉の立場から患者やその家族の抱える経済的・心理的・社会的問題の解決、調整を援助し、社会復帰の促進を図る業務を行う。多くが社会福祉士や精神保健福祉士の資格を有している。

図8-1　保健医療政策と社会福祉士・精神保健福祉士のかかわり方

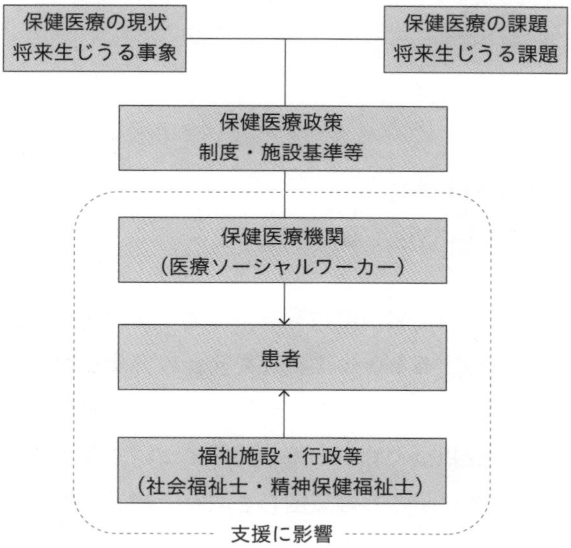

◇**参考文献**

・Hashimoto, H., Ikegami, N., et al., '*Cost containment and quality of care in Japan: is there a trade-off?*', *The Lancet*, 378, 2011.
・保健医療2035策定懇談会「保健医療2035提言書」厚生労働省，2015.
・Ikegami, N., Yoo, B. K., et al., '*Japanese universal health coverage: evolution, achievements, and challenges*', *The Lancet*, 378, 2011.
・岩渕豊『日本の医療——その仕組みと新たな展開』中央法規出版，2015.
・'OECD Health Statistics 2019', OECD，2019.
・島崎謙治『日本の医療——制度と政策』東京大学出版会，2011.

● **おすすめ**

・池上直己『日本の医療と介護——歴史と構造、そして改革の方向性』日本経済新聞出版社，2017.

第2節 教育政策

学習のポイント

- 社会福祉政策における教育政策の役割を学ぶ
- 「人間らしい生活」と教育の関係について考える

現代の社会福祉政策において教育政策は大きな役割を担っている。教育政策は、広く定義すると、生涯教育や社会教育など大人を対象にした施策も含まれるが、ここでは子どもを対象にした学校教育に関連する諸施策に着目し、社会福祉と教育政策の関係について考えてみたい。考察のための事例として「子どもの貧困」を取り上げる。

1 「子どもの貧困」とは

経済的困窮は子どもの心身、生活、さらに将来にも大きなダメージを与える（**図 8–2**）。これらの問題を総称したものが**子どもの貧困**である。日本では 2000 年代後半から社会福祉の課題として広く認知されるようになり、国が対策に着手した。

厚生労働省によれば 2018（平成 30）年現在、日本の 17 歳以下の子どもの 13.5%、およそ 250 万人が「貧困★」のなかにあるという。また、世帯主が 18 歳以上 65 歳未満で子どものいる世帯のなかで、大人が一人の世帯の貧困率は、過去 40 年間、高い水準で推移してきた。このことは「ひとり親家族」の子どもの状態が特に深刻であることを示している（**図 8–3**）。

★貧困
「等価可処分所得の中央値の半分以下の状態」を指す。この定義は子どもの貧困対策においてしばしば参照されるものであるが、貧困の定義は、たとえば「生活保護基準以下の状態」などほかにもある。

2 教育政策を中心に展開する子どもの貧困対策

子どもの貧困対策は**子どもの貧困対策の推進に関する法律**（平成 25 年法律第 64 号）が成立し、本格化した。対策の特徴は、子どもの教育上の不利に大きな関心を寄せ、対策の大部分が教育にかかわる施策から

図8-2　複合的困難・累積する不利

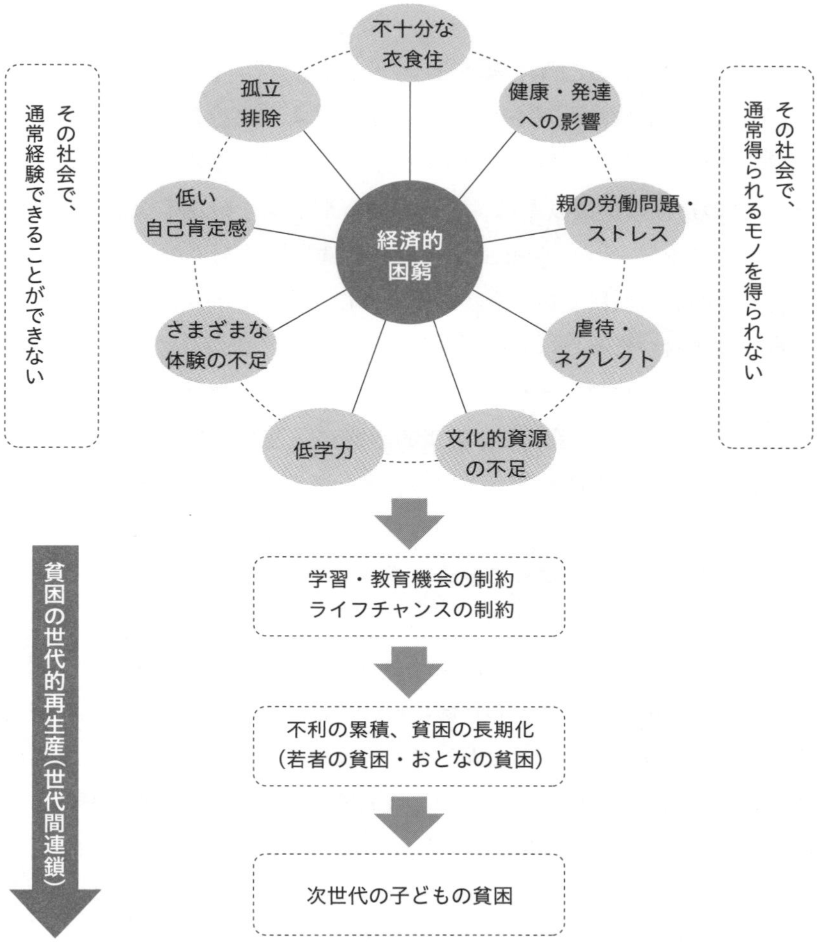

小西祐馬（長崎大学）作成
出典：秋田喜代美・小西祐馬・菅原ますみ編著『貧困と保育』かもがわ出版，p.31，2016.

図8-3　子どもの貧困率

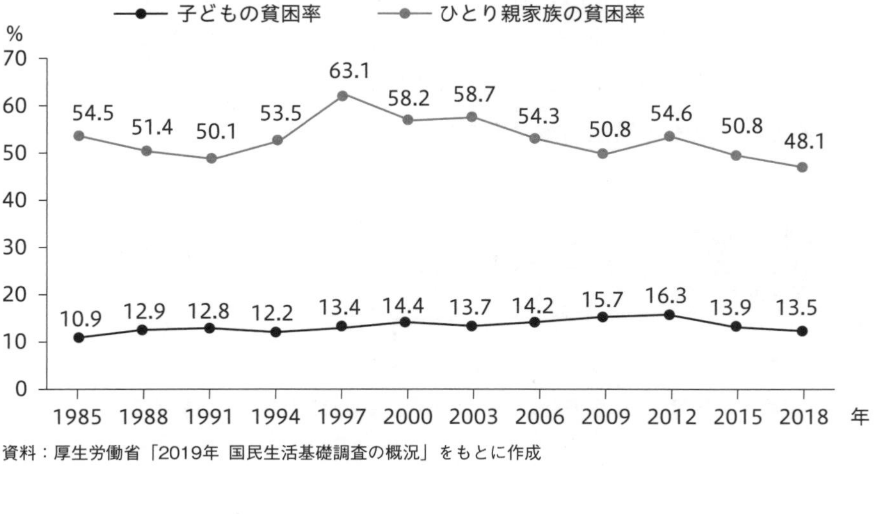

資料：厚生労働省「2019年 国民生活基礎調査の概況」をもとに作成

構成されていることである。法に基づく対策方針「子供の貧困対策に関する大綱」（2019（令和元）年）に列挙されている「子供の貧困に関する指標」を挙げておこう（**表 8–3**）。

「子供の貧困に関する指標」とは、対策により改善をねらう具体的な項目であり、同時に対策の成果の検証点として政府が設定したものである。39 の指標の半数以上は、中高等教育進学率や中退率などの就学状況、またスクールソーシャルワーカー★や就学援助制度の普及度といった、教育関連の項目であった。このように、子どもの貧困対策の中心に教育政策がおかれるのは、なぜか？

★スクールソーシャルワーカー
学校に拠点を置き活動するソーシャルワーカー。日本では、いじめ、不登校、暴力行為、虐待といった課題への対応策として、全国の学校への配置や派遣が 2008（平成 20）年から文部科学省によって進められている。

第一の理由は単純である。現代日本では子ども期はほぼ学齢期に重なるからだ。**図 8–2** で示した、経済的困窮が子どもに与えるダメージの多くが、学校での困難や教育上の不利として現れていることも同じ理由からである。不就学や児童労働がみられる開発途上諸国とは異なり、日本の子どもの生活のかなりの部分は学校で営まれている。

別の理由もある。教育政策は、個人の生活を豊かにすること、また社会を豊かにすることをねらう政策だからである。学校教育を通じて個人が得る資格や能力は、安定した職に就けるかどうかなど、その人の経済生活を大きく左右する。したがって、教育政策は、貧困家族の子どもの成人後の貧困からの脱出（貧困の世代的再生産★の防止）の鍵を握っているわけである。さらに教育を受けた人々は、国の経済発展にかかわる「人材」となる。

★貧困の世代的再生産
貧困家族の子どもが将来、貧困家族を形成する大人になる傾向のこと。この傾向は、日本のほか世界各国における実証研究で確認されている。「貧困の連鎖」ともいう。

子どもの貧困対策については、専門家により効果の試算が行われている。ある試算によれば、現在の貧困家族の子どもの進学状況等を改善すれば、将来的に約 40 兆円の社会的利益が得られるという。また、より多くの社会的・個人的利益を得るためには、乳幼児期への働きかけが有効だという知見もある。2019（令和元）年開始の**幼児教育・保育の無償化**は、少子化対策として知られているが、以上のような知見を踏まえると、子どもの貧困対策とみなすこともできる。

3 「人間らしい生活」の実現と教育政策

現在の子どもの貧困対策は教育政策を中心に展開している。実は、このような政策のあり方は、日本の子どもの貧困対策に特有のものではない。

表8-3　子供の貧困に関する指標

指標		直近値
教育の支援		
生活保護世帯に属する子供の高等学校等進学率		93.7%（2018年）
生活保護世帯に属する子供の高等学校等中退率		4.1%（2018年）
生活保護世帯に属する子供の大学等進学率		36.0%（2018年）
児童養護施設の子供の進学率	中学校卒業後	95.8%（2018年）
	高等学校等卒業後	30.8%（2018年）
ひとり親家庭の子供の就園率（保育所・幼稚園等）		81.7%（2016年）
ひとり親家庭の子供の進学率	中学校卒業後	95.9%（2016年）
	高等学校等卒業後	58.5%（2016年）
全世帯の子供の高等学校中退率		1.4%（2018年度）
全世帯の子供の高等学校中退者数		48,594人（2018年度）
スクールソーシャルワーカーによる対応実績のある学校の割合	小学校	50.9%（2018年度）
	中学校	58.4%（2018年度）
スクールカウンセラーの配置率	小学校	67.6%（2018年度）
	中学校	89.0%（2018年度）
就学援助制度に関する周知状況（入学時及び毎年度の進級時に学校で就学援助制度の書類を配付している市町村の割合）		65.6%（2017年度）
新入学児童生徒学用品費等の入学前支給の実施状況	小学校	47.2%（2018年度）
	中学校	56.8%（2018年度）
高等教育の修学支援新制度の利用者数	大学	—
	短期大学	—
	高等専門学校	—
	専門学校	—
生活の安定に資するための支援		
電気、ガス、水道料金の未払い経験	ひとり親世帯	電気：14.8%　ガス17.2% 水道：13.8%（2017年）
	子供がある全世帯	電気：5.3%　ガス：6.2% 水道：5.3%（2017年）
食料又は衣服が買えない経験	ひとり親世帯	食料：34.9%　衣服：39.7% （2017年）
	子供がある全世帯	食料：16.9%　衣服：20.9% （2017年）
子供がある世帯の世帯員で頼れる人がいないと答えた人の割合	ひとり親世帯	重要な事柄の相談：8.9% いざという時のお金の援助：25.9% （2017年）
	等価可処分所得第Ⅰ～Ⅲ十分位	重要な事柄の相談：7.2% いざという時のお金の援助：20.4% （2017年）
保護者に対する職業生活の安定と向上に資するための就労の支援		
ひとり親家庭の親の就業率	母子世帯	80.8%（2015年）
	父子世帯	88.1%（2015年）
ひとり親家庭の親の正規の職員・従業員の割合	母子世帯	44.4%（2015年）
	父子世帯	69.4%（2015年）
経済的支援		
子供の貧困率	国民生活基礎調査	13.9%（2015年）
	全国消費実態調査	7.9%（2014年）
ひとり親世帯の貧困率	国民生活基礎調査	50.8%（2015年）
	全国消費実態調査	47.7%（2014年）
ひとり親家庭のうち養育費についての取決めをしている割合	母子世帯	42.9%（2016年）
	父子世帯	20.8%（2016年）
ひとり親家庭で養育費を受け取っていない子供の割合	母子世帯	69.8%（2016年）
	父子世帯	90.2%（2016年）

資料：内閣府「子供の貧困対策に関する大綱――日本の将来を担う子供たちを誰一人取り残すことがない社会に向けて」2019．をもとに作成

20世紀末以降の先進諸国では、人々の能力開発を重視する社会福祉改革が進んでいる。各国の改革は、社会的投資、ワークファースト、**自立支援**、**社会的包摂**（**ソーシャルインクルージョン**）、アクティベーション★など多様なスローガンを掲げているが、大人には積極的な就労支援を、子どもには学校教育を通して、人々の能力向上をねらう戦略を共有する。グローバルな視点からみると、日本の子どもの貧困対策は、先進諸国の社会福祉の現代的潮流のなかにある。

★アクティベーション
失業者や貧困者など社会や労働市場から排除されている人々を「不活発な（inactive）人々」とみなし、彼らを「活性化（activate）」させる、具体的には社会や労働市場への参入を促そうとする社会福祉政策の考え方。

人々の能力開発のための教育や訓練を重視する社会福祉政策を否定する必要はない。たしかに、教育は社会や一人ひとりの生活を豊かにする、有力な政策的手段だからである。ただし、教育には、すべての人々の「**人間らしい生活**」の実現という社会福祉政策の目的にかかわる、大切な役割がほかにもいくつかあることを忘れてはならない。

たとえば、教育には、社会や個人の利益を増進する「手段」としてだけではない意味がある。日本の社会福祉政策は「健康で文化的な最低限度の生活」を営む権利の保障を目的としている。「健康で文化的な最低限度の生活」の具体的内容を思い出してほしい。たとえば、生活保護制度は、衣・食・住、医療等のほかに、教育をその主要な保障項目としている。その一つの理由は、適切な教育を受けることは、何かの役に立つかどうかに関係なく、それ自体「人間らしい生活」に不可欠だからである。

社会や個人の利益増進の「手段」としての教育政策に関心が集まる今、社会福祉のために教育政策が果たすべきほかの役割についても、考えてみる必要があるのではないか。

◇**参考文献**
・日本財団子どもの貧困対策チーム『徹底調査子供の貧困が日本を滅ぼす――社会的損失40兆円の衝撃』文藝春秋，2016.

● **おすすめ**
・広田照幸『教育は何をなすべきか――能力・職業・市民』岩波書店，2015.
・松本伊智朗編集代表，佐々木宏・鳥山まどか編著『シリーズ子どもの貧困③ 教える・学ぶ――教育に何ができるか』明石書店，2019.

第3節 住宅政策

学習のポイント

- 住宅政策の内容を、福祉国家の社会政策という観点から理解する
- 日本の住宅政策の特徴と近年の変化を学ぶ
- 社会福祉と関連する住宅政策の課題について考察する

1 福祉国家における住宅政策

1 社会福祉と住宅政策の関係

社会福祉と住宅政策には密接な関係がある。ノーマライゼーションは、特別なケアを必要とする人が、住み慣れた地域で、可能な限り自宅で生活できる条件を整えることである。そのためには、住宅政策と社会サービスがかみあっていなければならない。住宅のあり方を前提に社会サービスを整備していくアプローチ、および、社会サービスのあり方を前提に住宅を整備していくアプローチがとられる。住宅政策と社会サービスは、互いに高めあうこともあるが、どちらかが足を引っぱって、もう一方の発展をさまたげることもある。社会福祉の担い手には、住宅政策についての的確な理解が求められる。

2 社会政策としての住宅政策

住宅にかかわる公共政策は、金融、税制、雇用、産業、交通、都市計画、防災など多岐にわたる。社会福祉にとって重要なのは、社会政策としての住宅政策である。武川の整理によれば、その主な内容は以下の六つである[1)]。

❶居住水準の保障

劣悪な住環境（面積が狭い、設備が古い、衛生状態が悪い、騒音が激しい、プライバシーが保てない、など）は、そこに暮らす人の健康を害し、自尊心を失わせ、社会的な孤立につながる。そして、質の低い住宅が密集した地域は、伝染病、地震、火災などの災害に弱く、周辺にも悪影響を及ぼす。そこで、はじめは公衆衛生や防災の観点から、のちには基本的人権の観点から、住宅の質を保障するための規制が行われるよう

になった。

❷借家権の保護

家主（住宅の貸し手）は、できるだけ高い家賃を支払う借家人（借り手）を求める。そのため、入居時には支払い能力の審査を行い、入居後にも家賃の値上げを要求したり、応じない場合に退去を迫ったりする。子育て、仕事、余暇などの生活のパターンは住宅を基盤として形作られる。このため、適切な住居が得られないこと、また住居を失うことは大きなストレスになる。そこで、政府が家賃の上限を設けたり退去の条件を厳格化したりする。

❸公共賃貸住宅の建設

最低居住水準の規制や借家人の保護によって、貸家経営の旨みが損なわれる。このため、民間家主は住宅の供給を控えがちとなる。また、民間家主の大半は資金力が乏しく、計画的に大量の住宅を供給する力をもたないことが多い。そのため、大都市や工業地域では住宅不足が慢性化した。この問題を解決する一つの方法は、政府自らが家主となることである。中央政府から補助金を受けて自治体が建設する方式が典型である。

❹民間賃貸住宅への助成

住宅不足と質の悪化を防ぐには、政府が公共賃貸住宅を直接に供給するだけでなく、民間家主を通じた間接的な供給も有力な手段である。手頃な家賃の良質な住宅（**アフォーダブル住宅**）を供給する家主（非営利団体など）に対して、政府が有利な条件での融資、税制面での優遇、補助金の給付などを行う。

❺持家取得のための補助

持家は個人の資産であるが、住宅の質の向上や生活の安定に役立つ場合には、社会全体の資産としての側面をもつ。そこで、購入者に対して、政府によって有利な条件での融資、税制面での優遇、補助金の給付といった支援が行われる。このほか、既存の住宅の改修（バリアフリー化や省エネ化）の補助や、公共賃貸住宅の居住者に対する払い下げといった手段も用いられる。

❻住宅手当の給付

借家権の保護よりもさらに積極的な措置として、借家人に現金を給付し、家賃負担能力を補填することで、住宅の確保を支援し、居住の継続を保障するのが**住宅手当**（公的家賃補助、住宅給付とも呼ばれる）である。❸や❹のような供給者に対する給付の代替として用いられるほか、併用されることもある。また、持家の所有者・購入者にしか恩恵が及ばない❺との公平性を図るうえでも有効とされる。

2 日本の住宅政策

1 戦後日本の住宅政策とその特徴

住宅政策のさまざまな手段のうち、どれをどのように用いるかは、国によって大きく異なる。日本では、戦前までに前述の❶や❷に当たる制度が導入され、❸と❺が戦後に本格化した。ただし、規制の面でも給付の面でも政府の介入は限定的である。日本の社会保障においては家族と雇用主の役割が大きいが、こうした特徴は住宅にも当てはまる。

戦後の住宅政策では、所得層に対応する形で制度が形成された。特に、高所得層に持家取得資金の融資を行う**住宅金融公庫**（1950（昭和25）年）、低所得層に自治体が公共賃貸住宅を供給する**公営住宅**（1951（昭和26）年）、中所得層に公共賃貸住宅を供給する**日本住宅公団**（1955（昭和30）年）は、住宅政策の三本柱と呼ばれた。

住宅建設計画法（昭和41年法律第100号）に基づき、8期40年にわたって住宅建設計画が策定された。計画は、住宅政策に対する政府の責任を明確にした。住宅の量的不足が短期間で解消し、全体として質的な向上がみられたことはその重要な成果である。もっとも、物的な側面が重視されたことから、住宅政策は産業政策や経済政策としての性格を強めた。❸は抑制され、❺が拡充される一方、❹や❻は手薄なままであった。

2 住宅政策の変化

1980年代以降、住宅ストックの成熟と人口の高齢化を背景に、住宅政策はしだいに姿を変えた。主な動きを取り上げると、以下のとおりである。

❶高齢社会への対応

①　シルバーハウジング（公共賃貸住宅）

政府が「長寿社会対策大綱」を発表した1986（昭和61）年、第5期住宅建設5か年計画は、高齢者住宅政策として、子世帯との同居・隣居・近居を促進するとともに、単身・夫婦のみ高齢者世帯向け住宅を整備するとした。翌1987（昭和62）年、建設省と厚生省が協力する「シルバーハウジング・プロジェクト」が創設された。**シルバーハウジング**

★ライフサポートアドバイザー
市町村の委託を受け、シルバーハウジングや高優賃などに入居する高齢者に対し、生活相談・指導、安否確認、緊急時における連絡などのサービスを提供する生活援助員。LSAの派遣は、介護保険法の定める地域支援事業のうち、任意事業に位置づけられる。

★特定優良賃貸住宅
「特定優良賃貸住宅の供給の促進に関する法律」（平成5年法律第52号）に基づき、民間事業者が、政府・自治体から融資、整備費や家賃減額のための助成を受け、中堅所得層の家族世帯向けに、良質で適正な家賃の賃貸住宅を供給する仕組み。2007（平成19）年度に地域優良賃貸住宅制度に再編された。

は、単身・夫婦のみ高齢者世帯を対象に、バリアフリーの公共賃貸住宅と、ライフサポートアドバイザー★（LSA）によるサービス（生活相談、緊急時の対応など、介護は含まない）を一体的に提供するものである（2017（平成29）年度現在2.5万戸）。

②　特優賃・高優賃（民間賃貸住宅）

1993（平成５）年に始まった特定優良賃貸住宅★（特優賃）制度により、民間家主に対して、建設費だけでなく、家賃減額のための助成を行う道が開かれた。1998（平成10）年にはこの枠組みに基づき**高齢者向け優良賃貸住宅（高優賃）**が導入された。2000（平成12）年には高優賃にもLSAによる生活支援サービスが拡大された。

③　住宅改修のための補助

2000（平成12）年に始まった介護保険制度では、主に持家に対する補助として、バリアフリー化のための住宅改修費用を給付する仕組みが設けられた。

❷住宅セーフティネットと居住支援

①　住宅建設計画から住生活基本計画へ

2006（平成18）年に住宅建設計画が終了し、住宅政策は大きな区切りを迎えた。同年に始まった**住生活基本計画**では、政府のかかわりはさらに抑制的となり、ストック重視と市場重視の方針が明確化された。他方で、地域福祉や在宅ケアの主流化に伴い、医療や介護にかかわる政策は住宅の重要性を強調するようになった。

②　住宅セーフティネット法

2007（平成19）年の住宅確保要配慮者に対する賃貸住宅の供給の促進に関する法律（**住宅セーフティネット法**）（平成19年法律第112号）は、低額所得者、被災者、高齢者、障害者、子育て世帯など、住宅市場で不利な立場にある人を「住宅確保要配慮者」と位置づけ、民間賃貸住宅を活用する方針を示した。同法は、実質的な規制や給付について定めるものではないが、自治体レベルでの**居住支援協議会**の設置を奨励した。居住支援協議会は地方公共団体、宅地建物取引業者、賃貸住宅管理業者、居住支援団体などによって構成され、「住宅確保要配慮者の民間賃貸住宅への円滑な入居の促進に関し必要な措置について協議する」（同法第10条（現・第51条））とされた。2020（令和２）年10月31日時点で、全都道府県と53市区町で設立されている[2)]。

③　サービス付き高齢者向け住宅

2011（平成23）年には、高齢者の居住の安定確保に関する法律（高齢者住まい法）（平成13年法律第26号）が改正され、国土交通省・厚生労働省共管の**サービス付き高齢者向け住宅**★（**サ高住**）の制度が設けられた。サ高住の整備は急速に進み、近年では入居者が20万人を超えている。

④　**みなし仮設住宅**

東日本大震災（2011（平成23）年）に際して、新たに設置される建設型の仮設住宅だけでは被災者の必要に対応できないことから、民間賃貸住宅を自治体が借り上げる**みなし仮設住宅**の方式が本格的に運用され、その後の大規模災害対策において定着した。

⑤　**住居確保給付金**

生活困窮者自立支援法（平成25年法律第105号）では、失業など急激な収入の減少に直面した人を対象に、短期的に家賃を支給する**住居確保給付金**が導入された。

⑥　**住宅セーフティネット法改正**

2017（平成29）年の住宅セーフティネット法改正は、福祉政策と住宅政策の接近を背景に行われた。新しい制度では、住宅確保要配慮者の入居を拒まない民間賃貸住宅として登録された住宅が、自治体による監督や、改修費や家賃減額のための助成の対象となった。また、改正法では、居住支援を行うNPO法人、社会福祉法人、営利企業などのうち、一定の基準を満たすものを、都道府県が**居住支援法人**として指定する制度が導入された。居住支援法人は、住宅確保要配慮者を対象に、登録住宅にかかわる家賃債務保証のほか、賃貸住宅への入居時および入居後の情報提供や相談援助を行う（同法第42条）。2020（令和２）年10月31日時点で、のべ356法人が指定されている[3)]。

★サービス付き高齢者向け住宅
2011（平成23）年に行われた高齢者住まい法の改正に伴い導入された制度。バリアフリーなどの条件を満たし、一定の生活支援サービスが提供される老人ホームまたは賃貸住宅が、補助・融資・税による支援の対象となる。

3　住宅政策の課題

社会福祉と関連するところでは、住宅政策の課題は以下の三つにまとめられる。

1　住宅政策と福祉政策の連携

ケアを受ける場として住宅を整備するという方向と、施設に含まれる居住の場としての側面を強化するという方向で、住宅政策と福祉政策は接近してきた。ただし、その必要性についての認識は、当事者の間でも大きなばらつきがみられる。居住支援協議会などを通じて、広範な同意を形成することが必要とされている。

2 民間賃貸住宅の活用と規制

サ高住や新しい住宅セーフティネット制度にみられるように、民間の住宅供給者への助成が拡充された。ただし、住宅手当（公的家賃補助）はきわめて限定的である。また、居住水準を保障する仕組みが不十分で、貧困ビジネスとも呼ばれる搾取的な事業者があとを絶たない。民間賃貸住宅の活用とともに、実効ある規制の仕組みが必要である。

3 対人社会サービスの位置づけ

住宅政策においては物的環境の整備が優先され、次に所得保障の側面が重視されてきた。これに加えて近年では、LSAが提供する生活支援や、住宅セーフティネット法の居住支援など、親族（同居・隣居・近居）によるサービスと、専門化された医療・介護サービスとの中間に位置するサービスが重視されている。あらためて、住宅政策に対人社会サービスをどのように位置づけるかを整理する必要がある。

◇**引用文献**

1）武川正吾『社会政策の社会学』ミネルヴァ書房，pp.141-148，2009.
2）国土交通省「住宅確保要配慮者居住支援協議会について」 https://www.mlit.go.jp/jutakukentiku/house/jutakukentiku_house_fr 3 _000019.html
3）国土交通省「住宅確保要配慮者居住支援法人について」 https://www.mlit.go.jp/jutakukentiku/house/jutakukentiku_house_fr 7 _000026.html

◇**参考文献**

・平山洋介『住宅政策のどこが問題か』光文社，2009.
・野口定久・外山義・武川正吾編『居住福祉学』有斐閣，2011.

● **おすすめ**

・稲葉剛・小川芳範・森川すいめい編『ハウジングファースト』山吹書店，2018.

第4節 労働政策

学習のポイント

- 労働市場のセーフティネットである雇用保険と生活保護について理解する
- 雇用保険と生活保護の間に「第二のセーフティネット」を導入した意義を学ぶ
- 障害者やひとり親を対象とした就労支援の概要を学ぶ

1 労働市場とセーフティネット

資本主義社会において、多くの人々は労働者として、労働市場から賃金を得て生活を営むようになる。そのため政府は労働政策として、安定した職業生活のための労働条件（労働時間・休日、労働安全衛生、最低賃金等）の確保・改善を行い、また、労災保険の整備、求職者への職業訓練、就労が困難な人々への就労支援等を実施する。さらに労働市場からの退出が余儀なくされる失業や引退に備えたセーフティネットの整備も行われる。

2000年代以降、労働市場の悪化が生じるなかで、労働政策と福祉政策の連携を目指したセーフティネット改革が進められた。労働市場のセーフティネットとしては、まず社会保険の雇用保険がある。しかし失業者が被保険者でなかった場合や雇用保険の受給期間を超えてしまった場合などは、最後のセーフティネットである生活保護を利用することになる。2008（平成20）年のリーマンショック以後、雇用保険を受給できない失業者が急増すると、政府は雇用保険と生活保護の間に「第二のセーフティネット★」と呼ばれる諸施策を実施した。その後、それらの施策は、求職者支援制度（2011（平成23）年、職業訓練の実施等による特定求職者の就職の支援に関する法律（求職者支援法）成立、同年施行）や生活困窮者自立支援制度（2013（平成25）年生活困窮者自立支援法成立、2015（平成27）年施行）という形で制度化されるようになった。

本節では、福祉政策と特に関連の深い労働政策である、労働市場のセーフティネットと就労支援の概要について論じることとする。

★第二のセーフティネット
当時実施された生活支援と就労支援の総称であり、具体的には❶住宅手当、❷総合支援資金貸付、❸緊急人材育成支援事業、❹臨時特例つなぎ資金貸付、❺就職活動困難者支援事業、❻長期失業者支援事業、❼就職安定資金融資がある。

2 雇用保険

労働市場のセーフティネットである**雇用保険**は、労働者が失業した場合、また就業継続が困難となった場合、あるいは職業教育訓練を自ら受けた場合に給付を行うとともに、雇用の安定と労働者の能力開発を図る雇用保険二事業を実施する社会保険である。具体的な給付としては、❶失業した被保険者の生活の安定を図るための**求職者給付**、❷早期の再就職等を促進するための**就職促進給付**、❸教育訓練の費用の一部を支給する**教育訓練給付**、❹高年齢者の雇用継続、育児休業、介護休業時の給付である**雇用継続給付**がある。

被保険者は、雇用保険の適用事業に雇用される労働者であり、一般被保険者、高年齢被保険者、短期雇用特例被保険者、日雇労働被保険者の区分がある。なお、労働時間や雇用継続見込みに条件があり、その条件を満たす場合に被保険者になる（具体的には、①1週間の所定労働時間が20時間以上である者、②同一の事業主に継続して31日以上雇用されることが見込まれる者は、原則として被保険者になる）。

また一般被保険者の求職者給付である基本手当（離職前賃金等に応じた現金給付）については、受給要件に被保険者期間が設けられている。またその給付日数は離職理由、年齢、就職困難者（障害者等）、被保険者期間によって定められるが、90～360日となる。このため、1年以上の長期失業となる場合は、基本手当の支給が行われないこととなる。

以上のように、労働市場のセーフティネットとして重要な役割を担っている雇用保険であるが、未加入や被保険者期間が不足している非正規労働者、また給付日数を超えてしまった長期失業者をカバーすることができない。リーマンショック後に雇用保険未加入の失業者や生活保護受給者が急増したこともあり、新たなセーフティネットの導入が検討されるようになった。それが求職者支援制度や生活困窮者自立支援制度の創設につながった。

3 求職者支援制度と生活困窮者自立支援制度

1 求職者支援制度

求職者支援制度は、雇用保険を受給できない求職者に対して職業訓練の機会を提供する制度である。利用者は、認定された民間教育訓練機関が実施する求職者支援訓練を受講する。また利用者は、収入・資産・出席等の支給要件を満たす場合、訓練期間中に**職業訓練受講給付金**を受給できる。

求職者支援訓練には、基礎コース（社会人としての基礎的能力や短時間で習得できる技能等を付与する訓練）と実践コース（IT、営業･販売･事務、医療事務、介護福祉、デザイン等の分野で、職務遂行のための実践的な技能を付与する訓練）がある。

2018（平成30）年度の実践コースの就職状況は、受講者数は1万7110人、修了者数は1万5034人、就職者数は9567人であり、就職率は63.9%であった。ただし2010年代後半の労働市場は改善傾向にあったことから、近年、求職者支援訓練の受講者は減少傾向にある。

2 生活困窮者自立支援制度

生活困窮者自立支援制度は、生活保護に至る前の段階での自立支援強化を図り、また生活保護を脱却した者が再び受給することがないよう、各種の支援事業を実施する制度である。

具体的には、必須事業として、❶**自立相談支援事業**(利用者の支援ニーズの把握、自立支援計画の策定、関係機関との連絡調整)、❷**住居確保給付金**の支給がある。また任意事業として❸就労準備支援事業、❹一時生活支援事業（住居のない生活困窮者への宿泊場所と衣食の提供、地域社会で孤立している者への訪問・見守り等)、❺家計改善支援事業、❻子どもの学習・生活支援事業などがある。また、都道府県知事等による就労訓練事業（いわゆる「中間的就労」）の認定も行われる。これらの支援事業は、2000年代に実施された生活困窮者支援の総合版のような性格をもつ。

このうち就労支援を行うのは、就労準備支援事業である。それまでの生活困窮者支援のなかで、貧困という従来の枠組みでは捉えにくい、困窮の複雑な要因（社会的孤立や精神疾患、**8050問題**や**ダブルケア**等）があることが明らかになってきた。そのため、就労準備支援事業においても、利用者の状態に合わせた個別支援が求められるようになった。具体的には、一般就労に向けた日常生活自立・社会生活自立・就労自立のための訓練を行うことを目指している。また支援してもなお一般就労が困難な場合は、支援付きの就労の場の提供を行う中間的就労の場も設けることがある。

2018（平成 30）年度の生活困窮者自立支援制度全体の支援状況は、新規相談受付件数が 23 万 7665 件、プラン作成件数が 7 万 7265 件、就労支援対象者数が 3 万 3969 人であった。支援の成果は、就労支援対象プラン作成者分の就労者数は 1 万 6333 人、増収者数は 5079 人であり就労増収率（就労支援対象者のうち就労者や増収者の割合）は 63%であった。なお、任意事業の就労準備支援事業を実施する自治体は年々増加しているが、2018（平成 30）年度の実施率は 48%であり、全国的な実施までには至っていない状況がある。

4 生活保護と就労支援

最後のセーフティネットである**生活保護**は、最低生活保障と自立の助長を目的とした公的扶助制度である。自立の助長とは、生活保護受給者に対してさまざまな自立支援を実施することを意味する。

生活保護は、受給者の増加とともに、精神疾患や認知症、家族問題などにより複雑化する支援ニーズに対応する必要があり、新しい支援のあり方が求められていた。そうした流れを受けて、2005（平成 17）年に導入された**自立支援プログラム**では、福祉事務所のケースワーカーによる支援だけでなく、**公共職業安定所（ハローワーク）**との連携や業務委託を受けた支援団体などによる支援が実施された。その際、就労支援などの**経済的自立**だけでなく、身体や精神の健康を回復・維持し、自分で自分の健康・生活管理を行うといった**日常生活自立**、社会的なつながりを回復・維持し、地域社会の一員として充実した生活を送るといった**社会生活自立**という三つの自立の概念に基づいて幅広い支援が実施された。

就労支援では、就労に準備が必要な者を対象に、❶日常生活習慣の改善等を行う**被保護者就労準備支援事業**（2016（平成 28）年度：参加者 7624 人、就労増収者 1727 人、就労増収率 22.7%）、❷就労支援員★による支援（ハローワークへの同行や求人開拓等も含む）である**被保護者就労支援事業**（2016（平成 28）年度：参加者 7 万 9625 人、就労増収者 3 万 994 人、就労増収率 38.9%）、❸ハローワークと福祉事務所の連携によるチーム支援を行う**生活保護受給者等就労自立促進事業**（2016（平成 28）年度：参加者 6 万 6177 人、就労増収者 4 万 2822 人、就労増収率 64.7%）が実施されている。

生活保護受給者のうち約半数（2017（平成 29）年：49.1%）は 65

★就労支援員
就労困難な要因を抱える被保護者に対して、就労の実現に必要な活動を専任で行う職員。就労支援業務に従事した経験や関連資格を有することなどが望ましいとされる。

歳以上の高齢者であり、また障害・傷病者も多いため、就労支援が大きな成果を上げることは難しい。しかし2000（平成12）年頃よりも、65歳未満の保護率は上昇していることから、就労支援の意義が高まっており、支援対象者の状況に応じた丁寧な支援が求められている。

5 その他の福祉分野での就労支援

1 障害者に対する就労支援

障害者雇用を支える主な政策としては、一般雇用を促進する**障害者雇用率制度**と一般雇用が難しい障害者等に対する就労系の**障害福祉サービス**がある。

障害者雇用率制度は、常用労働者が45.5人以上の民間企業や公的機関（職員数40.0人以上の国・地方公共団体、職員数42.0人以上の都道府県等の教育委員会）に、従業員の一定割合（法定雇用率）以上の障害者の雇用を義務づける制度である。その際、常用労働者100人超の雇用率未達成企業には、納付金を徴収する。またこの納付金を財源として、雇用率達成企業に対して調整金・報奨金を支払い、また障害者雇用のための各種助成金を支給する。

一方で、障害福祉サービスには就労移行支援、就労継続支援（A型・B型）、就労定着支援がある。**就労移行支援**は、一般就労を希望する障害者に対して、事業所内での作業を通じた訓練、適性に合った職場開拓、就職後の職場定着のための支援がなされる。**就労継続支援（A型・B型）**は、通常の事業所に雇用されることが困難である障害者を対象とし、雇用契約に基づく就労機会の提供を行う事業がA型であり、雇用契約は結ばない就労や生産活動への参加機会の提供を行う事業がB型である。**就労定着支援**は、一般就労後6月を経過した障害者に対して、事業主や障害福祉サービス事業者、医療機関等との連絡調整、雇用によって生じる各種の問題に関する相談・指導・助言等の支援を行っている。

2 ひとり親に対する就労支援

ひとり親世帯でも、特に母子世帯の経済状態は厳しい状況にある。就業率は8割超であるにもかかわらず、母子世帯の平均年収は270.3万円（2016（平成28）年）と低い。母子世帯の場合は子育てと就業の両立が難しく、また非正規就業も多いため、就労支援だけでなく、子育て・

生活支援、養育費確保、経済的支援（児童扶養手当等）の総合的な支援が必要となる。

Active Learning

労働市場の悪化（非正規労働や不安定就業の増加）が、社会保険の機能不全を引き起こしている理由について考えてみましょう。

就労支援には、**マザーズハローワーク事業**があり、子ども連れで利用しやすい環境を整えたうえで、仕事と子育てが両立しやすい求人や保育サービスの情報提供など、総合的な就職支援を実施している。また母子家庭等就業・自立支援センター事業では、就労相談・講習会・就業情報の提供など一貫した就労支援とともに、養育費の取り決めなどに関する専門相談などの生活支援も受けられる。また自立支援教育訓練給付金（教育訓練講座の費用の一部を支給する給付金）や高等職業訓練促進給付金（資格取得の養成機関で修業する際の給付金）等によって、就職に有利な資格の取得を支援することも行っている。

おすすめ

- 駒村康平・田中聡一郎編『検証・新しいセーフティネット――生活困窮者自立支援制度と埼玉県アスポート事業の挑戦』新泉社，2019.

第5節 災害政策

学習のポイント

- 災害の現状について知り、災害対策の必要性を理解する
- 災害対策関係法律を概観し、主な法律について学ぶ

1 我が国の現状と災害対策

我が国はその地理的特性から自然災害が多く発生してきた。たとえば内陸部の活断層を震源とする地震、震源が海底の場合は津波の被害、ほかにも活火山の噴火、近年は台風等による水害などである。人々は長い歴史のなかで、こうした現象と向き合い、経験のなかから「災害対策」に関する知恵をつけ、知識や技術、仕組みを発展させてきたといえる。

Active Learning
歴史のなかで、大災害といわれるものについて、いつ、どこで発生したものか調べてみましょう。

現在は、地球温暖化等の環境の変化から気候変動が生じ、たとえば台風の発生時期や頻度、進路などがこれまでとは異なってきている。また時間の経過とともに山の地盤や河川の状態に変化が起こるなど、思わぬ自然災害が局地的、あるいは広域に発生している。つまり異常な自然現象等によって災害そのものの姿が変化し、多様化している。そのことによって、被災した地域やそこで生活する人々の被害、生活課題やその解決に関する対策も変わらざるを得ない状況にある。

災害政策の歴史をみると、多くの場合は災害が起こったことを契機として、動き出すことが多かった。ある意味、災害が起こらなければ、そこに生まれるニーズや求められる対策はイメージしづらいものであり、当然のことであったかもしれない。東日本大震災（2011（平成23）年）においては「想定外」という言葉が多用された。未曽有の大災害、千年に一度などといわれた大規模自然災害である。過去の経験から想定された地震のエネルギーや被害の大きさ、津波の浸水区域や避難の際に起こり得る状況など、何もかもが想像を絶するものであった。

しかし、どのような状況であったとしても、一度起こった状況は、それ以降の災害では想定のなかに含まれる。つまり想定外として起こったことを想定内としながら、災害対策は進められるのである。災害多発時代ともいわれる今日、災害が進化・多様化することによって、その対策

もまた常に見直され続けねばならない。

2 災害対策と関係法律

災害対策の関係法律は、災害対策基本法を中心に予防（20法令）、応急（５法令）、復旧・復興（21法令）に分類される。まずは現存の災害対策関係法律の体系を概観し、代表的なものについて、学んでおこう。

1 災害対策基本法

災害対策基本法は1959（昭和34）年の伊勢湾台風を契機として1961（昭和36）年に制定された、我が国の災害対策関係法律の一般法であり、その目的は以下のとおりである。

> （目的）
>
> **第１条**　この法律は、国土並びに国民の生命、身体及び財産を災害から保護するため、防災に関し、基本理念を定め、国、地方公共団体及びその他の公共機関を通じて必要な体制を確立し、責任の所在を明確にするとともに、防災計画の作成、災害予防、災害応急対策、災害復旧及び防災に関する財政金融措置その他必要な災害対策の基本を定めることにより、総合的かつ計画的な防災行政の整備及び推進を図り、もって社会の秩序の維持と公共の福祉の確保に資することを目的とする。

災害対策についての基本理念には、災害発生を常に想定することや、防災活動の促進、被災者の主体性や個別性を踏まえ、フェーズに応じた援護をすることなどが、以下のとおり記載されている。

> （災害対策）
>
> **第２条の２**　災害対策は、次に掲げる事項を基本理念として行われるものとする。
>
> 一　我が国の自然的特性に鑑み、人口、産業その他の社会経済情勢の変化を踏まえ、災害の発生を常に想定するとともに、災害が発生した場合における被害の最小化及びその迅速な回復を図ること。

二　国、地方公共団体及びその他の公共機関の適切な役割分担及び相互の連携協力を確保するとともに、これと併せて、住民一人一人が自ら行う防災活動及び自主防災組織（住民の隣保協同の精神に基づく自発的な防災組織をいう。以下同じ。）その他の地域における多様な主体が自発的に行う防災活動を促進すること。

三　災害に備えるための措置を適切に組み合わせて一体的に講ずること並びに科学的知見及び過去の災害から得られた教訓を踏まえて絶えず改善を図ること。

四　災害の発生直後その他必要な情報を収集することが困難なときであっても、できる限り的確に災害の状況を把握し、これに基づき人材、物資その他の必要な資源を適切に配分することにより、人の生命及び身体を最も優先して保護すること。

五　被災者による主体的な取組を阻害することのないよう配慮しつつ、被災者の年齢、性別、障害の有無その他の被災者の事情を踏まえ、その時期に応じて適切に被災者を援護すること。

六　災害が発生したときは、速やかに、施設の復旧及び被災者の援護を図り、災害からの復興を図ること。

表 8-4 は、予防→応急→復旧・復興という**フェーズ**（変化する状況における段階）や災害の類型ごとに、災害対策がさまざまな法律によって体系化されていることを表しているので、災害対策全体を把握しておきたい。

2 災害救助法

災害支援に関する法制度の歴史には、1880（明治 13）年の備荒儲蓄法（びこうちょちくほう）や、1899（明治 32）年の罹災（りさい）救助基金法がある。その後、1946（昭和 21）年の南海地震の翌年、1947（昭和 22）年に制定された現行の災害救助法へと続いている。

その目的は以下のとおりである。

（目的）

第１条　この法律は、災害に際して、国が地方公共団体、日本赤十字社その他の団体及び国民の協力の下に、応急的に、必要な救助を行い、被災者の保護と社会の秩序の保全を図ることを目的とする。

我が国の災害対策関係法律は、予防→応急→復旧・復興というフェー

表8-4　主な災害対策関係法律の類型別整理表

災害対策基本法

類型	予防	応急	復旧・復興
地震 津波	・大規模地震対策特別措置法 ・津波対策の推進に関する法律 ・地震防災対策強化地域における地震対策緊急整備事業に係る国の財政上の特別措置に関する法律 ・地震防災対策特別措置法 ・南海トラフ地震に係る地震防災対策の推進に関する特別措置法 ・首都直下地震対策特別措置法 ・日本海溝・千島海溝周辺海溝型地震に係る地震防災対策の推進に関する特別措置法 ・建築物の耐震改修の促進に関する法律 ・密集市街地における防災街区の整備の促進に関する法律 ・津波防災地域づくりに関する法律	・災害救助法 ・消防法 ・警察法 ・自衛隊法	**全般的な救済援助措置** ・激甚災害に対処するための特別の財政援助等に関する法律 **被災者への救済援助措置** ・中小企業信用保険法 ・天災による被害農林漁業者等に対する資金の融通に関する暫定措置法 ・災害弔慰金の支給等に関する法律 ・雇用保険法 ・被災者生活再建支援法 ・株式会社日本政策金融公庫法 **災害廃棄物の処理** ・廃棄物の処理及び清掃に関する法律 **災害復旧事業** ・農林水産業施設災害復旧事業費国庫補助の暫定措置に関する法律 ・公共土木施設災害復旧事業費国庫負担法 ・公立学校施設災害復旧費国庫負担法 ・被災市街地復興特別措置法 ・被災区分所有建物の再建等に関する特別措置法 **保険共済制度** ・地震保険に関する法律 ・農業保険法 ・森林保険法 **災害税制関係** ・災害被害者に対する租税の減免、徴収猶予等に関する法律 **その他** ・特定非常災害の被害者の権利利益の保全等を図るための特別措置に関する法律 ・防災のための集団移転促進事業に係る国の財政上の特別措置等に関する法律 ・大規模な災害の被災地における借地借家に関する特別措置法 ・大規模災害からの復興に関する法律
火山	・活動火山対策特別措置法		
風水害	・河川法	・水防法	
地滑り 崖崩れ 土石流	・砂防法 ・森林法 ・地すべり等防止法 ・急傾斜地の崩壊による災害の防止に関する法律 ・土砂災害警戒区域等における土砂災害防止対策の推進に関する法律		
豪雪	・豪雪地帯対策特別措置法 ・積雪寒冷特別地域における道路交通の確保に関する特別措置法		
原子力	・原子力災害対策特別措置法		

出典：内閣府編『防災白書 令和２年版』附-47

ズおよび災害類型に応じて各々の個別法によって対応する体系となっていることはすでに学んだ。この**災害救助法**は、発災後の応急期における応急救助に対応する主要な法律である。また、以下の五つの基本原則において、救助が実施される（**表 8-5**）。

ただし災害救助法の適用には適用基準（災害救助法施行令）があり、それによって救助の実施主体や費用負担が異なる（**表 8-6**）。

❶適用基準

この適用基準は❶住家等への被害が生じた場合（第１～３号基準）と❷生命・身体への危害が生じた場合（第４号基準）があり、我が国で災害救助法が適用された事例（2014（平成 26）～ 2019（令和元）年）

表8-5　災害救助法の基本原則

Ⅰ　平等の原則

・現に救助を要する被災者に対しては、事情の如何を問わず、また経済的な要件を問わずに、等しく救助の手を差しのべなければならない。

Ⅱ　必要即応の原則

・応急救助は被災者への見舞制度ではないので、画一的、機械的な救助を行うのではなく、個々の被災者ごとに、どのような救助がどの程度必要なのかを判断して救助を行い、必要を超えて救助を行う必要はない。

Ⅲ　現物給付の原則

・法による救助は確実に行われるべきであり、物資や食事、住まい等についての法による救助は、現物をもって行うことを原則としている。

Ⅳ　現在地救助の原則

・発災後の緊急時に円滑かつ迅速に救助を行う必要があることから、被災者の現在地において実施することを原則としている。

・住民はもとより、旅行者、訪問客、土地の通過者等を含め、その現在地を所管する都道府県知事が救助を行う。

Ⅴ　職権救助の原則

・応急救助の性質からして被災者の申請を待つことなく、都道府県知事がその職権によって救助を実施する。

出典：内閣府「災害救助法の概要（令和２年度）」

表8-6　災害救助法適用による比較

		市町村（基礎自治体）	都道府県
救助法を適用しない場合		救助の実施主体（基本法５条）	救助の後方支援、総合調整（基本法４条）
救助法を適用した場合	救助の実施	都道府県の補助（法13条２項）	救助の実施主体（法２条）（救助実施の区域を除く（法２条の２））
	事務委任	事務委任を受けた救助の実施主体（法13条１項）	救助事務の一部を市町村に委任可（法13条１項）
	費用負担	費用負担なし（法21条）	掛かった費用の最大100分の50（残りは国が負担）（法21条）

出典：内閣府「災害救助法の概要（令和２年度）」

では、約７割が第４号基準（多数の者が生命又は身体に危害を受け、又は受けるおそれが生じた場合）によるものである。

❷運用（各救助項目）

災害救助法運用における救助項目は以下のとおりである。

①避難所および福祉避難所★の設置、②応急仮設住宅（建設型・賃貸型）の供与、③炊き出しその他による食品の給与、④飲料水の供給、⑤被服、寝具その他生活必需品の給与または貸与、⑥医療および助産、⑦被災者の救出、⑧住宅の応急修理（半壊・大規模半壊、一部損壊）、⑨学用品の給与、⑩埋葬、⑪死体の捜索・処理、⑫障害物の除去。

★福祉避難所
災害時において、「高齢者、障害者、乳幼児その他の特に配慮を要する者（要配慮者）」が滞在する想定で環境整備を確保した避難所。また「その他特に配慮を要する者」として、妊産婦、傷病者、内部障害者、難病患者等の滞在が想定されている。

図8-4　被災者生活再建支援制度の概要

制度の対象となる自然災害

10世帯以上の住宅全壊被害が発生した市町村等

制度の対象となる被災世帯

上記の自然災害により

① 住宅が「全壊」した世帯

② 住宅が半壊、又は住宅の敷地に被害が生じ、その住宅をやむを得ず解体した世帯

③ 災害による危険な状態が継続し、住宅に居住不能な状態が長期間継続している世帯

④ 住宅が半壊し、大規模な補修を行わなければ居住することが困難な世帯（大規模半壊世帯）

支援金の支給額　（※世帯人数が１人の場合は、各該当欄の金額の３／４の額）

	基礎支援金（住宅の被害程度）	加算支援金（住宅の再建方法）		計
①全壊 ②解体 ③長期避難	100万円	建設・購入	200万円	300万円
		補修	100万円	200万円
		賃借（公営住宅を除く）	50万円	150万円
④大規模半壊	50万円	建設・購入	200万円	250万円
		補修	100万円	150万円
		賃借（公営住宅を除く）	50万円	100万円

出典：内閣府ホームページ「被災者生活再建支援法」 http://www.bousai.go.jp/taisaku/seikatsusaiken/shiensya.html

3 被災者生活再建支援法

被災者生活再建支援法は、1995（平成７）年に発生した阪神・淡路大震災を契機に1998（平成10）年に議員立法により成立した。自然災害によりその生活基盤に著しい被害を受けた者に対し、都道府県が相互扶助の観点から拠出した基金を活用して、**被災者生活再建支援金**を支給するものである。その目的と概要は以下のとおりである。

（目的）

第１条　この法律は、自然災害によりその生活基盤に著しい被害を受けた者に対し、都道府県が相互扶助の観点から拠出した基金を活用して被災者生活再建支援金を支給するための措置を定めることにより、その生活の再建を支援し、もって住民の生活の安定と被災地の速やかな復興に資することを目的とする。

3 災害対策関係法律の活用

本節では、災害対策関係法律のうち、全体の基本となる災害対策基本法、応急のフェーズにおける災害救助法、復旧・復興での被災者生活再建支援法について取り上げた。これらはごく一部であり、被災者の生活課題の解決や生活再建、地域の復興には柔軟な法律の解釈と徹底活用が求められる。平常時のソーシャルワーク同様に、法や制度、サービスの活用は災害時にも重要である。

たとえば災害対策基本法にある**罹災証明書**（りさいしょうめいしょ）は災害による自宅の損壊など、災害による被害の程度を証明する書面である。被災者からの申請によって自治体が発行する義務があり、多くの制度がこれを参考に運用される。また公共料金の減免や災害特有の融資、義援金の受け取りにも影響するものである。

ここではおおまかな法律の枠組みを学んだが、被害状況に応じて個別の支援計画が提案できるよう、さらに学習を進める必要がある。また人や地域の生活復興に必要なレジリエンスを築くという意味でも、予防に焦点を合わせた災害対策が特に重要である。

◇参考文献

・岡本正『被災したあなたを助けるお金とくらしの話』弘文堂，2020.
・中村健人・岡本正『自治体職員のための災害救援法務ハンドブック――備え、初動、応急から復旧、復興まで』第一法規，2019.
・レナ・ドミネリ著，上野谷加代子・所めぐみ監訳『グリーンソーシャルワークとは何か――環境正義と共生社会実現』ミネルヴァ書房，2017.
・内閣府編『防災白書 令和２年版』2020.

● おすすめ

・上野谷加代子監『災害ソーシャルワーク入門』中央法規出版，2013.

第9章

福祉サービスの供給と利用の過程

本章では、福祉政策の実施体制の中核を担う、福祉サービスの供給過程と利用過程を学ぶ。前者はサービスの供給主体や供給メカニズムなど、「資源供給」の視点から福祉政策の実施体制を説明するものであり、後者は利用者の「権利」という視点から実施体制を捉えたものである。ニーズを抱える利用者の権利は、ニーズを満たす資源を伴うことではじめて実質的権利となり得る。したがって利用者の権利を十全に保障するためには、利用者をより適切な資源へと確実に結びつけることが求められる。そのために供給側はどのような工夫をしているのだろうか。また利用者を支援する取り組みとしてどのようなものがあるのだろうか。これらの点に注意しながら本章を読み進めていこう。

第1節 福祉供給部門

学習のポイント

- 福祉サービスの供給が多元的な供給主体によって担われていることを理解する
- それぞれの供給主体の特徴（長所と短所）を学ぶ

福祉政策の目的とは、人々が抱えるニーズ（必要）を充足し、彼らの福祉（well-being）の向上を図ることにほかならない。そのため、政府は社会保障制度に代表される公的な制度を通じて、金銭やサービスなどの資源を人々に供給している。

とはいえ、人々のニーズを充足するための手段は政府によって供給される資源ばかりではない。市場を通じて日常的に購入されるさまざまな商品や、それらを購入するために労働を通じて獲得される賃金、そして家族のなかで取り交わされる養育や介護といったサービスもまた、我々の日常生活を支えるうえで必要な資源を供給する重要な役割を果たしている。このほかにも、人々のニーズを充足するための資源を供給している制度が複数存在する。そこで以下では、さまざまな福祉供給の担い手について確認し、それらがどのような形で相互に関係づけられ、連携しているのかを考えてみよう。

1 福祉の社会的分業

人々の生活において生じるさまざまな必要の充足が、政府による資源供給のみならず、さまざまな形態の資源供給によって図られていることを考えるうえでは、ティトマス（Titmuss, R. M.）[i]の議論が有益である。ティトマスは、1955年に行われた講演で**福祉の社会的分業**（social division of welfare）という考え方を提唱し、政府の福祉政策のことを「社会福祉」と呼ぶ一方で、これと類似の目的や機能をもつ「財政福祉」と「企業福祉」が存在すると指摘した。

---

i 〔Richard M. Titmuss〕1907-1973. イギリスの社会政策論および社会福祉運営管理論の研究者。福祉国家の代表的な研究者の一人として広く知られている。代表作は『福祉国家の理想と現実』『贈与関係論』など。

財政福祉（fiscal welfare）とは、政府による「税」の減免措置のことを指す。たとえば、所得税には扶養控除や配偶者控除、あるいは医療費控除など、さまざまな減免措置が用意されている。これらはそれぞれ目的は異なるものの、いずれも該当者の所得から一定額を控除（差し引く、という意味）し、課税額を減らすことを意図している。つまり、これらの控除は、子どもの養育費や医療費に充てる費用を確保できるようにするという点で、政府からの金銭給付と同様の機能を果たす。

企業福祉（occupational welfare）とは、雇われて働く労働者（被用者）が、賃金以外に、企業から支給されるもの（現金・現物）を指しており、一般的には**福利厚生**と呼ばれる。この例としてティトマスは、社員やその家族に提供される年金や各種手当、定期券、住宅設備ないし費用補助、社員食堂、旅行やレジャーの費用補助、死亡一時金などを挙げている。これらもまた、生活維持のための具体的手段もしくはその確保に充てる費用を確保できるという点では、政府からの給付と同様の機能を果たす。

2 福祉多元主義

ティトマスの**福祉の社会的分業論**は、人々のニーズの充足を考える際に、福祉政策ばかりに向きがちな意識を他の諸制度へと広げるうえで示唆的である。しかし今日においては、社会経済の発達に伴い、人々のニーズ充足にかかわる領域もティトマスの想定を超えて拡大しつつあり、彼の議論の射程を超えた広範な諸制度まで視野に入れつつ考える必要がある。

現代における福祉の社会的分業を考える際の基本的な枠組みとして取り上げておきたいのは、**福祉多元主義**（welfare pluralism）と呼ばれる考え方である。これらはいずれも 1970 年代後半以降の福祉国家再編の過程で浮上してきた、政府の独占的な福祉供給（すなわちティトマスのいう「社会福祉」）への見直しに向けた動きを反映している。

福祉多元主義については、1978 年にイギリスで刊行されたウルフェンデン委員会報告書『ボランタリー社会の未来』がその端緒になっているといわれている。この報告書では、ボランタリー組織が福祉供給に果たす役割の重要性があらためて強調されるとともに、福祉供給においては、福祉国家体制の下で拡張された**法定システム**（statutory system）

のみならず、ボランティアやNPOなどの民間非営利（ボランタリー）組織からなるボランタリーシステム、家族や友人、近隣住民からなるインフォーマルシステム、そして市場に基づく商業システム（commercial system）という異なる特徴をもつ供給システムがそれぞれの役割を果たすことで、多元的な供給体制が維持されるべきであるとされた。

このように福祉多元主義は福祉サービスの供給組織としての違いに注目した福祉の社会的分業の考え方である。通常、この枠組みのなかで福祉サービスの供給は、❶公共セクター、❷民間営利セクター、❸民間非営利（ボランタリー）セクター、❹インフォーマルセクターの四つに区別される。

1 公共セクター

公共セクターは主として国と地方自治体（都道府県、市町村）から構成されるが、このセクターの活動は19世紀以前のレッセ・フェール★（自由放任）を是とした時代においてはきわめて限定的で、夜警国家のように外交と治安維持のみを役割としていたこともあった。しかし20世紀後半に発達した福祉国家体制の下では、国民の生活維持に対する国家の責任が強調されたことで、関連する諸制度が制定された結果、公共セクターが福祉サービスの供給における中心的役割を担うものとして位置づけられるようになった。この公共セクターによるサービス供給にはいくつかの特徴がある。

★レッセ・フェール
フランス語で「為すに任せよ（laissez-faire）」を意味する言葉で、フランスの重農主義者が用いて以来、経済学で広く用いられるようになった。政府は経済活動に干渉せず、市場に委ねるべきであるとする自由放任主義を意味する。

第一に、公共セクターによるサービス供給はナショナル・ミニマムを維持し、保障する役割を担っている。他のセクターによるサービス供給は供給主体の活動方針や行動原理によってサービス供給の対象の選別やサービスの質・量の調整が行われるが、公共セクターによる供給はナショナル・ミニマムを維持する観点から、原則として無条件に権利として保障されなければならない。このようなサービス供給を行えるのは、法律に基づき、租税や社会保険を財源として強制力をもった形で供給を行う公共セクターに限られる。

第二に、公共セクターは、他の諸セクターが円滑にサービスの供給を行うことができるように条件や環境を整備する役割を担っている。この点は福祉国家再編の過程で福祉多元主義の考え方が普及するなかで強調されるようになったが、こうした役割を果たす国家は条件整備国家（enabling state）と呼ばれる。たとえば民間の営利企業の福祉供給への参入に際しては、供給されるサービスの質を担保するために一定の条件が課されることに加えて、必ずしも経済的に余裕があるわけではない人々のニーズと利潤追求を行う営利企業が供給するサービスとを適切にマッチングするためのスキーム（枠組み）が必要になる。また、NPOのような民間非営利組織が福祉サービスを継続的に供給するためには、補助金や税制優遇など資金調達面での公的支援が欠かせない。その意味では、福祉サービスを多元的な供給を維持・促進していくうえで公共セクターによる条件整備は重要な意味をもっている。

第三に、公共セクターは各セクター間の調整を図る役割を担っている。福祉サービスで供給される資源は、単に欲望を満たすためのものではなく、人々の多様なニーズを確実に充足するためのものであり、欠かすことができない。他方で、そうした資源の総量は限られているうえ、直ちに入手可能なものでもない（**希少性**）。それゆえその供給にあたっては、確実性と効率性を両立させるべく、各供給主体、各セクター間の調整を行う必要がある。この役割を担うのが公共セクターである。具体的には国の指針の下、都道府県と市町村がそれぞれ福祉サービスの供給体制に関する計画案（**福祉計画**）を策定し、必要なサービスの確保および拡充を図っている。

こうした特徴は公共セクターの重要性を示すものだが、同時にいくつかの課題も抱えている。まず、公共セクターによる社会サービス供給は、他のセクターによる供給と比べてコストが高くなりやすい。これは公共セクター内部で競争原理が働きにくく、コスト削減の圧力が弱いこと、さらには供給に際して課される規制や条件が他のセクターでの供給に比べて厳しいことなどが理由として挙げられる。

また公共セクターによるサービス供給は、官僚制組織を通じて画一的に供給される傾向があるため、人々の必要に柔軟に対応することができない。官僚制組織においては形式や手続きが重視されるため、柔軟かつ迅速な対応は不得手であり、地震や台風など災害時の対応などにおいて、公的機関の対応がボランティアの後塵を拝するケースが多数みられた。

さらに公共セクターによるサービス供給をめぐっては、官僚や専門職のパターナリズム★が問題視されることもある。かつて社会福祉事業法の下で広く採用されていた措置制度は、官僚や専門家の決定がサービスの内容を大きく左右する仕組みであったが、人々の意思や決定（当事者主権）が十分に尊重されない点を問題視する声も少なくなかった。

これらの課題を踏まえるならば、公共セクターに独自の役割があるこ

★パターナリズム
他者の生活上の利益を慮り、恩恵を施すとともに管理統制しようとする関係や行動様式を指す。ここでは、福祉給付やサービスの提供において当事者の意向が無視され、供給者側の判断や思惑に沿って進められることを指す。

とは認めつつも、公共セクターだけに供給を委ねるのではなく、他のセクターも含めた多元的な供給体制をより望ましいものとする福祉多元主義の考え方は、一定の説得力をもっているといえる。

2 民間営利セクター

民間営利セクターを構成するのは会社や事業所、個人事業主などである。このセクターでは、**市場**を介して民間営利企業がビジネスとして利潤追求を目指しながら福祉サービスの供給に携わることになるが、従来、福祉サービスは市場での供給になじみにくいものとして考えられていた。というのも、福祉サービスは個別的な対人業務が多いため、大量の労働力を必要とする点で労働集約的であることに加えて、大きな需要が見込めないために価格が高くなり、営利企業にとって採算性が見込めない分野であったからである。しかし少子高齢化による福祉サービス需要の拡大と、所得水準の上昇に伴う購買力の上昇により、市場を介した営利企業による福祉サービスの供給を目指す動きが加速化した。

福祉国家再編の一環として、1980 年代以降の先進諸国では福祉サービスの供給の民営化（**市場化**）の試みが進められた。ただし、いずれの場合でも完全な民営化ではなかった。つまり完全に市場に委ねるのではなく、政府による財源調達や、法に基づく管理・監督を行ったうえで（→**条件整備国家**）、市場を介した福祉サービスの供給が行われている。

このように、政府が何らかの制約を講じたうえで市場のメカニズムを活用して福祉サービスの供給を行う手法のことを**準市場**（quasi-market）と呼ぶ。市場にすべてを委ねるのではなく、政府が条件整備として財源調達や規制を行った「準」市場としてサービスの供給を行うのは以下のような理由が指摘されている。

第一に、市場は販売されるサービスの対価を支払うことができない低所得者を排除するが、福祉サービスを必要としている人々には低所得者が多く含まれている。

第二に、市場で需要と供給の最適な均衡が図られるためには、サービスの利用者が自分に必要なサービスが何であるのか、またそのサービスはどのような効果をもつものなのかといった点について十分な情報をもち、それを理解したうえで選択が行われる必要があるが、福祉サービスの場合、こうした情報が不十分な状態で選択されることが多い（**情報の非対称性**）。そのため誤った選択をしてしまい、自らのニーズが充足されないおそれがある。

以上のような理由により、福祉サービスは完全に民営化されることはなく、公的なサービス供給システムに民間営利企業などを参入させたうえで、疑似的（quasi）な市場としてサービス供給を行うという手法が採られている。日本では、2000（平成12）年に施行された介護保険制度の下で契約制度が導入されたことに伴い、営利企業もサービス供給に参入するようになり、準市場的な状況が形成された。

3 民間非営利（ボランタリー）セクター

ボランタリーセクターを構成しているのは、ボランティア団体や各種NPO（非営利組織）、住民参加型福祉の組織、生活協同組合、慈善団体、社会福祉法人などである。このセクターは他のセクターと比べ、セクターとしての境界があいまいである。原則的には民間団体が、非営利に、フォーマルな組織として活動するということで他のセクターと区別されるが、「ボランタリー（voluntary、自発的）」であることを一つの特徴とする以上、人々が絶えず自発的に協働して新たな活動に着手するため、インフォーマルな集団も少なからず存在する。その結果として、これまでにないような新しい試みが次々と生み出されているのが、このボランタリーセクターの特徴である。近年では政府でも市場でもない、まさに市民社会を担う領域として注目が集まっており、サードセクターと呼ばれることもある。

Active Learning

福祉サービスの供給主体としてのボランティアの強みとは何か、話しあってみましょう。

また、他のセクターとの連続性や連携が多くみられる点も一つの特徴である。たとえば社会福祉法人は民間団体だが、本来政府が行うべき事業を委託され、代行するというその位置づけに着目すれば、公共セクターとボランタリーセクターの双方にまたがっている。また営利企業のCSR★（企業の社会的責任）への取り組みはボランタリーセクターに属するものであり、やはり複数のセクターにまたがって活動している例といえる。さらに、近隣住民組織やセルフヘルプ・グループによる自発的活動は、フォーマルともインフォーマルとも言い切れない要素をもっている。それゆえボランタリーセクターは、一つの独立したセクターというより、セクターとして未分化の状態にある組織や活動の集合体として理解したほうがわかりやすいかもしれない。

★ CSR
Corporate Social Responsibility の略で「企業の社会的責任」と訳される。企業は利益の追求だけでなく、その事業活動が社会に及ぼす影響に責任をもち、あらゆる利害関係者に対して適切に対応する責任があるとする考え方。

上記のボランタリーセクターの特性に着目して、政治学者のペストフ（Pestoff, V.）は、民間団体であってフォーマルな組織として非営利な活動に従事する団体からなるセクターをアソシエーションと呼んでいる。そのうえでペストフは、サードセクターについて、アソシエーショ

図9-1　ペストフの「福祉トライアングル」モデル

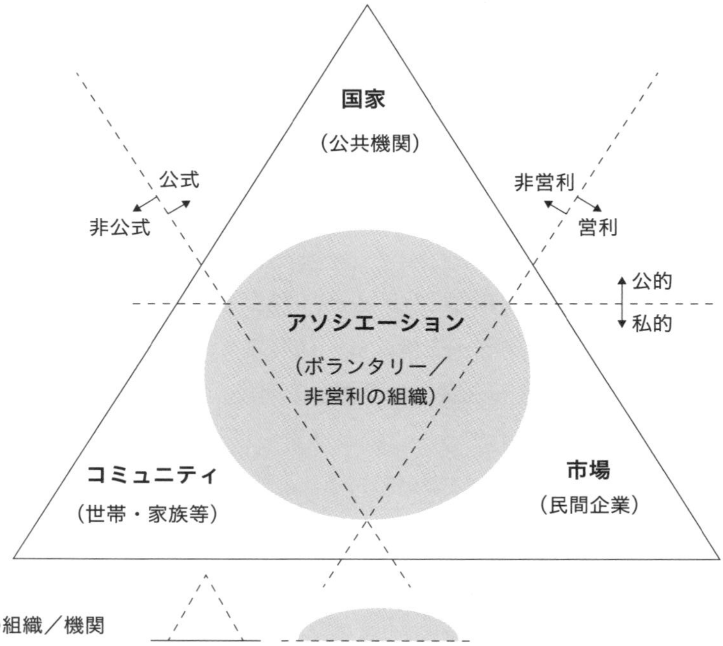

出典：V. ペストフ，藤田暁男・川口清史・石塚秀雄・北島健一・的場信樹訳『福祉社会と市民民主主義——協同組合と社会的企業の役割』日本経済評論社，p.48，2000.

ンを中核としつつ、他のセクターとも重なるものだとして、その考え方をペストフの三角形として知られる図式に表した（**図9-1**）。

4 インフォーマルセクター

インフォーマルセクターは、原則として組織化されていない（その意味で非公式の）人々の活動からなる領域である。具体的には、家族や親族、知人・友人、そして近隣住民など、身近な人々によるサービスの供給が含まれる。こうした人々により供給されるサービスは、親密性や情緒的結びつきに基づいている点に特徴がある。その意味では、他のセクターが発達するはるか昔から人々の必要充足を担ってきた伝統的な側面をもつ。

現在、福祉国家の成立により、こうしたインフォーマルセクターの活動は衰退したようにみえるが、実際には福祉国家の下でもインフォーマルセクターは依然として重要な役割を果たし続けてきた。たとえば家庭内で主として女性が担ってきた家事や育児、介護などのサービス労働（家事労働／無償労働）が、主として男性が担ってきた市場での賃労働への従事を可能にする条件として、陰ながら貢献してきたことは紛れもない事実である。

とはいえ、以前と同様の役割を担うことが難しくなってきていることもまた事実である。単身世帯や共働き世帯の増加にみられる近代家族の変容やそれを基礎づけてきた性役割規範の弱体化、そしてそれらがもたらす生活の個人化・個別化により、かつて家族や親族、近隣住民の間で行われてきたサービスの供給はできなくなりつつある。

むしろこのセクターにおいて近年活発化しているのは、利害や関心を共有する人々による自発的な社会活動への取り組みであろう。先述のセルフヘルプ・グループの活動や、地域でのボランティア活動、さらにはここ数年では災害時の復興支援ボランティアなど、新たな社会活動の萌芽が次々と生みだされている。その意味では、現在のインフォーマルセクターは市民社会を支えるボランタリズムが涵養される場所である。

3 セクター間の調整・連携・協働

今日、福祉多元主義は福祉サービス供給の基本的な枠組みとなっている。したがって、問われるべきはセクター間の優劣ではなく、各セクターの最適なバランスである。言い換えれば、セクター間の調整や連携および協働が福祉供給のポイントである。

2000年代以降、「新しい公共」や**地域共生社会**といった構想の登場にみられるように、民間セクター、特にボランタリーセクターの活発化に期待が集まり、それを担う市民の積極的な参加を求める機運も高まっている。もちろんこうした動きが促進されることにはメリットもあるが、他方で本来は公的責任で担われるべき人々の生活保障が次第に個々の自助努力へと切り下げられているのだとすればそれは問題である。

Active Learning

今後の福祉サービスの供給において、国や地方自治体が果たすべき役割とはどのようなものか、考えてみましょう。

その意味では、福祉多元主義を前提とした福祉サービスの供給において最適なバランスを維持するうえでの公共セクターの役割があらためて問われているといってよい。三つの民間セクターはいずれも公共セクターにはない特徴をもつが、確実にサービスを提供し、ナショナル・ミニマムを維持することは公共セクターにしか果たすことのできない役割である。また、三つの民間セクターがそれぞれの特徴を発揮して適切にサービスを供給し、人々の必要充足が図られるようにするためには、公共セクターによる条件整備は不可欠である。このことは福祉多元主義が常態化した現在の福祉供給において、あらためて強調されてよい。

◇**参考文献**
・V. ペストフ，藤田暁男・川口清史・石塚秀雄・北島健一・的場信樹訳『福祉社会と市民民主主義——協同組合と社会的企業の役割』日本経済評論社，2000.
・坂田周一『社会福祉政策——原理と展開 第 4 版』有斐閣，2020.
・R. M. ティトマス，谷昌恒訳『福祉国家の理想と現実』東京大学出版会，1967.

● **おすすめ**
・猪瀬浩平『ボランティアってなんだっけ？』岩波書店，2020.
・木下大生・鴻巣麻里香編『ソーシャルアクション！ あなたが社会を変えよう！——はじめての一歩を踏み出すための入門書』ミネルヴァ書房，2019.

第2節 福祉供給過程

学習のポイント

- サービス供給過程のメカニズムの全体像を把握するとともに、そのなかでストリート官僚が果たしている役割や行使している裁量の意味を理解する
- 市場メカニズムの導入がもたらすメリットとデメリットを学ぶ

総じて福祉政策の目的は、市場を通じた資源配分が適切に行われない場合に、人々のニーズ（必要）に応じてそれを充足するための資源を提供することである。市場での適切な資源配分が行われない理由としては、扱われるサービスの専門性が高く、それに関する情報が供給者側と需要者側で非対称であること（**情報の非対称性**★）、またサービスを必要とする人々が必ずしも、そのサービスの対価を支払えないこと（支払能力の欠如）などが挙げられる。このような場合、市場は適切な資源配分機能を発揮できない。

★情報の非対称性
情報を提供する側と受け取る側との間に生じるズレのこと。サービスは目に見えないものであることから、経験しなければ確認できない性格をもっており、情報の非対称性が生じやすいといわれている。

それゆえ、福祉政策として資源配分を行わざるを得ないのだが、それは資源の再分配を行えばよいというような単純な話ではない。というのも、そもそも市場のように自動的な需給調整のメカニズムが存在しない。加えて資源はニーズに対して希少（scarcity）であり、すべてのニーズを完全に満たすことは難しい。そのため、資源の再分配を行う過程では、なんらかの人為的な手段を介在させることで、ニーズと資源を対応させるための調整を行わなければならないのである。この調整プロセスが**福祉供給過程**である。以下では、福祉サービスの需給調整がどのようなプロセスを経て進められているのかを確認しよう。

1 福祉計画——サービス供給の枠組み

先にも述べたように資源の再分配を通じて福祉サービスの供給を行う場合、福祉政策においては市場のように自動的な需給調整メカニズムが存在しないため、手動での制御および調整を行わなければならない。その際、まず策定されるのが**福祉計画**である。

福祉政策が政府による社会福祉の拡充に関する一般的な方針を示すも

のであるのに対し、福祉計画はその方針を具体化するための計画であり、福祉行政の基本的な枠組みを明確化したものである。イギリスで1970年代から80年代にかけて活躍した社会政策学者のグレンナースター（Glennerster, H.）によれば、「社会計画（著者注：本書でいう福祉計画のことを指す）とは、社会政策の高度に一般的な方針の決定と日々の行政実務との中間における意思決定段階であり、社会政策を実施するために必要となる優先順位の決定、資源の配分、サービス供給体制の設計を行うものである[1)]」とされる。したがって福祉計画とは、今後当面の間の福祉行政やその一環として行われる福祉サービスの供給を進めるうえでの設計図であるといってよい。

基本的には国、都道府県、市区町村がそれぞれ福祉計画を策定し、福祉行政にあたる。この福祉計画に基づいて、予算の確保やその振り分けにおける優先順位の決定が行われ、人々のニーズに応じて現金やサービスが支給されるほか、将来的に必要となることが予想される資源やサービスの確保に向けて数値目標を定め、人材育成や施設拡充が進められていくことになる。よく知られている例としては、1989（平成元）年に国が策定した**ゴールドプラン**（高齢者保健福祉推進十か年戦略）や、2000（平成12）年に成立した社会福祉法の下、各市区町村で策定された**地域福祉計画**などが挙げられる。

こうした策定された福祉計画の下、政府は福祉サービスの供給を含めた福祉行政の運営管理を進めていくことになる。当然、こうした運営管理業務のなかには、これまで説明してきた行政事務財源の確保や予算管理および支出も含まれるため、一般にはこうした運営管理業務全般を**福祉行財政**と呼ぶ。

国の予算は一般会計予算と特別会計予算に分かれており、前者は恒常的に必要とされる中核的な施策（外交、教育、社会保障など）を推進するための経費を中心に編成されるのに対し、後者は特定事業（年金や労働保険など）を中心に、現在13の特別会計が存在する。

一方、地方自治体の予算は、それぞれの自治体で確保される歳入に、国から交付される地方交付税や国庫補助金を加えて編成されることになる。かつては国が税金の大半を徴収し、それを地方に交付する集権的分散システムと呼ばれる方式が採られ、国が地方自治体の施策に介入し、国の政策誘導が容易に行われる構造になっていた。しかし、地方の財政主権の観点から批判が集まった結果、1999（平成11）年の**地方分権の推進を図るための関係法律の整備等に関する法律**（**地方分権一括法**）の制定や、その後の三位一体の改革★を通じて地方分権の推進に向けて大幅な見直しが進められてきたところである。

なお、国の社会福祉関係費用は一般会計歳出における社会保障関係費に区分される一方、地方自治体では社会福祉の実施に要する費用は**民生費**という費目で処理されている。

★三位一体の改革
2000年代の小泉純一郎政権の下で、地方分権の推進と国の財政再建を目的として、国庫補助負担金の改革、地方交付税制度の改革、財源移譲を含む財源配分の見直しという三つの改革が同時一体で進められたことを指す。

2 割当 ──ニーズと資源のマッチング

福祉計画の策定により資源供給の枠組みが設定されると、次はより具体的な需給調整の作業が進められることになる。このプロセスを**割当**（rationing）という。この割当にはさまざまなやり方があるが、大きく財政における割当とサービスにおける割当に分けて考えることができる。

1 財政における割当

財政における割当とは、政府や地方公共団体が行う予算編成のことである。国、都道府県、市区町村はいずれも各年度で予算を編成するが、この予算編成は割当のプロセスでもある。言い換えれば、財政における割当は、資源を「どのくらい」割り当てるかを決定する作業である。

まず、予算編成を通じて再分配に回す資源の総量が決定される。また予算編成にあたっては、項目ごとに請求額が積み上げられていくが、この過程でそれぞれのニーズに優先順位がつけられる。具体的には、ニーズに対応するための事業にどれだけの資源が割り当てられるかが決定されるため、結果としてそれぞれのニーズに優先順位がつけられていくことになる。したがって、さまざまなニーズのなかで、資源が割り当てられるものとそうでないもの、またより多くの資源が割り当てられるものとそうでないものとが明確化され、序列化される。

このように、財政における割当においては、資源の再分配に回る資源の総量やその使途が決定されるが、この段階ではまだそれらを「誰に」割り当てるかは決まっていない。

この作業に相当するのが、次項のサービスにおける割当である。

2 サービスにおける割当

サービスにおける割当では、再分配のために確保された資源を「誰に」割り当てるかが決定されていく。そのための手段として、以下のような方法が採用されることが多い。

第一は受給資格の設定である。受給資格については対象者の属性、置かれている状況や状態、特定の行動への従事の有無など多様な設定の仕方がありうるが、細かく設定すればするほど有資格者の範囲は限定され、投入する資源の量を抑えることができる。たとえば児童手当をめぐっては所得制限の設定がしばしば議論になるが、これは所得制限の有無や上限額の設定次第で受給資格の範囲が大きく変わり、必要とされる資源の量も変動するからである。また生活保護制度のように**資産調査**が行われる場合では、資産認定を厳しく行うことで対象者を絞り込むことが可能である。

第二は、料金の徴収である。具体的にはサービスの利用に際して費用の一部ないし全部の負担を利用者に求める方法であり、**受益者負担**と呼ばれている。日本では医療保険制度や介護保険制度で導入されているが、不要な利用を抑制するほか、サービスを利用する者と利用しない者の間の公平性を保つ効果もあるといわれている。いずれにしても、料金の徴収はサービス提供の対象者をより必要性の高い者に限定することができる。

このように受給資格の設定や料金の徴収が行われたとしても、それでもなお資源が供給不足の状態に陥ることはありうるし、実際のところ資源の供給不足はさまざまな福祉サービスにおいて生じている。そうした場合によく用いられているのが**待機者リスト**（ウェイティング・リスト）である。サービスの利用希望者は、受給資格を満たしているにもかかわらず利用がかなわない場合、待機者リストに名前を登録したうえで、サービスの供給が自分にも回ってくるまで待たなければならない。待機者リストは先着順に作成される場合もあれば、必要度に応じて順序が調整される場合もある。

3 「ゲートキーパー」としてのストリート官僚

ここまでみてきた財政における割当とサービスにおける割当は、いずれも公式な手続きを通じて行われる需給の調整であった。しかしその一方で、非公式な形、つまり外見からはわからないような形で行われる割当も存在する。これらはいずれも資源供給に携わる最前線の行政職員（**ストリート官僚**）の裁量や運用のなかで行われる点に特徴がある。

たとえばサービスの申請窓口での職員の対応が非協力的であったり、申請後の手続きが遅々として進まなかったりすれば、サービス提供は行われないため、結果的に割当と同様の効果をもつ。かつて生活保護の申請において、職員がなかなか申請を受理せず、申請者が申請できないという事案が多数発生し、「水際作戦」と呼ばれてその対応のあり方が批判されたことがあったが、これらはまさに非公式な割当の一例である。

また必要な情報がサービスを要する人々に十分に伝わっていない、という場合もある。これについては制度が複雑でわかりにくい場合や制度が改正された場合に、十分な説明や周知が行われていないことや、本人にとって理解できる形式（外国人住民の場合は母国語、視覚障害者の場合であれば点字や音声ガイダンスなど）で情報開示されていないことなどが理由として挙げられる。いずれにしてもこうしたケースでは、有資格者であってもサービスを利用することはできない。これもまた資源節約につながるという点で割当としての効果があるといえる。

以上で説明した非公式な割当は、いずれも行政職員が住民と直接対応する際に行われる。その意味では、社会福祉の観点からは住民に寄り添った支援を期待されているはずの職員が、資源の再分配の管理という観点からみれば、むしろ**ゲートキーパー**★（門番）として、供給抑制の一端を担うことがありうる点に十分留意しておく必要がある。

★ゲートキーパー
まさに「門番」のように、行政職員が与えられた裁量権を行使し、相談に訪れた住民に必要以上に面接を繰り返す、求められている情報を与えないなどしてサービスの申請段階で利用を回避させるように対応すること。

3 福祉国家再編以降の福祉供給過程

1 市場メカニズムの導入と民間団体の参入

ここまでみてきたように、福祉政策においては福祉サービスの供給に際して、さまざまな手法を用いて、人々の必要に応じて資源やサービスを割り当てる形で、希少な資源の再分配を行っている。こうした全体のプロセスの流れ自体は現在も変わりはないが、福祉国家再編が進められた1980年代以降、先進諸国の福祉サービス供給で進んだのが**民営化**（privatization）である。具体的には、サービス供給過程への市場メカニズムの導入と民間団体の参入を意味している。

1970年代以降、景気の悪化により税収が落ち込み、先進諸国は多額の財政赤字に苦しむことになったが、その一因となっていたのが福祉国家体制の下で拡充されてきた福祉サービスであった。福祉サービスの拡充によって生じた多額の政府支出が、先進諸国の財政を圧迫していたのだ。そうした状況下で次第に支持を集めていったのが、新自由主義★を信奉し、政府の役割を縮小し、緊縮財政による**小さな政府**を主張した

★新自由主義
市場原理を重視し、市場における競争を通じて経済の活性化を図ろうとする立場。ネオリベラリズムとも呼ばれる。小さな政府を志向し、民営化や統廃合を通じて公共サービスを縮小する一方、大幅な規制緩和を行う。

ニューライト（New Right）と呼ばれる政治的立場である。なかでも注目を集めたのがイギリスで1979年に首相に就任した保守党のサッチャー（Thatcher, M.）である。サッチャーは財政赤字を解決するために大胆な福祉改革に着手したが、その一環として行われたのが福祉サービスの民営化である。この改革においては、福祉サービスの供給主体の決定に際して競争入札制度が導入された。これは**市場化テスト**と呼ばれており、この新しい制度では民間団体が福祉サービスの供給に参入し、それまで福祉サービスの供給を担ってきた行政との間でサービスの価格と質をめぐり競争することになった。まるで市場さながらに行われる競争を通じて、コストの削減と質の向上を一挙に図ろうというのがサッチャー政権のねらいであった。こうしたサッチャーの思惑がどこまで成功したのかについては評価が分かれるところであるが、従来の行政中心の福祉サービスの供給に対する批判が集まっていたこともあり、その後は営利企業や非営利組織、社会的企業など多様な民間団体が福祉サービスの供給に参入し、福祉多元主義と呼ばれる多元的なサービス供給体制が確立することになった。

2 新しい行政管理論――ニュー・パブリック・マネジメント

他方で、福祉サービスをはじめとする公共サービスのみならず、行政組織それ自体に民間組織のノウハウを導入しようとする動きも現れてきた。これが1980年代後半以降、イギリスやニュージーランドなどのアングロサクソン諸国で相次ぎ導入され、現在ではOECDに加盟する国々で広く導入されるようになったニュー・パブリック・マネジメント（New Public Management：NPM）である。これは無駄な公共事業や行政運営の非効率性など従来の行政のあり方に対する問題意識に基づき、民間企業における経営理念や手法を導入した新たな行政管理論であり、行政組織のマネジメントを行うことにより行政としての効率性を高めるねらいがある。また行政現場の裁量を広く認める一方で、成果の達成が厳しく評価されるようになった。具体的には、明確な基準に基づく評価が行われ、国民に対する説明責任（アカウンタビリティ）を果たすことが求められている。さらには、顧客第一主義の導入や公共サービス供給における市場メカニズムの積極的活用が進められることになった。

たとえばイギリスでは、NPMの一環として、先述のように効率性の向上を目指して競争入札制度を導入し、それまで自治体が担っていたサービス事業において民間団体の参入が進められた。また1997年に発足した労働党のブレア（Blair, T.）政権では強制競争入札制度が廃止され、それに代わる制度としてベスト・バリュー制度★が導入された。この制度によって地方の自主性が尊重されるようになり、住民とのパートナーシップのほか、効率性とともにサービスの質の向上が重視されるようになった。

★ベスト・バリュー制度
最も経済的で効率的、かつ効果的な手段を用いてサービス供給に努めることを地方自治体に義務付けた制度。コストを意識しつつ、サービスの質への配慮や住民や受給者のニーズや期待にも応えることを目的としている。

3 市場メカニズムの活用の多様化

その後、市場メカニズムの活用はさらに進み、さまざまな方法が実施されている。日本では2001(平成13)年からの自民党の小泉政権下で、「構造改革なくして景気回復なし」「官から民へ」を掲げて規制改革が行われた結果、公共サービスの切り分けが行われた。その結果、先に紹介した準市場の導入に加えて、公営事業の全面的な民営化とそれに伴う規制緩和、事業の民間委託、民間資金の活用、エージェンシー化など多様な形態で市場メカニズムの導入が進められた。たとえば、日本における公営事業の民営化としては郵政三事業の民営化がまだ記憶に新しいところであるし、国立大学が独立行政法人化したことはまさにエージェンシー化の一例といえる。

このように現在では、公共サービスの提供に際して、行政と民間団体が役割を分担して行うことは珍しいことではなくなった。このような官民の連携関係は一般に公民連携（Public Private Partnership：PPP）と呼ばれている。日本の福祉供給の分野でPPPの手法として近年注目されているのがプライベート・ファイナンス・イニシアティブ（Private Finance Initiative：PFI）である。これは福祉施設や病院などの公共施設の建設や維持管理に際して、民間の資金や経営手法、技術力を活用するものであり、民間団体側が建設資金を調達し、建設する施設のあり方にも積極的提案を行うといったように、民間主導型の公共サービス提供が行われる。1999（平成11）年7月に「民間資金等の活用による公共施設等の整備等の促進に関する法律」が制定され、翌2000（平成12）年3月にその実現に向けた「基本方針」が定められて以降、国のみならず各地の地方自治体で導入が進んでいる。

このPFI以外に、社会福祉関係の施設でこれまでに数多くの導入実績があるのは業務委託や指定管理者制度である。なかでも指定管理者制度は、地方自治体が設置する「公の施設」の管理運営について、株式会社をはじめとする民間企業や財団法人、NPO法人、市民団体などの民間事業者に代行させるもので、2003（平成15）年6月の地方自治法の改正により創設された。具体的には、各地方自治体が定める方法により指定管理者を選定し、その管理者に「公の施設」の管理運営を委任するものである。この制度もまた、公共施設の管理に民間の能力を活用してサービス向上と経費節減を図ることを目的としたものである。

4 今後の福祉サービス供給の課題

今日に至るまで、福祉サービス供給に民営化がもたらした影響は計りしれない。民営化による行政管理の効率化やサービス供給主体の多様化が、サービスの消費者である我々に多くのメリットをもたらしたことは事実である。

とはいえ、同時に民営化が生み出した負の側面（デメリット）を見過ごすべきではない。とりわけ福祉サービス供給においては、提供されるサービスなしには生活できない人々が多数存在する。またそのサービスの内容は人々の暮らしの質を左右するものでもある。したがって、福祉サービスの供給という観点からみれば、サービス供給の確実性と継続性、そしてサービスの質の確保は何よりも重視されなければならない。これは人々の生活保障に対する国家の責任に照らしてみても重要であり、こうした観点からあらためて民営化がもたらした効果を評価する必要がある。

Active Learning

市場メカニズムを導入すべきではない領域があるとすれば、それはどのような領域でしょうか。市場メカニズムのより良い活用の仕方について話しあってみましょう。

この点に関しては、民営化がはたしてサービスの質の向上に寄与しているのかという点に関する絶えざる検証作業が求められよう。福祉サービスの分野でも、民間事業者がコスト削減を重視するあまり、粗悪なサービスを提供したり、リスクの高い利用者へのサービス提供を拒否したりして問題化するケースが少なからず存在する。しかし、だからといってかつてのような行政主導のサービス供給に戻ることも現実的ではない。

したがって、民営化が進んだ現在の福祉サービス供給における政府の果たすべき役割を検討することは今後の課題である。民間の活力やノウハウを活用しながら、人々の必要を確実に充足し、彼らの生活の質を高めていくために、政府はどうするべきなのだろうか。そのための政策手法の開発が今後ますます求められている。

◇引用文献

1）H. グレンナースター，坂田周一訳「70年代イギリスにおける社会計画の明暗」『月刊福祉』第68巻第 7 号，pp.74-79，1985.

◇参考文献

・K. ジャッジ，高沢武司・京極髙宣・坂田周一・吉村公夫訳『福祉サービスと財政――政策決定過程と費用徴収』川島書店，1984.
・武川正吾『社会政策――包摂の社会政策 新版』有斐閣，2011.

● おすすめ

・坂井豊貴『マーケットデザイン――最先端の実用的な経済学』筑摩書房，2013.
・A. V. バナジー・E. デュフロ，村井章子訳『絶望を希望に変える経済学――社会の重大問題をどう解決するか』日本経済新聞出版，2020.

第3節 福祉利用過程

学習のポイント

- 利用者が福祉サービスを利用する過程を学ぶ
- 権利保障の視点から、福祉サービスの利用過程の課題を理解する
- 福祉サービスを利用する権利を保障するためのソーシャルワークの機能を理解する

1 福祉を利用する権利

1 市民の権利と福祉を利用する権利の関係

❶福祉国家体制のもとでの権利

今日、私たちは福祉を誰もが権利として利用できるものとして捉えている。国・地方公共団体は、高齢や障害、事故・疾病などの理由で自分の力では自立した生活ができなくなったときに、人間としての尊厳を失うことなく生活することができるように福祉の供給体制を整備している。私たちは困りごとが生じたら、福祉の相談窓口でサービスの利用を申し込めばよい。

このような福祉の供給体制は、第二次世界大戦後の福祉国家体制の下で整備されたものであり、それ以前の法制度には権利という考え方はなかった。保護を請求する権利は認められておらず、保護は「施されるもの」とみなされていた。

❷シティズンシップ（市民権）と福祉

福祉国家体制の下での福祉を利用する権利は、**シティズンシップ（市民権）**の一要素として考えられている。シティズンシップは、近代社会の成立によって人々に付与され発展した権利である。近代社会では、それまでの封建社会にあった身分制から解放され、人々は平等な立場の市民としての権利を得た。シティズンシップの代表的な論者であるマーシャル（Marshall, T. H.）は、シティズンシップを「ある共同社会の完全な成員である人びとに与えられた地位身分である[1)]」とし、「この地位身分を持っているすべての人びとは、その地位身分に付与された権利と義務において平等である」と説明している。

マーシャルはイギリスの発展の歴史をもとに、シティズンシップは次

の三つの要素（権利）で成立すると述べている[2)]。

・市民的要素（権利）：人身の自由、言論・思想の自由、信条の自由、財産を所有し正当な契約を結ぶ権利、裁判に訴える権利
・政治的要素（権利）：政治権力の行使に参加する権利
・社会的要素（権利）：経済的福祉と安全の最小限を請求する権利、社会的財産を完全に分かち合う権利、社会の標準的な水準に照らして文明市民としての生活を送る権利

福祉はこのなかの社会的要素（権利）に深くかかわる制度である。市民としての資格を有している人々には社会権★があるので、福祉を利用することが権利として認められるのである。マーシャルによるシティズンシップ論は1950年に発表されたものであるが、この考え方が今日にも引き継がれている。

★社会権
人間らしく暮らしていくための諸権利の総称。社会権的基本権としての生存権、教育を受ける権利、労働の権利、などが含まれる。本文で解説したマーシャルによる「社会的要素」に当たる考え方が歴史的に発展し、日本国憲法で社会権は、平等権、自由権と並ぶ基本的人権として位置づけられている。

2 受給権を保障するための仕組み

❶受給権保障の要素

受給権を実質的なものにするために、福祉サービスの提供過程には次のような要素が盛り込まれている。

① 申請主義の原則

福祉の提供は、本人（もしくは代理人）からの申請により開始することを原則としている。これによって福祉サービスの利用を希望する人に平等にアクセスする機会を保障している。

② 基準

提供するサービスの種別ごとに受給対象となる基準を設定し、本人（もしくは代理人）からの申請を受けて、基準を満たしているかを審査する。基準に照らして受給資格を確認することで、公平性を担保している。

③ 不服申立て

申請者が、決定された福祉の提供の可否や提供されるサービスの内容等を適切な結果ではないと感じた場合には、不服を申し立てることができる。これによって、受給権が一方的に侵害されることのないように制度設計されている。

❷契約

2000（平成 12）年以降多くの福祉サービスの提供に**契約制度**が採用されている。契約制度の導入以前は、すべての福祉サービスが**措置制度**によって提供されていた。措置制度では利用者にサービスの選択権がなく、措置権者が決定したサービスを利用する仕組みであった。そのために法制度では福祉の利用が権利として認められていても、実際には福祉は国などから与えられるものだと捉えられがちであった。

それに対して契約制度では、受給資格を得た利用者が、サービスを提供する事業者と対等な立場に置かれる。契約制度では、利用者が自ら利用するサービスを選択し、契約を締結する。そのため、措置制度よりも利用者の自己決定権や選択権が担保できる。

反面、契約制度では、利用者に決定したり、選択したりする義務が求められる側面をもっている。権利が重視されていた措置制度に比べると、義務が強調されているという指摘もある。

2 福祉の利用過程と課題

1 福祉の提供過程

図 9-2 の上の枠は、福祉を供給する側が整備したサービス提供までの過程である。供給者は、窓口を設置して利用者からの申請を受けると、基準に照らして受給資格があるかを審査する。もともと福祉の分野では資力調査（ミーンズテスト★）が採用されてきたが、現行の制度では、サービスの特性に応じて多様な基準が設定されている。たとえば、介護サービスの提供では要介護認定、障害福祉サービスの提供では障害認定が採用される。そして、認定の程度に応じて提供されるサービス量が決定される。

★資力調査（ミーンズテスト）
救貧法以来公的扶助の領域で採用されてきた受給要件を確認するために行われる収入・資産と能力の有無・程度の調査。その内容には貯金や債務、不動産、親族扶養の可能性なども含まれる。

受給資格が確認されると、サービスを提供することが決定される。決定後の過程は、措置制度と契約制度で異なる。措置制度の場合には、決定する側が決めた機関・施設でのサービス提供が開始される。契約制度の場合には、利用者が機関・施設を選択し、両者の間での契約を経て、サービス提供が開始される。

2 利用者が利用する過程

図 9-2 の下の枠は、上の枠に示した供給する側が整備した過程を利

図9-2　福祉サービスの供給と利用の過程

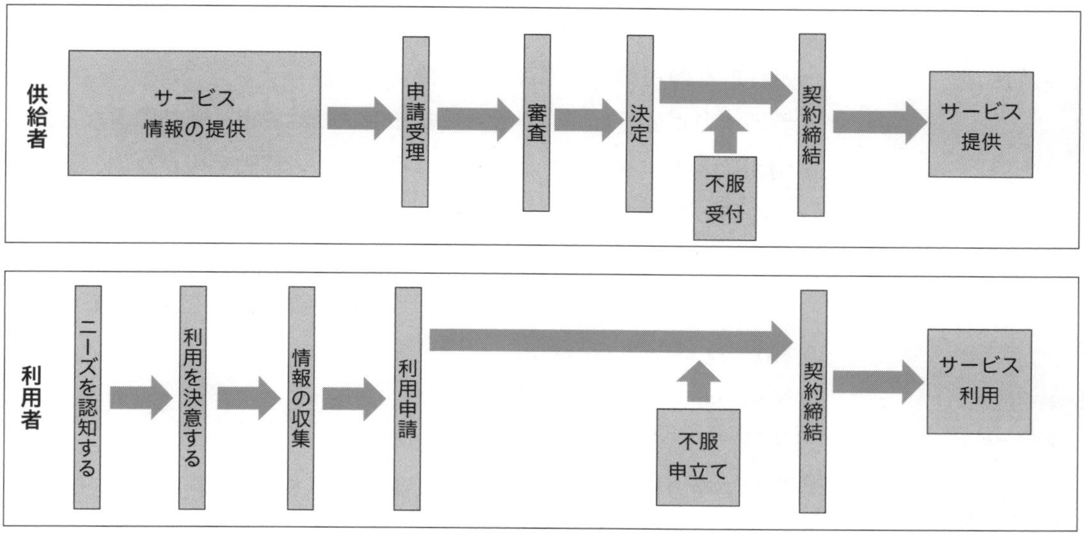

用者が経験する過程を示したものである。この過程では供給する側が想定していなかったさまざまな課題が生じる。

❶利用を決意するまで

福祉の利用は、本人や周囲の誰かがニーズに気づくことから始まる。ニーズを認めても直ちに福祉サービスを利用するとは限らない。家族・親族や知人など身近な人によって支援されることも多い。身近な人々によって支援することが限界になってはじめて、福祉の利用を検討されることも少なくない。この段階には以下のような課題がある。

①　自らのニーズを自覚できない場合

・判断能力が低下している場合（認知症、知的障害、精神障害など）

②　福祉の利用をためらう場合

・福祉の利用にスティグマ★を感じる場合
・自己負担分の利用料を支払うことが困難な場合
・福祉ニーズの充足は家族で担うべきだという価値観に支配されている場合
・極度なDVや虐待等の被害によって意欲が喪失している場合

❷情報の収集

利用者は幾多の障壁を乗り越えて申請の段階に至るわけだが、申請するには、福祉サービスの種類や申請の手続き、窓口の所在地等についての知識・情報が必要になる。福祉サービスの情報は、行政の広報紙やホームページ、福祉施設・機関のパンフレットなどで提供されているが、こ

★スティグマ
イギリスの救貧法の歴史では、貧民の見せしめや取り締まりのために、救済者に赤熱の鏝でSやVの烙印が押された。ここから救済者が差別的な扱いを受けることを意味して用いられている。

の段階には以下のような課題がある。

①　福祉情報へのアクセスの問題（利用者側の課題）

・身体的な障害がある場合（視覚障害など）

・判断能力が低下している場合（認知症、知的障害、精神障害など）

・情報を入手する手段がない場合（役所までの移動手段がない、パソコンを持っていない、など）

②　福祉情報自体が抱えている課題

・情報過多（多くの情報のなかから自分に必要な情報を見つけることが難しい）

・情報の非対称性による課題

Active Learning

福祉サービスの提供者と利用者の情報の非対称性によって生じている問題について、具体的に挙げてみましょう。

❸申請から契約締結まで

契約制度の場合には、受給資格を確認したあとに利用するサービスを選択する段階に至る。この段階には、以下のような課題がある。

①　契約制度が抱えている課題

契約書には、提供されるサービス内容をはじめ、利用料金の支払いなど利用者が果たすべき義務も含めて、詳細に記述されている。利用者（ないしは代理人）は、契約書の内容を理解したうえで契約を交わさねばならない。ところが、判断能力の不十分な状態にある人など、契約書の内容を理解して判断することが困難な場合がある。また、多くの場合契約には保証人が求められる。ところが、最近では身寄りのない単身世帯が急増しており、保証人を頼める人が見つからない場合もみられている。

②　細分化されたサービスの課題

現在の福祉サービスは、きめ細かくニーズに対応できるよう細分化されており、利用者は複数のサービスを組み合わせて利用することが多い。利用しようとする複数のサービスの事業者がそれぞれ別であることも少なくない。その場合には、それぞれについて申請し、契約を交わさなければならない。また、自らのニーズは自覚し得ても、複数のサービスをどのように組み合わせたらニーズが充足されるかまで判断することは難しい人も存在する。

③　時間的な課題

利用者は、利用開始までの手続きを進めている間、充足されないニーズに何らかの対応をしなければならない。居住する地域内のサービスの供給量が需要を下回っている場合には、この時間はより長くなることになる。

❹サービス利用開始後

こうしてようやく福祉サービスの利用開始の段階に至る。サービス利用開始後は、契約どおりにサービスが提供されているか、サービスの利用によってニーズは解決できたかなど、利用者は自らでサービスの評価をする。万が一、契約どおりにサービスが提供されないことがあれば、苦情を申立てたり、契約を解消したりすることも必要になる。また、利用料の支払いなど、利用者としての義務も果たさねばならない。

3 権利擁護の仕組み

1 利用者支援

「2　受給権を保障するための仕組み」（p.273）で説明した福祉の供給の仕組みは、人々に平等に**受給権**を保障するためのものであった。この仕組みのもとで人々には福祉サービスの申請や選択をする自由が保障されているわけだが、裏を返せば自分のことは自分で決めるという義務が課せられていることにもなる。ところが、福祉を必要とする人のなかには障害や高齢のために判断能力が低下しているなど、自己決定することが難しい人が多く存在している。それゆえに「2　利用者が利用する過程」（p.274）で説明したような課題が生じることになる。

したがって、本当の意味で受給権を保障するためには、自己決定が困難な人を支援するための仕組みが必要になる。そうした人々への支援のために**図9-3**に示すような体制を整備している。

❶成年後見制度

成年後見制度は、民法に基づいて判断能力の不十分な人が不利にならないように支援する制度である。家庭裁判所を経由して実施される。判断能力が不十分な人に対する**補助人**、著しく不十分な人に対する**保佐人**、判断能力を欠く状況にある人に対する**後見人**があり、これらは弁護士、司法書士、社会福祉士などによって担われている。この制度では、財産管理や介護保険サービスの契約をはじめとする身上監護に関する法律行為に関するサービスが提供されている。

成年後見制度の利用のための費用はすべて本人が負担することになるため、この制度は、支援が必要であっても費用負担ができない人には利用することが難しい。こうしたことから、自治体が独自にボランティアとして活動する市民後見人★の養成に取り組み、支援が必要な人が利用で

★市民後見人
専門職でない一般の市民が一定の研修を受け、市町村から家庭裁判所に推薦されて選任される。

図9-3　受給権を保障するための体制

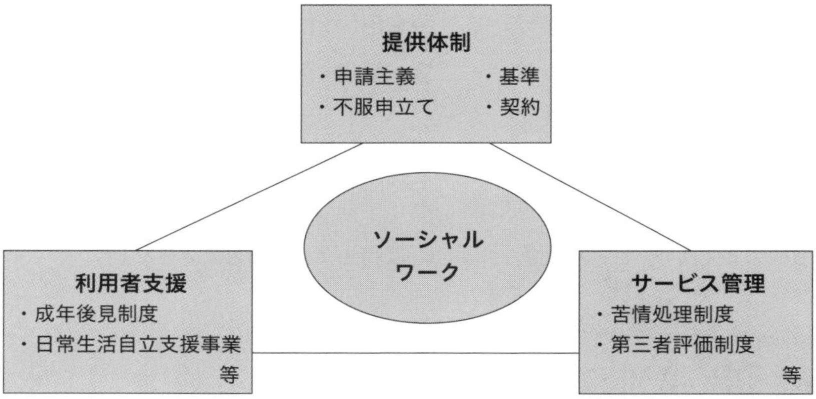

きる制度づくりに取り組んでいる例もみられている。

❷日常生活自立支援事業

日常生活自立支援事業は、社会福祉法に基づいて、判断能力が一定程度あるが十分でない人を対象に、福祉サービスの情報提供・助言・契約手続きの援助、日常的金銭管理、書類等の預かりなどのサービスを提供するものである。都道府県・指定都市社会福祉協議会によって実施されている。

2 サービス管理

利用者の適切なサービスを利用する権利を側面から支えるために、事業者のサービスを管理する制度を整備している。

❶苦情処理制度

社会福祉法第82条には、「社会福祉事業の経営者は、常に、その提供する福祉サービスについて、利用者等からの苦情の適切な解決に努めなければならない」と規定されており、事業者には苦情への対応が義務づけられている。利用者は、サービスに不満がある場合には、事業者が設置している窓口に苦情を言うことができる。

また、事業者の苦情対応に納得が得られない場合には、都道府県の社会福祉協議会に設置されている**運営適正化委員会**（社会福祉法第83条）に申し出ることができる。運営適正委員会は、利用者からの苦情申出があった場合には、調査を行い、必要があれば事業者に対して助言を行う。

❷第三者評価制度

第三者評価制度は、事業所が提供しているサービスを第三者評価機関が評価する制度である。評価機関は、利用者の権利が侵害されていないかをさまざまな角度で行う。

4 権利擁護とソーシャルワーク

1 ソーシャルワークの機能

図 9-3 でみたように、福祉サービスをすべての人に平等に提供するには、提供体制を工夫するだけでは限界があることから、利用者支援やサービス管理の諸制度で補うことによって保障しようとしている。ただし、それにはこれらの制度だけでは不十分である。これらの制度を有効に活用するためのソーシャルワークの機能が不可欠である。

❶アウトリーチ

福祉ニーズを抱える人のなかには、自ら福祉にアクセスすることが困難な人々がいる。とりわけ今日の社会では、ひきこもりや虐待問題など深刻化・長期化するニーズが地域のなかに潜在化していることが問題となっている。潜在化するニーズを掘り起こすためには、アウトリーチ★が必要とされている。アウトリーチは、福祉の専門職であるソーシャルワーカーに期待される役割であるが、潜在的なニーズの掘り起こしには、民生委員・児童委員★、大家や商店、宅配業者など、ニーズを抱える人の身近にいる人々の協力を得ることが必要である。

❷ケアマネジメント

福祉の利用者には選択権が保障されているが、多くのサービスのなかから自分に必要なサービスを選択することは容易ではない。利用者の選択を支援するためには、専門職による**ケアマネジメント**が機能する必要がある。とりわけ今日の社会では、8050 問題★やダブルケア★など複合的な課題を抱える家族への支援が課題となっている。このような課題を抱える人を支援するには、家族を単位とした支援のためのケアマネジメントも求められる。

❸ネットワーキングと多職種連携

多くの利用者は、独立している複数の機関・事業所が提供するサービスを利用して生活している。そのため、それらの機関・事業所が連携して包括的なサービスを提供することが必要になる。したがって、福祉だけではなく保健・医療、住宅など利用者にかかわる多分野の機関・事業所とのネットワークの形成が必要である。形成されたネットワークの下で、そこに所属する専門職が連携して支援する**多職種連携**が期待されて

★アウトリーチ
支援する側が求められる前に支援を必要とする人のもとに出向いて行うソーシャルワークの手法。

★民生委員・児童委員
民生委員法に基づいて、厚生労働大臣から委嘱されて活動するボランティア。自らも住民として地域で生活しながら、地域住民の相談・支援などの役割を担う。児童福祉法に基づく児童委員を兼務している。

★ 8050 問題
高齢の親と中高年のひきこもりの状態にある子による家族が抱える問題を意味する用語。2000 年代に入って顕在化した。ひきこもり状態が長期化したことによって、子を扶養している親が高齢化し、そこから新たな問題が生じていることが指摘されている。

★ダブルケア
一人の人あるいは一家族が、同時期に育児と介護の両方を担うこと。2000 年代に入り、ダブルケアを担う人の晩婚化・未婚化、就労継続の困難、ひいては貧困化といった諸課題が指摘されるようになった。

いる。

2 利用する福祉から創造する福祉へ

この節のはじめに説明したように、福祉は「施されるもの」から「権利として利用するもの」へと発展してきた。今日における福祉の利用は、近代社会における市民に付与されている権利であると理解されている。したがって、福祉を利用することによって、一人の人間としての尊厳が失われることはない。たとえば、身体に障害のある人が着替えや食事などの介助サービスを利用しながら仕事に通うなど、福祉を利用しながら社会の担い手として役割を果たしている人も多く存在している。このように福祉を利用しながら生活するスタイルも、自立生活と理解されている。

ところが、これまでの社会では、福祉を利用している人を支援の受け手として、固定的に捉えがちであった。これからの社会では、福祉を利用しながら、社会・地域の担い手として参加する機会を創出する必要がある。福祉の受益者が担い手として参加できてはじめて本当の意味でのシティズンシップの保障といえよう。

◇**引用文献**
1）T. H. マーシャル・T. ボットモア，岩崎信彦・中村健吾監訳『シティズンシップと社会的階級――近現代を総括するマニュフェスト』法律文化社，p.37，1993.
2）同上，pp.15–16

◇**参考文献**
・秋元美世『社会福祉の利用者と人権』有斐閣，2010.
・越智あゆみ『福祉アクセシビリティ――ソーシャルワーク実践の課題』相川書房，2010.
・T. H. マーシャル・T. ボットモア，岩崎信彦・中村健吾監訳『シティズンシップと社会的階級――近現代を総括するマニュフェスト』法律文化社，1993.

● **おすすめ**
・川北稔『8050問題の深層――「限界家族」をどう救うか』NHK 出版，2019.
・松本俊彦『「助けて」が言えない――SOS を出さない人に支援者は何ができるか』日本評論社，2019.

第10章

福祉政策の国際比較

本章では、第一に、福祉政策に関する国際比較研究のメインストリームといえるエスピン-アンデルセンの福祉レジーム論を取り上げ、そこで欧米諸国および日本を含むアジア諸国の福祉政策がどのように特徴づけられているかを検討する。第二に、近年の福祉政策にみられる「ウェルフェアからワークフェアへ」という変化に着目して、主要国の動向を紹介する。第三に、ワークフェア的な政策変化のなかで、現金給付を中心とした従来の「所得保障」とは異なり、就労支援サービスやケアサービスを中心とした「サービス保障」が福祉政策の新しい潮流として浮かび上がっていることを指摘し、その「サービス保障」に関する国際比較研究の課題を提示する。

第1節 国際比較の視点と方法

学習のポイント

- 福祉レジーム論とは何かを理解する
- 福祉レジーム論からみた場合、各国の福祉政策はどのように特徴づけられるのかを学ぶ

1 福祉政策の3類型

福祉政策の研究において、国際比較は非常に魅力的なものである。自国の福祉政策の現状を知る、あるいは今後の政策の方向性を考える際に、鏡のような役割を果たし、それに照らしてみることによって、自らの姿をよりよく把握することができる。これまでその鏡としての重要な役割を提供した国際比較研究の成果はいくつかあるが、1990年代以来、最も大きな影響力を発揮してきたのが、エスピン-アンデルセン（Esping-Andersen, G.）[i]の福祉レジーム論★である。

★福祉レジーム論
福祉政策のあり方を市場や家族および職域集団との関係のなかで分析し、各国にみられる福祉政策の多様性を捉えようとする視点である。1990年代初頭以降、福祉政策の国際比較研究のメインストリームとなった。

エスピン-アンデルセン以前の国際比較研究では、たとえば、ウィレンスキー（Wilensky, H. L.）の研究に典型的にみられるように、福祉とかかわる制度整備の水準やその支出の規模など、国家間の**量的差異**を基準とした国際比較研究が主流であった。そこでは、制度整備の水準が低く、支出規模が少ない国は「福祉後進国」、制度整備の水準が高く、支出規模が大きい国は「福祉先進国」と分類されていた。今日においても、その量的差異に基づく国際比較研究はしばしばみられる。**表10-1**は、一例として、OECD基準の社会支出の国際比較を示したものである。

それに対してエスピン-アンデルセンは、そういった量的差異ではなく、制度整備の効果やその支出の使途方法などの**質的差異**に着目した。各国にみられるその質的差異を明らかにするために、彼が分析の指標と

---

i 〔Gøsta Esping-Andersen〕1947- デンマーク出身の社会学者である。1990年代初頭に、福祉政策の国際比較のための新しい視点として福祉レジーム論を提唱し、自由主義・保守主義・社会民主主義レジームという三つの類型を提示したことで知られる。

表10-1　OECD 諸国における社会支出の対 GDP 比

順位	国名	社会支出（対 GDP 比、%）	順位	国名	社会支出（対 GDP 比、%）
第1位	フランス	31.8	第18位	ハンガリー	20.2
第2位	ベルギー	29.2	第19位	チェコ	19.0
第3位	フィンランド	28.9	第20位	アメリカ	18.9
第4位	イタリア	28.1	第21位	ニュージーランド	18.6
第5位	デンマーク	28.1	第22位	エストニア	18.0
第6位	オーストリア	27.1	第23位	オーストラリア	17.8
第7位	スウェーデン	26.1	第24位	スロバキア	17.3
第8位	ノルウェー	25.3	第25位	カナダ	17.3
第9位	ドイツ	25.1	第26位	オランダ	17.0
第10位	ギリシャ	24.8	第27位	スイス	16.1
第11位	スペイン	23.9	第28位	イスラエル	16.0
第12位	ポルトガル	23.7	第29位	アイスランド	15.9
第13位	ルクセンブルク	22.6	第30位	リトアニア	15.8
第14位	日本	21.9	第31位	ラトビア	15.8
第15位	スロバニア	21.4	第32位	アイルランド	14.3
第16位	ポーランド	21.0	第33位	チリ	10.9
第17位	イギリス	20.8	第34位	韓国	10.6
			OECD 平均		20.2

資料：https://stats.oecd.org
注：オーストラリアは2016年、日本は2015年

して導入したのが、**脱商品化**（de-commodification）という概念である。脱商品化とは、人々が市場から離れても、国の福祉政策によってどの程度の所得が保障され、生活を維持することができるかを示す指標である。そして、その脱商品化をめぐる各国の異なった政治的イニシアティブが、歴史的に三つの異なった類型、つまり、**自由主義レジーム**、**保守主義レジーム**、**社会民主主義レジーム**を形成してきたというのが、彼の福祉レジーム論の最も重要なポイントである。その三つのレジームの中身を簡単に紹介すると以下のとおりである。

まず、アメリカ（などアングロサクソン諸国）に代表されるのが、自由主義レジームである。このレジームでは、福祉政策の形成において自由主義ブルジョワジーの影響力が強く、そのため市場原理や個人責任が重視され、脱商品化は低い程度に抑えられた。すなわち、失業や病気などによって仕事ができなくなった場合、福祉政策によって生活の保障を受けることのできる人々の範囲は、**資力調査**（means test）に基づいて低所得者に限定され、その保障の水準も低く必要最低限にとどまっている。このような福祉政策のあり方は、**選別主義的給付**または**残余的給付**と呼ぶ。資力調査なしの社会保険の場合でも、その給付水準は必要最

低限のものに限られる傾向が強い。

次に、ドイツ（など大陸ヨーロッパ諸国）に代表されるのが、保守主義レジームである。このレジームでは、キリスト教民主主義、特にカトリックを中心とした保守主義勢力が福祉政策のあり方を形作った。歴史的にみて、保守主義勢力は、社会民主主義勢力と競合しながら福祉政策を整備してきたこともあり、自由主義レジームに比べると、脱商品化程度の高い政策が進められた。脱商品化の程度としては、社会民主主義レジームと自由主義レジームの中間に位置する。ただし、カトリックにおいては、ギルドに代表される封建的な職域を重視する傾向が強く、そのため、国による福祉政策は主に男性労働者を対象に、職域ごとの社会保険を中心に発達してきた。この意味において、保守主義レジームでは職域的地位による格差が生じやすい。また、カトリックの考え方として、男女の性別役割分業などの伝統的な家族の役割が強調され、女性はあくまで家族の構成員である限りにおいて、福祉政策の恩恵を受けられる場合が多い。

最後に、スウェーデン（など北欧諸国）に代表されるのが、社会民主主義レジームである。このレジームでは、労働者と農民の連合がみられ、社会民主主義の影響を大きく受けて、脱商品化程度の高い福祉政策が形成された。すなわち、人々が失業や病気などのため働けず市場から離れても、国家による福祉政策によって一定程度以上の生活を維持することができる。福祉政策の給付は、選別主義的で残余的な給付が中心となる自由主義レジームとは異なり、普遍主義的に行われ中間層まで及び、給

表10-2　脱商品化からみた各国のランキング

国名	脱商品化スコア	国名	脱商品化スコア
オーストラリア	13.0	ドイツ	27.7
アメリカ	13.8	フィンランド	29.2
ニュージーランド	17.1	スイス	29.8
カナダ	22.0	オーストリア	31.1
アイルランド	23.3	ベルギー	32.4
イギリス	23.4	オランダ	32.4
イタリア	24.1	デンマーク	38.1
日本	27.1	ノルウェー	38.3
フランス	27.5	スウェーデン	39.1
		平均	27.2

資料：G. エスピン－アンデルセン，岡沢憲芙・宮本太郎監訳『福祉資本主義の三つの世界』ミネルヴァ書房，p.52，2001.

付の水準も高い。また、職業的地位による格差、あるいは伝統的な家族の性別役割分業が反映される保守主義レジームの福祉政策とは異なり、平等主義的かつ個人主義的な福祉政策が展開されてきた。

以上が、エスピン-アンデルセンの福祉レジーム論の概要である。彼による三つのレジームが登場して以来、それまでの福祉後進国と福祉先進国という分類のなかで「量的に低位／高位である」という単線的かつ二分法的な認識ではなく、「質的に多様である」という認識に基づく福祉政策の国際比較研究が可能になった。これが、エスピン-アンデルセンの福祉レジーム論の大きな功績であるといえる。脱商品化の程度からみた各国の相違は**表 10-2** のとおりである。

Active Learning
自由主義・保守主義・社会民主主義レジームのうち、日本はどのレジームに属するか考えてみましょう。

2 境界事例と日本の位置

エスピン-アンデルセンによる自由主義・保守主義・社会民主主義といった三つのレジームは基本的に、それぞれアメリカ、ドイツ、スウェーデンの分析から導出されたものである。そのため、それら以外の国に対しては、その三つのレジームがぴったり合わない状況がみられる。**図 10-1** はそのいくつかの事例を示したものである。

たとえば、イギリスは、アメリカと同様、アングロサクソン諸国でありながらも、福祉政策の中身をみると、**国民保健サービス**（National Health Service：NHS）の整備にみられるように、自由主義レジームだけでなく、社会民主主義レジームの特徴を合わせもっている。またオ

図10-1　福祉レジームの境界事例

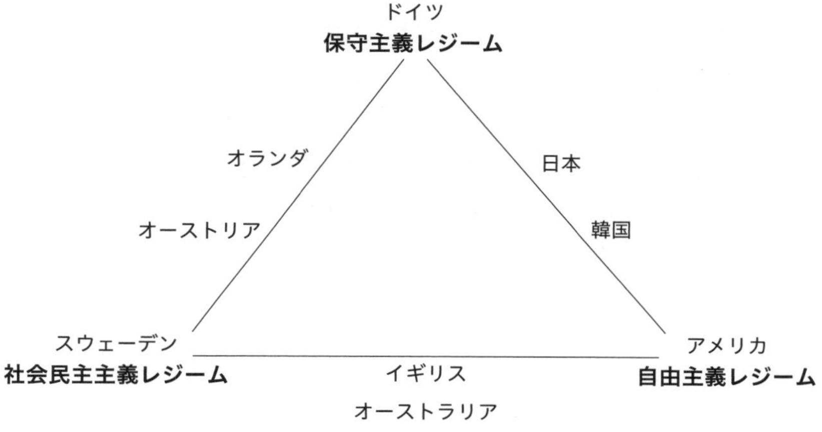

出典：新川敏光・宮本太郎・眞柄秀子・井戸正伸『比較政治経済学』有斐閣，p.189，2004.

ランダは、ドイツと同様に大陸ヨーロッパ諸国に属しながらも、社会民主主義政党の強い影響力により、脱商品化程度が高い福祉政策の整備が進んだことから、保守主義レジームと社会民主主義レジームの中間形態として位置づけられる。

日本に関していえば、男性労働者を対象に職域ごとの社会保険を中心に福祉政策が発達した点で保守主義レジームに近いが、脱商品化程度の低さという自由主義レジームの特徴も併せもっている。その意味では、自由主義レジームと保守主義レジームの「混合型」とされることが多い。ただし、この点については研究者の間で意見が分かれており、なかには、自由主義と保守主義レジームに加え、完全雇用という労働市場のあり方に着目して、社会民主主義レジームの特徴を見出す場合もある。隣国の韓国についても、どのレジームに属するかをめぐって論争が行われており（いわゆる「韓国福祉国家性格論争」）、日本と同様、二つ（あるいは三つ）のレジームの混合型とされることが多い。

このように、エスピン-アンデルセンの三つのレジームに対しては、多様な境界事例が多数存在しており、そのため結局、分析の主な対象であったアメリカ、ドイツ、スウェーデン以外の国々に関しては、その特徴を明確に見出すことができないといった問題提起が行われた。ただし、ある国の福祉政策が三つのレジームのいずれかにぴったり合致しなかったとしても、その姿を把握するうえで、一つの鏡として重要な役割を果たしてきたことは確かである。

境界事例に関する問題提起以外にも、エスピン-アンデルセンの福祉レジーム論に対しては、これまでいくつかの批判があった。たとえば、福祉政策におけるサービス給付は軽視され、分析の中心が現金給付となっている、福祉政策のなかに存在するジェンダー・バイアスに対する関心が弱い、福祉政策の展開におけるNPOなど非営利的なボランタリー部門の役割を軽視している、分析の対象が主に欧米諸国であり、それ以外の国、特に日本を含むアジア諸国・地域についての検討が不十分である、時代によって変化する福祉政策を動態的に分析する視点をもっていない、等々といった批判である。こういった批判が繰り返されながら、福祉レジーム論は、さまざまな研究者によって、その分析の対象政策や対象国の面で拡張をみせてきている。

3 20世紀型福祉政策と21世紀型福祉政策

エスピン-アンデルセンの福祉レジーム論とその後の拡張のもつ意義を評価しつつも、彼の議論が、21世紀の今日においても、福祉政策の国際比較研究において有効かというと、必ずしもそうとはいえない。何より、福祉レジーム論の最も基本的な指標である脱商品化が、今日、各国の福祉政策が置かれている環境や政策の理念、および方向性を正確に把握するうえで、指標としての有効性をもたず、その指標を捉え直す必要があるからである。

そもそもエスピン-アンデルセンの福祉レジーム論は、20世紀の欧米先進諸国における福祉政策がその主な分析対象であった。彼の議論が示すとおり、欧米先進諸国の福祉政策には三つの類型が存在するものの、いずれにおいても、脱商品化がその最も根本的な機能であった。歴史的にみて、当時の福祉政策が置かれていた環境は、20世紀中盤にあって、重化学工業を基軸産業とした一国中心の経済システムのなかで、高度経済成長の実現を背景にしつつ、いわゆる完全雇用政策によって男性労働者の雇用を安定させ、その男性労働者による家族の扶養を可能にするという条件であった。男性労働者の所得喪失のリスク、たとえば失業や病気および労災や退職などに対しては、所得を代替し生活を維持する政策、つまり脱商品化の機能をもつ福祉政策で対応したのである。この福祉政策のあり方をここで、**20世紀型福祉政策**と呼んでおきたい。エスピン-アンデルセンの三つのレジームは、この20世紀型福祉政策を前提に、その脱商品化程度を国際比較的に分析した結果である。

ところが、20世紀第4四半世紀以降、20世紀型福祉政策が置かれていた環境が解体し始めた。経済のサービス化やグローバル化のなかで、一国中心の重科学工業が衰退するとともに高度経済成長が終焉し、雇用が不安定で賃金水準の低いパートタイムや派遣などの非正規労働者が急増した。完全雇用政策はその有効性を失い、福祉政策の対象者が増えたものの、低成長によって福祉政策の安定的な運営のための政府の財政拡充は困難になっている。そのため、従来の福祉政策のもつ脱商品化機能を弱体化する改革が試みられるなか、福祉政策の対象者を減らし、彼らの労働市場への参加を促進する、いわば**再商品化**戦略がとられるようになっている。その再商品化戦略は、単に福祉政策の対象者を不安定で賃金水準の低い労働市場へ投げ返すのではなく、教育訓練や教育および職業紹介あるいは賃金補助など低い賃金水準を補完するような方策を通じて、労働者の労働市場参加を支援する、いわば**援商品化**戦略が並行されることが多い。

福祉政策におけるこのような動きは、各国にバリエーションがあるものの、多くの国々において20世紀第4四半世紀以降に徐々に試みられ、20世紀末あるいは21世紀初頭に入って顕著に展開されるようになっている。脱商品化を主な機能としていた20世紀型福祉政策から、脱商品化を抑制しつつ再商品化と援商品化という機能を取り入れた**21世紀型福祉政策**への転換といえよう。これは、あとにみるように、実際の各国の福祉改革のなかで「ウェルフェアからワークフェアへ」といった動きとして現れた。

以上のようにみると、脱商品化を中心とした20世紀型福祉政策を主な分析対象としていたエスピン-アンデルセンの福祉レジーム論は、再商品化と援商品化を中心とした21世紀型福祉政策の分析に有効性を失いつつあるといってよい。21世紀型福祉政策が主流になっている今日の各国の現状を正確に捉え、今後の方向性を考えるためには、エスピン-アンデルセンを含む従来の国際比較研究を踏まえつつ、新しい視点を模索しなければならない。

以上のことを念頭において、以下では、さまざまな福祉政策のうち、21世紀型福祉政策の展開のなかで再商品化と援商品化の動きが最も顕著に現れている公的扶助分野の制度に焦点を当てて、主要国の最近の改革動向を簡単に紹介する。それを踏まえ、国際比較研究の今後の課題を提示することにしたい。

◇**参考文献**

- 金成垣『後発福祉国家論』東京大学出版会，2008.
- 新川敏光・宮本太郎・眞柄秀子・井戸正伸『比較政治経済学』有斐閣，2004.
- Esping-Andersen, G., *The Three World of Welfare Capitalism*, Cambridge Polity, 1990.（G. エスピン-アンデルセン，岡沢憲芙・宮本太郎監訳『福祉資本主義の三つの世界』ミネルヴァ書房，2001.）
- Esping-Andersen, G., *Social Foundation of Post-industrial Economies*, Oxford University Press, 1999.（G. エスピン-アンデルセン，渡辺雅男・渡辺景子訳『ポスト工業経済の社会的基礎』桜井書店，2000.）
- Wilensky, H. L., *The Welfare State and Equality: Structure and Ideological Root of Public Expenditure*, University of California Press, 1975.（ハロルド . L. ウィレンスキー，下平好博訳『福祉国家と平等――公共支出の構造的・イデオロギー的起源』木鐸社，1985.）
- キム・ヨンミョン（金淵明）編『韓国福祉国家性格論争Ｉ』人間と福祉，2002.（金淵明編，韓国社会保障研究会訳『韓国福祉国家性格論争』流通経済大学出版会，2006.）

● **おすすめ**

- 埋橋孝文『福祉政策の国際動向と日本の選択――ポスト「三つの世界」論』法律文化社，2011.
- 武川正吾『連帯と承認――グローバル化と個人化のなかの福祉国家』東京大学出版会，2007.

第2節 福祉政策の動向：欧米

学習のポイント

- 欧米諸国の福祉政策において近年、どのような改革が展開されているのかを把握する
- その改革は、各国の福祉政策にどのような変化をもたらしているのかを理解する

1 アメリカ

1 概要

自由主義レジームを代表するアメリカにおける福祉政策の改革展開の特徴を一言でいうと、ワークフェア（workfare：勤労（work）と福祉（welfare）の合成語）であるといえる。ワークフェアとは、ウェルフェア（welfare）の対概念として、福祉政策の財政負担の軽減を目的に、その対象者を減らし、労働市場への参加を促進することを試みる、言い換えれば、「福祉から就労へ」（welfare to work）を標榜する政策理念である。アメリカでワークフェアという政策理念は古くから存在していたが、1990年代半ばにクリントン大統領の福祉改革の方向性を示す考え方として注目され、その後、アメリカの福祉政策を特徴づける言葉として広く使われるようになった。

このワークフェアという政策理念の源流とされているのが、1996年に導入されたTANF（Temporary Assistance for Needy Families：貧困家庭一時扶助）という公的扶助である。

2 貧困家庭一時扶助

TANFは、1996年に、福祉政策の対象者を削減し財政負担を軽減させることを目標に、従来のAFDC（Aid to Families with Dependent Children：要扶養児童家庭扶助）に代わって新たに導入された。

TANFの導入による最も大きな変更点といえば、以前のAFDCでは、18歳未満の子どものいる貧困家庭を対象に、資力調査を通じて条件を満たしていれば、給付を受け続けることができたが、TANFになってからは、給付が受けられる期間が有期となり、特別な理由がない限り生涯で累積60か月、継続では24か月と制限されたことである。これは、

貧困家庭への給付が、これまでの永続的なものから期間限定的なものへと変容したことを意味する。継続24か月の規定によって、給付開始から24か月以内に就労することが義務づけられたのである。この要件を満たさなければ、給付額が減額されるか、給付を受けられなくなる。また、対象者の一定割合を就労もしくは就労関連機関に従事させることが州政府に求められ、成果を出せなかった場合は連邦政府からの補助金が削減されることになった。この措置は、州政府に就労を急がせる効果をもつものであった。

3 評価

以上の内容からなるTANFの実施によって実際に、以前のAFDCに比べて、対象者が激減し、その就業率も急増した。当然ながら、それは政府の財政支出の削減にもつながった。この成果をもって、「福祉から就労へ」というワークフェアの目標は達成したと評価された。しかしその一方で、TANFから抜け出した人々が、多くの場合、小売業やサービス業、単純な事務職などの低賃金や不安定な就労状況に置かれるようになったということもしばしば批判される。「福祉から就労へ」が達成できたとしても、それが直ちに**脱貧困**を意味するものではないということである。

そもそも自由主義レジームとしてアメリカの福祉政策は脱商品化程度が低いという特徴をもっている。TANFのようにワークフェアを標榜する改革は、再商品化の推進によって人々の市場への依存をより強めるものであったといえる。

2 ドイツ

1 概要

「福祉から就労へ」という福祉政策の動きは、自由主義レジームのアメリカだけでなく、**保守主義レジーム**を代表するドイツにおいてもみられた。すなわち、1990年の東西統一以降、失業者の増加とそれによる財政悪化に悩みつづけてきたドイツでは、2003年から「ハルツ改革★」と呼ばれる一連の労働市場および福祉政策の改革が行われた。そのなかで福祉改革として、最低生活保障と就労促進の一体的な運用により、貧困者に労働インセンティブをもたせることが試みられるようになった。

★ハルツ改革
シュレーダー政権下で行われた福祉政策全般に関する改革である。その改革が、元フォルクスワーゲン労務担当役員のペーター・ハルツ（Hartz, P.）を委員長とする「労働市場における現代的サービス」によって主導されたことでハルツ改革と呼ばれる。

ハルツ改革の一環として、2005年に新しい公的扶助として創設された**求職者基礎保障**（Grundsicherung für Arbeitsuchende）がその代表的な例である。

2 求職者基礎保障

ハルツ改革の前に、ドイツでは、労働能力の有無に関係なく貧困者を対象とする**社会扶助**（Sozialhilfe）が存在していた。1990年代以降における失業者の増加によって、社会扶助の対象者が持続的に増え、その負担が財政を圧迫した。そこで、財政負担を軽減すべく、労働能力のある貧困者のみを対象とする新しい制度として**求職者基礎保障**が創設されたのである。

同制度において、労働能力のある貧困者は**求職者**（Arbeitsuchende）とされる。求職者は、**ジョブセンター**（Job Center）に登録し**再就労協定**を取り決め、それに基づいて生活に必要な資金の給付とともに、職業相談、職業斡旋、職業訓練などの就労支援を受けなければならない。再就職協定を取り決めなかった場合、再就職協定で定められた義務を怠った場合、またはジョブセンターが紹介する就労先への就労を正当な理由なく拒んだ場合は、給付の一部あるいは全額削減が行われる。

主な就労支援としては、**1ユーロジョブ**（Ein Euro-Job：長期失業者に対して自治体や福祉団体が提供する公共的な労働）、**ミニ・ジョブ**（Mini-Jobs：低賃金パートタイム労働）や**コンビ賃金**（Kombilohn：福祉政策の給付によって低賃金を補完する制度）などが運営されている。

3 評価

求職者基礎保障の創設を含むハルツ改革の展開とかかわって、ここで指摘したいのは、同改革によって、保守主義レジームとしてのドイツの福祉政策に大きな変化がもたらされている点である。先に述べたように、エスピン-アンデルセンは、保守主義レジームの福祉政策の主な特徴として、男性労働者を対象に、職域ごとの社会保険制度が発達してきた点を挙げている。そういった福祉政策が発達できた背景に、男性労働者を取り巻く安定した労働市場の存在は欠かせない。しかし、ハルツ改革によって、「1ユーロジョブ」や「ミニ・ジョブ」など、それまでドイツでは抑制されてきた多様な労働形態が積極的に導入され、労働市場の柔軟化が進んでいるのは注目に値する。労働市場の柔軟化のなかで、安定した労働市場を前提とした職域ごとの社会保険制度がかつてのように機能しなくなっているのである。これは同時に、男性労働者による家族の扶養という保守主義レジームの重要な基盤の弱体化を示すものであるといえる。保守主義レジームが大きな変化が生じているとみてよい。

3 スウェーデン

1 概要

社会民主主義レジームとして、脱商品化が最も進んでいるスウェーデンにおいても状況はそれほど変わらない。すなわち、主に 1990 年代以降、失業率、財政状況、GDP 成長率の急激な悪化を経験し、その対応が行われるなか、福祉政策の対象者の縮小や給付の削減とともに、就労可能な失業者や貧困者に対して就労に向けた活動を求めつつ、その支援を行うといった「福祉から就労へ」という方向性をもった改革が展開されるようになった。

スウェーデンの公的扶助である**社会扶助**（Socialbidrag）の変化をみることで、その改革の状況を確認することができる。

2 社会扶助

社会扶助は、基本的にその対象者選定において労働能力の有無は問わないが、病気や身体的および精神的な障害を抱えている人、アルコールや薬物依存、家庭内暴力や虐待等、さまざまな理由によって就労が困難な人々を対象としている。この社会扶助においては従来から、給付とともに**アクティベーション・プログラム**（Activation Program）が実施されていた。このプログラムは、労働市場への参加のための就労支援の意味の強いワークフェアとは異なり、個々人の事情や能力に合わせたケアやリハビリなどの支援を通じて、生活そのものが停滞している人々を活発化（Activation）させ、社会参加を促すことが目標であった。アメリカのワークフェアのように対象者に対する強制的な取り扱いもなかった。

しかし、1990 年代を通じて失業者が増えるなか、労働能力のある人々が大量に社会扶助に流入するようになり、そこで増えつづける社会扶助費をいかに減少させるかが重要な課題となった。そのために、一方では、資力調査を厳格化することで対象者の増加を抑制し、他方では、社会参加的な性質の強いアクティベーション・プログラムに、労働市場への参加を強制するようなワークフェア的な要素を受け入れるようになった。

そのきっかけとなったのが、ウプサラ・モデル（Uppsala model）と呼ばれるプログラムであった。このプログラムでは、社会扶助の給付を受ける期間を有期とし、その給付の条件としてアクティベーション・プログラムに参加することが強制された。参加を拒否する場合は、給付が中止される。このウプサラ・モデルをきっかけに、多くの自治体では「ジョブセンター」（Jobbcentrum）が設立され、社会扶助の対象者はそこに登録し、自立に向けた援助計画を策定し、その計画に沿った活動をすることが義務とされるようになった。

以上のような社会扶助を含む「福祉から就労へ」といった1990年代の福祉政策の動きは、2000年代以降、特に2006年の中道右派政権（2006～2014年）の登場によってさらに急速に進められるようになった。

Active Learning
「福祉から就労へ」という改革によって、失業者や貧困者など福祉政策の受給者が抱える負担を調べてみましょう。

3 評価

そもそもスウェーデンのアクティベーション・プログラムは、労働市場への参加を強制することなく、手厚い給付とともに、個々人の事情や能力に合わせた支援を行い、同時に、労働市場への参加のみならず社会参加を促すことを中心に据える点で、アメリカに代表されるワークフェアと区別されてきた。エスピン-アンデルセンの福祉レジームにおいて、脱商品化程度の高い、平等主義的かつ個人主義的な特徴をもつ社会民主主義レジームにそれが反映されていたといえる。しかしながら以上のような改革状況は、そういった社会民主主義レジームの特徴に大きな変化をもたらすものであるといってよいであろう。

4 その他：イギリス・フランス

エスピン-アンデルセンの福祉レジーム論において、主な分析対象国ではなかったが、イギリスやフランスにおける福祉改革の動向についても簡単に言及しておきたい。

イギリスにおいても、先にみてきた国々と類似の状況の下で、1990年代以降、「福祉から就労へ」という方向性をもった福祉改革が積極的に行われた。特に、1997年に登場した労働党政権によって就労による貧困解消という福祉改革の方針が打ち出され、それに基づいて実際さまざまな改革が展開された。

代表的な改革を挙げてみると、まず、**タックス・クレジット**（給付付き税額控除）の導入があった。これは、就労している者に給付を行うことで就労インセンティブを高めることを目的としたものであった。次に、**ニューディール・プログラム**という就労支援サービスが導入され、**ジョブセンタープラス**（jobcentre plus）で、公的扶助の受給者に対して、就労に向けてのプラン作成、求職活動の指導および支援、教育・訓練の提供などのサービスが提供されることとなった。最後に、**子どもの貧困対策**として保育サービスの充実が行われるとともに、親への就労支援と前記のタックス・クレジットなど就労を条件とする給付を組み合わせることで、就労を奨励する政策がとられた。

これまでイギリスの福祉政策では、貧困者や低所得者に対して給付を行い、直接救済することが中心であったが、以上のような改革の展開によって、「ウェルフェア国家からワークフェア国家へ」という転換がみられたと評価されている。

フランスにおいても、1990 年代末以降、「福祉から就労へ」という福祉改革の方向性が明確にみられた。その代表的なものが、2009 年にサルコジ大統領によって行われた**参入最低限所得**（RSI）から**積極的連帯手当**（RSA）へという公的扶助の改革である。

以前の RSI では、収入が一定以下の者に対して最低生活を保障するための給付が行われていて、その受給者が働いて収入があると、その分、給付が減額される仕組みをとっていた。これに対して、受給者の労働インセンティブの低下や福祉への依存（不就労の罠★）といった問題が提起された。そこで、「就労による貧困からの脱出」を目指して新しく導入された RSA では、新たに就労を再開した場合に給付を行うことで、少しでも働いたほうが給付と合わせて収入が増える仕組みへと代わった。それとともに、県と受給者の間に**相互参画契約**（contrat d’engagement reciproque）が結ばれ、県は受給者に就労支援サービス（同伴活動★（accompagnement））を提供すること、受給者はそのサービスを利用することが義務となった。

この RSA の導入によって、公的扶助の給付が、失業者や貧困者への給付から**ワーキングプア**（働く貧困者）への給付へと変わったとされる。これは、事実上、ワーキングプアになることを奨励する制度とみなされることが多く、そのため、前記のアメリカのようなワークフェア政策の典型的な例として評価されることが多い。

★不就労の罠
就労による賃金を受け取るときの可処分所得より、福祉政策による現金給付を受けるときの可処分所得のほうが多い場合、就労をせず福祉政策に依存する誘因が発生する。この誘因を「不就労の罠」あるいは「失業の罠」と呼ぶ。

★同伴活動
失業によって RSA の給付を受ける者に対して、専任のソーシャルワーカーが付き、就労支援サービスの内容を含む相互参画契約書を作成し、契約締結後には同伴しながら契約内容の遂行をチェックする活動である。

◇**参考文献**
・阿部彩「アメリカの福祉政策の効果と批判」『海外社会保障研究』第147号，2004.
・都留民子「『ワークフェア』は貧困を解決できるか？——第７回（最終回）労働礼賛の払拭を」『賃金と社会保障』第1581号，2013.
・都留民子「フランスの公的扶助——ワークフェア・積極的連帯手当（RSA）」埋橋孝文編『生活保護』ミネルヴァ書房，2013.
・所道彦「イギリスの公的扶助制度の展開と課題」埋橋孝文編『生活保護』ミネルヴァ書房，2013.
・久本基志『アメリカの就労支援と貧困』日本経済評論社，2014.
・宮寺由佳「スウェーデンにおける就労と福祉」『外国の立法』第236号，2008.
・森周子「ドイツの失業者および低賃金労働者に対する所得保障と就労支援の現状と課題」『労働法律旬報』第1838号，2015.
・森周子「ドイツにおける求職者への就労支援の現状と課題」『社会政策』第６巻第２号，2015.
・山本麻由美「スウェーデンにおける失業と社会保障制度の変化」『社会政策』第８巻第２号，2016.

● **おすすめ**
・宮本太郎『社会的包摂の政治学——自立と承認をめぐる政治対抗』ミネルヴァ書房，2013.
・埋橋孝文編『生活保護』ミネルヴァ書房，2013.

第3節 福祉政策の動向：東アジア

学習のポイント

- アジア諸国の福祉政策において近年、どのような改革が展開されているのかを把握する
- その改革は、各国の福祉政策にどのような変化をもたらしているのかを理解する

1 韓国

1 概要

韓国は、エスピン-アンデルセンの福祉レジーム論のなかで分析対象ではなかったが、1990年代末のアジア通貨危機による大量失業・貧困問題の発生をきっかけに福祉政策の急速な拡充がみられ、それ以降、国内外の多くの研究者によって国際比較研究の対象として積極的に取り上げられるようになった。エスピン-アンデルセンのいう三つのレジームのうち、いずれに属するかについては、前記のように、研究者の間で意見が分かれるが、重要な特徴として指摘できるのは、1990年代末以降における福祉政策の拡充の際に、先にみてきた欧米先進諸国の福祉政策の動向でみられるような「福祉から就労へ」という考え方を反映した制度整備が進められたことである。

その代表的な例として、1999年に新しい公的扶助として創設された**国民基礎生活保障**（以下、基礎保障）を挙げることができる。

2 国民基礎生活保障

基礎保障以前の公的扶助である**生活保護**においては、労働能力のない貧困者のみがその対象であった。しかし、1990年代末のアジア通貨危機によって労働能力のある者の貧困が深刻化し、それに対応するために、以前の生活保護が廃止され、労働能力の有無にかかわらず貧困状態にある人々に対して生活に必要な給付を行う基礎保障が創設された。ただし、その創設の際、モラルハザード★や労働インセンティブ★の低下が懸念され、労働能力のある貧困者に対しては、就労支援プログラムの対象となることが義務づけられた。

★モラルハザード
福祉政策の分野でいうモラルハザードは、たとえば、失業しても失業保険や公的扶助などの福祉政策によって生活が保障されると思えば、積極的に働こうとせず、福祉政策に依存しようとする人々が増えることを指す。

★労働インセンティブ
働こうとする意欲のことである。福祉政策との関連で労働インセンティブの問題が取り上げられるのは、福祉政策によって働かなくても生活が保障されると、人々の働こうとする意欲が弱まることが懸念される場合である。

就労支援プログラムの対象者に対しては、自治体によって自活支援計画★が策定される。対象者は、それにそった活動に参加しなければならず、参加しない場合は、給付の一部あるいは全額が削減されるという制裁が伴う。

就労支援プログラムには、対象者個々人の事情や能力に合わせた多様な活動が体系的に整備されている。たとえば、対象者のもつ労働能力の強弱によって、「市場進入型」（起業を支援）、「インターン・ケア型」（地方自治体および民間企業でのインターンシップを支援）、「社会サービス型」（福祉団体での福祉サービス提供への従事を支援）、「勤労維持型」（単純労働および掃除や家事手伝いなど地域社会で必要な公共サービス提供への従事を支援）がある。

★自活支援計画
国民基礎生活保障の給付を受ける者のうち、労働能力があると判断された者に対して、自治体のソーシャルワーカーによる相談を通じて、本人の事情や能力に応じて参加する就労支援サービスの内容や量を定めるものである。

Active Learning
日本にも、韓国のような就労支援プログラムがあるか、調べてみましょう。

3 評価

先に述べたように韓国において、欧米先進諸国と比較可能な形で福祉政策の拡充がみられたのは 1990 年代末以降である。この 1990 年代末以降という時期は、欧米先進諸国では、20 世紀型福祉政策がその有効性を失いつつ、21 世紀型福祉政策への転換がみられていた。その時期に福祉政策の拡充を試みた、後発国としての韓国では複雑な状況が現れた。すなわち、一方では、労働能力の有無にかかわらず貧困者の生活を保障する、言い換えれば、**脱商品化**を進める **20 世紀型福祉政策**の特徴をもった基礎保障が新たに創設され、他方では、労働能力のある貧困者に対しては、就労を通じて自立を促す再商品化とともに、それを積極的に支援するさまざまな就労支援プログラムによる**援商品化**を進める **21 世紀型福祉政策**の仕組みが、その基礎保障のなかに取り込まれた。欧米の先進諸国で 20 世紀型福祉政策から 21 世紀型福祉政策への転換がみられたとすれば、韓国の福祉政策は、20 世紀型福祉政策と 21 世紀型福祉政策の同時進行、言い換えれば、「ウェルフェアとワークフェアの同時進行」という形で現れたといえる。20 世紀型福祉政策を主な分析対象としたエスピン-アンデルセンの福祉レジーム論からみた場合、韓国の明確な位置づけが困難である理由の一つが、そこにあるといえよう。

2 中国

1 概要

中国で福祉政策の本格的な拡充がみられたのは1990年代以降で、韓国と同様に欧米諸国に比べて遅かった。1990年代に計画経済★から市場経済★への移行が以前より積極的に展開されるなか、その一貫として行われた国有企業改革によって大量の失業者や貧困者が発生したことがそのきっかけを提供した。この時期に福祉政策の本格的な拡充がみられた中国では、韓国と同じく後発国としての時代的な状況を踏まえつつ、一方では、福祉政策の拡充を試みながらも、他方では、20世紀型福祉政策が「多すぎ高すぎ福祉」として批判されつつ、「多く働いたものが多くを得る」、つまり働くことを重視する考え方に基づいて制度整備および運用が行われた。

1999年に都市部で始まり、2007年に農村部でも実施されるようになった**最低生活保障**がその一例である。

★計画経済
財やサービスの生産と分配を市場の価格調整メカニズムに任せるのではなく、国の計画によって行う経済体制である。主に社会主義国の経済体制であり、中国では1978年に採択された「改革開放」政策以前までこの体制をとっていた。

★市場経済
市場を通じて財やサービスの取引が自由に行われる経済体制である。中国における市場経済化は、1978年の「改革開放」政策がその出発点であるが、1992年の「社会主義市場経済」の提唱によってより本格的に進められるようになった。

2 最低生活保障

国有企業改革によって発生した失業者や貧困者に対して、当初は、就職センターと失業保険が用意されたが、それだけでは当時の失業・貧困問題に対応できず、最低生活保障が創設された。同制度は、1993年に上海で先駆的な実施が始まり、1999年には都市部全体での実施が決まった（**都市部最低生活保障**）。農村部でも各地域で施行されていた最低生活保障が2007年に全国的な実施として確立した（**農村部最低生活保障**）。2014年には両制度が統合された。

都市部で最低生活保障が導入された当初は、国有企業改革を促進することが最優先課題であったため、モラルハザードや労働インセンティブの低下といった問題が懸念されることは少なかった。しかし、国有企業改革が一段落した2000年代に入って、特に2000年代後半になると、都市部最低生活保障の受給者の大半が、労働能力をもつ者で、しかも、半分近くが8年以上の長期受給者であることが明らかになり、「惰民養成」や「福祉依存」が指摘され、受給者に対して、「福祉から就労へ」を促進する措置が取り入れられることとなった。

就労を重視する政策は、韓国の基礎保障のように制度化されることはなかったが、各地方政府でそれぞれ異なる形で、労働能力をもつ受給者に対して給付の条件づけを強化する形をとった。たとえば、北京では、求職登録をしていない、就業斡旋を3回断った、職業訓練を受けなかった、政府が提供する公益労働★に2回以上参加しなかった、毎月の公益労働に参加する時間が規定を下回ったなどの場合、給付を停止したうえ、3か月以内は再申請できないと規定している。上海では、「就業サービスを受ける承諾書」にサインをした人のみ申請資格が得られ、就職あっせんを2回断った場合、および公益労働や職業訓練に参加しなかった場合は給付が停止される。中小都市では、**先求職後保障**を前面に出し、「仕事を選ばず、就職紹介を受ける」という承諾書に同意することが給付を受ける条件となっている。このような条件づけとともに、韓国のような体系化した就労支援プログラムとはいえないものの、相談や職業訓練などのサービスも提供されている。

★公益労働
地域の掃除や見守りおよび交通整理など社会全体の利益のための無償労働を指す。2001年に発生した不正受給問題を背景に、2004年から、正当な理由なしに公益労働に参加しない者は、最低生活保障の受給対象としないこととなった。

3 評価

以上のように、中国の最低生活保障にみられる就労を重視する制度運営は、21世紀型福祉政策に共通するワークフェア的な考え方に基づいているといえる。ただしそれは、後発国としての韓国と同様に、欧米の先進諸国が経験した20世紀型福祉政策から21世紀型福祉政策へ、あるいは「ウェルフェアからワークフェアへ」の転換というより、その両者の同時進行とみるのが妥当であろう。

エスピン-アンデルセンの福祉レジーム論からすれば、中国がいかに位置づけられるかといった議論はあまり見当たらない。それは、中国が、実質的な経済体制はともあれ、少なくとも政治的立場として社会主義国家としての看板を下ろしておらず、エスピン-アンデルセンが分析対象としていた資本主義国家とは異なる独自の路線、いうならば「中国型福祉レジーム」を形成していくという認識があるからかもしれない。しかし、中国のその独自の路線には、社会主義国家としての側面とともに、韓国と同様、欧米先進諸国より遅れて福祉政策の拡充に乗り出した後発国としての側面があり、それゆえ「ウェルフェアとワークフェアの同時進行」といった特徴が現れていることに注意を払う必要があろう。

3 その他

欧米諸国に比べて、遅れて福祉政策の拡充に乗り出した後発国は、韓国と中国だけではない。アジアの多くの国々が後発国としての状況におかれており、そこに、韓国や中国でみられた「ウェルフェアとワークフェアの同時進行」という共通の特徴が現れていることも指摘しておきたい。

一例として、2017年にタイで導入された**福祉カード**を取り上げることができる。福祉カードは、低所得者に対してプリペードカードのような形で配布され、生活必需品の購入に使われるが、カードを使うためには、政府の提供する職業斡旋や職業訓練などの就労支援サービスを受けることが条件となっている。この福祉カードは、労働能力をもつ者を対象とした福祉政策として初めて導入されたものであるが、そこにすでに就労重視の考え方が盛り込まれているのである。まさに「ウェルフェアとワークフェアの同時進行」といえよう。

このようにみると、韓国と中国を含むアジア諸国を国際比較の対象とする際に、20世紀型福祉政策を主な分析対象とするエスピン-アンデルセンの福祉レジーム論のもつ有効性は疑われるようになる。この点を踏まえつつ、次節では、国際比較のための新しい課題について論じたい。

◇参考文献

・朱珉「中国の最低生活保障制度のゆくえ」『社会政策』第5巻第2号，2013.
・金成垣「福祉国家とポスト福祉国家のはざまで──中国の福祉改革のゆくえ」盛山和夫・上野千鶴子・武川正吾編『公共社会学2　少子高齢化社会の公共性』東京大学出版会，2012.
・松江暁子「韓国の公的扶助制度における労働と福祉の連携」『社会福祉学評論』第18号，2017.

おすすめ

・金成垣『後発福祉国家論──比較のなかの韓国と東アジア』東京大学出版会，2008.
・沈潔・澤田ゆかり編『ポスト改革期の中国社会保障はどうなるのか──選別主義から普遍主義への転換の中で』ミネルヴァ書房，2016.

第4節 福祉政策の新しい潮流と国際比較の新しい課題

学習のポイント

- 近年の福祉政策の展開において、「サービス保障」が重視される背景には何があるかを理解する
- 「サービス保障」の国際比較のための課題は何かを考える

1 「所得保障」から「サービス保障」へ

脱商品化を中心とした20世紀型福祉政策（＝ウェルフェア）においては、失業や病気などの所得喪失のリスクに対して、直接所得を保障すること＝**所得保障**が重要な機能であった。それに対して、再商品化と援商品化を中心とした21世紀型福祉政策（＝ワークフェア）においては、就労による自立を促進し、それを支援するためのサービスを提供すること＝**サービス保障**の重要性が増している。サービス保障は、各国でその推進の度合いや具体的な内容において相違がみられるものの、上でみてきたように、今日の多くの国々における福祉政策の展開において重要な部分を占めるようになっているといえる。

サービス保障が重要視されている背景に、就労を重視する政策変化とともに、女性の社会進出や少子高齢化など近年の大きな社会変動があることも指摘しなければならない。そのような社会変動のなかで、多くの国々において、育児や介護などのケアを支援するサービスの拡充が、福祉政策の重大な課題として登場している。前記の就労支援サービスだけでなく、このケアサービスの拡充という面でも、サービス保障は、以前に比べて福祉政策の重要な一部分になりつつあるといってよい。

なお、ケアサービスのなかには医療サービスも含まれる。かつて福祉政策としての医療制度は、病気による所得喪失への所得補償や治療費負担の軽減という形で、どちらかといえば、サービス保障より所得保障の側面が強かった。しかし近年では、病気を治療する、あるいは健康を保持するためのサービスを提供する側面が強調されている。それはもちろん、医療技術の発達が深くかかわっているが、それとともに、高齢化の進展に伴い、医療サービスと介護サービス（生活支援、予防、住まいな

図10-2　主要国における高齢化の推移

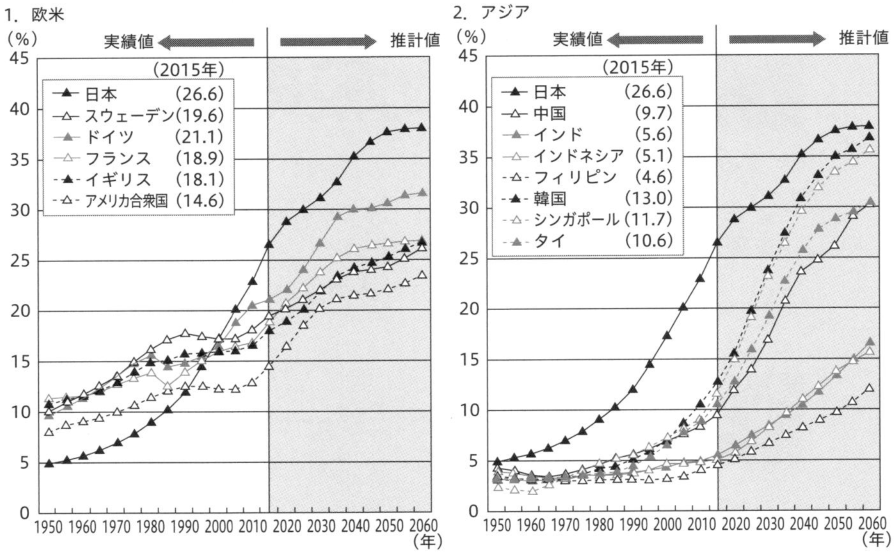

資料：UN, World Population Prospects : The 2017 Revision
ただし日本は、2015年までは総務省「国勢調査」
2020年以降は国立社会保障・人口問題研究所「日本の将来推計人口（平成29年推計）」の出生中位・死亡中位仮定による推計結果による。

ど）の統合が求められるようになっていることが重要な要因となっている。日本の**地域包括ケア**にもみられるように、高齢者向けの諸サービスの包括的かつ持続的な提供が、高齢化を経験している多くの国で重大な課題となるなか、ケアサービスの一部分としての医療サービスがその重要性を増しているのである。

Active Learning

アジア諸国・地域にみられる急速な高齢化の背景には何があるか、調べてみましょう。

関連して最後に一つ付け加えるならば、**図10-2**にみられるように、日本を含むアジア諸国・地域の場合、欧米諸国に比べて非常に速いスピードで高齢化を経験しており、そのなかで、ケアを中心としたサービス保障の拡充が、福祉政策の整備において最重要課題となっていることを指摘しておきたい。

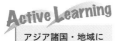

2　「サービス保障」をいかに評価するか

エスピン-アンデルセンの福祉レジーム論を含む従来の国際比較研究は、所得保障とかかわる制度・政策が分析の中心で、サービス保障とかかわる制度・政策については十分な検討が行われてこなかった。しかしながら、以上のような近年の状況を踏まえると、自国の現状を知る、今後の方向性を考える際に鏡としての役割を果たす国際比較研究において、サービス保障の分析は欠かせないといわざるを得ない。

所得保障とかかわる制度・政策であれば、エスピン-アンデルセンの福祉レジーム論にみられるように、脱商品化指標を用いてその程度によって測ることができる。しかしながら、サービス保障の場合、それをいかに評価するかということがいまだに確立されておらず、さまざまな研究者によって多様な試みが行われているのが現状である。それらの研究を踏まえながら、サービス保障を評価するための指標を開発し、それを福祉政策の国際比較研究のなかに取り入れることが今後の重要な課題であるといえよう。

おすすめ

・埋橋孝文・同志社大学社会福祉教育・研究支援センター編『貧困と就労自立支援再考――経済給付とサービス給付』法律文化社，2019.
・金成垣・大泉啓一郎・松江暁子『アジアにおける高齢者の生活保障――持続可能な福祉社会を求めて』明石書店，2017.

終章

これからの社会福祉

出発点・到達点・展望

終章 これからの社会福祉

出発点・到達点・展望

1 社会福祉はどこから来たのか

1 多元的かつ歴史的存在としての社会福祉

「固有論」の立場から戦後日本の社会福祉学の成立に大きな影響を与えた岡村重夫は、社会福祉を「法律による社会福祉★」と「自発的社会福祉★」に区別したうえで、前者が社会福祉のすべてではなく、後者の重要性を強調し、その典型として「相互扶助」と「慈善・博愛事業」を挙げている。

> …略…法律による社会福祉が社会福祉の全部ではない。いな全部であってはならない。**法律によらない民間の自発的な社会福祉**（voluntary social service）による社会福祉的活動の存在こそ、社会福祉全体の自己改造の原動力として評価されなければならない[1]。

「自発的社会福祉」は、社会的連帯の形式でいえば**人称的な連帯**として存在する。「人称的な連帯」とは「特定の人々のあいだで自発的なネットワークとして形成されるものであり、それが可能にする生の保障は社会の全域に及ばない[2]」のに対して**非人称の連帯**は「強制的な連帯であり、これは互いに見知らぬ人びとの間に成立[3]」する。岡村の説明では「法律による社会福祉」における「福祉国家」が具体例となる。

今日では、社会福祉が制度化されたサービス・給付、あるいは専門的援助実践として存在することは特別なことではない。その際、「制度に基づく」「公的な」「法的な」といった言葉が社会福祉とセットで使われる。このとき、一般的な理解として社会福祉は「権利性を帯びたもの」、あるいは「（基本的）人権に基づくもの」として認識されている。それは、近代ヨーロッパにおける市民社会の生成や自由な個人の登場を契機として、人類にとって「普遍的なもの」として描かれ、社会福祉とその歴史的変遷を理解するためにも重要な視点である。「権利としての社会福祉」「社会福祉の権利性」と呼ばれるものが例である。

★法律による社会福祉
岡村の場合、「法律による社会福祉」を❶救貧事業、❷保護事業、❸福祉国家という3段階の発展形態論的に整理している。

★自発的社会福祉
岡村によれば「自発的社会福祉」は、「民間の個人または集団が、法律によって強制されたり、事業を委託されるのではなく、まったく自発的に他人の生活困難を援助する活動」である。さらに「民間の個人または集団による自由な社会福祉活動であるとはいっても、それは個人のまったく恣意的な援助活動ではなくて、社会的に公認され、支持されるものでなければならない」（岡村重夫『社会福祉原論』全国社会福祉協議会，p.3，1983.）。

一方で、社会福祉には制度化されたそれとは異なる存在の仕方もある。社会福祉の援助・活動・実践を社会的制度や法的根拠に基づかない**利他（的）行為**として捉える場合である。これは人類（人間社会）の歴史が始まって以来のものと考えられるが、一般的用法としては「社会福祉」ではなく広く「福祉」または「福祉的行為」と呼ばれることもある。

重要なことは、人間がさまざまな動機に由来する利他性に基づき、困難な状態にある他者へ手を差し伸べる行為・活動は、「社会福祉にとって過去」ではなく、現代においてもその一部を構成する大きな要素となっていることである。今日においては、要介護高齢者や重度障害児・者へ家族がケアを提供する、自然災害の被災地支援へボランティアとして参加する、迷子になっている幼児を近くの交番まで連れていく、町内会活動として独居高齢者の見守り活動を行う、などを身近な例として挙げることができる。

このように、ある種の二面性をもつ社会福祉について、より多元的視点から、歴史的変遷として動態的に捉えたものを、**福祉の複合体**★と呼ぶ場合がある。これは、福祉を「家族、企業、地域社会、相互扶助団体、慈善団体、商業保険会社、宗教組織、地方公共団体、国家、超国家的組織等の多様な歴史主体と多元的な原理によって構成された構造的複合体[4]」とする。そして、「多元的な要素の重層的でアモルファスな編成替えのなかで、福祉の複合体は歴史的な姿態転換を繰り返してきた[5]」とみなす。こうした見解は、歴史学からのアプローチではあるが、社会福祉、あるいは福祉の歴史性を理解するうえでは示唆的である。

★福祉の複合体
社会福祉学では、1980年代以降における福祉供給の主体の多様化を表現する概念として「福祉多元主義」がよく用いられてきたが、「福祉の複合体」という表現には、それが有機的な構成をもった歴史的な動態であることを強調する意図がある。

2 社会福祉の原型としての相互扶助・慈善・救済・博愛

一般に日本における社会福祉の原型としては、古代社会の**相互扶助**、（仏教に基づく）**宗教的慈善**、**政治的救済**があるが、西欧では**相互扶助**、（キリスト教に基づく）**宗教的慈善**、**博愛**が挙げられる。これらはそれぞれ異なる動機に基づく利他（的）行為・他者への援助活動の源泉であり、**「人はなぜ他者を助けるのか」**という問いへの回答でもある。

「相互扶助」は洋の東西を問わず、そして近代化の前後にかかわらず、人間のいるところには必ず存在してきた。家族・親族内における助け合いは血縁関係に依拠した相互扶助の例である。また、近代以前の伝統的農村社会においては、村落共同体を構成する成員にとって、相互扶助の有無は個々の生死を左右するほどの重要性をもっていたが、これは多くの場合、地縁関係（近隣関係）に由来する。伝統的農村社会に暮らす人々にとって、あらゆる場面で「助けあって生きていくこと」が、互いの生存と共同体の存続にとって基礎的条件だったのである。中世になると、労働互助組織の**結**(ゆい)、金融互助組織の**頼母子講**(たのもしこう)、**無尽講**、村における農民の自治的運営形態として**惣**(そう)(あるいは惣村)などが登場した。

「慈善」とは他者に対して経済的援助など情けや哀れみをかけることである。「宗教的慈善★」は日本の場合、聖徳太子によるとされる**四箇院**(しかいん)(悲田院、敬田院、施薬院、療病院)や行基による**布施屋**など、仏教思想に由来するものが最初だと考えられるが、これは中世以降から現在まで続いている。西欧ではラテン語のcaritas(**カリタス**:愛・愛情)がギリシア語のagapē(アガペー:無償の愛)の訳語とされ、キリスト教的な「愛」を意味するようになり、それに基づく(宗教的)慈善を指すようになった。ルカによる福音書第10章にある**良きサマリヤ人**のたとえ話は、キリスト教の信仰における、礎としての「無償の愛」、神を愛するがゆえに隣人をも愛し、汝の敵をも愛する**隣人愛**の例といえる。

★宗教的慈善
慈善およびその組織的な形態である慈善事業は、感情的・宗教的動機に基づく行為としての貧民救済や病人への施療などである。慈善はさまざまな宗教における徳目の一部とされてきた。キリスト教での「チャリティー」やイスラム教での「ザカート」、仏教では古くは「喜捨」などがある。

政治的救済の日本的起源は、律令国家の窮民救済制度である「戸令」(こりょう)や支配者層による慈恵(慈愛の心をもって他に恵みを施すこと)として存在し、当時の窮民への対応として、儒教的思想に由来する仁政に基づく**賑給**(しんごう)が挙げられる。また、「宗教的慈善」としての悲田院や施薬院、布施屋は政治権力による救済施設という性質も併せもっていた。中世では「徳政令」、近世では「小石川養生所」「人足寄場」(にんそくよせば)「江戸町会所」などが例であるが、これらは仏教的思想と儒教的慈恵救済論を背景としたものである。政治的救済は為政者にとって支配体制の安定と存続のためにも必要とされ、西欧の近代における絶対王政期なども同様であった。日本の近代では明治憲法下における天皇制慈恵主義もその一つの形態といえる。

博愛(philanthropy)は歴史的には「慈善」より古く、ギリシア・ヘレニズム思想を系譜的始原とするもので、階級、民族、国家、イデオロギー、宗教、人種などを超えて「人類への愛」に基づく利他的活動や奉仕的活動などを指す[i]。それを奨励する考え方を博愛主義といい、近代

---

i　博愛の類似語に友愛がある。その意味は一般に「兄弟愛」や「友人に対する親しみの情」である。重田によれば、友愛は「何らかの特徴から『仲真』『同胞』と見なされた人々(同じ母を持つ、同じ宗教を信じる)を、通常考えられる違い(年齢、宗派、職階、性別)を越えて結びつける、ある種越境的な要素が含まれている」である。また、「絆を結ぶ者たちを外部と区別し排除する側面と、そのことによって集団内のメンバーの差異を保ったまま同胞意識や仲間感覚を醸成し、ある種の相互性をもったつながりを存続させる面がある」と指摘している(重田園江『連帯の哲学Ⅰ フランス社会連帯主義』勁草書房, p.7, pp.9-10, 2010.)。

以降、博愛事業として西欧社会に定着した。「博愛」は「自由」「平等」とともにフランス革命の標語とされ、諸身分を結合する感情として当初広く称揚されたが、今日ではボランティア★や非営利組織活動の原理の一つとされている。日本では、民間の慈善・博愛事業の実践者は「篤志家」と呼ばれ、その活動は各時代における社会問題への取り組みとして歴史的に高く評価されてきた。このような「篤志家」のなかにはキリスト教などに基づく宗教的思想を自らの活動の基盤としている者も多かった。

★ボランティア
ボランティアとは、ラテン語のvolunts（ボランタス：自由意志）を語源とし、もとは自発性に裏づけられた奉仕者や篤志家を意味した。今日では保健、医療、福祉、教育、環境などの事業において、自発的に無償奉仕をする人々またはその活動を指し、「自発性（自主性）」「善意性」「無償性」「先駆性」などを伴うことが基本特性とされている。

3 近代以降における歴史的展開
――救貧制度・慈善博愛事業から社会事業・厚生事業へ

国家主導による救貧制度は、イギリスにその起源をみることができるが、16世紀までの各種救貧対策の集大成が**エリザベス救貧法**（1601年）である。これは、自由放任主義が支配的な価値規範の時代に成立した新救貧法（1834年）として改正されるまで、200年間にわたりイギリスの救貧制度として機能した。世界で最初に産業革命を成し遂げたイギリスでは、キリスト教および教会が主導する慈善事業とは異なり、ヒューマニズムや人道主義を掲げた博愛事業が18世紀末に登場し、**「慈善事業から博愛事業へ」**と展開した。そこでは、国家福祉が整備される以前に就労支援、教育、ケア、住宅などのさまざまな分野での活動・事業が行われた。

1869年にはロンドンに**慈善組織協会**（charity organization society：**COS**）が設立され、1877年にはアメリカのバッファローでもCOSが誕生した。COSの活動は貧困家庭への個別訪問を行い、個別に接触・交流を重ねることで、その人格的感化によって貧困者の自立を促す友愛訪問を中心に行われた。この友愛訪問などのCOSの活動のなかで培われた個別処遇の方法が、のちにソーシャルワーク（特にケースワーク）の創出へとつながり、**「博愛事業から社会事業へ」**という段階へ移行することとなった。

同じ頃、知識人や学生がスラムに住み、教育・育児・授産・医療など生活全般にわたり援助を行うセツルメント（隣保事業★）が始まった。代表的なものとして1884年、最初のセツルメント・ハウスである**トインビー・ホール**（Toynbee Hall）がイギリス・ロンドンに設立された。アメリカでは1889年、ジェーン・アダムス（Addams, J.）によりシカゴのスラムに設けられた**ハル・ハウス**（Hull House）が有名である。

19世紀末のイギリスでは、チャールズ・ブース（Booth, C.）やラ

★セツルメント（隣保事業）
イギリスの慈善事業家デニソン（Denison, E.）は、施与のみでは貧困は解決しないとして、教育改善の必要を説き、その方法として知識人がスラム地区に移住し貧困者と共に活動することを提起した。その実践はセツルメントの先駆と評価されている。

ウントリー（Rowntree, B. S.）が行った**貧困調査**によって、社会に広がる貧困の実態が明らかとなり（貧困の可視化）、「個人の自己責任」に基づく貧困観から、「社会構造に起因する」貧困観への転換を促すきっかけとなった。

20世紀に入ると、第一次世界大戦が総力戦として行われたことや戦後の経済恐慌、それによる大量失業・貧困などの発生を背景として、全国民を対象とした生活保障の仕組みが整備されていくことになった。1930年代には、ナチスドイツの「戦争国家」（war state）への対抗として、イギリスでは**福祉国家**（welfare state）という言葉が用いられるようになり、戦中・戦後を通して20世紀を象徴する存在となっていった。

日本では明治維新により近代国家の建設が進められていくなかで、最初の救貧制度に当たる**恤救規則**（じゅっきゅう）（1874（明治７）年）が制定された。それは「隣保相扶」を前提とし、身寄りもなく労働不能な**無告の窮民**を対象とするきわめて限定的なものであった。この頃、さまざまな慈善団体・慈善事業が生まれたが、石井十次が設立した**岡山孤児院**はその代表例といえる。その後、急速な産業化が進む過程で、労働者の貧困問題が次第に注目されるようになったが、隣保相扶を基礎とした消極的な国家対応は依然として変わらず、貧困への公的対応を求める法制度案は幾度も見送られた。

一方で、民間による慈善事業は発展をみせ、国内最初の知的障害児施設として石井亮一の聖三一孤女学院（1891（明治24）年、1897（明治30）年**滝乃川学園**に改称）、山室軍平の**救世軍**（1895（明治28）年）、先駆的なセツルメント（隣保事業）として片山潜の**キングスレー館**（1897（明治30）年）、留岡幸助の**家庭学校**（1900（明治33）年）などが設立され、現在の社会福祉につながる先駆的取り組みが行われた。

1900（明治33）年、感化法が制定され、感化院（児童自立支援施設の前身）が設置され、道徳や教育的な視点を重視した**感化救済事業**が展開されたのち、貧困問題への対応の一つとして岡山県で**済世顧問制度**（1917（大正６）年）、大阪府で**方面委員制度**（1918（大正７）年、戦後**民生委員制度**へ発展）が創設された。さらに、1920（大正９）年内務省に社会局が置かれると、社会問題への社会的解決方策として**社会事業**が開始された。その背景には、資本主義の下で広まりをみせる貧困問題への対応として、慈善・博愛事業や感化救済事業の限界から、制度的及び財政的な裏づけのある、新しい制度体系が必要とされたことがある。同時期には明治初期に創設された恤救規則が 1929（昭和４）年に**救護法**へと改正（施行は 1932（昭和７）年）されたが、制限扶助主義に基づくことや保護請求権を認めないという点では限界のあるものだった。

1930 年代になると、長い戦争（15 年戦争）の時代を迎えることとなり、1938（昭和 13）年には厚生省が創設され、社会事業法、国家総動員法が制定された。このような総力戦体制（国家総動員体制）の下で、それまでの社会事業は国民戦意高揚と戦争遂行に資することを目的とした**戦時厚生事業**として再編されていった。ここで留意すべき点として、この時期に制定された国民健康保険法（昭和 13 年法律第 60 号）や労働者年金保険法（昭和 16 年法律第 60 号、1944（昭和 19）年に厚生年金保険法へ改正）が戦後に引き継がれたことは、戦前と戦後の非連続性のみならず連続性を捉えるうえで重要といえる。

2 社会福祉はどこまで来たのか

1 社会福祉の到達点：その背景と成果

ここまでは、社会福祉が「どこから来たのか」、その源流や出発点を確認した。以下では（主として広義の）社会福祉が「どこまで来たのか」、つまりその到達点を確認する。

第二次世界大戦後の日本では、経済社会の復興と成長を背景に、西欧諸国と比べても遜色のないメニューをそろえた福祉政策が形成された。年金と医療を除いた分野（障害・労災・家族・住宅・公的扶助など）の給付水準が低く、労働市場や市民生活への社会的な規制（差別の禁止など）も十分とはいえないが、教育・医療については、国際的にみて妥当な水準が保たれている。

では、日本の社会福祉はどのようにしてここまでたどり着いたのだろうか。

平成 23 年版の『厚生労働白書』は、「社会保障の検証と展望：国民皆保険・皆年金制度実現から半世紀」と題して、高度成長期から今日に至る福祉政策の歩みを振り返っている。白書をもとに、その背景と歩みを整理すると**表 1** のようになる。この表では、日本社会の変化を、経済・人口等の項目ごとに、「A から B へ」という形式で整理するとともに、それらの変化が福祉政策にもたらした影響（主な課題）をまとめた。こ

表１　日本社会の変化と福祉政策の歩み

	日本社会の変化（A から B へ）	福祉政策への影響（主な課題）
経済	・1940 ～ 60年代：戦後復興から経済成長へ ・1970 ～現在：高度成長から低成長へ	・生活保護等による救貧対策から社会保険による防貧対策の充実へ
産業	・戦前からの工業化：第一次産業から第二次産業へ ・成長後の脱工業化：第二次産業から第三次産業へ	・工業社会の集合的リスク管理としての「国民皆保険・皆年金体制」の達成からその持続可能性の追求へ
雇用	・自営社会から雇用社会へ ・日本型雇用慣行の定着から動揺へ ・正規雇用中心から非正規雇用の増加へ ・一億総中流から中流崩壊・格差社会へ	・日本型雇用・男性稼ぎ手・性別分業を前提に成立した社会保障制度の見直し ・セーフティネット（特に再分配）機能の強化と就労支援施策の導入
家族	・専業主婦世帯から共稼ぎ世帯へ ・画一的な家族形態から多様な家族形態へ	・専業主婦による家族ケアをあてにした残余的な社会福祉制度から普遍的な社会福祉制度の充実による家族の支援へ
人口	・人口ボーナスから人口オーナスへ ・人口増加社会から人口減少社会へ（人生50年から人生80年へ、多産多死から少産少死へ、早婚から晩婚へ、三世代同居から単身世帯へ）	・持続可能な社会保障への改革 ・生涯現役社会づくり ・子育て支援や介護ニーズへの対応 ・ひとり親家庭への支援
疾病	・第一の死因が感染症から生活習慣病へ	・医療保険制度および医療供給システムの見直し

出典：厚生労働省編『厚生労働白書 平成23年版』p.6の図表および第１章の記述を参考に筆者作成

うした整理からは、社会のさまざまな変化に伴って発生した課題（社会的なニーズやリスク）に取り組むために、種々の制度が導入・調整・改革されてきた結果が、私たちが今日にしている社会福祉の姿であることがわかるだろう。

また、同白書の第３章には、「半世紀間の皆保険・皆年金を中心とした社会保障の成果」として、社会福祉の到達点に関する厚生労働省としての認識が示されている。その要点は**表２**のように整理されている。まとめると、日本の福祉政策は、❶社会保険を中心に発展し、❷これにより医療・介護サービス提供基盤の整備が進められてきたが、❸経済社会の新たな変化（少子高齢化、脱工業化、生活水準向上など）への対応が求められるなか、❹急増する社会保障給付を賄うために公費負担が増大するようになった、となろう。

表２　福祉政策の到達点

①これまでの社会保障の充実 ・日本の社会保障は社会保険を中心に拡充。年金、介護などで「家族間の私的扶養」から「社会全体で負担」という姿に。 ・国民皆保険の実現により、死亡率は低下し、平均寿命は世界最高水準に到達。 ・年金の給付額も改善を重ね、高齢者世帯の経済状態は改善。 ・介護保険は利用者の選択により保健、医療、福祉にわたる総合的なサービスを実現。	**②サービスを提供する基盤の整備** ・国民皆保険により医療施設数や従事者数は増加。特に、「自由開業医制」、保険証１枚でどの医療機関にもかかれる「フリーアクセス」、「診療報酬出来高払制」は民間医療機関の整備を促した。 ・一方、「社会的入院」「３時間待ちの３分診療」などが問題になった。また、近年は地方を中心に医師不足が叫ばれ、特に小児医、産科医等は需要に対応できていない。医療施設の機能分化と相互連携での推進で対応。 ・介護保険により介護職員が増加し、特定非営利活動法人や株式会社など様々な主体が参入。
③社会保障を取り巻く環境の変化への対応 ・経済状況の変化に加え、急速な高齢化の中で、社会保障も給付改善一辺倒を見直す。 ・産業構造の変化への対応が必要に。当初、国民健康保険、国民年金の加入者の多くは農林水産業、自営業者。しかし、今や国民健康保険の加入者の多くは高齢者と低所得者となり、見直しが必要に。 ・疾病構造の変化、死亡者に占める高齢者の割合の高まりに、在宅医療の充実などの対応が必要に。 ・生活水準、権利意識の向上への対応も必要に。	**④保険料や公費の負担** ・給付改善や高齢化に伴う給付増加等を背景に、年金では賦課方式への接近、医療保険では高齢者医療を支える制度間調整のための拠出金負担により、現役世代の保険料が引上げられてきた。 ・一方、国民健康保険、国民年金の保険料収納率は長期漸減傾向に。 ・各保険制度の財政力の違い、保険料引上げ抑制への対応のため、公費を順次拡充。社会保障関係費は、今後、毎年１兆円を超える自然増の見込。

出典：厚生労働省編『厚生労働白書 平成23年版』p.85のスライド図を抜粋

2 国際比較からみた社会福祉の到達点

社会福祉が「どこまで来たのか」について国際比較を通じて確認してみたい。「社会保障を考える」と題した平成24年版の『厚生労働白書』は、比較福祉国家論の成果やOECDの統計データを用いて、現代日本の社会と福祉政策にみられる特徴や課題の把握を試みている。

同白書の第５章では、**エスピン－アンデルセン**（Esping-Andersen, G.）の**福祉レジーム論**（本書第10章を参照）を踏まえ、日本の福祉政策について次のような指摘がなされている。第一に、日本は雇用保障に力点を置いた生活保障を行っている点で、方法は異なるが、**社会民主主義レジーム**諸国と同様の低失業率を実現してきた。第二に、少子化対策の遅延、高齢者に偏った給付、性別分業などの点で家族主義が強く、**保**

守主義レジームの要素をもつ。第三に、全体としてみれば社会保障給付の規模が小さい点で、自由主義レジームの要素をもつ。このように白書では、日本の福祉政策は三つのレジームと共通点をもつが、必ずしもいずれかのレジームに分類できるわけではないことが示唆されている。

次に白書は、OECDが定める「社会政策の今日的目標」に関する各種指標を用いて、日本の福祉政策の国際的な特徴を明らかにしている。その「今日的目標」とは、自立（self-sufficiency）、公正（equity）、健康（health）、社会的つながり（social cohesion）の四つである。当該指標に即した日本の福祉政策の特徴については**表3**に、またOECDデータに基づく日本の福祉政策における給付と負担の規模については**表4**にまとめた（四つの「今日的目標」に加え、白書では人口等の「一般的な背景」が分析対象とされているが、ここでは割愛した）。各表の記述は要約箇所の抜粋である。詳細は白書本体で確認してもらいたい。

3 社会福祉の到達点を考える

平成24年版の『厚生労働白書』は、前述の国際比較を踏まえて、「経済水準の高さ、就業率の高さ、教育水準の高さ、長寿社会を実現した質の高い保健医療システムなどが、日本社会の長所として挙げられる」とする一方、「所得格差、男女間格差、社会的つながり、社会保障の安定財源確保等の問題に取り組むことが今後の日本社会の課題である[6)]」と指摘している。

日本社会の課題に関する白書の捉え方は適切であるとしても、課題間の関係にはほとんど触れられていない。だがこれらの課題は相互に結びついているだけでなく、次のような悪循環に陥っている節もある。それは、財源確保の難しさ→脆弱なセーフティネット→社会的排除や各種の格差に対する不十分な対応→生活満足度の低さ→政治や行政への不信→税負担への抵抗感→財源確保の難しさ、といった悪循環である。こうした見立てが妥当なものであるかどうかは検証を要するとはいえ、特に日本では福祉システムの形成において重大な役割を果たしてきた政府（国家官僚制）に対する信頼が失墜していることの影響は、もっと強調されてよいはずである[ii]。いずれにしても、社会福祉の到達点が政府への不信をはじめ課題山積の状態であるという事実は、これからの社会福祉を考えるうえで重く受けとめられねばならないだろう。

表３　日本の福祉政策の特徴

自立	**【総評】「自立」に関する指標は、経済や社会への参加の程度などを反映しており、日本は他の先進諸国と比較して高水準で推移している。** ①就業率：日本の男性の就業率は、1991年以降、先進諸国中最も高い水準となっている。女性の就業率は、OECD 平均より高い就業率を示している。日本は、男女の就業率の差が極めて大きくなっている。 ②失業率：日本の男性失業率は OECD 平均に比しておおむね３ポイント程度低い水準で推移している。女性失業率も OECD 平均よりも低い水準で推移している。男女の失業率の間には正の相関関係が見られ、日本は両指標とも OECD 平均よりも約３ポイント低い。 ③学歴別人口：日本では、大多数の人々が高校以上の教育を受けており、高卒、大卒レベルの割合は、先進諸国と比べても高水準で推移している。 ④教育到達度（PISA 結果）：日本の子どもの読解力及び数学的リテラシーは、いずれも OECD 平均より高い水準で推移している。
公正	**【総評】公正に関する指標は、所得の分配と機会の平等及び個人の社会的自立の程度を反映しており、日本は全般的に低いパフォーマンスを示している。** ①相対的貧困率：日本の相対的貧困率は、再分配前後ともに、2000年代中頃から OECD 平均を上回っている。 ②ジニ係数：ジニ係数は、社会における所得分配の不平等さを表す指標であり、日本では、再分配前後共に、OECD 平均を上回っている。 ③男女間賃金格差：フルタイム労働者の男女間賃金格差は、欧米諸国より高い水準となっている。 ④失業給付水準：日本の失業給付の水準は、OECD 平均よりも約15ポイント高いが、他の社会扶助給付を加えた場合は OECD 平均とほぼ同程度である。
健康	**【総評】健康に関する指標は、病気とその治療だけでなく、死亡率や罹患率などに影響を与える他の社会的要素も反映しており、日本は良好なパフォーマンスを示している。** ①寿命：日本の寿命は、70年代後半から、先進諸国の中で最も高い水準を示している。 ②乳児死亡率：日本の乳児死亡率は、先進諸国では最も低い水準となっている。 ③肥満率：日本の肥満率は、先進諸国中では男女ともに最も低い水準となっている。 ④保健医療支出：日本の公共と民間を合わせた保健医療支出の対 GDP 比は、先進諸国の中でも低水準で推移している。
社会的つながり	**【総評】「社会的つながり」に関する指標は、国民の社会参加の程度や、日常生活から得る満足度等を反映しており、日本は多くの課題を抱えているといえる。** ①生活満足度：日本では他の先進諸国と比較して男女ともに低い生活満足度となっている。 ②政治制度、公的機関への信頼度：日本では、政治制度・公的機関への信頼度が OECD 平均よりも低くなっている。 ③国政選挙の投票率：日本の国政選挙の投票率は、カナダ、アメリカに次いで低い。 ④労働組合加入率：日本の労働組合加入率は、OECD 平均とほぼ同水準となっており、長期低下傾向にある。 ⑤自殺率：日本の自殺率は、男女ともに高い水準となっている。

出典：厚生労働省編『厚生労働白書 平成24年版』第５章（pp.96-124），2012．から要約箇所を抜粋して作成

表 4　日本の福祉政策における給付と負担の規模

社会保障の規模	・日本の公的社会支出の対 GDP 比は増加傾向にあるが、一貫して OECD 平均より低い。 ・日本の私的社会支出の対 GDP 比は、３％程度で推移している。 ・日本の社会支出は、公的、私的ともに、先進諸国中では中規模となっている。
社会保障の給付規模	・給付の規模を部門別に比較すると、年金は米英を上回り、医療は米英や欧州諸国を下回る規模となっている。 ・保育、家族手当などの家族関係社会支出の対 GDP 比は低く、フランスやスウェーデンなどに比べて３分の１程度の規模にとどまっている。 ・日本は、高齢化率は大きく増加しているものの、社会支出の規模の拡大は、欧米諸国より低く推移している。
社会保障の負担規模	・日本の国民負担率の水準は、先進諸国の中では低い水準にある。 ・OECD 主要国では、国民負担率が高齢化などに伴いおおむね上昇する中、日本は税収の落ち込み等で低下傾向にある。

出典：厚生労働省編『厚生労働白書 平成24年版』第５章（pp.126-132），2012．から要約箇所を抜粋して作成

3　社会福祉はどこへ行くのか

社会福祉事業が社会福祉のすべてではないが、社会福祉事業は**社会保障**の統計には含まれる（社会福祉のなかには、統計上定義される社会保障のなかに含まれるものと含まれないものがある）。繰り返しになるが、社会保障費用統計（旧・社会保障給付費）のなかに含まれる社会福祉が、社会福祉のすべてというわけではない。とはいえ、日本の社会福祉事業の支出や社会福祉を目的とする事業への公費負担は、社会福祉の全体のなかで非常に大きな部分を占めると予想されるから、社会保障費用統計のなかで、社会福祉に充てられる費用がどれくらいあるか、ということは日本が社会福祉をどれくらい重視しているかということの重要な指標となる。

表 5 は国立社会保障・人口問題研究所が発表している「制度別社会保障給付費の推移（1989 ～ 2017 年度）」を一部抜粋したものである（社会福祉に関係する給付費を網掛けしてある）。これによってわかること

ii　厚生労働省が自ら実施した国民意識調査で、信頼度（「信頼している」「どちらかといえば信頼している」と回答した割合）に関して「国会」は 9.5%、「政府（中央省庁等）」は 11.7%という散々な結果であった（厚生労働省編『厚生労働白書 平成 24 年版』p.242，2012.）。また、日本の福祉国家形成における国家官僚制の強さについては武川正吾『連帯と承認——グローバル化と個人化のなかの福祉国家』東京大学出版会，pp.124-125，2007．を参照。

表 5　制度別社会保障給付費の推移（1989 ～ 2017年度）

（数字は％）

年度	1990（平成２）	1995（平成７）	2000（平成12）	2005（平成17）	2010（平成22）	2015（平成27）	2017（平成29）
合計	100.0	100.0	100.0	100.0	100.0	100.0	100.0
医療保険	24.7	22.9	18.9	18.5	18.1	18.0	17.5
高齢者医療	12.3	13.2	13.3	12.1	11.1	12.0	12.3
介護保険	−	−	4.2	6.5	7.1	8.0	8.2
年金保険	45.6	47.9	50.0	50.8	49.0	46.2	45.4
雇用保険等	2.5	3.4	3.4	1.7	2.3	1.6	1.6
業務災害補償	2.0	1.6	1.3	1.1	0.9	0.8	0.8
家族手当	0.9	0.8	0.9	1.3	2.9	2.4	2.3
生活保護	2.7	2.3	2.5	2.9	3.2	3.2	3.1
社会福祉	3.5	4.0	2.8	3.1	3.3	5.9	7.0
公衆衛生	1.4	0.9	0.7	0.6	1.3	1.5	1.5
恩給	3.9	2.6	1.8	1.2	0.7	0.3	0.2
戦争犠牲者援護	0.5	0.3	0.2	0.2	0.1	0.1	0.1

注１：高齢者医療には、2007年度までは医療を含む老人保健事業全てが計上され、2008年度は後期高齢者医療制度からの医療給付額及び老人保健制度からの2008年３月分の医療給付額等が含まれている。
注２：家族手当は、児童手当（2010-2011年度は子ども手当を含む）のほか、社会福祉中の児童扶養手当及び特別児童扶養手当等を含む。
注３：雇用保険等は雇用保険の総額と船員保険の失業・雇用対策等の給付（2009年12月分まで。2010年１月より雇用保険に移行）を含む。
出典：国立社会保障・人口問題研究所　http://www.ipss.go.jp/ss-cost/j/fsss-h29/fsss_h29.asp

は、1990（平成２）年当時、社会保障給付費のうち社会福祉に関係するものは全体の6.2％にすぎず、給付費の大部分が年金（45.6％）と医療（37.0％）だったということである。ところが介護保険が施行された2000（平成12）年には9.5％となり、以後、増え続けた。2010（平成22）年以降は福祉サービスの割合も増えた。2017（平成29）年現在、「介護保険」「生活保護」「社会福祉」の合計は、18.3％となっている。社会保障制度のなかでは、医療や年金には及ばないとはいえ、存在感を増してきたとはいえるだろう。

ただし諸外国と比べると、社会保障のうち社会福祉に割り当てられる割合は小さい。**図 1**は社会保障給付の部門別の国際比較（対GDP比）を示している。計算方法が違うので**表 5**との厳密な比較はできない。また高齢化率も異なるので同様である。しかしおおまかな傾向は知ることができるだろう。アメリカは別として、日本と異なり、イギリス、ドイツ、フランスは社会福祉に対して、医療や年金と同程度の支出をしている。スウェーデンにいたっては、社会福祉が年金や医療をしのいでいる。絶対額の大きさも重要であるが、限られた資源のなかで、各国が社会保障のうちのどの分野を優先しているか、ということをこの図は示している。

図1　社会保障給付の部門別の国際的な比較（対 GDP 比）

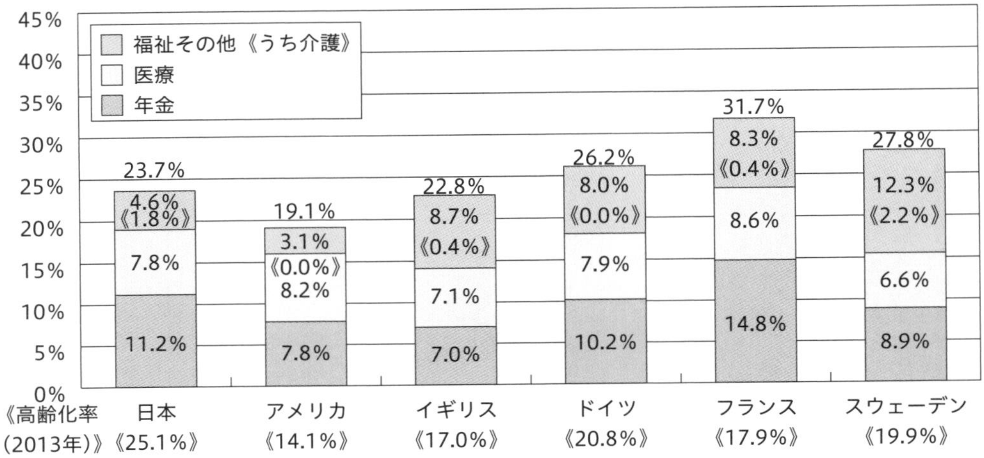

注：OECD：“Social Expenditure Database” 等に基づき、厚生労働省政策統括官付社会保障担当参事官室で算出したもの。いずれも2013年。
OECD 社会支出基準に基づく社会支出データを用いているため、社会保障給付費よりも広い範囲の費用（公的住宅費用、施設整備費等）も計上されている。
高齢化率は OECD：Elderly population（indicator）
出典：厚生労働省　https://www.mhlw.go.jp/content/10800000/000394936.pdf

これまでの福祉政策によって、社会保障における社会福祉の役割が拡大してきたことは間違いない。しかし先進諸国の社会保障の水準に達するためには、社会福祉と年金や医療とが均衡する必要があるだろう。

以上は社会福祉の量的側面についての話である。それと同様に重要なことは、社会福祉の質的な側面についてである。これからの社会福祉を考えていくうえでは、単に財政的な量的側面のことだけではなく、その質的な側面についても注意を払っていく必要がある。その際参考となるのが、国際的に合意された **SDGs**（持続可能な開発目標[iii]）である。SDGs はこれまでいろいろな所で政策理念として語られてきたものを、国連がボトムアップで 17 の目標と 169 のターゲットに整理したものである。多くの国の政府、企業、労働組合、協同組合などからの賛同も得ている。そして何よりも社会福祉との関係が深いということを自覚すべきであろう。

とりわけ重要なことは SDGs が「誰一人取り残さない」（leave no one behind）持続可能な社会を実現することを目指しているという点である。これまで社会福祉の世界でも**社会的包摂**（ソーシャルインクルージョン）が理念として掲げられてきたが、SDGs はこのことの再確認でもある。社会的差別があったり、制度の狭間にいたりするために福

iii　SDGs については pp.210-213 を参照。

祉サービスから社会的に排除されている人々の存在をなくすということはSDGsの理念とも合致する。

SDGsの目標1は「貧困をなくそう」であり、これは主として開発途上国を念頭に置いている。しかし先進諸国においても絶対的貧困がゼロになっているわけではない。また目標1の下位目標では「2030年前に、各国定義によるあらゆる次元の貧困状態にある、すべての年齢の男性、女性、子どもの割合を半減させる」となっていて、日本にとっても無縁な目標ではない。

またSDGsの目標5は「ジェンダー平等を実現しよう」となっている。日本の場合も**男女共同参画社会基本法**があり、ジェンダー平等は国の基本政策の一つとなっている。しかし世界経済フォーラムが発表した「ジェンダーギャップ指数★2020」では、世界153か国中121位となっており、男女格差の大きな国の一つとなっている。ジェンダーギャップが生まれる背景には雇用制度や社会意識の問題もあるが、保育所をはじめとする福祉サービスに対する必要が満たされていないことも大きい。また福祉サービス従事者における男女共同参画も推進していかなければならないだろう。

さらにSDGsの目標8は「働きがいも経済成長も」となっている。経済成長のほうは「包摂的かつ持続可能な経済成長」を指している。働きがいのほうは**ディーセント・ワーク**の促進を指す。ディーセント・ワークとは最低限の労働基準を満たしていれば、どんな働き方でもよいというのではなく、「若者や障害のあるひとを含むすべての男性及び女性の、完全かつ生産的な雇用及び働きがいのある人間らしい仕事」のことを意味している。日本も2007（平成19）年に**仕事と生活の調和（ワーク・ライフ・バランス）憲章**を政労使で合意しており、これも日本の社会政策の重要な理念の一つである。仕事のことだけを取り出すと雇用政策の課題とも思われかねないが、労働時間や労働条件の問題は介護離職や保育所待機とも密接な関連をもっており、福祉サービスの課題でもある。

その他、目標3「すべての人に健康と福祉を」は開発途上国の問題であり、日本には関係ないようにもみえた。しかし新型コロナウイルス感染症（COVID-19）の出現によってワクチンの供給がにわかにグローバルな社会問題となったことにより、先進諸国にとっても重要なゴールとなった。

目標10「人や国の不平等をなくそう」も上述のジェンダーギャップや健康格差が存在している現在、日本にとって無関係ではないし、また

★ジェンダーギャップ指数
政治、経済、教育、健康などの分野におけるジェンダー平等の進捗度合を示す指数。

社会福祉にとっても無縁ではない。

これからの日本の社会福祉は日本の地域社会の現実を見極めながら、SDGsをはじめとするグローバルな動きにも敏感に対応していかなければならないだろう。

4 ソーシャルワーカーにとっての社会福祉の理論・歴史・政策

1 起点としてのソーシャルワークのグローバル定義

2018（平成30）年に社会保障審議会福祉部会福祉人材確保専門委員会（以下、専門委員会）から出された報告書では、**ソーシャルワーク専門職である社会福祉士**という表現が使われた。これは日本における専門職業としての（ジェネラリスト）ソーシャルワーカーのための国家資格として、社会福祉士が位置づけられていることを示すものである。同じように、精神保健福祉士は精神保健福祉領域におけるソーシャルワーカーの国家資格であることから、二つの資格は「ソーシャルワーク専門職である」ための基礎資格といえる。これを踏まえると、2014年にIFSWおよびIASSWのメルボルン総会で採択された新定義**ソーシャルワーク専門職のグローバル定義**は、社会福祉士・精神保健福祉士のソーシャルワーク専門職としての実践とその養成にとって起点となるものである。

> ○ソーシャルワーク専門職のグローバル定義
>
> ソーシャルワークは、社会変革と社会開発、社会的結束、および人々のエンパワメントと解放を促進する、**実践に基づいた専門職であり学問**である。**社会正義、人権、集団的責任、および多様性尊重の諸原理は、ソーシャルワークの中核**をなす。ソーシャルワークの理論、社会科学、人文学および地域・民族固有の知を基盤として、ソーシャルワークは、生活課題に取り組みウェルビーイングを高めるよう、人々やさまざまな構造に働きかける。この定義は、各国および世界の各地域で展開してもよい[7)]。

社会福祉専門職団体協議会国際委員会によれば、2014年の新定義の特徴は**多様性の尊重**、**西洋中心主義・近代主義への批判**、**マクロな社会変革の強調**であり、「集団的責任」「地域・民族固有の知」「社会開発」「社会的結束」等の概念が盛り込まれた。「多様性の尊重」は「社会正義」や「人権」と並ぶ基本的原理として位置づけられたが、新定義自体が多様性を認めるものとなっており、「グローバル（世界）／リージョナル（地域）／ナショナル（国）」の重層定義による展開を認める内容となっている。「西洋中心主義・近代主義への批判」は、基本原理としての「多様性の尊重」に基づく「地域・民族固有の知」の重要性を明示した点から読み取ることができる。「マクロな社会変革の強調」は、抑圧や不正義の構造に挑戦し、変革するソーシャルワークを打ち出す姿勢の象徴的表現といえる。そして、ソーシャルワークの焦点は「多様性と普遍性」「集団と個人」「マクロとミクロ」「社会変革と社会の維持」といった関係を考え、実践することとされている。

新定義からは、ソーシャルワークの役割として「社会変革」「社会開発」「社会的結束」「人々のエンパワメントと解放」の促進、ソーシャルワークの中核をなす原理として、「社会正義」「人権」「集団的責任」「多様性尊重」が挙げられている。シンプルに理解するなら、ソーシャルワーカーは以上の内容を遂行する専門職ということになる。

社会福祉士及び介護福祉士法ならびに精神保健福祉士法における社会福祉士・精神保健福祉士それぞれの定義をみると、先のグローバル定義の内容を十分にカバーするものとはいえないが、今日の社会的・政策的要請としては、多様化・複雑化する福祉課題に対して、ソーシャルワーク機能★を発揮することが社会福祉士・精神保健福祉士に求められていることは先の専門委員会報告書でも指摘されている。

★ソーシャルワーク機能
たとえば、専門委員会報告書では、地域共生社会の実現に向けて求められる24のソーシャルワーク機能が示されている。

2 ソーシャルワーク実践／ソーシャルワーカー養成の基礎としての社会福祉学

ソーシャルワークのグローバル定義において、ソーシャルワークは「専門職」であり、「学問」とされているが、その説明は日本の現状からみると異なる点もある。従来から日本では「ソーシャルワーク（実践）は社会福祉学を学問的基盤とする」と認識されてきた。社会福祉士・精神保健福祉士国家資格の創設以前から、ソーシャルワーカーの養成は、その典型として「社会福祉学部」、あるいは「社会福祉学科」において行われてきた。

一般に、社会福祉学は「政策と実践の両方を含む／政策と実践から構成される」とされ、そのような理解は今日において、学界や実践現場の両方でおおむね共通理解が得られている。また、社会福祉学は**実践の学**

（実践志向の学）と称されることも多い。その場合、「実践」とは個人・家族から集団、地域、社会全体を対象として、社会問題としての福祉課題・生活課題の解決・緩和を目指し、行われる社会的行為・活動であって、「社会福祉実践」あるいは「ソーシャルワーク（実践）」と呼ばれる。それはミクロ・メゾ・マクロの各レベルで展開されるとされながらも、日本において従来から指摘されてきたことは、地域支援などの「メゾレベル」の実践やソーシャルアクションなどの「マクロレベル」の実践の脆弱性とそれへの対応の必要性である。

ミクロ・メゾ・マクロに至る各レベルにおけるソーシャルワーク実践を考える際、それは方法論／実践理論のみならず、社会福祉の理論（価値規範を含む）、歴史、政策抜きには成り立たない。たとえば、ソーシャルアクションについて、その方法論／実践理論を学び、理解するだけでは十分ではなく、その基礎として「そもそもなぜソーシャルアクションが必要なのか」「当事者（およびその家族）は歴史的に社会からどのようにみられてきたのか」「制度・政策はどう対応してきたのか（あるいはしてこなかったのか）」といった視点からの学びが不可欠なのである。そのように考えると、ソーシャルワーカー養成教育においても社会福祉の理論・歴史・政策は「社会福祉学の基盤」として位置づけられてきたはずであり、ソーシャルワーカーの実践にとっても、重要な意味をもってきたはずである。

しかしながら、今日、実践・研究・教育の各フィールドで社会福祉の理論・歴史・政策への意識や重要性の認識が薄れてしまい、それがソーシャルワーカー（の実践）のあるべき姿を見えにくくさせているとすれば、あらためて社会福祉の理論・歴史・政策のソーシャルワーカー（の実践）にとっての意義を再確認する必要がある。

3 ソーシャルワーカーにとっての社会福祉の理論・歴史・政策の意義

本来、社会福祉の理論・歴史・政策の三つは、「社会福祉理論研究／社会福祉原論研究」「社会福祉（発達）史研究／社会事業史研究」「社会福祉政策研究」というように研究領域として、それぞれ独立したものである。（養成）教育課程においても同様で、たとえば「社会福祉原（理）論」「社会福祉（発達）史／社会事業史」「社会福祉政策（論）」といった名称で、大学等においては専門教育科目として開講されていることも多い。社会福祉士・精神保健福祉士養成課程において本科目は、「社会福祉の原理と政策」という名称である。その中核的内容は、これまで「社会福祉原（理）論」と称されてきた科目で扱われてきた「知識群」としての「社会福祉の理論･歴史･政策」ということができる。ここには「価値規範」（規範論）も含まれる。

ここでは、ソーシャルワーカー（の実践）のあり方・社会的責務を説明する視角として、社会福祉の理論・歴史・政策を試行的に位置づけてみる。「理論」は社会問題としての福祉課題／生活問題の背景・発生メカニズムや構造およびその社会的位置づけなどの解明を目的とする（社会福祉の対象論）。これはソーシャルワークの対象論、主体論へとつながる。また、それらの問題解決に向けた目標、規準（正義論など）、国家の役割などを含み得る。

「歴史」は社会問題としての福祉問題／生活問題の実態の歴史、問題定義の歴史、制度的・国家的対応の歴史を明らかにすると同時に、ソーシャルワーク実践の「場」の創設やその変動過程（ソーシャルワークの歴史）も明らかにする。

「政策」はある国家体制における政治・行政、専門職、民間団体・市民運動などの多元的セクター間の義務と責任および権利の配置状況などの力学に基づく政策決定のなかで、ソーシャルワーク実践の場や枠組みの前提を設計している。たとえば、国家資格化、ソーシャルワーカーの政策的役割規定、行政任用や職域拡大などは多分に政策の影響を受ける。

今日の福祉政策・福祉改革のキーコンセプトは**「地域共生社会」の実現**である。この政策理念をまったく視野に入れず、研究や実践を展開することは現実的とはいえない。ソーシャルワーカーとして社会福祉士・精神保健福祉士を養成しようとする教育も例外ではない。事実、「地域共生社会」の実現という政策理念は、令和元年度の社会福祉士・精神保健福祉士養成課程の見直しについて、その基本的枠組みを決定するほど大きな影響を与えている。

しかし、「地域共生社会」の実現という今日の政策理念に限らず、近視眼的な「政策適合的な振る舞い」に終始することなく、批判的視点をもつことはソーシャルワーカーやその養成教育およびその基盤となる学術研究にとってきわめて重要である。仮に、現在の日本におけるソーシャルワーカーとして社会福祉士・精神保健福祉士の業務や役割、実践内容に不足があるならば、それを変えていかなければならない。そこには社会的地位・雇用環境も含まれる。そのためには所属組織のあり方、社会福祉制度、社会の支配的な価値や常識／社会通念などを変革する必要が出てくる。

以上の内容を実行できるソーシャルワーカーとして社会福祉士・精神保健福祉士を養成するならば、社会福祉の価値規範の教育（内容、教授法等）が問われることになると同時に、福祉と政治および価値規範の関係についても養成教育のなかにしっかりと位置づけられる必要がある。現象としての社会問題を捉えたとしても、政治や権力構造あるいはステークホルダーの利害関係などについて無知・無関心なままでは、「社会変革」「社会開発」「人々のエンパワメントと解放」といったソーシャルワーク実践を十分に遂行することは困難であると考えられるからである。

ソーシャルワーカー（の実践）にとっての社会福祉の理論・歴史・政策の意義を見出そうとすれば、それは**社会問題としての生活問題／福祉問題**への対応が鍵になると考えられる。それは、人々の日常生活・社会生活における「ある現象」を社会問題としてどう定義するか(できるか)、いわば福祉問題／生活問題が社会問題として存在するという視点からの問題把握・問題の可視化にかかわるものである。つまり、問題解決は解決すべき対象の把握（特定の視点＝社会福祉の立場の問題把握）から始まり、社会問題を社会福祉の価値規範に基づいて言語化・発信（社会問題として生活問題／福祉問題を定義）し、その解決にとって現状の社会構造・社会福祉制度・政策が十分ではないならば、それを批判的に捉えつつ分析し、ソーシャル・リフォームのためのアクションを起こすといった経路をたどるはずである。そのように考えると、ソーシャルワーカー（の実践）にとっての社会福祉の理論・歴史・政策は、「知っている」べき知識にとどまらず、それを踏まえ現実を「批判できる」視点・思考の基盤を提供するものであり、問題の解決・緩和に必要な資源や仕組みを、「創出できる」「提言できる」といった**プラットホーム・ビルダー**としての役割を果たすための源泉と捉えることができる。

◇引用文献

1）岡村重夫『社会福祉原論』全国社会福祉協議会，p.3，1983.
2）齋藤純一「第９章 社会的連帯の理由をめぐって――自由を支えるセキュリティ」齋藤純一編著『福祉国家／社会的連帯の理由』ミネルヴァ書房，p.276，2004.
3）同上，p.275
4）高田実「序章『福祉の複合体』の国際比較史」高田実・中野智世編著『近代ヨーロッパの探究⑮ 福祉』ミネルヴァ書房，p.6，2012.
5）同上，p.6
6）厚生労働省編『厚生労働白書 平成24年版』pp.133-134，2012.
7）社会福祉専門職団体協議会国際委員会「ソーシャルワーク専門職のグローバル定義と解説」2016. https://www.jacsw.or.jp/06_kokusai/IFSW/files/SW_teigi_01705.pdf

◇参考文献

・遠藤興一『天皇制慈恵主義の成立』学文社，2010.
・細井勇・小笠原慶彰ほか編著『福祉にとっての歴史 歴史にとっての福祉――人物で見る福祉の思想』ミネルヴァ書房，2017.
・一番ヶ瀬康子・高島進ほか編『戦後社会福祉の総括と二一世紀への展望Ⅰ 総括と展望』ドメス出版，1999.
・金子光一『社会福祉のあゆみ――社会福祉思想の軌跡』有斐閣，2005.
・一番ヶ瀬康子・高島進ほか編『講座社会福祉２ 社会福祉の歴史』有斐閣，1981.
・仲村優一・一番ヶ瀬康子ほか監，岡本民夫・田端光美ほか編『エンサイクロペディア社会福祉学』中央法規出版，2007.
・高島進『社会福祉の歴史――慈善事業・救貧法から現代まで』ミネルヴァ書房，1995.
・右田紀久恵・古川孝順ほか編『新版 社会福祉の歴史――政策と運動の展開』有斐閣，2001.
・社団法人日本社会福祉教育学校連盟「福祉系大学における人材養成機能向上に関する調査研究 報告書」平成23年度文部科学省 先導的大学改革推進委託事業，2012.
・高良麻子「日本の社会福祉士によるソーシャル・アクションの認識と実践」『社会福祉学』第53巻第４号，2013.
・高良麻子『日本におけるソーシャルアクションの実践モデル――「制度からの排除」への対処』中央法規出版，2017.
・厚生労働省「我が事・丸ごと」地域共生社会実現本部「『地域共生社会』の実現に向けて（当面の改革工程）」（平成29年２月７日） https://www.mhlw.go.jp/file/04-Houdouhappyou-12601000-Seisakutoukatsukan-Sanjikanshitsu_Shakaihoshoutantou/0000150632.pdf
・日本学術会議 社会学委員会 社会福祉学分野の参照基準検討分科会「報告 大学教育の分野別質保証のための教育課程編成上の参照基準 社会福祉学分野」 http://www.scj.go.jp/ja/info/kohyo/pdf/kohyo-23-h150619.pdf
・社会保障審議会福祉部会 福祉人材確保専門委員会「ソーシャルワーク専門職である社会福祉士に求められる役割等について」 https://www.mhlw.go.jp/file/05-Shingikai-12601000-Seisakutoukatsukan-Sanjikanshitsu_Shakaihoshoutantou/0000199560.pdf
・横山壽一・阿部敦ほか『社会福祉教育におけるソーシャル・アクションの位置づけと教育効果――社会福祉士の抱く福祉観の検証』金沢電子出版，2011.

● おすすめ

・阿部志郎『社会福祉の思想と実践』中央法規出版，2011.
・清水教恵・朴光駿編著『よくわかる社会福祉の歴史』ミネルヴァ書房，2011.
・井手英策・柏木一恵ほか『ソーシャルワーカー――「身近」を革命する人たち』筑摩書房，2019.
・鶴幸一郎・藤田孝典ほか『福祉は誰のために――ソーシャルワークの未来図』へるす出版，2019.

索引

A～Z

あ～お

か～こ

さ～そ

た〜と

な～の

は～ほ

ま〜も

や〜よ

ら〜ろ

わ〜ん

最新 社会福祉士養成講座 精神保健福祉士養成講座

編集

一般社団法人 日本ソーシャルワーク教育学校連盟（略称：ソ教連）

統括編集委員（五十音順）

中谷 陽明（なかたに・ようめい）
ソ教連常務理事、桜美林大学大学院教授

松本 すみ子（まつもと・すみこ）
ソ教連常務理事、東京国際大学人間社会学部教授

「社会福祉の原理と政策」編集委員・執筆者

編集委員（五十音順）

圷 洋一（あくつ・よういち）
東京都立大学人文社会学部教授

伊藤 新一郎（いとう・しんいちろう）
北星学園大学社会福祉学部教授

武川 正吾（たけがわ・しょうご）
明治学院大学社会学部教授

執筆者および執筆分担（五十音順）

赤澤 輝和（あかざわ・てるかず）……第８章第１節
日本女子大学人間社会学部准教授

圷 洋一（あくつ・よういち）……序章３、第２章第１節・第３節・第４節、終章２
東京都立大学人文社会学部教授

伊藤 新一郎（いとう・しんいちろう）……序章２、第２章第２節、第７章、終章１・４
北星学園大学社会福祉学部教授

堅田 香緒里（かただ・かおり）……第４章
法政大学社会学部准教授

金子 光一（かねこ・こういち）……第１章
東洋大学社会学部教授

金 成垣（きむ・そんうぉん）……第10章
東京大学大学院人文社会系研究科准教授

小松　理佐子（こまつ・りさこ）……第９章第３節
日本福祉大学社会福祉学部教授

佐々木　宏（ささき・ひろし）……第８章第２節
広島大学大学院人間社会科学研究科准教授

祐成　保志（すけなり・やすし）……第８章第３節
東京大学大学院人文社会系研究科准教授

高橋　幸裕（たかはし・ゆきひろ）……第３章
尚美学園大学総合政策学部専任講師

武川　正吾（たけがわ・しょうご）……序章１、第５章、終章３
明治学院大学社会学部教授

田中　聡一郎（たなか・そういちろう）……第８章第４節
関東学院大学経済学部准教授

平野　寛弥（ひらの・ひろや）……第９章第１節・第２節
目白大学人間学部准教授

森川　美絵（もりかわ・みえ）……第６章
津田塾大学総合政策学部教授

山本　克彦（やまもと・かつひこ）……第８章第５節
日本福祉大学福祉経営学部教授

一般社団法人 日本ソーシャルワーク教育学校連盟（略称：ソ教連）のご案内

ソ教連は、全国のソーシャルワーク教育学校（社会福祉士、精神保健福祉士、社会福祉教育を行っている学校）で組織されています。

ソーシャルワーク教育学校に課せられた社会的使命に鑑み、ソーシャルワーク教育の内容充実および振興を図るとともに、ソーシャルワークおよび社会福祉に関する研究開発と知識の普及に努め、もって福祉の増進に寄与することを目的としています。

[英文名] Japanese Association for Social Work Education（略称；JASWE）
[設立日] 2017（平成 29）年４月１日
[ウェブサイト] http://www.jaswe.jp/　http://socialworker.jp/

[業務執行理事]
会　　長 白澤政和（国際医療福祉大学）
副 会 長 岩崎晋也（法政大学）
副 会 長 和気純子（東京都立大学）
副 会 長 中村和彦（北星学園大学）
常務理事 中谷陽明（桜美林大学）
常務理事 松本すみ子（東京国際大学）

2020 年 10 月 1 日現在

最新 社会福祉士養成講座
精神保健福祉士養成講座
4 社会福祉の原理と政策

2021年2月1日　発行

編　集　一般社団法人日本ソーシャルワーク教育学校連盟
発行者　荘村明彦
発行所　中央法規出版株式会社
〒110-0016　東京都台東区台東3-29-1　中央法規ビル
営　　業　TEL 03(3834)5817　FAX 03(3837)8037
取次・書店担当　TEL 03(3834)5815　FAX 03(3837)8035
https://www.chuohoki.co.jp/

印刷・製本　株式会社太洋社
本文デザイン　株式会社デジカル
装　　幀　株式会社デジカル
装　　画　酒井ヒロミツ

定価はカバーに表示してあります。落丁本・乱丁本はお取替えいたします。
ISBN978-4-8058-8234-4

本書の内容に関するご質問については、下記URLから「お問い合わせフォーム」にご入力いただきますようお願いいたします。
https://www.chuohoki.co.jp/contact/